U0964751

北京口述历史

北京口述历史

八十年来翰墨缘

米景扬口述

张龙翔 著

北京出版集团
北京出版社

图书在版编目（CIP）数据

八十年来翰墨缘 ：米景扬口述 / 张龙翔著 . — 北京 ：北京出版社，2021.1
（北京口述历史）
ISBN 978-7-200-13544-2

Ⅰ. ①八… Ⅱ. ①张… Ⅲ. ①文化史—北京 Ⅳ. ① K291

中国版本图书馆 CIP 数据核字（2017）第 266520 号

丛书策划：安 东 吕克农 高立志
特约策划：杨良志
丛书统筹：司徒剑萍
责任编辑：侯天保
责任校对：刘孜慧
责任印制：陈冬梅
封面设计：田 晗

北京口述历史
八十年来翰墨缘
米景扬口述
BASHI NIAN LAI HANMOYUAN
张龙翔 著
出 版 北京出版集团
北 京 出 版 社
地 址 北京北三环中路 6 号
邮 编 100120
网 址 www.bph.com.cn
发 行 北京出版集团
经 销 新华书店经销
印 刷 北京华联印刷有限公司
版 次 2021 年 1 月第 1 版
印 次 2021 年 1 月第 1 次印刷
开 本 787 毫米 × 1092 毫米 1/16
印 张 31.5
图 片 66 幅
字 数 435 千字
书 号 ISBN 978-7-200-13544-2
定 价 98.00 元
如有印装质量问题，由本社负责调换
质量监督电话：010-58572393

米景扬先生近照

20世纪80年代侯恺（右一）、米景扬与叶浅予（左一）在一起交谈时留影

1991年9月为人民大会堂临摹《江山如此多娇》全体成员留影（前排右一为米景扬）

徐悲鸿《奔马图》（米景扬藏品）

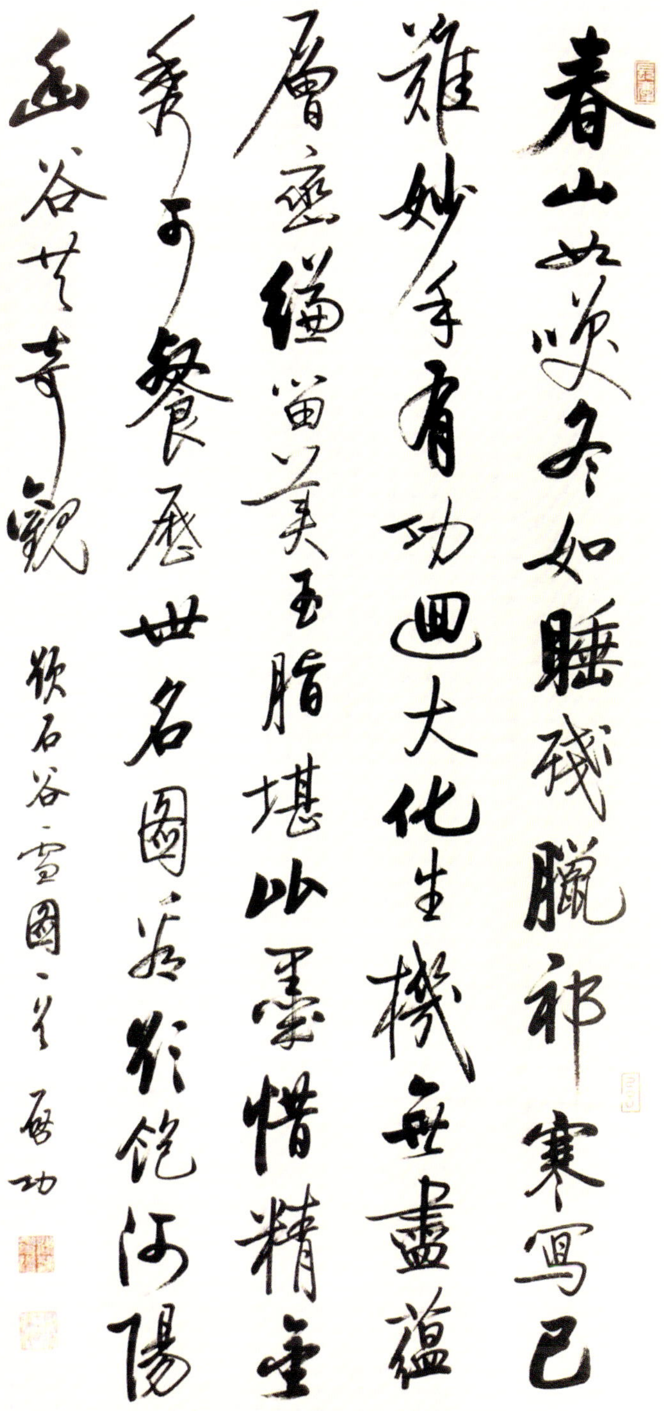

启功书法（米景扬藏品）

王雪涛《荷塘戏禽图》（米景扬藏品）

主编的话

这套“北京口述历史”是2013年由北京出版集团与我一同策划的，当时计划是5年之内出版20部。如今（2018）5年过去，这套丛书已于2014年、2017年分两批、每批5部出版，现在即将出版的是第三批共4部。显然，原来的计划并没有完成。

没能完成的原因多种多样，最关键的则只有一个，那就是我们对这套口述史著作的出版所提出的要求，具体地说，就是我们希望这套书的每一部作品，都严格地按照学术的规范来做，达到主题清晰明确、叙述完整、内容严谨，并且或能填补某些学术研究空白，或在某些方面有所创新的要求。事实上，在我们已经出版的10部口述史作品中，这些要求基本上达到了。

然而，虽然作为一部学术著作，这样的要求都是最基本的，但在口述史尚未被学术界和社会上普遍视为“货真价实”的“学术”时，这样的要求就未免有些过高。换句话说，尽管口述史是一个现代意义上的、具有严格定义和规范的专门学科，这已经为如今从事口述史作业的学者所公认，但这种学术规范如何体现，却是口述史学界迄今争议不断的焦点之一。对这套口述史中每部作品都要达到的这一要求，是我们从一开始就明确规定了的。在前面两批出版的著作前言中并未特别提及的原因：一是当时并未估计达到这一标准的难度；二是也没想到目前出版的大多数口述史作品不这样做，并不认为有必要这样做。所以，在这套丛书的第三批出版之前，有必要将我们这套口述史的标准再说明一下，因为这也正是这套丛书的特点：

第一，每部作品都必须是访谈者亲自去现场进行访谈之后完成的。

第二，在每篇访谈稿之前，访谈者都要将做访谈的时间、地点以及被访者的状况，以“访谈者按”的方式一一做出说明。

第三，文字稿必须是根据现场访谈录音（或录像）转写而成的，访谈者一方不得凭空添加任何增补、编造和自己的想象，即便有任何评论，也要以“访谈者按”亦即第三方的形式另行撰写。

第四，对转成文字的口述访谈材料中涉及的事件、人物和专有名词等，必要时须查找出处并添加注释。对被访者所处的时代、社会背景也须有大致的了解与说明。

第五，对访谈采集而来的材料进行反复的核实整理，包括再次或多次进行回访、寻找并访谈与之相关的其他人，以及与各种文献史料进行核实等，尽可能地鉴别受访者所述材料的真伪，并在注释与“访谈者按”以及附录中说明。这些我们统称为“后期整理”的工作与现场采访相比，所耗时间精力要多过几倍、十几倍，这已经不是对一般从事口述史者的要求，而是对一个研究者的要求了。这样的要求，使作者必须具备两个条件：一是受过严格的、专业的学术训练；二是有大量的精力和时间。尤其是作为口述史学的专著，这样做是否有必要、是否符合口述史的宗旨，在学术界仍然是存在激烈争论的悬案。而我们坚持这样做的原因，也是希望通过这样的尝试，为学术界提供一种方式、一种经验，毕竟口述史的做法并无一定之规。至于成败，就只能由众人去评说了。至于这套原计划在2018年出版20部的口述史系列，目前还未能足数出版，我要感谢出版社相关领导与编辑们的宽容，也请读者和相关的各方人士理解和原谅。

这套丛书的编撰出版虽然历经各种艰难曲折，遭到过诸多怀疑、冷遇和否定，但也收获了远比我们此前所期待的更多热情鼓励和关注，这是支持我们一直前行的动力。

谢谢大家！

目　录

第五部分　人物篇/ 285

图片目录

前　言

一

本书是北京出版社“北京口述历史”系列丛书之一。口述历史是文献历史之外的另一种历史表达形式。“口述”的传统由来已久，从时间的维度来看，在文字产生以前，历史的记录一直都是通过口口相传的方式来完成，上古时期流传下来的神话故事便是最好的例证。即使在文字产生之后，“口述”的方式仍然是了解时代的重要方式，司马迁为写作《史记》而“网罗天下放失旧闻”就是通过口述资料来补充史料。

区别于一般文字记载，口述历史的信息获得直接来源于被采访者的口述，而口述的基础则是被采访者自身的经历与记忆，从这个角度来讲，口述历史相较于文献历史更加贴近生活，对于普通读者而言具有更强的可读性。这套系列丛书的主题是“老北京历史记忆”。“历史记忆”用更加直白的话来解释就是“那些被记住的人和事”。这里的“人”指的不是彪炳史册的伟大人物，而是你我身边普普通通的老百姓；“事”也并非丰功伟绩，而是特定时代中一般民众的日常生活。因此，我们采用了口述历史的方式来完成对“老北京历史记忆”的追述，通过时代亲历者之口，为我们重现老北京的历史风貌。这样的方式有几大好处：一是增强了叙述的生动性。从语言的角度来讲，口述历史采取口语化的叙述，显得更加生活化，富于人情味。基于个人经验的讲述，也使得叙事更加鲜活明快。二是社会性。传统史料采用的是“精英式话语”，着重于构建宏大叙述，记载重大的政治、经济、社会事件，口述历史则表现了更加广阔的社会现实。即使是同样的历史事件，通过口述历史的方式，也可以展现出迥然不同的风貌，以普通人的视角去解读，体现更强的“民主性”。三是独特性。口述历史的叙述人往往有其特殊性，或是有着特殊的社会身份，或是某一事件的亲历者。而这样的特殊性使得通过口述的方式得到的史料是其他方式所较难获取的，因而具有唯一性。

同样，口述历史也有自身的局限性。首先，由于较长的时间跨度和记忆的选择性，口述史料难免有所疏漏，无法做到面面俱到。其次，叙述主体的主观性，以及事后认识的特点，使得口述历史无法做到百分之百准确。因此，在本书的写作过程中，我们尽量做到“扬其长而避其短”，使得口述史料能够尽可能全面准确。比如，在采访前期做好详尽的资料查阅工作，避免因片面提问导致的信息遗漏。再比如，查找文献资料，为口述史料提供佐证，存疑之处反复求证，等等。尽管如此，仍然难免存有疏漏之处，在这里恳请读者批评指正。

二

荣宝斋前身为松竹斋，清康熙十一年（1672），浙江人张氏在北京琉璃厂创立了松竹斋南纸店。琉璃厂一带自清乾隆时期，逐渐成为北京最为著名的文化街市。而松竹斋因承办官卷、官折，产品质量上乘而在琉璃厂众多的南纸店中最为出名。其经营范围主要包括三部分：一是书画用纸；二是笔、墨、砚台等文房用具；三是代客订购书画，从中提成。光绪年间，松竹斋经营不善，难以为继。清光绪二十年（1894），松竹斋开设连号荣宝斋，取“以文会友，荣宝为名”之意，庄虎臣出任首任经理，陆润庠（清同治状元，曾任国子监祭酒）题写了“荣宝斋”的大字匾额。1950年，荣宝斋完成公私合营，“荣宝斋新记”开张，郭沫若题写“荣宝斋新记”匾额。1952年，荣宝斋转为国营，去掉“新记”二字，重新使用“荣宝斋”招牌。

自创立松竹斋以来，在300多年的发展历史中，荣宝斋极大地拓展了自身的业务范畴。时至今日，荣宝斋已经成为集经营书画古玩、文房用品，从事木版水印、装裱修复、出版印刷、展览展示等于一体的中国书画艺术品交易和艺术相关服务平台。在荣宝斋繁多的业务当中，“镇店之宝”当数国家非物质文化遗产——木版水印。清光绪二十二年（1896），荣宝斋开设“帖套作”工艺坊，开始刻印信笺纸，形成了日后荣宝斋“前店后厂”的经营模式。20世纪三四十年代，印制信笺还是木版水印的主要业务，受鲁迅、郑振铎委托，荣宝斋印制了《北平笺谱》，复制了明末清初胡正言的《十竹斋笺谱》，此外还刻印了张大千等少数画家的少量书画作品。到了50年代，荣宝斋的木版水印技术更上一层楼，开始印制大幅、套色复杂的古今书画。荣宝斋刻印的五代顾闳中《韩熙载夜宴图》、宋徽宗临唐张萱《虢国夫人游春图》、徐悲鸿《奔马图》等，将木版水印推向了巅峰。

除去经营自身业务以外，荣宝斋也成为无数艺术大家的精神家园。松竹斋时期，松竹斋的产品便受到许多书画大家的喜爱，大书法家吴大澂每写对联，必要到松竹斋买纸。等到庄虎臣接管荣宝斋，开创近代书画展厅，边展边卖，齐白石、张大千、陈半丁等大家都曾在这里开辟“卖场”。建国初期，百废待兴，许多书画家的生活因为市场的变化，捉襟见肘。又是荣宝斋，为书画家们挂笔单，为他们提供了书画展销的平台，也帮助他们度过了一段艰难的时期。

作为中华传统文化的传承园地，荣宝斋更在中国文化走出去的过程中扮演了重要的角色。改革开放之后，我国与世界各国的交流日益密切，而民族文化作为国际交流的重要部分，对我国外交事业发挥了重要作用。其中，荣宝斋也做出了巨大贡献。1979年11月，荣宝斋与日本西武百货合作，赴日举办了“中华人民共和国建国30周年暨中国荣宝斋展览会”。荣宝斋组织众多知名画家为展览进行专门创作，引起了中日文化界的强烈反响，也打破了中日两国长期文化隔绝的状态，影响深远。

此后，荣宝斋设立新加坡经销处、成立汉城（今首尔）分店等，极大地推动了中国传统文化的对外交流。此外，荣宝斋还承担了大量的外宾接待任务，丹麦女王玛格丽特二世、日本前首相中曾根康弘等都曾是荣宝斋的座上宾。可以说，荣宝斋已经成为中国传统文化，尤其是传统书画艺术的一面旗帜。

三

米景扬先生祖籍浙江绍兴，1936年出生于北平，1956年进入荣宝斋编辑室，长期从事木版水印与古画复制工作，历任荣宝斋编辑、副编审、副总经理，1998年退休。米景扬的父亲米文瑞经营玉器行“瑞德祥”，擅长玉石设计与古玩鉴赏。童年时期，米景扬先生在花市上二条度过，每年春节跟着父亲去琉璃厂做生意，对琉璃厂也非常熟悉。其时，琉璃厂是老北京最为有名的文化街市，而花市则是南城工艺美术商业中心，保留了大量传统民俗。受到家庭与成长环境的熏陶，米景扬先生自小对中国传统文化产生了浓厚的兴趣。1956年，机缘巧合之下，经著名画家汪慎生、董寿平引荐，米景扬进入荣宝斋编辑室，正式跨入了中国传统书画艺术瑰宝的殿堂。在40余年的荣宝斋生涯里，米景扬见证了木版水印技术的发展与成熟，参与了中国珍贵古画的临摹与复制，率领中国书画界访问团赴日交流访问，负责接待外国政要参观访问荣宝斋，等等，可以说，米先生在荣宝斋的40余年，是荣宝斋对内大力保留传统艺术，对外积极传播中华文化的40余年。

从荣宝斋公私合营到改革开放，这段时间的业务骨干，笔者认为应分为三部分人。第一部分人生于清末，他们在北洋时期已经成了荣宝斋的业务骨干，担任了总经理或地方经理的重任，他们的代表人物是王仁山、梁子衡等。他们都是荣宝斋的学徒，经过自己的努力，很快被老板委以重任，他们懂业务、会经营、勤劳刻苦、讲礼节、好面子，最重要的是他们懂得市场上的人情世故，学习了一些读书人应具备的基本文化，为自己打下了文化底子，然后结合自己的商业活动，慢慢摸索出了一套适合自己的特定门类的商业经营文化。同时他们还揣摩画家和顾客的心理，根据当时的社会情况，他们把荣宝斋办成了看似没有特点可是一细观察处处都是特点的地方。他们身居一定的位置，从不搞特殊，因而赢得了老板和伙计们的称道。新中国成立后，他们由主导者变成了荣宝斋的资方代理和雇用人员，他们能够审时度势，顺着社会潮流逐渐适应了自己新的身份。他们很少向领导提出建议，但是一旦交给他们任务，绝对圆满完成，本书对此有一定的介绍。第二部分人是20世纪30年代进入荣宝斋的学徒，王宗光、孙树梅、杨集桐、田宜生等人是代表，新中国成立后，他们通过党组织的教育和培养，成了荣宝斋的领导和业务骨干，是五六十年代荣宝斋的技术中坚力量。他们讲理想、讲奉献、讲诚信、讲互助、讲自律，他们都通过当“三年零一节”的学徒，练就了一手鉴定书画的硬本领，在计划经济下的荣宝斋里发挥了应有的作用，在收购古字画，为国家创造外汇收入等方面功不可没。他们的另一贡献就是在50年代初重点发展木版水印，抛弃了旧社会光做信笺这类小型作品的经营模式，坚持向国画的高、精、尖方向发展，使中国的文人画与当代名家巨作得到了空前发展，同时又解决了现代与传统两个矛盾的问题，使之有机结合交融，成为荣宝斋的一大特色。第三部分人是20世纪50年代中期先后进入荣宝斋的米景扬、王大山等人，他们懂良知、有道德、能自律，作为社会主义的新生一代，热爱本职工作，虚心向老同志学习，服从组织分配，干一行、爱一行、专一行，荣宝斋也给他们提供了平台。70年代初期，他们成为荣宝斋新生的业务骨干，当时的政治背景下，国画市场发生了很大变化：昔日舞台的主角是京朝派（包括京津派）、沪上派（即上海派），然而他们的创作已经不适合社会的变化，他们作品展现的角度比较陈旧，远远不如金陵画派和岭南画派那般能够反映时代新貌和精神。由于米景扬等人当时正年富力强，经过几年的业务训练和自身的努力，他们成为当时那拨人当中的佼佼者，也经常到外地去征集金陵派和岭南派画家的画作。经过实践证明，他们的业务水平得到了很快的提高，并和那些画家建立了友好的关系，发掘了很多优秀的青年画家，为改革开放后荣宝斋能够适应书画市场的剧烈变化打下了良好的基础。比起前者的业务水平，他们还有一定差距，但他们的特点就是脑子灵活，应变能力强，掌握了现代商业管理理论，习惯在创新上做文章。他们在对日文化交流、在中国香港和东南亚建立荣宝斋分店等方面功不可没，尤其是90年代以后当中国拍卖业兴起时，他们是第一批参与和开发此行业的人，这是很有眼光和见解的。他们为中国画家走向世界花费了大量心血，使中国大师的书画价格与世界级大师看齐甚至超过他们，为中国书画业争得了一席之地。

为写作本书，从2017年6月起至2018年5月，笔者共与米景扬先生进行了20余次访谈，积累了数十小时的视频音频素材与数十万字的录音整理资料。因为记忆难免存在疏漏错误之处，我们对原始录音素材进行了整理与筛选，存疑之处尽可能通过查阅文献资料进行考证，并对全书部分较难理解的传统风物、专有名词等做了注释。

在本书中，米景扬先生饱含深情地回忆童年记忆中的北京城，娓娓道来的老北京风物人情引人入胜；他畅谈中国传统书画，勾画了一幅墨气氤氲的艺术图卷；他追忆荣宝斋风雨40多年中难以忘怀的人与事，记录了这家百年老店的兴衰荣辱。这里既有奇人异事，又有名人轶事，还有许多凡人小事，他们在这个“舞台”上“出将入相”，反映了各自的“风光”。由于生长在北京，米先生的北京口音很重，书中有许多有趣的北京方言，能引起老北京人的共鸣、新北京人的兴趣。姚为言只是荣宝斋的一个普通工作人员，但读者读后不能不佩服老人直率的性格、高超的鉴赏目光和水平。不论官大官小，在他的眼里，都是荣宝斋的顾客，全是照顾他们生活的“衣食父母”。在他身上有一股古文化街特有的“伙计”精神，这种精神恐怕后无来者了。齐白石、傅抱石、潘天寿、李可染、启功、钱松嵒……这些大师在书中活灵活现地出现了，他们的生活无不透露着与众不同之处，同时，细想之下又在许多地方有平常人共同之点。荣宝斋的编辑室在创建初期会集了一大批有能力、有见解的艺术家，他们是特殊条件下的一个特殊的会集：艺术趣味追求一致，甘于寂寞，在一个共同领域的成就有所不同。他们的才华显露出来，但是他们的名字不会被人们记住，他们的成果成了荣宝斋发展的脊梁，没有他们当年的创作，就不会有今天荣宝斋五光十色的木版水印画。他们生前寂寞，他们身后依然寂寞。这些就是这本书的看点，书中的许多事情都是口述者的亲身经历，是老北京的“口述历史”。我们应该多视角地去领略北京历史、文化、民俗，如不这样，就不能真正认识到老北京的本质，着眼点只放在洋车、天桥、焦圈儿、豆汁儿、河边喊嗓儿、城墙根遛鸟儿、见面请安……那无疑失去了许多，光这些哪称得上文化古城呢？常被人忽略的事情很多，老年人觉得无所谓，青年人没经历过，如果这样下去，就会给人一种错觉了，米先生的口述正好填补了这一部分的空缺。

我出生较晚，与我们共和国同龄。1956年以后的事情，我尚有或朦胧或清晰的记忆，社会主义改造、大炼钢铁、社会主义教育运动、“文化大革命”、改革开放……通过米先生的口述我好像又回到了那些年代。米先生分别对书中的某些人物和经历做了介绍，由于他个人经历比较顺风顺水，没有经过大的磨难，因此对某些人有“自己”的看法。如侯恺经理，很多人回忆他的时候，说他爱吃吃喝喝，在工作中也有很多缺陷，但米先生对他做了客观的评价，其实在那个时代作为一名老干部，在不间断的运动中摆正自己的位置，已属难能可贵。我们在谈往事时切切不可脱离当时的历史背景。

启功老在书中着墨不多，但处处体现出老人的可爱之处。他的中国古代书画鉴定水平在国内首屈一指。1986年，他被任命为国家文物鉴定委员会主任委员，很多人前往祝贺，有人说您现在是部级，启功先生却平和地说“我不急，我不急”，什么叫宠辱不惊，在此可窥见一斑。米景扬先生也是这样的人，他知道一个人想要真切地实现自我价值，首先要有正确的自我定位。书中有一篇访谈，将他称为鉴定家时，米景扬谦虚地说：“书画鉴定不能仅凭眼力，仅凭经验，其实有这两种经验的人大有人在，凡是北京古玩行中接触书画的掌柜、伙计都擅长此道，如果做不到这一点，那生意早赔光了。现在我们鉴定不但能凭眼力判断书画作品的真假，还要把它上升到理论，要经过反复的考证和论证。考证、论证什么呢？这个作品为什么真，为什么假？这学问就大了。别人不讲，启功先生在考证书画时，我多次在他身旁，他每次给我讲解时，其中的内容有历史的、文学的，有时还有文字学的。您瞧瞧，这一般人做得到吗？所以说也别叫我鉴定家。”

这本书是我做口述历史以来篇幅最长的。说来也凑巧，1980年夏天我到荣宝斋去看他们的展览，好像是庆祝荣宝斋“新生”30周年，在展厅中挂满了当代名家作品。我记得有一个日本友人要买一张李苦禅的彩墨《荷花》，定价1600元人民币，对方提出要打折。当时我很不明白，买东西为什么要打折（改革开放之初，计划经济尚未被市场经济取代，当时只有残次品才能够打折），接待人员说我做不了主，这件事要问“大米”。我听到这句话后对这个人非常感兴趣，一是这个姓氏比较少，二是这个人看来一定有很大的权力。说话间走过来一位身高一米八几的中年男士，接待人员上前和他交谈几句，只见他看了看画，又看了看顾客，爽快地说了一句“好吧，打八折”……这件事在我的脑海中留下了记忆，荣宝斋“大米”，想不到37年后，我竟做了他的访谈录。让我们一起跟随米先生的叙述，走进《八十年来翰墨缘》。

张龙翔

2018年2月25日

第一部分　青少年时代

| 解放前春节期间琉璃厂露天古玩摊儿

一、我的家庭

我是老北京人，确实是老北京人，但我加一句，祖籍浙江绍兴。浙江绍兴对我来说，（印象）痕迹太少。我跟家里人，我们也讨论过，能够见到的，绍兴跟我们有关系的，就是解放初期，在（丰台区）东管头村的一块坟地。这块坟地很大，（坟头）雁翼式地排列着，差不多得有半亩多地那样大，中间的大坟头安葬着从浙江来北京的祖先，雁翼式这种安葬方式又叫“雁排翅”，它的次序安排是：中间为祖坟，两侧各埋少辈，形成“八”字形，新丧掩埋时一律在翅尾上打坑，每座坟墓都是夫妻合葬。这里还有一个说法，我不知道您听说过没有，它叫“男把明堂女把边”。它的意思是左边穴位为明堂，右边穴位为边。这就是我们家族在北京的祖坟。虽然说我祖籍浙江绍兴，但实际上我的爷爷这一代来北京已经有好几辈了。

我今年81岁，我这一辈子认识很多人。（我）经常在问（别人），你是哪儿人？（人家说）我浙江省的。（我就问）你那边有没有姓米的啊？（人家回答）没有。“文革”前后，我经常到南方出差，遇到有浙江绍兴方向的人，我也和他们打听，是否知道他们的家乡那里有没有米姓人，也没问出来个子午卯酉。都不（知道）绍兴有姓米的。所以浙江绍兴到底跟我们有多大的联系呢？当时要到绍兴会馆去查一查去的，后来“文革”一开始，绍兴会馆就给砸烂了，不知道它的资料还有没有。后来恢复了，就在菜市口①那儿，将来还有机会再去看看。所以我只能说我是老北京人，您从我说话可能听得出来，但是我们祖籍浙江绍兴这个还不愿意扔掉，就这个状态。

---

① 菜市口，位于北京宣武门外，清代著名的刑场。

［出示一份姓氏图表］您看这个，我们姓米的，真是少数民族。这里说清楚了，昭武九姓是唐朝从西域[①]迁到中原来的，您看这里头说的什么，就是后来到了襄阳[②]。襄阳那地方有姓米的，襄阳那儿又有人到了绍兴。我们这是少数民族的姓，是一丁点儿也不假，就是少数民族。您像李白不也是这边人嘛，他是苏联境内，现在的吉尔吉斯斯坦[③]。据说吉尔吉斯斯坦他们那儿有一支回民，同治朝，陕西的回民造反，朝廷派兵镇压要杀他们，他们只好整个一村儿逃跑。现在他们说的话，只有他们能听懂，据说都是清朝时候的陕西话。他们的打扮，还是清朝的打扮，现在他们回中国来留学，但是不认得汉字了。他们在那儿干吗呢，种菜，就是中亚那一带的。他们只跟信仰伊斯兰教的人通婚。现在搞他们的学术讨论会，他们现在很愿意回国来留学，这是一部分。还有蒙古，当初清朝镇守那儿的有满族人，还有锡伯族人，笼统来说他们都是中国人。但是他们在那儿都150年以上了。这支回民语言保存得最好，还说陕西话，那个陕西话陕西人也听不懂。咱们的话都在变，100多年前北京人说话现在咱们听也得够呛，随着时代变化，当时的用语啊、说话的结构啊，都有一定的变化，有人考证说广东话好像是咱们汉语的根。

二、我的祖父

我爷爷叫米熙春，您是1927年去世的，可惜我当时没有出生，没有见过您。家里原来有两个大照片，就我爷爷和我奶奶，逢年过节要给他

① 西域，最早指周朝诸地。自汉代以来，西域狭义上指玉门关、阳关以西，葱岭即今帕米尔高原以东，巴尔喀什湖东、南及新疆广大地区。而广义的西域则是指凡是通过狭义西域所能到达的地区，包括亚洲中、西部地区等。

② 襄阳，湖北省辖地级市，中国历史文化名城，楚文化、汉文化、三国文化的发源地。

③ 吉尔吉斯斯坦，即吉尔吉斯共和国，通称“吉尔吉斯斯坦”，是中亚的一个内陆国。1991年从苏联独立。首都为比什凯克。

们上供，可惜（现在）在哪儿不知道。

那会儿永远是一堂月饼。这是老百姓非常讲究的上供的（方式），祭奠的时候要用苹果、蜜供[①]。我爷爷是一个小手工业者，你说他是铜匠也可以。他专门做各种铜质的刀，切西瓜的刀，当然不是卖西瓜人使的刀，而是比较讲究的人家切西瓜用的红铜的刀。这类的东西，我拿两样东西您看看。还有一件东西非常可惜，我记得是我家里最复杂的那个剪菱角[②]剪子。旧时北京讲究吃河鲜，每年夏天阴历七月就有鲜菱角上市，［学卖菱角小贩吆喝］“欸，老菱角唻，鲜菱角唻！”如果你要买，小贩就用这种工具把菱角剪开，回家用手一挤菱角肉就出来了，顾客吃起来非常方便。卖菱角的必带“鸡头米”[③]，这种东西又叫芡实，是一味中药，嗑开后里边的果肉香糯柔软，一般的女孩子最爱吃这种食品。解放以后，就没有卖的了。可惜那把菱角剪子，搬家的时候，不知道是丢了还是放在其他地方了，一直没找到。

［出示一把铜刀和香铲］您看，这是香铲。平香炉里面的香灰，他就拿它片（香灰）。我上广济寺[④]啊，看和尚平这个香炉，和尚手里拿着好拿，真平那个可不（容易）。像我们普通老百姓家里，烧完了这儿炷香啊，香灰就高出来了，让人看起来不舒服，你拿它一平，倍儿平，弄了以后它就不一样了。［指着一把铜刀］这把刀是裁纸刀，是我爷爷亲手做的，您看这个是，近乎白铜，这沉。这把儿整个儿一红木的。现在我哥哥家中，还有一大个儿的，这么大［用手比画］。西瓜刀

① 蜜供：北京传统应节糕点，也是春节的领衔供品。一般由长3厘米、宽1厘米的小点心条码砌而成，可作塔形。具有色泽浅黄，上浆通体光亮，入口香甜松脆，稍硬，不粘牙的特色。

② 菱角：又名腰菱、水栗、水栗子、菱实，是一年生草本水生植物菱的果实。

③ 鸡头米：新鲜芡实，又名鸡头肉，俗称鸡头，是睡莲科被子植物一类。果实呈圆球状，尖端突起，状如鸡头，有健脾益气、固肾涩精等作用。

④ 广济寺，位于北京市西城区阜成门内大街25号，始建于金代，明代天顺年间重建。建筑保持明代格局，分三路，寺内珍藏许多珍贵文物，如明代三世佛及十八罗汉造像、康熙时建的汉白玉戒台、乾隆年间的青铜宝鼎等。

原来也在我这里，后来让我侄子给拿走了。旧社会卖扒糕[①]的、凉粉[②]的，用的一种刀也是铜的，它是刀身长、刀把短，但是它刀窄；切豌豆黄儿[③]跟切扒糕的刀不一样，它也是刀身长、刀把短，但是它的刀宽。那时候卖小吃的，他们的用具几乎全是铜匠做出来的，你说一个卖面茶[④]的，他的车上全部是铜活儿，熬面茶的中号铜锅，放芝麻酱的小号铜锅，放勺的也是一个铜制的长筒，撒芝麻盐的是一个一面凿满了小眼的铜罐，而且用来盛面茶和吃面茶的勺也是铜的，车子的前面有一个铜牌，上面刻着或者是"清真"或者是他们家的字号，什么张家李家。您看当时铜匠在北京的小买卖人中有多重要，他显得与众不同，又干净卫生，但是到了20世纪，由于铜料短缺，国外的铝制品在30年代涌进了中国，这个行业就萧条了。我爷爷到了晚年，做了一辈子手工业者，这个手，皮特别厚，长满了茧子，磨了一辈子，你想他也是活了83岁。我听我父亲说，祖父晚年他就得让我母亲一点点从肉里头剔"铜钉子"，就是工作过程中，这些金属的东西就"钉"进去了。

我祖父这个行业——北京的铜匠，是专门一工，后来就失传了，因为铜的合金属，比如说白铜，现在基本上是难弄啊，反正据说一直都没恢复这个，尤其是刀啊，非物质文化遗产好像也没提到它。在北京来说，这应该是一个非常宝贵的手工艺的产品，尤其是文房四宝中的白铜制品、墨盒等。按照我们荣宝斋的说法，还是利润率相当大的。琉璃厂做这个事情还真不少，咱们开国的大印就是白铜的。

镇尺一类的东西，现在外头还有卖的，都成文物了。现在专门有

---

① 扒糕：一种荞麦面制成的食品，制成成品后切成很薄的菱形小片儿，放入适量的酱油、醋、芝麻酱、蒜泥、咸胡萝卜丝、辣椒油和芥末，调制而成，是北京的一种夏令食品。

② 凉粉：由淀粉制成，色泽清白光亮，质软而有弹性，其调料与扒糕相同，是北京的一种夏令食品。

③ 豌豆黄儿：由白豌豆制成，颜色浅黄，细腻纯净，入口即化，原为清宫中的食品。

④ 面茶：一种老北京特色传统风味小吃。天津和山西晋中、太原等地，也流行一种面茶。面茶不是茶汤，而是黍子面或小米面煮成的糊状物，表面淋上芝麻酱，芝麻酱要提起来拉成丝状转着圈儿地浇在面茶上。

一个文物小组，有一批年轻人喜欢弄这些个东西，真是一个好事，他们组成了一个铜器的小组。其实他们跟铜匠是一脉相承。祖父当初干的行当，当时不受到社会重视，现在看来那是一个非常艰苦（的行当）。因为那时候没有机器，就说那个铜屑嵌进肉里，那都是打磨铜屑；因为那时候没有劳保，没有很好的生产环境，就靠锉和磨，那完全是手工地去做。为什么当初这些刀也好，价格非常贵，现在人们非常不理解。因为现在很多机械化可以生产了，人家现在弄好模子以后，锻造一下，打磨一下就完了，砂布一抛，可他们那一代铜匠，完全是手工操作。我爷爷那时候就是，做这个东西，可能还有其他的铜制品，因为身边没有实物，父亲他们也没有谈起过，所以我就不知道了。当年我祖父做好很多铜器之后，他那个时候是自产自销，主要是赶庙会。北京城里当时有两大庙会，一个是东城的隆福寺①，一个是西城的护国寺②。

三、我的父亲母亲

我的父亲叫米文瑞，字祥甫，生于清光绪二十一年（1895），殁于1975年。因为做铜匠太辛苦，收入也低，他就没有继承祖父这个行业，小时候就被送到花市“瑞德祥”玉器作坊做学徒，进入了玉器行。他在学徒期间特别刻苦，因为父亲比较聪明，掌柜的和师傅们很喜欢他，他

---

① 隆福寺，坐落在东四北大街西，始建于明代景泰三年（1452），清代成为完全的喇嘛庙。隆福寺曾是朝廷的香火院之一，成为京师著名的大庙会。因坐落在东城，与护国寺相对，俗称“东庙”。清代，旧历每月逢一、二、九、十开庙，1930年改用阳历1、2、9、10开庙。在这里可以买到各式各样的土特产，可以吃到多种北京地方风味小吃，可以看到北京的民间戏曲。

② 护国寺，始建于元代，原为元丞相托克托官邸，初名崇国寺（北寺）。明宣德四年（1429）更名为大隆善寺。明成化八年（1472）赐名为大隆善护国寺，与东庙隆福寺相呼应，俗称“西庙”。护国寺小吃以京味小吃为主，经过多年的发展也有变化，有各种细馅儿元宵、清真汤圆、艾窝窝等近百个品种。

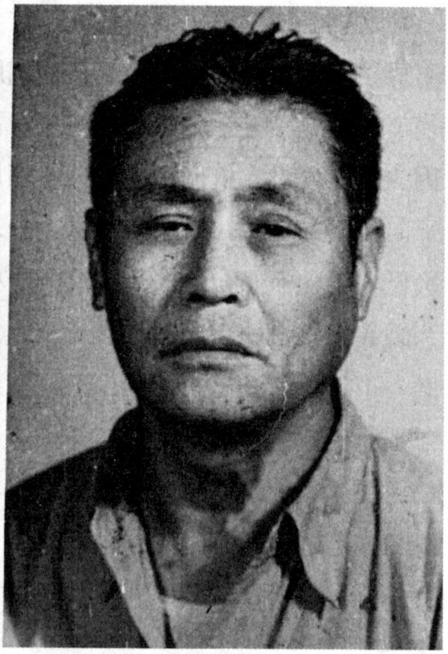

米景扬的父亲（右）和母亲（左）（米景扬提供）

学了一手很好的玉石设计功夫。同时他精心钻研请教老师傅，等他出徒时，就已经精通古玩玉器的鉴赏了。原来的师傅把自己的商号“瑞德祥”倒给了他，学徒就成了老板。

［展示父母相片］这是我母亲，这个相片是谁照的呢？这话还得从头说起。抗日战争时期，花市还不叫良民证，叫居住证。所以这次说给非京籍人员办居住证，我听着很不顺耳，抗日时候才叫居住证。您看那时候，我们家我母亲还没照过相，多亏这次办居住证才留下这么一张照片，我母亲是1954年就（去世了）。

我母亲娘家是干什么的呢，她的娘家在北京南横街住，以什么为生呢？全靠在北京城的西南角上右安门养鸭子。那时候右安门外有一条河，两边是树，她娘家就在那里搭了几个棚子养鸭子。说起来也简单，干起来就不容易了。鸭子长到一定的程度，把它们单独圈起来，用莜面[①]和

① 莜面：由莜麦加工而成的面粉，在山西、内蒙古、河北坝上地区也是莜麦面食品的统称。

糠、麸[1]再搅上其他的东西搓成长条，然后做成一个一个的小团，再把鸭子从圈里提溜[2]出来，往嘴里硬塞莜面团。据说每天要喂好多遍，就是育肥。当时它们的名字叫北京填鸭，它们都是白色的羽毛，非常的肥，和现在的烤鸭不一样，现在是和外国的樱桃鸭杂交了，瘦肉多了。我听人说北京的填鸭带到外地，同样的方法去喂养，烤出来的鸭子色香味都不如北京养出来的。这是因为饲养填鸭除了食物之外，还与玉泉山的水系水质良好有关。

那时候的烤鸭店，叫鸭子坊，它们专门经营烤鸭，那是非用那个喂食，鸭子才肥。你说吃烤鸭，瞅着它简单，莜面做的团儿，愣往嘴里塞，这鸭子也很难受的，强迫它吃掉。为什么叫北京填鸭啊，你看那卖鸭的，都是北京填鸭，就搁嘴里，愣往下，从脖子这儿往下压，所以叫北京填鸭。

我母亲娘家姓李，在南横街一带他们不算望族。我母亲经常跟我说：我娘家选的养鸭这个行当不好，你看把挺好的鸭子都弄成这样。填鸭，没长成的鸭子愣给它育肥，最后被吃掉，她认为太残忍了，对这个事一直很硌硬。她娘家还有一个弟弟，也是日子不好，老早就不在了。[指着窗外的一片水]说来也怪，我搬到这里以后才知道就外头这块水，叫鸭子湖。据说当年生产队他们也是养鸭子的。你想这地方，养个几千只鸭子没问题。呼啦呼啦下去了，呼啦呼啦上来了，数量大得很。可是我母亲说这行当不好。

我母亲一直是家庭妇女，在家里操持家务，1954年就故去了。当时我家里生意也不好，已经坐吃山空了，母亲去世时确实没钱买棺材，找到了她的一个亲戚。这个亲戚住在虎坊桥东，就是现在晋阳饭庄的对面，路南有个大门。他做什么生意的呢？解放前经常有美国兵开着十轮大卡到他的院子里，卡车上全是新换的轮胎，到他这儿全换成了旧的。他给美国兵一些钱，然后拿到社会上去卖，就干这个行当。解放后他的

---

① 麸：小麦磨成面时，筛过后剩下的麦皮和碎屑。多用作饲料，可以用于喂牲畜。

② 提溜，读作“dī liu”，北京土语，意为手提、提拉。

生活也还好，轮胎卖不成了，但是家里有“底儿”。还不错，他给了我一些钱，足够“发送”我母亲的了。

我父亲他主要在青山居摆摊儿，开头有伙计，后来我哥哥岁数也大一点儿了，伙计也就（遣）散了。这是1947年前后的事，这徒弟也养不起了，他们就各自回家了。干这个行当的普遍是河北人，衡水那一带，好像这一带的人较多。我们家的那个徒弟，我的印象没有口音，说明还是北京人。有的徒弟可能住在家里，有的住在我们家西屋。管饭，全管。

当时学徒主要干什么呢？学习识别材质；还一个，他们看着父亲做设计，教他们画图样，有的人有天分，一年多的时间就可以设计了。但是父亲还得把关，每天上午跟着父亲去青山居摆摊儿，经过一段时间训练，他们基本掌握了价格，父亲就去干别的事情，让他们看摊儿。

当时内行来拿货付款的事很少，那得是卖给外行，业外人来买玉器，需要当时付款。他们一般学徒期间不会干“昧钱”的事儿。我记得，写账就是我大哥写。那时候有一张叫银柜，得有这么高吧［用手比画］，有一半是实的，一半是个盖儿，里头可以搁点儿东西的。就这银柜，这一半的，我记得很清楚，它可以立起来，说明它很厚。木头的，前面是铜活儿，老是这么大一笸箩[①]，现金都在这笸箩里头，账啊什么都在下边。家里人就是我大哥管，我大哥那人实在是好人，他就是一心一意为着生意。

从20世纪30年代一直到1956年，我父亲一直干的是这个。公私合营的时候到北京的工艺品公司了。除了它们之外，还有懋隆[②]和友谊商店，这都一事儿。但是总店在崇文门[③]外（花市）上四条西口。它们的房子是楼房了，干（工艺美术）这行的这么多人集中起来，地方小了不行。就这样北京搞工艺美术的都集中到它那儿去了，都归它那儿管，它

① 笸箩：读作“pǒ luo”，盛放物品的一种器具，用柳条或篾条编成。

② 懋隆，是由一位法国人出资，由金琢云先生与黄佩华先生在东交民巷内（现台基厂松鹤楼饭庄处）开创的。当时，主要对附近的外国人销售中国古旧家具、地毯和少量古玩，新中国成立后改为国营。

③ 崇文门，原名文明门，俗称哈德门、海岱门，是北京城东南方的一座城门，于1968年被拆除。

那儿发工资了，编制都归它了。公私合营后，给我父亲定工资65块，我大哥55块，因为我父亲在一个部门当组长。后来侯恺老跟我开玩笑，（说）你们家就是小业主，我说我也没说我们家是资本家，我就是小业主。

我父亲好像是1960年左右基本上就退了，已经过了退休年龄好几年了，因为他有很好的鉴定眼力，还有产品出口前如何再加工，都一直是他在做。退休后就在家赋闲了。

那时候他自己手里有60块钱退休金，他交给家里30元。我嫂子主持家务，你想我大哥挣55块，他给30块饭钱，等于就85块了，这个日子就过得可以了。我有一件事记得最清楚，你想1961年第26届乒乓球锦标赛在中国举行，那是第一次在国内举行国际乒乓球赛，引起了轰动。那票价多贵啊，他很“新潮”，愣买了一张决赛的票，看中国对日本乒乓球队的决赛。我不放心他，陪他到了体育馆，半截儿他出来了。我说您怎么出来了，他说里头太热，人太多了。

我一直在外头等着，你想他那时都六七十了，岁数也到了。看这个恐怕坚持不下来。除此之外，他还爱去逛故宫，去那里欣赏他们的文物陈列，北京市凡是有工艺美术展览的地方，反正他都愿意（去）。有时候我陪着去，有时候他自己就去了。

他每次看展览回来，他都总对展品的陈列说些事儿（意见），有好些话就有点儿讽刺，“那（展品）怎么那样弄啊，应该怎么怎么样”。对有的新作品他也表示一些看法，“如果在某些地方加工得细一点儿，那就更好啦”。我当时特别爱听他的这些话，但是家里人不感兴趣。

四、我的兄弟姐妹

我们家是姐儿三个，哥儿三个。我们是大姐米景娴、大哥米景廉、二姐米景敏、二哥米景纯、三姐米景新、我米景扬。

我大姐现在不在了，她和我母亲一样做了一辈子的家庭妇女，我的大姐夫是交通部的一个处长。

我大哥从小在我父亲身边学玉器行，手艺和眼力全不错。当时我家在青山居摆摊儿。大哥因为上过几天学，就负责记账，我哥那人太好了，一分一毛都不会差。他结婚比较早，但是他没有分家单过，从来不从柜上私自拿一分钱，用我父亲的话来说就是太顾家了。公私合营以后被分配到工艺品公司工作，我母亲去世后他就主持这个家了。我大嫂娘家也是老北京人，干净利落，能干得很，生活特别有规律，比如说衣服和袜子她都给叠得板板正正，而且还做得一手很好的家常菜。

二哥从小就不喜欢玉器行，非要出去当工人，是托人还是自己找的我就不知道了，反正进了铁路（系统）。解放初期从北京铁路局调到了东北齐齐哈尔机车车辆制造厂，在一个车间里当工长。从北京调过去的，是支援地方。后来不知道为什么（被）打成"右派"。怎么个"右派"，他跟我说被打成"右派"可能是跟我那个二嫂子有关系，我嫂子有点儿政治上的问题，说话也不注意，可能还得罪了很多人，他不好意思跟我说细情。由于他勤奋好学，他个人技术非常好，工厂的技术得靠着他，出了什么生产上的技术问题都要靠他解决，但是它（工厂）不考虑这个，它就得考虑各方面的条件，当时工厂考虑的政治方面的因素，反正就给他划成了"右派"了，他（二哥）也只能不言语。

二嫂子也在齐齐哈尔机车车辆制造厂。有一次二哥回北京出差，我们在吃饭的时候他跟我聊起来，他举了个例子，他说它（厂方）靠着我，它离不开我。说有一次，火车头掉道（脱轨）了，秃噜轨了。他们术语叫"掉道"。这主任带着多少工人，在那儿弄了半天，一脑袋汗，快中午吃饭了，（车头）上不去。说赶紧找老米（二哥）去吧，这还得找他。他当时没有因为当"右派"去劳动改造，他就是打扫打扫街道什么的，到时候还得去汇报思想，车间已经不让他进了。但是这次事故最后没辙，主任什么的全傻眼了，他说还是找老米去吧，就把二哥找来了。他站这儿一看，它有一条铁链（吊链），滚动的方向不对，（他在现场指挥工人调整方向）给它倒着再来一遍，倒着来一遍以后，再倒着起，“咣当”，上去了，解决了这个技术难题。

1978年以后他被错划“右派”得到了改正。他今年（2017）去世的。这辈子他也很满意。你想，他生活一好以后，精神压力也没有了，我这儿经常接济他，日子过得就很好。他特满意，他说我总归赶上改革开放这好日子。

二姐也不在了，她在东城区的商业搞销售这一块的。三姐是国务院机关事务管理局的幼儿园的园长，她也处级干部呢。据说，毛主席、林彪在“文化大革命”当中检阅红卫兵的时候，还让她坐在车上，有一张照片，后头坐两个女同志，头里是首长。工作上一直就还可以，现在也退休了。比我大三岁，我们都是（差）三岁，一男、一女、一男、一女、一女、一男，都差三岁。

六个兄弟姐妹，除了大哥，没人干这玉器行了。我大哥和我父亲就支撑这个，已经就够了。你比如说我那二哥，他就表示不愿意干玉器行，可能乏味，还是他不喜欢（玉）文化。凡是喜欢文化，你看我这干了40多年字画，我现在又开始喜欢玉器了。是和这个玉器家族有关系，另外我确实也喜欢玉器的艺术。父亲单干时，他经手销售的各种玉器我都见过。

五、青山居玉器行

我小时候住在哪呢，我们家老跟琉璃厂有关。东琉璃厂南有个东北园，我们的家就住在那里。后来因为玉器行的商业活动中心在崇文门外头，北羊市口青山居，所以就在花市上二条买了一所房子。从东北园搬到崇文门外上二条24号，当时叫哈德门外上二条。这个房子是一个小四合院，北房三间、南房两间半、东西各两个小间。整个家族都在一起，那时候和我一个叔叔一起住。他们是亲哥儿俩。

（叔父）他们住南屋。我们家也怪了，两房都是六个孩子，所以人口是比较多。后来我这个叔叔，学的是金融，后来从北京到了天津，搞的是股票交易那一类行当。

玉器行不太搞瓷器，做瓷器这个的，就是前门外廊房头条、廊房二条那边的古玩店来经营的。这个玉器行就是卖玉器的。

我父亲后来带着我大哥一直是做这行。做玉器生意的，你不单会收货，有时候也进一些原石，如果让别人去设计去加工那成本就大了。你比如说，这一块石头，这儿有点儿颜色、这儿怎么瘪去一块……我父亲因为学徒时掌握了设计这门技术，就老拿毛笔，琢磨，这是鸭子头、这身子，然后这儿多出一条腿来，你去做去吧，做完以后非常好，最后还得抛光。有时候也做一些鼻烟壶[1]，鼻烟壶什么材料都有，玛瑙、玉石、翡翠。说起翡翠学问大了，翡和翠是两码事儿，翡发红色、翠发绿色，翠比翡值钱，翠的绿色又分菠菜绿[2]、子母绿、老绿、干绿多种。什么样的翠最值钱？行话说“看似假实为真”。什么意思？猛一上眼看，这是假的，实际上是真品，这种料最难得，不好听的话，不是真行家还真鉴别不出来。真正的高手用低价从市场上买回带“绺”的翠，“绺”是行话，就是人为的或者自然形成的裂纹，但是深浅不同，你把浅的买回来，可以把缺陷打磨掉，加工成成品后可就卖大价钱了。我们家还有两个学徒，有时也学着加工一些白玉龙钩、什么翡翠龙钩、翡翠的鼻烟壶。

您非常擅长巧雕，比如一块石头，上面有瑕疵，怎么样巧妙地利用这个瑕疵，把这块原石雕刻成艺术品。比如说王树森，有一个什么玛瑙，最后有一个黑点儿没法弄，他把它雕刻成了鹅盘，利用那个黑点儿雕刻成歪着脑袋吃食，这就是巧雕。

---

① 鼻烟壶：指的是盛鼻烟的容器，小可手握，便于携带。明末清初，鼻烟传入中国后，鼻烟盒渐渐东方化，产生了鼻烟壶。

② 菠菜绿：指翡翠的颜色半透明，绿色中深，带蓝色灰调，似菠菜的绿色，不够鲜艳。

我父亲跟王树森很熟悉，当时到我们家串门的还有溥僩、内画壶[①]的叶仲三，还有周乐苑，这都是那画壶界老的了，叶仲三并不怎么老。还有最近在衡水出名的搞内画壶的那个王习三，有一次在北京饭店搞一个活动，他也参加了。他现在也88了。

会议开始不是介绍来宾嘛，介绍完我以后，那王习三就跑过来，（说）米先生您是不是上二条的。我说我是，然后就聊，还聊了半天，还给了我一本介绍他的书。

比如说这个烟壶，多大个儿、什么材料的、画什么，这都跟材质有关系。你比如说你画个白的人，涂白颜色的人，它就很明显。因为它本身很白了，就得多用点儿赭石了、浅墨了，这样来弄。它也是跟画的风格有关系。

当时很多人来我家。比如王树森，他有个外号叫王大头，因为（那时）年纪小不懂事，也就跟着父亲喊王大头。父亲经常训我们，他当时是常去的。王树森在那街上碰上了我们，总要聊上两句，他好像在附近的作坊干活儿，他干完活儿就出来，对我们很和善。

当时什么都是自个儿弄。没有料，也得到市场上去收购，比如说他那儿有两块原料，你就过去问，一块你卖不卖？卖，这时候有一个非常有趣的场面：你想卖多少钱，我想多少钱买，不能用话说明。你把手伸进对方的袖筒，两个人用手指代表数字进行交易，你让点儿我加点儿，如果双方达成一致，得了，我就拿走了。他必须能看出这块料能做什么，如果是一脑子“糨子”，那你就等着赔钱去吧。他一看就能看出点儿门道来，如果是大件设计完了他就找那个下家去加工制作了，我们附近几条胡同全是加工和制作玉件的。

另外做玉器，也不是完全自己做。因为我们那几条，刚才还说上二条呢，就是崇文门外头，上几条周围都是这行当的人，除去这行当的

① 内画壶：又称“鼻烟壶”，是中华民族特有传统工艺，是料器（我国以前对玻璃的称呼）的一类，也有水晶质地的，因数量多、影响大，单列一类，是清代末年发展的民族工艺品。

商业活动的人，就是制作，我们25号全是做玉器的。你要一听，“嚓嚓嚓”，拿金刚砂磨砣子加工玉件，都是这个行当的。

那时候我记得我父亲有一次到天津进货，那是1945年以后的事了。在英租界一位遗老的家中，收购了一套碧玉的大五供，两只蜡扦、两只花筒、一只香炉，二尺多高，成色太好了，一看就是宫里造办处做的东西，当时的价格也是相当贵了。父亲非常高兴，买了那东西以后用丝绵纸包好，小心翼翼地放进了箱子，然后坐火车回北京。那时候京津之间全是慢车，大小站全停，车上的秩序也很混乱，可能是到了杨村，很多人上车，在拥挤之中父亲被挤到了一边，手里的箱子被挤掉了，也就是几分钟的事吧，就把这套碧玉五供给丢了。

其实他们官面有人和小偷勾结起来，在你收购这套东西的时候，就有眼线盯上你了，你什么时候上车提的什么箱子他们一清二楚。丢了东西后你很着急，他们甚至敢派人找上门来，“某某某你是不是丢东西了”，你肯定要跟他说，他还装作好人，“你花点儿钱我可以帮你找找”。那时候你要是肯花钱，还真能给你找回来。表面上他们帮你找侦缉队，那时候的侦缉队跟强盗一样，一码事儿。你比如说100万买的，你至少掏出40万，讹你这个。要不要？要，找是找得到，你得要花40万。

后来找回来了，但是大部分利润没有了。贼也得跟你谈，双方也得谈。你比如说看你，看张先生是有钱人，这比例就高。他也很会掌握这个尺度的。这就是度，他们有个行话，叫要到你的痒痒肉[1]上。这钱你能掏，但是心疼。绝不是我掏不出来。结果四六这么一分，也就没什么了，没有什么可赚头了。

这件事情，那我父亲回来以后，脸的颜色都不一样了。天津这地方，第一离北京近，第二呢，大批皇族遗老遗少都住在那里。这些人手里有东西，就是古玩、玉器、鼻烟壶啦。受了这次打击，我父亲

① 痒痒肉，北京土语，指关键之处。

患上了重病，只好在家休养，买卖都靠徒弟和我大哥去做，反正日子只有将就过了。过了半年，听说有一个人在外埠买回一大批货，他要出手，我父亲就派两个徒弟去看货，看了半天只买回几只龙钩。拿回来我父亲一看就急了，不可能没有好货。当时叫了辆洋车，亲自去看，没过几个小时，他买回来的货物拉了两洋车，摆满我们家的两个炕上。我也不懂是什么东西，反正过了一天有人来看货，全部给买走了。

我父亲拿货不用给现钱，他们有协定，过十天或者半个月把钱款付齐。从我家拿货的人也是如此，这个叫“串货”。比如说一件东西在张某的手上不好卖，到王某手里他能以十倍的价钱卖出去。

如果卖不出去，那也不管，到了日子你借钱也得把这笔账还上，这是信用问题。做玉器生意，就看你的眼力了。如果你的眼力不济，只有干等着赔钱了。当初旧社会有一句话，叫作“俏”。什么意思呢？你千方百计地要低进高出，才能有赚头。

除此以外，还有一些进货的渠道。比如北京的溥僩，每次他来，拿点儿什么，有他自己的，或者是亲戚朋友的，东西的成色都不错，因为当时缺钱用，他急于出手，只好送到我父亲这里来。我父亲不管当时好卖与否，都收下来了。据说他是瀛贝勒[①]的后代，行五。

他们哥儿八个，全都去世了，那溥雪斋应该是老大，他是老五（溥毅斋），六爷是溥松窗，老八是溥佐（溥庸斋），老八后来到了天津美术学院，成了名家了。反正当时溥僩来我们家，我和家里人对他不太欢迎，因为父亲收了他的货后，有的还真卖不出去，积压了不少。可是我父亲却对我们说对人态度要好啊，人家是皇族。他解放以后在东单还摆过一阵地摊儿，甚至于把周围这些个穷亲戚的东西（都摆地摊儿上），鼻烟壶啊，小玉器件儿啊，玉别子（玉器的大件称为

① 瀛贝勒，即爱新觉罗·载瀛（1875—1930），爱新觉罗氏，清朝贝勒。道光帝孙，惇勤亲王奕誴第四子。

“件头”），东西其实不错，当时没市场啊。这个人特别有意思，经常自嘲，当初他有一句话嘛，他说“孔子曰‘君子坦荡荡’，我溥某人是‘君子长当当’”。可见他当时生活潦倒，也靠借卖为生了。

他是当东西，“君子长当当”，现在很多人没搞懂。他们的生活也挺有意思，穷归穷，北京有个睿亲王的后代，您知道吗？叫金寄水。我听荣宝斋的老人说，他这生活乐趣特别好，有一度生活落魄，吃窝头、咸菜，那怎么办啊，把窝头片薄点儿，搁支炉[①]上，烤焦了。咸菜丝儿啊，切细点儿，有香油搁香油，没香油搁点儿熟油，什么都没有就干嘴吃。弄个桌子，棒子面粥、咸菜、窝头，他坐那儿，也得摆个谱，架子不倒。

还听人说，袁克定您知道吗？袁克定不是住在张伯驹那儿？也是这么吃的。他和张伯驹好像有点儿关系。张伯驹的父亲——张镇芳，袁世凯的哥哥袁世昌娶了张镇芳的姐姐为妻，他们就是这么一种姻亲关系。就是什么东西都要有盘子，都得刀叉伺候着，其实吃的馒头片。

有些印象比较深刻的买卖，那是解放前的春节。1948年就好像没有买卖了，行内的来往就少了。由于通货膨胀，物价飞涨，金圆券[②]就没了信誉，市面很乱，倒卖大洋的应运而生，站在街头用手敲着现洋，买两个、卖两个，赚差价。

在磁器口那边每天有好几十人倒卖大洋，当时金圆券不值钱了，完全用大洋来交易了。我现在说一件很久不忘的事情：1947年农历除夕的早晨，外面下着大雪，那时候玉器行已经没有生意，年关了。我母亲和我婶在东屋那个小厨房，蒸着两样面的馒头，馒头是玉米面加白面，

---

① 支炉：产于北京京西门头沟一带，黑沙制成，大约20世纪80年代以前一些北京人用来烙饼的炊具，直径大约30厘米、高不到10厘米，一端开口、一端用球面封口（但是球面上有很多小孔），用泥（沙）做成型之后，再通过像烧砖一样的窑烧制而成。烙饼的时候，把支炉扣在烧煤的炉子口上，然后把用擀面杖擀成饼形的湿面饼放在支炉的球面上用炉火烘烤，这样饼就烙成了。

② 金圆券：国民政府为支撑其崩溃局面而发行的一种本位货币。1948年8月19日开始发行，至1949年7月停止流通。

白面蒸不起。后来我父亲说咱们在家待着也是待着，欠人家的账，老怕人家来拍门要账，还是去青山居摆摊儿去吧。我父亲带着我和我大哥，我们爷儿仨就去了。

进了青山居，太萧条了，好儿百家的摊位一看顶多来了三家，场子全空了。所以这人勤劳真有好处，加我们一共四个摊儿，带来的货物摆了是不老少。那时候，青山居正门是脸朝东，后门是坐北朝南在上四条。青山居是在上三条、上四条之间，正中央这儿。上四条那儿的门，别的都是一扇一扇的，上四条只开一扇。那天天气特别冷，也没人来买东西，我心里特别的烦，父亲和哥哥的情绪也不高。

将近中午，忽然呼啦进来一大批美国兵。这些美国兵他（们）不是战斗人员，因为戴的都是船体帽，有翻译跟他（们）一起来的，据说是从承德撤下来的美国兵。不带武器，也不带重要的装备，就穿着比较舒服的便服，好像得有30多个人，"稀里哗啦"乱嚷嚷，这一下青山居里可热闹了。美国兵就这样：你看美国兵站岗的时候两条腿劈着［模仿动作］，解放军站岗都规规矩矩的，美国兵是站岗的时候来回来去遛，他这个国家就是有点儿自由，进来就呱呱说英文，咱也不懂，他是很随便的。我记得很清楚，那钱都是这么拿的［做拿钱状］，竖过来攥着钱。但是美国兵军装有一特点，兜特别大。

那时候美国人到中国来，回国的时候都要买点儿礼物什么的。买什么呢？没有别的，中国那时候生产什么呢，就是工艺品最好，你像鼻烟壶、白玉别子、白玉片儿、白玉小件儿、小动物、龙钩这一类是特别的多。反正一个也就是两块美金，次一点儿的是一块美金。可是那两块美金很管事，一块美金就是五个大洋，那五个大洋，刚才您说的，两块大洋就是一袋面。

美国人不还价的，这多少，两块，"two"元，给你两块，把这拿去，东西搁在他的大兜里。你给他拿点儿纸包上，包上也行，不包也没关系，往他的兜里这么一放。你想二三十个人，要谁都买个一两个，五块钱一件他也买。这帮人这一通买，我们家好像是卖了280块美金。

这美国兵有的在凳子上坐着，他们相互之间就聊着，有买得多的，看得细致的，有的人粗粗一看只挑选了几件。就在这个时候，恐怕待了一个钟头，我大哥就交给我五块美金，卷成一个卷，让我到东交民巷盐业银行[①]去换银圆。

那时候东交民巷盐业银行柜台特别高，你像小孩儿在那儿，你得欠（踮）着脚，把这钱一举，盐业银行拿着一看，多少钱啊，五块，啪，他给你一个铜牌。这铜牌也跟银圆一样大小，做得非常讲究，刻的那个字非常精细，你比如150号，你就拿着这个，里头有大椅子，坐着去，等着他叫号。完了他一叫，也没几个人，那年头手里谁有美金啊。也就两三个人在那儿坐着，一看岁数比较大，我印象等的人里头有戴着礼帽的，黑礼帽。我在那儿坐了一会儿，你比如说150号，过去，换多少钱。他还问你一遍，要核对一下，说五块美金。五五二十五块大洋，赶紧放在口袋里，赶紧往家跑。之前那还不知道怎么过年呢，现在赶紧回家，像平常过年一样，25块大洋，那家伙，得买好些东西。你说那半爿肉也就几块钱。到猪肉杠[②]买猪肉，羊肉床子[③]买羊肉，水道子[④]买年糕坨，买年糕；这边一边开着单要买什么年货。那时候你想我们家南屋北屋，都是六个孩子，加四个大人，十好几口，这分配起来，买东西谁不会啊。原来是一个很凄凉的年，一下有了钱，我们家换了不少银圆去还账，家里有吃有喝，买了许多年货，过了一个丰盛的年。

后来我们家主要收入来源就是我父亲和大哥做玉器行。玉器行主要活动就是青山居。这青山居三部分，一部分是一个大的商场似的，一

① 盐业银行，成立于1915年3月，总管理处设于北京。1913年梁士诒代理财政总长时，曾向当时国务院建议设立盐务实业银行。1949年后，银行先后通过北五行（即北四行及由北四行联营机构改组的联合银行）的“联管”和金融业全行业的公私合营。

② 猪肉杠：北京旧时对猪肉商店的俗称。

③ 羊肉床子：北京旧时对羊肉商店的俗称。

④ 水道子，位于北京市崇文区（今东城区）西部的一片地区。北起清华街，南至东晓市街，基本呈卧“丁”字形，因原为水道而得名。

个是茶馆，还有一个攒货场。攒货场这是以前的，为什么出现青山居呢，就因为这个茶馆。早上起来，喝茶的人到那儿去，完了把鼻烟壶拿出来，我昨天买的，显摆显摆，北京话叫显摆。拿那儿，大家一看，“你把这让给我吧？”“多少钱？”这就交易了。这种交易在茶馆里头活跃起来以后，多了没法办，都跑到街上去（交易）了，太乱了，那怎么办，才盖了这个。还有一帮人在茶馆，借每天早上喝茶的机会碰头，通报一下行情。

这攒货场，它是早上起来比较早，谁拿到比较小的、精彩的、好的玉器，到攒货场，手里拿着，你看我的、我看你的。两人要是有意，就另外一只手，像买原石一样，相互之间（用手指）就询问，不用说话。这个玉器行，人们又称它是“运气行”，就是说做这种生意的人，各人有各人的路子、各人有各人的营销方式，关键是保守机密、互相封锁商业消息。即使说话他们还有许多专用词汇，“砸浆”就是看走了眼，买价过高赔本了，与对方协商再降价，反正外行都听不懂。当初的场面特别混乱，比如说我从张某的手中拿了货攥在手里想到一个背静处看一看货物的质地和成色，再核实一下大概的价格。但是李某发现了这件东西比较“俏”，他想弄到手里，就从前者的手中把货抢过来，这样就形成了你抢我夺。

因为在这个攒货场的人都是熟人，大家天天见面，谁的底细全都清楚，绝没出现过丢货的现象。我接着跟您说攒货场的热闹——上四条、北羊市口这一带胡同较窄，清晨正是淘粪工挨家淘粪的时间，攒货人东奔西跑，往往撞到淘粪车上，大煞风景。他们交易不用说话，这是一种交易方式。一个是玉器行，一个是牛羊肉行，都是这样，我不能跟你说啊，这个六块，这个八块，被旁边人听到了，我这个生意就没法儿做了。［做手势］这就是五，他跟你捏这边就是六。就是不用说，一说就坏了，因为旁边就有人知道了。还有的，是防外行，不防内行，那就可以说。我们这行有一种说法，叫“幺柳苏少崴，路敲奔己勺”，它不一样，各行有各行的暗语①。

各行不一样，说出来的也不一样，各行有各行的念法。“路敲奔己勺”，就是六七八九十，别的行的。因为这个怎么说呢，当初可能你是刚入行的，你不懂，我这比方不知道合适不合适，八块换八块，你看见了，你旁边插一句，米先生我九块给您，这不成了裹乱了嘛。这个人把这个买卖给搅黄了。为了做生意，用这暗语来，行就行，不行就算。即使做成了，也不是说当时就得付，他都是放一放，过两天（付）。

茶馆是怎么回事儿呢？据说清代中叶，北羊市口有一个黄酒馆儿②叫“青山居”，当时上四条和中四条集中了一些玉器和其他珍玩及首饰的从业者，他们到这个酒铺来喝酒做生意。后来在它的南边儿又有一座茶馆叫“富山居”。茶馆开门比较早。一些成本较小的玉器商人，有一个专用词汇称他们为“提溜包儿的”，因为他们都提着一个用蓝布包皮儿包着的一个笸箩，在这里进行交易。一来二去，人越来越多，茶馆也收一些佣金和租金，富山居和青山居成了玉器行的交易场所。老北京人一谈到玉器行的销售，多称在青山居，富山居反而被人忽视了，这就是青山居茶馆的来由。最初，在青山居茶馆最多能摆三十来个摊儿，到了民国，外地的客商与外国来京做玉石生意和珠宝翠钻的人越来越多，这个地方根本就不够用。20世纪20年代，我父亲出师前后，青山居由一个叫李敬轩的和其他几个人收购下来，改成玉器市场，并搭起了天棚③，起码做生意不用日晒雨淋了。还建立了固定的摊位，招揽玉器商来这里交易。据我父亲回忆说，摊位费当初每月银圆三块，但还是以早市为主，做玉器生意的不论冬天夏天全是6点钟出摊儿，一直到上午九十点钟这个市场也就结束了，有点儿像北京现在的早市那样。青山居主要卖什么呢？还真有好东

① 暗语：是指某一特殊社会团体所用的，尤其是用作联系手段的特定词汇或习语，为事先约定的隐语，用来传达秘密信息。

② 黄酒馆儿：北京旧时专门出售浙江绍兴黄酒的商店。

③ 天棚：指安装在建筑物门、窗顶部用以遮挡阳光、雨、雪的覆盖物。

西，据我所知有翡翠、珍珠、宝石以及各种杂项器皿，这里全有人销售。

钻石在刚开始很少有人经营，好像是抗战胜利以后，市场上才出现，抗日战争前这里的摊贩啊，达到有二三百家之多。随着日本人的入侵，逐步萧条了。

当初在这卖货的有哪几类呢？

有卖捯饬货[①]的，这种人主要是靠买回原料回家加工成戒面儿啊等成品。还有一种就是开作坊的人。这种人有一定的资金，除了自己的徒弟还雇伙计，他也是买回原材料自己加工成成品来销售。还有一种坐商专门派人到作坊买回成品或者到一些有钱人家中购买一些本家不愿意收藏的玉器，转手倒卖。还有一种叫“跑城的”，专门从破落户的手中收购（因为本家有些官宦子弟，家道破落了，他们手中有一定的珠宝玉器等，这些人又怕丢面子，只好把收购人叫到家里来）。还有从“打鼓儿的”[②]手中也常买到俏货，他们有时候还真能赚到大钱。还有一种出卖技术的，用现在的话来说就叫外加工吧，他们没有本钱但是有一定的技术，只要到市场上揽一些活儿，回来加工，挣一些加工费。由于买卖活起来了，摊位多了，改成每天收五角，后来又涨到两元，货物多的人家得租两个摊位，一天就是四元，您想想这是多大的开销，但是还有赚头，这里面的学问可深了。解放后，青山居成立了摊贩联合会，也学着农村的形式组织了互助组，后来又发展成公私合营，所有的摊贩都迁到崇文门外上四条西口，成立了北京特种工艺品公司，这是后话了。

北京玉（器）行还是有组织的，叫“长春会馆”，逢年过节还要开会有活动的。长春会馆来管理崇文门的（玉器行业），所以它还是有组织的活动，这市场就活跃起来。实际上，那时候像上海，主要是天津，也有这个玉（器）行，这玉（器）行买货卖货就靠青山居。除去北

① 捯饬货：指以旧货刷洗冒充新的。

② 在旧京时代，专门有一种职业，是走街串巷，打着小鼓，收买居民各类旧货。从事这个行业的小贩，人们称之为“打鼓儿的”。

京之外，来往活动最多的就是天津，北京人经常上天津，天津人也经常上北京。

在青山居出过大商人，他后来成了百万富翁，这个人是回族，叫铁宝亭，原来在青山居摆摊儿，发财后他在前门外廊房二条开了一个“德源兴”，那是大玉器店了，人称他“铁巴儿”（对回民的尊称，犹如汉族称“爷”）。您知道人家管他叫什么吗？“翡翠大王”，又叫“铁百万”，好像是京东大厂的人，他们家以经营翡翠为主，不单在内地，在中国香港、南洋一带都有影响。他眼力极好，每天早晨必来青山居看货。听我父亲说“卢沟桥事变”前上海有几块大翡翠料，索价很高，现在叫赌石了，那时候很多人下不了决心，都在旁边观望。“铁巴儿”用心观察一番，一跺脚，说：“买！”招来很多人在旁边围观，其实他们的心里是想看“铁巴儿”的热闹。据说那一下就花了32万现大洋，打开石料一看成色太好了，加工了几十件大大小小的翡翠件儿，他赚了一大笔钱。他经常说的一句话叫：货正无忧、货高价出头。他从来不进低档货，像宋美龄买首饰都找“铁巴儿”去。以上大部分听人说的。

六、花市花儿甲天下

花市，无非就是卖花的集市。这儿有卖鲜花的，大部分是假花，即绒、绢、纸花。生意集中在东花市大街上。

花市大街分南北羊市口，这里最早都是土路，我们小时候有一个儿歌：“花儿市集，花儿市集，不是刮风就踩泥。”原来每月阴历初四、十四、二十四就是集日。鲜花市场就在黄家店胡同，它位于花市火神庙西南方向。这里每逢集日，这条胡同从北口到南口都是黄土岗[①]一

① 黄土岗，位于丰台区南部，东邻右安门路、西北近高家场，因地势而得名。

带的花农，他们挑来鲜花在这里出售。

也没有多少品种。春天蝴蝶花、金盏等草花为多，陆续随着节气变化，什么石榴啊、无花果啊；到了夏天，茉莉花、四季海棠、江西腊、玉兰花、大理花、月季、夜丁香；秋天就是菊花多了，但是也有桂花等；到了冬天，当然就是福建运来的水仙了，也有兰花，但是不多。许多“洞子”[①]里培育出来的鲜花供人们春节摆放，什么碧桃、梅花、海棠、山茶、迎春等。

杜鹃花是没有的！子规啼血，这是不吉祥的。老北京春节家里不会摆它。在我的记忆里，好像当时没有卖这种花的。春季这里卖果树苗的非常多，有葡萄、海棠、山楂，最贵的树苗是西府海棠、玉兰花，尤其紫玉兰更贵。这几种花在北京不普遍，不像现在马路两边都种，那时候它只能种在大宅门和寺庙里。

主要还有制造假花的，这一行叫“花儿行”，历史很久了，当年最早做的都是通草花。通草是一味中药，因为它是空心，分量又轻，把它压成片状，然后根据需要加工成各种花卉，然后再上色，很招人喜欢。当初有句话：“花儿市的通草花儿甲天下”，您看人们对它赞誉声有多高。后来根据需要，工匠们通过实践，原材料丰富了，又加工纸花、绫子花、绢花、缎子花、绒花，这时才形成了一个真正的行业。他们有的以家庭为中心，自己制作贩卖，有一些有本钱的人，他们就开办花店。比如说，家庭的小作坊就以自己家的姓氏为招牌，比如说姓刘，就叫“花儿行刘”；姓宋，就叫“花儿行宋”。开花店的当然有字号了，什么“泰和花店”“德兴花店”。

花市热闹到什么地步呢？招待外地来花市的客商的旅店就有十五六家，虽说规模不大，哪家也可以住三四十人。

每天凌晨，天一蒙蒙亮，卖花的挎着花匣到市上来批发。这个花匣子很特别，它不是木头做的，也不是硬纸板做的，而是秫秸[②]用竹篾

---

① 洞子：寒冷天培植花草、蔬菜等的温室。

② 秫秸：老北京人对高粱秆的俗称。

穿制而成。一般长二尺、宽一尺、高约六寸，这么一个架子，外面糊上商店废弃的账本儿纸。它的特点是轻便耐用，把做好的各种花卉插在里面的秫秸格上。售卖者以两条板凳做货架，这种花匣放在上面，既干净整齐，又便于挑选。如果买零枝的，只有到花店去选购了。

当时社会应该说经济比较落后，人们还没有很高的物质要求，遇到红白事儿，就拿假花来点缀，花钱不多，还增添了气氛。比如说，办喜事，新娘的头上要戴一种装饰叫“排头”，就是用绒绢做成的花朵、喜字排满了头顶，讲究不露头发。就连来参加婚礼的妇女，为了烘托喜庆的气氛，也要装点一番，老太太发髻上要戴上几朵绒福喜字儿，小姑娘鬏髻上要戴着围花，有的辫子上还挂着飞花。要是遇到丧事，要有花圈，灵前供着灵花，来宾要佩戴蓝白孝花。如果遇到做寿，寿桃寿面上也要插上各种花卉，为寿星老助兴。尤其是北京的很多庙会，最著名的是妙峰山娘娘庙，每年4月香客朝拜完后，不分男女都要戴上一朵福字下山，妇女戴在头上，男人们插在帽子上，这叫“带福还家”。寺庙里的佛前有特制的供花，逢年过节，家庭为了点缀要买各种插花。戏曲演员为头上的装饰也经常到这里来定制绫子花。当时可以说这行是盛极一时。解放后，由于社会风气变了，它渐渐退出了人们的视线，但是它转向了外贸。由于国家成立了两个制花厂，花市也就消沉了。

花市有两种食品我现在还怀念它们，第一是“蒸而炸”①，第二是“煎灌肠②”。

“蒸而炸”是回民做的，这种食品只有夏天卖。它用半发面包上西葫芦馅儿或者是倭瓜馅儿，先在锅上蒸熟，如有人购买就将它放在饼铛③上用羊浮油（大多为烧羊肉的浮油）炸得外焦里嫩。随着“吃来

① 蒸而炸：是一道老北京小吃，用西葫芦拌馅儿，烫面做皮儿的饺子，蒸与炸的结合，导致了味美色香的奇特效果。

② 灌肠：老北京小吃的一种，是把淀粉加红曲灌到猪肠子里面。

③ 饼铛：烙饼用的平底锅，一般是用生铁铸成的，也有铝制的，可以用来烙煎饼、烧饼、油饼等面饼。一些店面里也用电饼铛烙饼，现在的多功能电饼铛也具备烧烤、煎炸等综合功能，方便好用。

呗，蒸而炸，油儿又白搭，刚出锅的蒸而炸”的叫卖声，香味扑鼻。有人说得有点儿夸张，说它香半街，反正很好吃。因为是素馅儿，售价很便宜，很受下层劳动人民的欢迎。

“煎灌肠”现在叫“炸灌肠”，我不知道这个名字什么时候改的，其实做法一样，只不过是以前的要加红曲，解放后这个取消了，就是最后一道工序现在给改良了。过去是用特制的刀削成一头薄一头厚的坡刀块，放在饼铛上用猪网油[①]煎，浇上蒜水，口感焦中带脆。现在它们登堂入室，进入了饭店，切的是厚的厚、薄的薄（口感大不如从前），放在油锅中炸，从后厨到餐桌需要一段时间，到了顾客的口中全凉了。薄的扎牙花子（牙床）、厚的有点儿糟的感觉，全无当年的特色。其实这个东西就是小摊儿卖最合适，现煎现吃。我还记得当年摆摊儿的小贩们用这个长铁铲敲打着铛边，发出有节奏的响声，吃的时候不备筷子，都用竹签扎。这个小贩动作非常麻利，你要多少他拿一个盘子扣到了灌肠上，铲子一铲，翻过来就是一盘；如遇到老年人，煎的灌肠更为特别，他们给起了个名字叫“熘肉片”，就是煎透断生即可，很受牙口不好的老年人欢迎。

七、北羊市口

花市是一个很好的商业中心，我再把北羊市口这条胡同跟您说说。听着这是很普通的一条胡同，但是它的商业活动非常活跃。这条胡同，从北看它和花市这条街是一个十字，这条街北边有个石头庙。这个庙很小，在很窄的路边就有一棵大树，这大树的直径就是那个小庙院

① 猪网油：简称“网油”，实际是猪的肠系膜、大网膜堆积的脂肪，在猪的腹部呈网状的油脂，在制作菜肴时当配料被经常用到。

子那么大，您就知道这个小庙（多么小）。槐树，上头这个树干（很大），挺凉快的。接着就是一个车厂子，车行外边儿有个坡儿，上下方便。再往前一点儿，这边是一个烧饼铺，烧饼铺旁边呢，有一个裁缝铺。再往南走就是叫“鸿兴德”，挺大的一家，一半是粮店，另一半是油盐店。这边是粮店，在我的印象中，它是前店后厂，粮店中米、粮零售柜面积最大。进店迎面是一个大木柜，装有各种规格的小站稻、京西稻、机米、小米（又因口感不同，分为伏地小米和口小米）、白面、小米面、豆面、玉米面、各种豆类，林林总总，五光十色，非常好看。它卖的小米面不是用小米加工的，是六成糜子[①]、四成黄豆加工而成。用这种面蒸窝头，口感非常好，喜欢这口的人，说：“小米面窝头，比白面馒头好吃。”约粮食的秤很特别，它把秤杆儿吊起来，秤星儿在内侧，以便伙计在售卖时看重量。油盐店分油、盐二柜，油柜主要是香油、花生油，当时北京人很少吃其他的油类。另一个柜台那儿就是酱油、醋、酱类（干/稀黄酱、黑酱、芝麻酱、辣椒糊、韭菜花），各种酱菜、咸菜以及调料。门口还摆有鲜菜“床子”，价格略微比串街小贩要贵一些，因为它确实质量要好于它们，都放在那藤条编的簸箩里面，你像那小白菜、小萝卜，一把一把、整整齐齐的，按季节卖。那时候北京卖菜的不容易，为什么说不容易呢？应时，还得应季。时是春天，春天也要具体分出来，什么时候卖香椿芽，什么时候卖小萝卜，小萝卜应该什么样……怎么说呢，那时候都是郊区种，它不是外来的，不糠不艮。今天一看这缨子，比较好，留着吃炸酱面。小萝卜丝儿、萝卜缨子末、青蒜，是老北京人春天吃炸酱面最好的面码儿，就会招来很多顾客。小萝卜在春天的蔬菜中应该说是首屈一指，为什么呢？其实真正小萝卜最好吃的时候也就七八天，就是咱们前面说的，早了发艮、晚了它

① 糜子：原名稷、黍，拉丁文名为“Panicum miliaceum L.”，禾本科黍属，一年生草本第二禾谷类作物。全株由根、茎、叶、花序、颖果（种子）等几部分构成。糜子籽实叫黍，淡黄色；磨米去皮后称黍米，俗称黄米，为黄色小圆颗粒，直径大于粟米（即北方俗称的黄米）；黍米再磨成面，俗称黄米面。

就糠了。艮就是没长成熟，口感不好；糠了就是长过头了，萝卜里面和“棉花套子”一般，没法食用了。最好的吃法就是“拍小萝卜”，这道菜要求非常严格，它上得了厅堂，也可以进入寻常百姓家，关键是要看它的质量了，又脆又不能有萝卜的辛辣味儿，水头要足，用麻酱一拌，有人还愿意放一点儿白糖。还有一道菜，老北京人最擅长的，叫“汆小萝卜”，就是把小萝卜切成片，汆羊肉，味鲜而美，等一轮到吃“烧小萝卜”和做“蓑衣萝卜”，这时候就到萝卜的晚期了。我接待过从台湾回来的老北京，经常要求吃这几道菜，这真有点儿难为我了，因为北京郊区已经不种这种菜了，外地产的萝卜口味儿又不符合做这几道菜，我有点儿说远了。

一过了秋天，“床子”的菜就显出优势来了，比如说到了11月份以后，它卖的芹菜、菠菜、蒜黄等下街的小贩不卖的菜它全有，尤其是到了三九天，它卖一种青韭，那都是“洞子”里培育出来的。“洞子”就是温室，当时的北京人不知道为什么都叫“洞子”，因为在生长期它见不到阳光，所以青韭白白的梗，叶子白中透黄，略微发点儿绿，不知道为什么叫青韭。那个青韭现在想起来太香了，一般人家只买上（用现在的钱来说）一元或者二元的，掌柜的会用一个纸条给你包上一绺，回家包饺子或馄饨，那太“提味儿”了。这词太现代化了！当初老北京叫“借味儿”。饺子或馄饨出锅后，吃在嘴里，满嘴的韭菜清香味儿，人们只拿它包饺子、包馄饨，没听说拿它去蒸包子、烙馅饼的，现在每到冬天我都想这种东西。

去年春节，我还“露了一个怯”，我和老伴儿去菜市场买菜，小黑板上写着青韭，我一看非常高兴，就跟小贩说拿出来我看一看。小贩从保温箱里拿出来一小捆碧绿的韭菜，我说不是这个，我要青韭。他说，这个还不够青吗？因为那个东西是提味儿的，一般人一次性都不买多少，还没听说谁家买半斤青韭包饺子吃了。

那时候冬季蔬菜没有现在这样丰富，春节时，那个铺子里基本上茄子、辣椒、黄瓜、香椿（也是温室培养出来的）、豌豆苗全有，但是买主不多。一般人家过年以吃白菜馅儿饺子为主，顶多买点儿青韭配配味儿，如家中来客，也就是买点儿芹菜、菠菜这些价格稍微便宜的蔬菜。那时候的店，有些做法是很特别的，我印象深刻的就是，为了照顾穷人，也是为了拉主顾。你比方说，家里大人给孩子几分钱，给孩子一个碗，店家他给你一点儿酱油、一点儿醋，还滴几滴香油，叫“三合油”，最后还给你一棵香菜。回家做热汤面佐料全齐了。这有个名，叫“汤料儿”。这铺子是山东人开的，当时还有个专用名词叫“山东铺眼儿”。他们很照顾穷人，穷人有这么一碗三合油，做锅热汤面，就着窝头吃。

再往这边就是一个小百货店，绒线铺。那时候绒线铺什么都有，都有到什么程度呢？可以说从头到脚，老太太头上这个（发髻）网子、梳子、篦子[1]、骨头簪子、梳头用的刨花水[2]、梳头油、抹脸用的雪花膏、冬天擦手的蛤蜊油[3]、香粉，还有胭脂，缠裤脚儿的腿带，各种纽扣有几十种之多，牙粉、牙膏、各种肥皂，那丰富极了。那小铺，跟百货公司一样，别看它铺子小。针头线脑，各种丝线棉线，总之你能用的东西、你要什么东西，它都有，经营这行的人非常了解顾客的需要。我记得，这里出售一种香枧。就是把普通的枧弄化后，分别在里面加入薄荷和桂花等香料，根据香料不同，加工成梅花状和桃状。用它来洗澡或洗脸，还真去油泥和汗臭。一般从事体力劳动人用薄荷味儿的，妇女小孩儿用桂花味儿的。因为肥皂价格贵，香枧成了一般老百姓的必需品。新中国成立后，由于人们的生活水平提高了，它也退出了市场。

再往前一点儿，是一个猪肉铺，很小的一个猪肉杠，旁边是羊肉“床子”，卖羊肉必须叫“床子”。这边是个猪肉杠，那边是羊肉床子。羊肉床子我记得很清楚，就是一老头儿在那儿经营着，他叫“包儿

---

① 篦子：指用竹子制成的梳头用具，中间有梁，两侧有密齿。齿要比梳子更密。

② 刨花水：旧时用榆木刨花泡制的一种水，由于其黏性多用于固定发型。

③ 蛤蜊油：用天然蛤蜊壳盛的一种全油性护肤用品，它具有滋润皮肤、防止干裂的作用，现已很少见到。

羊”，脑门有一包儿，所以人们送他这么一个外号。他无论冬天夏天，头上总戴着一顶白色的礼拜帽[①]，衣服整洁，加上他的白围裙，衬托出他是一个利落人。他总是笑眯眯的，那时候很多小孩儿不懂事儿，都跟着大人叫他包儿羊，他从来不恼。这间羊肉床子做买卖，真叫童叟无欺。比如说小孩儿拿着一毛钱进门就说包儿羊，我妈让我买一毛钱羊肉，吃“汆儿面”，他准按照鲜嫩的部分给你切上一块儿。他卖肉还一个特点，你不用指部位，你只说明你要吃什么就行了，这也是老北京经商人的一个特点吧。到了夏天，还添烧羊肉，每天下午在门口放的白茬儿木桌上，放着几只紫铜盘子，上面放着做好的烧羊肉，还有烧杂碎，整只的烧羊头嘴里叼着一棵香菜。烧好的羊肉还要放在香油锅里炸一遍，炸到肉的周围起了泡才算炸透，吃在嘴里肥嫩香烂、外焦里酥、入口不腻、绝无膻味儿，大老远地就闻到烧羊肉的香味儿，吸引来很多顾客。你比方说吃面，买一点儿烧羊肉，关键是拿一大碗，卖烧羊肉的都要送汤，主要是这汤，回家浇面吃，是夏天的一种美味儿。那时候没有冰箱，他那个屋子也挺大、也挺凉的，在地上挖一大坑，底下铺上板子。来羊肉卸在哪呢，一个一个就扔在大坑里头，那就是冰箱了。真正到了伏天，如果天气非常热的话他也买一两块儿天然冰，推进去。

在故宫后面的筒子河，还有北京城郊护城河。旧时北京到了冬天都有冰窖，储存从河里打上来的冰，每年4月份以后这些天然冰要供应肉铺啊、饭庄啊、大宅门啊。因为当时冰箱很少，只有靠天然冰来保存食物。要搁现在年轻人恐怕都不敢吃那东西，就是河里冬天三九天打的。里头可能有草根，可能有水草，都有。但是这个东西到了春末就开始开窖了，没多少钱，都用这个冰。他拉着一大车冰，他都有固定的（路线），完了以后，解开那绳子，他用冰镩[②]杵下两块儿来，给你一

① 礼拜帽：穆斯林礼拜时服饰之一。各民族有不同形状和材质的礼拜帽。中国内地穆斯林礼拜帽，通常为白色单层布缝制或双层白布密缝而成，有的上面一圈绣有阿拉伯文；也有以黑色呢制成的，有些穆斯林在礼拜之外亦戴此帽。

② 冰镩：铁制带尖儿的工具，专为破碎冰块而制。

钩，就钩到那个上面。

卖羊肉的包儿羊，那个老头儿啊，就那个善净劲儿，回想起来真是。接着就是一个酒缸，说起来这个酒缸现在人不了解。它是把一个大缸埋在地里三分之一，这个盖很特别，木头盖上裹一层漆布，里头嵌上棉花一类的，完了把漆布给它钉在上头，再上头木头盖是红漆的，这个很结实。又是桌又是盖，两用，所以起名叫“酒缸”。我从来就没进过酒缸。上学后我非常好奇，（有一回）走到它门口往里偷看，墙上贴着一个红纸条儿，上面写着“莫谈国事”，心里想，这里是谈论国家大事的地方？很多人到这里来，不入座，直接到柜上买一碗酒，一饮而尽，也不用什么下酒菜。

再往前走就是一个叫“冥衣铺”的了，过去相声有那么一段，说“富不富，冥衣铺”。冥衣铺金山银山都有，可那都是纸糊的。他会糊童男童女、车夫，还有各种各样的人。他们还有一个名词叫“扎制烧活”，他们最擅长糊制楼、库、船、桥。如果死人过“五七”，有女儿的要为亡人糊制一把伞，这个我还真见过。您看过古装电视剧那个万民伞没有？形状和它一样，伞顶上弄得五颜六色，各色纸条垂列下来，非常好看。听说现在外省市这事儿又发展起来了。解放以前，那些有钱人和军阀死了以后，头里还有两个大开路鬼（神），那个开路鬼（神）得多高呢？朱家溍编过一本画册《旧京返照集》，其中有个出殡时候的照片，那俩开路鬼（神），那得八尺到一丈左右。

这也是一个行当，唯独这行当全穷。羊市口那家冥衣铺，我就瞅着那家，孩子又多，又没有生意，困难极了。冥衣铺什么时候开始走向衰落呢，从1927年国民政府南迁，北洋军阀垮台，大量有钱的和政府机构都往南京走了，北京剩下的确实经济实力不行，这得跟社会的经济有很大关系。到日本一投降，一直到解放初期，他们基本就是很惨的，因为有钱不敢大办事。抗战胜利以后，社会比较乱，谁也不敢大办丧事，尤其一解放基本都是破除迷信。当时有一个词儿叫“移风易俗”。这个行当受到了社会的约束和经济的约束。有个人跟我讲过一个故事，护国寺有一间冥衣铺，为一个军阀的父亲的丧事揽了这个活儿，老太爷生前抽大烟，死了也得糊一个烟炕，做好后搁在本家东厢房的廊子底下。有个出份子的上了“烟瘾”了，一上烟瘾可能也晕头涨脑，（看）那儿有个烟炕，“咣”就上去了，一下给坐塌了。这行业，后来很多人不了解，当然它有迷信的一方面，但是它也是来自民间的一种手工艺，关键是后人怎么去继承的问题，后来这个就消失了，很惨，解放以后，过个一两年，实在一点儿支持不下去。

冥衣铺旁边就是一个井窝子，我们那一带的水是1946年、1947年才改成自来水了，那时候一直用水车送水，叫“倒水三哥”，也都是山东人。那井窝子那个水并不深，它很浅，但是极清，那地下水是相当好的。尤其是夏天，这个送水的一来，大家赶紧抢点儿水喝，这个水还有一个专用名词，叫“井拔凉水”。这个镇西瓜最好吃，淘面，吃过水面。那井窝子，有一个槽子，水车搁底下，好加水。我印象中这水车是单轮的。又说一个题外话，您养过鸟没有？百灵压口①，十三套大辙②，其中有一套辙，独轮水车轧狗尾巴。这个车推着走，进胡同，那狗在那儿躺着呢，水车不都是木头轱辘吗，“刺溜刺溜”，轧着狗尾巴，这狗“吽”一声，不是“汪”，是“吽”。十三套大辙的，就有这么一句。

我们那里大水槽是一个，那就是俩轱辘的。俩轱辘它那个塞子一塞，就走着，一拔，准是桶那儿。现在年轻人他们可能听不懂，为什么叫三哥。因为当初北京是两种水井，一种苦水井，一种甜水井。苦水井属于无主井，很苦，胡同里有一个，洗衣裳、洗菜都用那个。甜水井都是卖水。北京有两个买卖，那是山东人占领了。一个是粪场，一个是井窝子。这东西在清朝的时候，要发龙票③，所谓龙票是吓唬人，就是有

---

① 压口：旧日北京养鸟人训练鸟的叫声的一种方法。

② 十三套大辙：旧日北京人训练鸟的十三种叫法。

③ 龙票：是一种还款票据，票据上盖有皇帝玉玺，代表了到期一定可以兑现的承诺，表明最高的信用级别。传说是17世纪清太祖向债权人出具的用龙玺盖章的债权票证，清太祖开国复兴资金短缺，向豪门大户大量借款，出具了盖有龙玺大印的债权凭证。凡手执龙票的关内大户，后来都被追认为是为大清立过大功的功臣。

关衙门发给你，现在叫执照。祖传，你爷爷传给你爸，你爸传给你，你们家辈辈传这个，这个井窝子可不能转让。当初他们都是山东过来的，因为最早归降清政府，进京以后，用不了这么多兵，把他们一部分人弄来管井了。原来的井不是私人的，弄着弄着成你们家的了。生活离不开水，可当初人们看不起这一行。水车有个塞，北京管堵不叫堵，叫“塞儿”。其实就是堵的意思，都叫他们“水塞儿”，也把挑水的叫“水塞儿”，就管他们也叫“水三”，谐音呢，一二三的三，水三。叫了以后呢，年头多了，地面也混熟了，这么叫有点儿轻蔑，都叫他们“三哥”，不叫二哥、不叫四哥，倒水的三哥来了。

有一个细节，井窝子怎么从井里往外弄水，用的是柳罐。为什么用柳罐？桶用不起，那“咣当咣当”撞，连磕带碰，再碰（坏）了。那柳罐禁撞，尤其潮了，你撞、碰（没关系）。它怕干，因为它一天到晚老在水里打嘛，他们都用这东西。这“柳罐”俩字，“柳”字一般人不知道，只知道它是个罐，不知道柳罐，柳条编的。这个放辘轳，是非常值得一瞧的，这有点儿功夫，“啦啦啦”弄好之后，怎么往下放。因为他不扶着辘轳把儿，他扶着绳，“噔噔噔”马上到井面了，一提溜，往下一冲，因为柳罐轻，它砸这一下，一歪，这水上来。所以咱们摇就费了劲儿了，可能摇两下就累了，他却很轻松。

当时有一个奇怪的现象，我们那个自来水的时候，1946年吧，就这时候，说要安自来水了。这个街上老有一个看街的，就跟我们家说，给他们安自来水的点儿钱。说为什么，原来刨开的沟发现里头管子是两层。为什么两层呢？原来有一层自来水管子是铅的。他说这以前的铅管子特别好，你们就给点儿钱，他就把铅管子抽出来以后，安到你们这院里头来了。我们花了点儿钱，真把铅管子安到我们家了。我一看，还真是铅的。

后来由于自来水普及了，井窝子就慢慢地（淘汰了）。五六十年代，我经常出差，南方的水质比较好，回到北京，喝点儿凉水，没法入口，就是漂白粉味儿。现在这个自来水一开，“哗”就这么流。刚才我们讲的冥衣铺，里头有纸糊的水牛，为什么糊一个水牛啊，有一种传说，妇女生前用水过多，这一辈子浪费了很多水，让这牛帮着你喝。这个水啊，自古以来人们就认为它很重要。在荣宝斋工作时我经常就跟我们那儿的职工说，我说你看你这些破手绢，使这么多水来（洗），也太（浪费）。龙头一开，破手绢就洗半天，使这么多水，我说将来你死了以后你还得把这水给喝了。其实啊，人们都应该注意，整个社会要节约用水，不要把一些传说当作是迷信，我不否定有迷信成分，但是其中也有教育你不要浪费水的寓意。

接着又一家，又是一个猪肉杠，除了卖生肉它还兼做熟食，一年四季，老是下午2点多钟的时候出锅，一盘儿一盘儿的，酱的、熏的。尤其是那个猪头肉，很诱人，那味儿相当好吃。没有什么大块儿的酱肉，都是猪头、猪蹄儿，还有心肝肚肺一类的。制作酱肉关键在火候和佐料，它做的猪头肉酱色儿正好，红墨色中透着油亮光，软烂适中，吃到嘴里就是一个香。它制作的熏肉更值得一提，熏肉就是猪头用红曲水煮熟后，（再用）柏木锯末熏制。它的成品切成片，皮红肉白，色泽鲜明，吃到嘴里没有油腻的感觉，而且爽口香脆。但是有一种东西现在恐怕没人吃了，说含胆固醇太高，就是猪脑。那时它特别受爱喝酒人欢迎。它还有一种副产品非常受人们欢迎，就是酱肉汤上面漂的那层油，等凝固后它给撇出来放在另外一个瓷坛子里出售，人们管它叫“荤油”[①]。一般比较贫苦人家改善生活买不起肉就拿一个碗到这里来买荤油，掌柜的用竹板将荤油抹在你的碗里面，拿到家中吃馅儿（老北京人称吃包子、饺子为吃馅儿）或者熬菜，这样不用花多少钱就可以增加荤腥。最便宜的是猪尾巴，猪尾巴也挺好吃。

还有一种炉肉[②]，就是五花肉在烤炉上，把它烤熟并走了油，用刀一切咔咔的。冬天用它熬白菜，那是老北京常吃的。还有一个把炉肉剁

---

① 荤油：猪的脂肪。

② 炉肉：又称“烤方”“挂炉肉”“响皮肉”，老北京传统名菜，是久已绝迹的美食。

碎炸的丸子，那做熬菜也非常好吃。

我们再往南走，也是一个烧饼铺，离它很远就知道到烧饼铺了，为什么呢？做烧饼的一边做烧饼剂儿，一边用擀面杖敲打出各种“点儿”，清脆悦耳。他们这里的烧饼种类非常多，都整齐地堆放在门口的玻璃罩子里边。有马蹄烧饼①、驴蹄烧饼②、芝麻烧饼、糖火烧、螺丝转儿③。马蹄烧饼和驴蹄烧饼只有一早上有，老北京人买一只马蹄烧饼，趁热揭开后放一只刚炸好的焦圈儿④，就着杏仁茶⑤吃。用北京话讲这叫“一套”。这样吃起来才别有风味。

还有一种副产品特别有名——“干蹦儿”，卖剩下的螺丝转儿放在炉膛周围烤干，吃起来脆香，既可以当零食吃，也可以拿来下酒。“干蹦儿”吃在嘴里是又焦又脆，马蹄烧饼加焦圈儿是又酥又脆。烧饼铺的对面是青山居的攒货场。这羊市口，有几个店的名字我知道。最著名的就是“九龙轩”，它夏天是酸梅汤，冬天是果子干、糖葫芦。它旁边是一理发馆，叫“华利阁”。

这理发馆烫发不像现在是电烫，它是用火剪（原始的烫发工具），加热后将头发卷成卷，那个可需要技术了。您不要小看理发馆，现在叫理发师，那时候统统叫剃头的，他们除了理发之外还有一个绝招儿——推拿和正骨，一般小点儿的脱臼或者是崴伤他们都可以给治疗，理完发后他要给你进行推拿，现在就叫按摩吧，反正很舒服。他们还管给顾客掏耳朵，这就是我记忆中的理发馆。

这华利阁的对面，它是一个干果店，叫“福源涌”，又叫“干果

---

① 马蹄烧饼：一种北京传统风味面食，成品略呈马蹄状，一面粘上芝麻，微火烤制，饼皮薄厚均匀，外焦内暄。现已失传。

② 驴蹄烧饼：类似马蹄烧饼，略微发甜。现已失传。

③ 螺丝转儿：一种北京传统风味烙烤面食，半发酵面制成，抹以香油、芝麻酱，撒上椒盐，抻长，盘成螺丝状，先烙后烤，食之外脆内暄。旧时北京清真烧饼铺所制最好。

④ 焦圈儿：又叫“小油鬼”，圈儿小如镯，炸得焦脆酥香，是从清宫御膳房传出来的食品。

⑤ 杏仁茶：北京传统小吃，大米江米浸泡2小时，杏仁用温水浸泡15分钟，混在一起经水磨成糊状，放入沸水中，煮熟即成，吃时加入白糖和糖桂花汁。

子铺”，说也特别，它还卖海味。山西人开的，他们叫“山西门”。专门有这么一种，海参海味这些东西都是干的，但是他们也经营一些水发海产品，山西人居多。它质量做得好，这个福源涌是小店，它拐过去，花市那儿，它的大店，叫“福源长”，那店是相当大。福源长是很大，因为它那个质量做得是完全不一样。你比如说关东糖，其他人做的关东糖都是松的，它是实实在在的四方的，里头绝没有砂眼，还分很多种类，有糖瓜儿①，还有长条带芝麻的酥糖，还有压成片装的南糖。这是福源涌、福源长。我就补充这么两点。

还有这个九龙轩我着重谈一下，因为当初北京夏天有名儿的酸梅汤，一个是琉璃厂的信远斋②萧家，一个就是他们家。卖酸梅汤那套工具特别讲究，都是青花瓷，是清朝的还是民国的我就分不清了，非常好看，而且舀酸梅汤的勺是白铜的，就刚才说的那个。说用瓷勺那会儿没有，不好看。酸梅汤它熬好之后，搁在坛子里头，坛子外头搁上一个大的家伙，里头搁上冰，往外打酸梅汤。小铺或者小店，就用竹子（做的）打酒那提子打，他们都是白铜勺、青花碗，很讲究的。而且九龙轩的酸梅汤和信远斋的酸梅汤区分在哪，信远斋的，北京话叫酽、浓、挂碗。你喝完之后，上头（挂碗）。酸、甜、浓，适合年老一点儿的文人，因为逛琉璃厂的这种人居多，它这个不是面向大众的。那时候是很贵的，不是说谁都能去喝的。我还赶上信远斋内部制作、外部出售，这叫什么来着？前店后厂，还卖过一阵什么点心。往后头一走，就变成土地了，有一个驴老在那儿拉磨。后来就增加了啤酒了，那就是“没辙了”。

信远斋还有一个诀窍儿。它夏天那时候外头有个棚子，掌柜的涮完这个碗以后，他弄一点儿桂花搁在水里头，下午3点钟以后，来的人多了，把这水泼到门口砖地上。一是阴凉，二是一股桂花味儿扑鼻而

① 糖瓜儿：每年冬季腊月二十三，老北京用麦芽糖熬制的一种圆形食品。

② 信远斋，全称为北京信远斋饮料有限公司，其前身是信远斋蜜果店，始建于清乾隆五年（1740），原址在东琉璃厂，创办人姓萧，清光绪翰林、末代皇帝溥仪的老师朱益藩对信远斋的蜜果脯和酸梅汤非常欣赏，曾题写“信远斋蜜果店”匾额，悬挂在门楣之上。

来。好比有人去逛书铺也好，买字画、弄古玩也好，夏天口渴了就喝一碗，一是凉快，二这地潮乎乎，一闻这味儿不一样，他不知道这是店里的人弄点儿桂花水泼在这里了，所以都要走进他的铺子喝上一碗冰镇酸梅汤。他们家除了这个之外，每年冬季还有四种蜜饯，炒红果[①]、榅桲[②]、果子干、蜜饯海棠。这蜜饯海棠现在很多人要求恢复做，不是是海棠就能做，必须得是河北怀来的白海棠，又叫“八棱海棠”[③]。很多人以为海棠就是海棠，信远斋，他们都是每年秋天派人专门到怀来去订海棠去。所以那时候很多人讲好吃，什么东西怎么做有一定的章法。不是说我从门头沟、从海淀弄点儿海棠，［用手比画］这么大个儿，煮完就是蜜饯海棠啦，一煮就煮开花。它（八棱海棠）不开花，整齐，一看是这么回事儿。其他海棠一煮完，卖相不好，您恐怕也有这种生活经验，都开着花了就。果小，不好看，味儿涩，这就是没有卖相了，所以这个东西必须得用，现在就是官厅水库以北也出的那种海棠，但是没人加工蜜饯海棠了。北京很有挖掘价值的东西，（比如）四大蜜碗，九龙轩这个，我觉得是非常值得挖掘的。九龙轩的糖葫芦，有的是串儿的，唯独信远斋，天津式的，糖堆儿（一个山楂上有一个竹签）。九龙轩糖葫芦是很讲究的，现在当然都是山里红一穿。它的品种就多了。那橘子瓣怎么穿、山药豆怎么穿，掌柜的都上心了，不同用料，竹签儿头的形状都不一样，有尖的，有圆的，有三角形的。

那时候呢，顾客没那么多，你就卖花市那一带人，前门也不会谁有毛病大老远地上你那买一串糖葫芦，路过买一串儿，偶尔有的。如果

---

① 炒红果：老北京传统食品。看起来晶莹剔透，吃起来更是酸酸甜甜，是很地道的北京美食。主要成分是山楂，富含多种高营养成分。本品配料以蜂蜜、白糖为主，含有多种人体必需的营养元素，属食疗型休闲食品，对高血压、心脑血管病等具有一定疗效，具有开胃、软化血管等功效。

② 榅桲：老北京传统食品，一种类似于山楂的小型果子。经过冰糖和桂花熬制，冬季多用于拌制白菜丝，为一道传统下酒菜。

③ 八棱海棠：又名“怀来海棠”“海红”，属蔷薇科苹果亚科苹果属西府海棠种，是我国栽培历史悠久的果中珍品。

你把周围人稳不住，您关张吧。再往前走，还有“永和恒”的纸店，它还有分店。

这种纸店一般叫“洋纸店”，经营道林纸、描图纸、白报纸，学生做手工的电光纸、皱纹纸，麻呈文纸，糊顶棚的大白纸，糊窗户的高丽纸、东昌纸。您想崇文门外头，这么多胡同，过年的时候糊窗户，使多少纸啊，所以它非常需要。它不单单是中式的纸笔墨砚，它还卖西式的，还有带颜色的纸。它好像一直在开着，一直到把花市这一带拆了为止，一直存在，因为生活中需要。

它对面是个医馆，医馆里是个中医大夫，他也看其他病的，凡是开医馆的，都有两下子。医馆再往那边就是一个切面铺，它除去卖切面之外，还有寿桃寿面。过生日就送人家寿桃寿面，就是用很长的面条盘成一个高一尺、宽半尺的圆柱体，上面再用面条盘成一个桃状。做这活儿需要技术，面条得不能断，这一把面条得有将近一丈长，它的价格也不一般，卖的是手艺钱。顾客用手托着长寿面，就给老人去拜寿，本家高兴，顾客也体面。切面铺这也是一个行当，养活一家子。

北京的切面铺有两种，前面讲的卖生面条的，还有一种就是小型的面馆，门前挂一个罗圈，糊上红纸剪成的流苏，这就是它的幌子。它主要卖大饼、家常饼、炒饼、炸酱面、打卤面。切面铺做出的炸酱面当时很受欢迎，说句不好听的话，现在北京到处是炸酱面大王，可是他们做出的炸酱面实在是没法和当年的比。比如说面码儿，现在吹嘘的要放十几种。你想一想，一碗面里十几种面码儿每样放上一点儿，你是吃面啊还是吃码儿啊？当初北京吃炸酱面的面码儿应时应季，春天最为丰富，小萝卜丝、香椿末、青蒜末、绿豆芽（讲究的人家将两头掐去），有些人说要放黄瓜丝儿，其实这是外江派了，因为春天的黄瓜水分比较大，放在面里一和酱接触，就要出汤[①]，这样的话影响口感，最好吃黄瓜条，这才是正确的。这是最丰富的节气了。那炸酱就更甭说了，我

① 出汤，北京土话，就是水分析出。

看电视上有一个节目，有一位外埠的老兄在北京开了一个炸酱面馆，愣说他的炸酱要炸40多分钟，听着有多“玄”，老百姓家一炉火[①]还炸不了这锅酱呢，其实就是肉丁切大点儿，酱只要是稀酱加甜面酱就可以，千万不要用水澥，没有他说的那么邪乎。切面铺卖的炸酱面全是抻面[②]，筋道好吃，现吃现煮。现在的兰州拉面和面时加“蓬灰水”，做炸酱面的抻面是用温水加盐来和，和好后还要“醒”上一两个小时，才能制作。根据顾客的口味，分板儿条、棍儿条，还有很细的称作“一窝丝”。您瞧这大师傅制作过程称得上有点儿表演性质。他先把一块儿面在案板上抻开，反复用手搭而且还要用手耍起来。炸好的酱根据面多少要放在小碗里，叫“小碗干炸”。北京人有句歇后语“小碗干炸——后找补”，就是吃了他的面之后肯定食欲大增，还想再添点儿。

再往南边走最大一特点，有一个作坊，就是做饹馇[③]的。它就是杂豆面和成糊，放在铛上弄熟，可切成小块儿蘸着椒盐或切成条熘或炒都可以，熘饹馇可是清真饭馆的拿手菜。您说从南到北它多少个行当，所以你生活上所需要的东西它都有，这些都是普通老百姓离不开的。当初的北京是个消费城市，它的服务是比较周到的，应该说普通人经济收入不高，但是维持基本生活没问题，还有要搞好街坊四邻的人缘，像切面铺、油盐店它们都应运而生。但是它们也能够生存，自己做一些咸菜啊，或者趸一些油盐酱醋，各种作料，确实离不开的，因为人们也不会跑大老远去打点儿酱油和醋，和现在生活不一样，来两瓶。那时候北京有一个习惯，可能外地人不了解，都拿碗、罐打三分钱酱油，没有说一买买一大瓶子的，就拿个碗，现吃现买。现在芝麻酱也是一罐一罐的，那时候芝麻酱都是拿着碗去，这个动词，“打”。吃多少买多少，只够

---

① 一炉火：指续一次煤后燃烧的时间。

② 抻面：又称“拉面”“大拉面”，是一种独特的传统面食。滑爽筋道，鲜香清口，独具风味。既是面条的一个品种，又是面点制作的传统技术。

③ 饹馇：绿豆面与白面混制的一种食品。分两种，普通型：饹馇稍厚，适宜做菜吃，煎、烩、炖、煮汤均可，也可以生吃下酒；薄脆型：超薄，适宜生吃，休闲食品，下酒菜，可当锅巴吃。

一顿饭的，因为收入也比较低。当初工厂不多，都是手工业者，或者拉车的啊，因为他每天有收入，每天有进项，我不能说今天买二斤，占用资金太多了。我今儿吃什么（买什么），像张先生说的，今天吃汆儿面，就三分钱，给我调和点儿醋，来点儿香菜。

这说的我们花市这一带，北京最普通的一个商业区。很多人不了解老北京真正的老百姓生活什么样，都是想当然，当地就这么多事儿，就这种生活。那时候生活水平低到什么程度？我们那个胡同有一家，他挺有钱，做玉器生意的，但那个人绝不浪费。我说这个故事有点儿过分了，春天吃这个芝麻酱面，他媳妇儿另外买了点儿香椿，这家的男人回来一看，吃芝麻酱面就行了，你还要吃香椿，给了他媳妇儿一大嘴巴子，意思是你太过分了。这个人在胡同里有名的会过日子，可是他从来不占别人的便宜。

有钱的人，他也是不乱来的。可是从生活水平来看，我们家日子是根据收入起伏的。你比如说收入较高的时候，生活还可以，春天的时候可以吃两次对虾，那时候卖对虾都用大筐装。那时候黄花鱼和对虾在北京算普通食品，都可以吃两顿，都是渤海产的，现在绝种了，没了。为什么叫对虾？大、粗、鲜，从渤海那儿打上来，到天津那时没有汽车，就是独轮车推也好，什么也好，很快运到北京，非常鲜。对虾全身青绿色，大的有六七寸长，小的也有四五寸，两个就是一斤。现在有冰鲜船了，我看那种虾都看不到了。春天的黄花鱼在北京也兴盛一阵，北京人吃对虾和黄花鱼都讲究侉炖[①]。因为它们很新鲜，所以这样做也非常好吃。可是供应的时间不长，就是那么一个季节，什么人都可以吃，什么人都吃得起，平常日子还可以买几个羊肚儿。洗完了以后自己爆，就像这样的生活水平。

① 侉炖：指将未经烹制的原料放入砂锅中，加定量的汤和调料，烧开后加盖，用小火进行较长时间加热或用中火短时间加热成菜的技法。

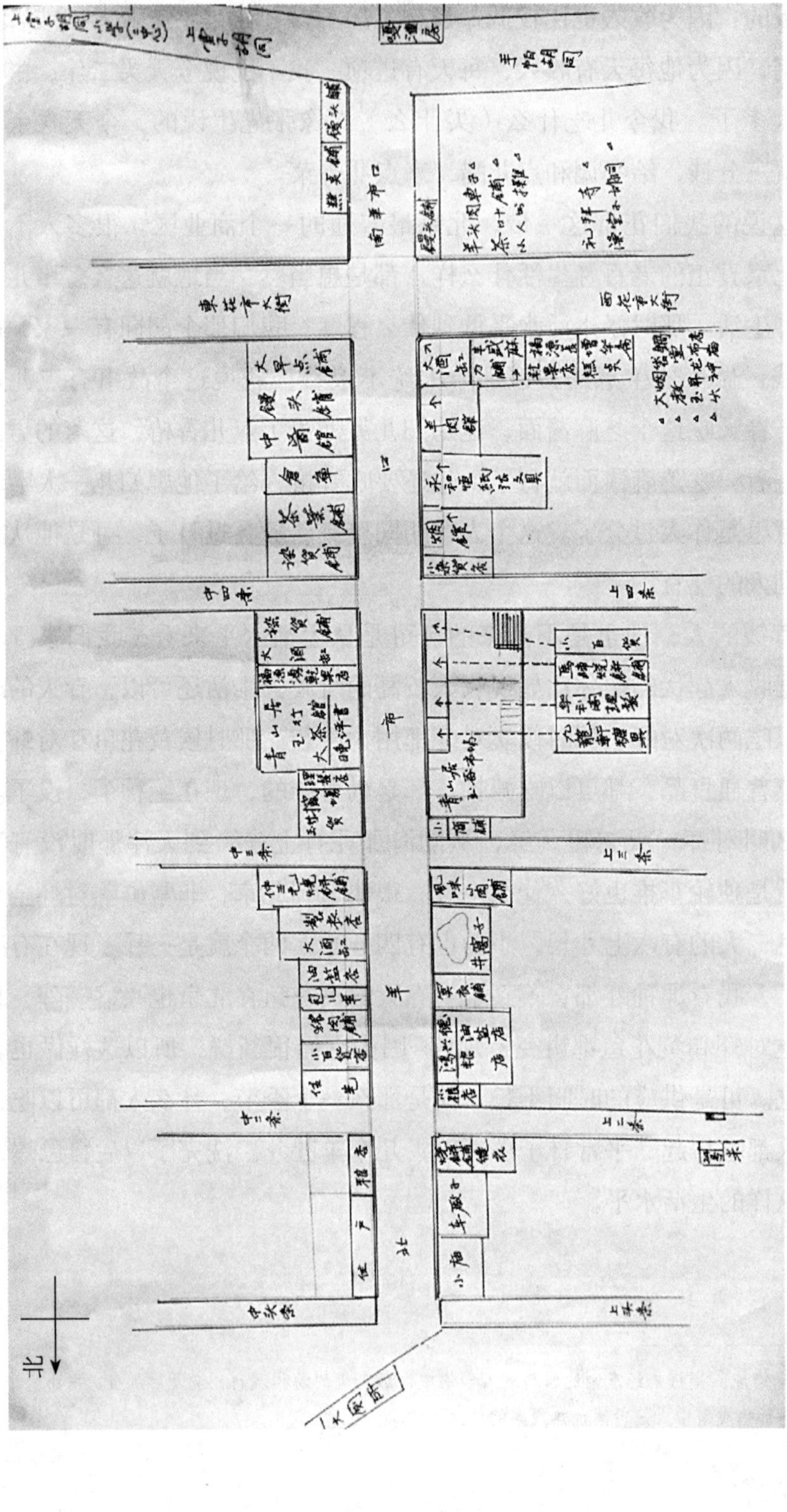

20世纪50年代崇外花市羊市口之市井情况图（米景扬绘制）

八、厂甸儿与火神庙

一说厂甸儿就得先说琉璃厂。为什么叫琉璃厂呢？据说这个地方曾经为皇家烧制五彩琉璃制品，其中包括五彩琉璃瓦、脊兽及其他制品，所以琉璃厂作为地名就传开了。清代以后搬到了京西的三家店，可是人们依旧称这里为琉璃厂。在清朝初期的时候有人称这里为“京师雅游之所”，据说还写进了书里。由于当时汉族官员多居住在外城，所以很多人到这里来游玩。听搞旧书生意的老人们说，清乾隆三十八年（1773），乾隆皇帝开始让人编纂《四库全书》，命令各省督抚从当地藏书家中收大量书籍以备考订时做参考书，这是一次巨大的文化活动，它促进了琉璃厂古书业和古玩、文房四宝业的兴盛，从此各地书商也纷纷携带各种珍籍来琉璃厂开店，或设摊儿营业。

这一时期琉璃厂书肆发展很快，除此之外古玩书画及和文化有关的行业纷至沓来，所以它又成了字画、碑帖、金石文玩聚散之地。您看许多书上都介绍过这个，那时候宋元名画、碑帖拓片、古代铜器以及官、哥、汝、定、钧等名瓷也都通过这里流入各收藏家之手。因为很多举子进京赶考，所以读书人必备的纸墨笔砚、印泥图章以及进考房的各种考试用具也得有，这里成了凡是文化用品门类一应俱全的场所，它最大的特点是能够按照服务对象的不同去生产和销售，而厂甸儿就是一年一度从初一到十五这里开办的一个大集市。

在这半个多月里，北京城城里城外以及远郊的一些商贩都赶在这里搭棚设摊儿。书画古玩、日用杂品、鲜花水果、饮食小品一应俱全，当时有一句话叫“倾城锦绣压成都，九市精华萃一衢”。当时人们到这里来，叫“逛厂甸儿”。我记得著名国画家陈师曾，曾画过一本册页，北京出版社给出版了，取名叫作《北京风俗》。其中有一张他们给起名叫“糖葫芦”，这幅画画得非常有意思：一辆带篷的骡子车，上边坐着一个满族妇女，手里拿着两支厂甸儿买回来的大糖葫芦。为什么说她是满族妇女呢？因为她头上梳着两把儿头；为什么说是从厂甸儿买回来的呢？因为这么长（串儿）的别地儿没有卖的。非常逼真。画面上提了一首《虞美人》：“幛泥油壁人归去，惆怅春游处。少年犹自傍香车，宝马轻尘，烟外一鞭斜。香饧串串胶生楂，一样沽春价。几多蜜意只微酸，留与郎归，小试觑湰边。”这是我所见过的国画中最传神的一张。

这里还有很多卖儿童玩具的。风筝、空竹、噗噗灯、大小风车、蜡制的各种动物和水果，吹糖人儿的、卖泥人儿的，各种木制的刀枪把子、小孩儿玩的小鼓和小镲等，还有江米人儿、弹弓、木偶以及戏剧花脸，一应俱全。最有特色的是小孩儿玩的大小风车，风一吹来，“哗哗”作响，它是用高粱秆做的，上面的风轮是用五颜六色的花纸粘成的，风车的顶部还插有小旗。这里卖的大糖葫芦有三四尺长，但这不能和商店里的糖葫芦比，它是京西的农民用山里出的荆条穿上山里红，外面裹上一层饴糖，质量比商店差远了。

厂甸儿还有一种东西，它是游走的小贩来经营的，这就是一年一度厂甸儿特有的大串山里红。他都是京西的一些农民为多，农闲时把线麻弄成细绳，一进腊月，把家里的山里红穿成大串，每串将近有两斤。通红的山里红穿在一起，给北京人的年增加了喜兴，可是经营它的都有一种“把戏”，就是每串山里红的个头不一样。他们手里拿着、肩上挎着，当你要买的时候，他总把手里的拿给你看，可是当你决定买时，掏钱的工夫，他们会把一串小一点儿的山里红很快拿出来给你。其实人们都知道，很少有人揭穿他这个“把戏”，这也是老北京过年诸事求顺的一种心态。大串山里红、大糖葫芦和风车是厂甸儿特有的三种商品，确实增加了过年的情趣，价格恐怕也就是一两毛钱而已。还有就是毛猴儿，这是一种手工艺品吧，它是用中药辛夷[①]和蝉蜕[②]做成的。夷就是玉兰树的骨朵。它们两样东西组装在一起，活脱儿一个“小猴子”。还有卖棕人的，当时老北京人家中都有铜茶盘子。把棕人买回家，放在铜茶盘子上，小孩儿敲打茶盘子的边，随着铜茶盘子的振动，棕人就在里面转。当时北京儿童玩具也不多，这种棕人很受小孩儿的欢迎。

当时也还没有“小吃”这个名词，都叫“吃食”，它们设在海王村公园里面和琉璃厂东西门外。西门外原来是古玩和要货的市场，中间也夹杂着一些吃食摊子，除了摆摊儿的还有推手推车的。卖切糕[③]的、驴打滚儿[④]、艾窝窝[⑤]、元宵、茶汤[⑥]、爆肚儿[⑦]、豆汁、炸丸子、老豆

---

① 辛夷：中药名，又名“木兰”“紫玉兰”，为中国特有植物，分布在云南、福建、湖北、四川等地，生长于海拔300米至1600米的地区，一般生长在山坡林缘。花朵艳丽怡人、芳香淡雅，孤植或丛植都很美观，树形婀娜、枝繁花茂，是优良的庭园、街道绿化植物，为有2000多年历史的传统花卉和中药。

② 蝉蜕：中药的一种，出自《药性论》，为蝉科昆虫黑蚱羽化后的蜕壳。

③ 切糕：一种北京风味小吃，大多数为回民经营，将黄米面、红小豆、小枣按比例混合，放入瓦甑中，蒸熟后扣于案上，切块儿出售，故名。

④ 驴打滚儿：是东北地区、老北京和天津卫传统小吃之一，成品黄、白、红三色分明，煞是好看。其最后制作工序中撒上的黄豆面，犹如老北京郊外野驴撒欢打滚儿时扬起的阵阵黄土，因此而得名。它的原料有大黄米面、黄豆面、澄沙、白糖、香油、桂花、青红丝和瓜仁，其制作分为制坯、和馅、成型三道工序。做好的“驴打滚儿”外层粘满豆面，呈金黄色，入嘴后可不嚼，细细品，豆香馅甜别具风味，入口即化香甜入心，是老少皆宜的传统风味小吃。

⑤ 艾窝窝：是一种历史悠久的北京风味小吃，颇受大众喜爱。因其皮外糁薄粉，上作一凹而得名。主要食材为江米、面粉做外皮，其内包的馅料富有变化，有核桃仁、芝麻、瓜子仁、山药泥等营养丰富的天然食材，质地黏软，口味香甜，色泽雪白，常以红色山楂糕点缀，美观、喜庆。

⑥ 茶汤：是北京传统小吃，相传源于明代，因用热水冲食，如沏茶一般，故名。主要有山东茶汤和北京茶汤，用龙嘴大铜壶冲制，水烧开后，铜壶盖旁的小汽笛“呜呜”响着，冲茶汤的师傅一手端碗，一手掀起铜壶，壶嘴向下倾斜，一股沸水直冲碗内，水满茶汤熟。茶汤的主料是秫米面（高粱米面）、糜子面，调料有红糖、白糖、青丝、红丝、芝麻、核桃仁、什锦果脯、葡萄干、京糕条、松子仁。用滚开水把秫米面冲成稀糊状，加上各种调料，即可食用。吃起来又香又甜又滑爽，极为可口。

⑦ 爆肚儿：是天津和北京风味小吃中著名的回族小吃，多为回族同胞经营。爆肚儿是把鲜牛肚儿（指牛百叶和肚领）或鲜羊肚儿洗净整理后，切成条块儿状，用沸水爆熟，蘸酱油、芝麻酱、醋、辣椒油、酱豆腐汤、香菜末、葱花等拌制的调料吃，质地鲜嫩，口味香脆。

腐、灌肠、苏造肉[①]、羊霜肠[②]、烩油渣[③]。总之，种类很多。我印象最深的是厂甸儿的艾窝窝，它的馅儿配制得非常好，也可以说很讲究。它里面分五仁的、白糖核桃的、澄沙[④]的（老北京对豆沙馅儿的称呼）、枣泥儿的，一应俱全。不同的摊儿所卖的口感还不同，可能是照顾不同的服务对象吧。有的比较筋道，有嚼头儿，适合年轻人吃；有的软烂，符合老年人的口味；甜度比较高的，那就哄小孩儿吃吧。还有一个是驴打滚儿，也不知道为什么起了这么个名字，最早卖这个都是拿黄黏米面蒸好后包上红糖，用刀切成一段一段的，再裹上炒熟的黄豆面。现在给改良了，江米面包豆馅儿，然后再滚上黄豆面，没有当年的味道了。还有一个我小时候最爱吃的那个棉花糖，我在其他地方没看见过有卖的。和北京其他庙会一样，这里也有变戏法的、拉洋片[⑤]的、算命的，但是他们都集中在海王村吕祖庙的前面。

火神庙在东琉璃厂，实际上这儿有个管玉器行的长春会馆，至于怎么管，咱们就不太清楚了。青山居，每年的正月初一到初六没人摆摊儿，玉器商全到厂甸儿火神庙去了，实际上每年春节它是一个文化的聚集，不是简单的一个庙会。那时候逛火神庙的有几类人：一类是知识分子，是买书的；还有一些劳累一年的手艺人，也趁此机会消遣消遣；还有一种就是普通老百姓，过年了也带着孩子来这儿玩，给上学的学生

---

① 苏造肉：也称“苏灶肉”，起源说法不一，但多指向苏州，原来是由清宫传出的做法。用多种中药和香料配合，有开胃健脾之功。烹制时，着重于文火煨焖，汤很浓、很鲜，肉也酥烂绵软，糯香柔韧，老少皆宜，现已失传。

② 羊霜肠：起源于北京，也叫“羊霜霜”“羊肚儿”。由羊的小肠灌上羊血制成，因为羊小肠里多挂有肠油，翻过来后，白似秋霜，故名。

③ 烩油渣：为皮革厂在加工皮革过程中，从上面剔下来的油脂，加工成块儿状，在进行熬制过程中，在油脂没有完全脱尽时捞出，放在调料中烩制而成，因极不卫生被淘汰。

④ 澄沙：过滤后较细的豆沙。

⑤ 拉洋片：是中国的一种传统民间艺术。表演者通常为一人，使用的道具为四周安装有镜头的木箱，箱内装备数张图片，并使用灯具照明。表演时，表演者在箱外拉动拉绳来操作图片的卷动，观赏者通过镜头观察到画面的变化。通常内置的图片是完整的故事或者相关的内容，表演者同时配以演唱来解释图片的内容。

买笔买墨，什么七紫三羊、五紫五羊，普通的毛笔，它是一个添置文房用品的地方。另外，它周围文化活动很丰富。那时候我记着像西琉璃厂有一种窗户挡，就是好的南纸店，在节前的时候到画家家里去，您给画什么什么，去定。画家得紧赶，而且要画得好，春节前交给他。还有一种，用现在的话说，就是有点儿接地气了。一般的商店，不单单是琉璃厂这一带，你像打磨厂这些个商店，到过年的时候，店里头都备有锣鼓，掌柜的拿出来让徒弟们敲敲打打，也是一种宣泄，也是一种享受吧，这些都属于文化活动。

各个店都有自个儿的这一套乐器，只要除夕一开始，您看吧，胡同里传来了空竹声。上次您讲那对，不像现在的空竹，是塑料做的没有响声。再加上鸽子被人们轰上天，鸽子哨儿[①]在空中嗡嗡作响，再加上几声鞭炮声，这才叫过年。年味儿的浓厚程度，就不一样了。刚才我说那个窗户挡分两类，一类像南纸店，资金比较雄厚的。（另一类）像一般的字画店，它也要弄窗户挡，有的事先已经画好了的，旧的，《水浒传》《三国演义》《红楼梦》《西游记》《封神演义》啦，所以人们走到那儿就驻足欣赏，它也是文化的一种。那时候也确实都伸脖子在那儿看。这是《空城计》，那是《战长沙》，这张《千里走单骑》画得多好，都因为不孝顺老天爷劈了张继保[②]，老头儿就跟小孩儿谈起来了。现在说这个年味儿差，你连抖空竹这事儿你都提倡得不彻底。你不了解这个，那天电视上在放，说这空竹，你看摆什么，中间有一条红纸，红纸是用金字写的，写什么，我记得那时候写的就是多少钱，就是那个空竹的价钱，那就好看多了。

---

① 鸽子哨儿：用针别在鸽尾羽的根部，也须经过训练的，一般鸽子只能戴二筒、三联等小型鸽子哨儿。像“众星捧月”“十三太保”这些大型鸽子哨儿，只有体格健壮的鸽子才能戴得动。

② 故事出自清代花部乱弹作品《清风亭》。其内容为薛荣妻妾不和，妾周氏生下一子，被迫抛在荒郊，被以卖豆腐为生的老人张元秀夫妻拾得，取名张继保，抚育成人。13年后，张继保在清风亭被生母周氏带走。张继保得中状元，路过清风亭小憩。张老夫妻前往相认，但张继保忘恩负义，不肯相认，把老夫妻当成乞丐，只给他们200钱。老婆婆悲愤至极，把铜钱打在他脸上。夫妻相继碰死在亭前，张继保也被暴雷殛死。

其实这些事情都可以提倡起来了，但有没有难处？有。你比如说现在放鞭炮算管起来了，可是你要敲锣打鼓，这有一个多少分贝的问题，也是问题。其实这可以提倡。

火神庙卖什么的都有，后面我再跟您讲。到了海王村里头，尽里头那一行房子，庙会时期商家都会把玻璃门卸下来，店里的墙上挂满了字画。这种卖字画的档次很低了。那个前面也有一两个玻璃柜，摆点儿文房用品什么的，这些东西。它也是春节的文化活动的一部分，但是最高级的就是东琉璃厂路北的火神庙。这火神庙，青山居的人很重视，甚至于半年前就把东西存起来，甚至于年前还要找关系好的户，我给你去卖去。一个是我给你去卖去，另一个你可以壮我的摊儿的门面。那时候一定要弄得相当水平，因此在年前腊月二十七八的时候，那时候是一个黑木箱子，有两个多宝槅在尽上头，摆这些个玉器杂项。

玉里头包括什么呢？像翡翠、玛瑙、珊瑚，全都算在这里头。甚至于你有点儿犀角[①]杯子，都属于，这也算里头，就是杂项。现在拍卖场上管这叫杂项，是对的，确实它什么都包括进去了。完了尽前面，是这么大［比画］玻璃罩子。玻璃罩子有四个，基本上都是四个，那里头放的都是翡翠、白玉件，都是东西小、价值高，精品了。二十七八的时候徒弟要把这整个槅子摆起来以后请掌柜的过来，有个名词叫“亮槅子”。“亮槅子”叫掌柜的看看，就是说今年的水平够不够。他来到这儿一看，“哪还有碗呢”，这又拿来了，“这太差了，换一什么什么”，再给修改，修改完了以后再包一下，第二天就把槅子拉到火神庙去了。那个摆的槅子的位置，每年是固定的租金。那里头有人专管，现在叫保安了，当时的保安还是很厉害的，交的钱也不少。因为你这包儿不能天天（拿着），有的人就搁在货架底下锁上。人家给你管着，夜里有人老在那儿看着，成本就高了。火神庙不是有一个大殿吗，大殿头的

① 犀角：犀牛角，为犀科动物白犀牛、黑犀牛、印度犀牛、爪哇犀牛、苏门答腊犀牛等的角。根据种类的不同，长角的数量也不同。非洲的白犀牛和黑犀牛都有两只角，而亚洲只有苏门答腊犀牛有两只角，其余的两个品种都只有一只角。犀牛角从皮肤中长出来，质地很硬，每年可以长7.6厘米。

前面有个月台，月台西侧，这块地方就算我们的地儿，到时候你交钱就得了，所以每年都是在这儿摆。

不知道为什么，一样的货，同样摆在这里，有的人经营就“火”，有的却不行。我们家的摊位是必经之路。条件不错，青山居的人都要到那儿去摆。火神庙平常不开，里面空着不少房子，大概有几家书铺在这儿经营着，读者也不多。可是一到春节厂甸儿一开这里可热闹了，您像玉器摊儿、珠宝摊儿、古玩摊儿、字画摊儿全在这里设摊儿营业了。

这些摆摊儿的不光是青山居的，前门外廊房头条、二条、三条及珠宝市的金店、首饰楼、玉器铺全来这儿设摊儿营业，那年头有买卖能赚钱谁不来啊。我听说以前连东交民巷的外国洋行全来这里摆摊儿。人家的高档了，卖钻石以及各种宝石。那个场面就跟现在展销会似的，但是有一点我可以跟您说，卖玉器古玩的绝无假货，他们可以要高价，但是绝不卖假货，这是一个多年形成的信誉问题。其实在当时假玉假翡翠国内已经有地儿生产了，像低档的翡翠，什么为低档？就是颜色不正，水头不好，但是有人就把低档翡翠用高温将绿色沁入石料中，外面一打蜡，称为“炝绿”①。您要检查硬度，它还真够标准，但是颜色不正。云南还出一种硬玉，它和翡翠差不多，外行人根本就看不出来，区别就是它比翡软，为了避免进假货，就需要你有很高的鉴别水平了。

除了玉器之外，各家在规定的地方（已交租金），搭起阶梯状的临时货台，上面盖上白布或者丝绒。珠宝摊儿上摆着各种珠宝首饰，古玩摊儿逐层摆着瓷器、铜器，图章摊儿摆着各种鸡血、田黄、冻石、水晶等各种章料，真是五光十色。平常您也不可能去古玩铺逛，今天游人一般趁此机会也算开了眼了，总之问的多买的少，可是赶上一桩好买卖就可以赚一大笔。

在门口也有“摆野摊儿”的。我听说有一个人在这儿就上了当，在一个图章摊儿上，看见了一对冻石章，高有寸许，雕刻的是松鼠葡

① “炝绿”：是指一种加色的“假翡翠”。

萄，非常精细，可是有一块儿的小角残破了。有人问多少钱，卖主说原价20，现价2块，没成交，人家走了。卖主追上前去又请安又作揖，说："您随便还个价儿。"那个人有一搭没一搭地说1元。卖主说好，开个张您拿走。回家一看发现走眼了，根本就不是冻石，是普通化石，可是松鼠葡萄刻得太好了：图章顶上一串葡萄斜挂着，松鼠在旁边窥视葡萄珠，身子斜刻，极为传神。虽说石料不好，但是雕工还算可以。因为在这儿摆摊儿也不容易，没有一定的财力，你连小摊儿也都摆不起。所以火神庙这一批，可以说是拔尖儿的了。那时候有钱的人当然就很多了，不认识，像咱们这老百姓也就认识唱戏的，什么马连良、张君秋，就这些，别的也没了。我记得那时候，晚上收摊儿到家以后，父亲就和母亲讲，说今天马连良来了，买了什么东西，那个兴奋劲儿，就跟咱们说今天总理来了似的。来财神爷了，你要有真好的东西，那也是真有人买。你想有钱的人咱们不认识，就跟现在似的，你说谁有钱，咱们哪知道啊，但是去逛的有钱人多。火神庙也是摆六天，从初一到初六，一般这六天有买卖，因为正是春节期间。

像抗日战争的时候不行，1945年到1946年马上就行，1946年、1947年初，反正有三年好生意就可以做，到1948年、1949年，又彻底不行了，厂甸儿也别摆了。人家那儿也宣布，今年就不办了。我实际上每年都跟着去。那时候徒弟已经没有了，就是我大哥、我，还有叔伯兄弟什么的，都帮着去。背着，就是两个包，都是蓝布包，那时候布也特别结实，扛在肩膀上，都是小孩儿，说着乐着走着，时间长也就不在乎了。你想从我们上二条，走打磨厂穿过去。快到前门那地方，我发现有卖一种枣泥馅儿的老头儿饼，［用手比画］就这么大，这个解放以后就没了。有一次我到美国去，在旧金山那个唐人街里还有，跟这完全一样，就是跟提浆月饼似的，枣泥儿的。到过年时候小孩儿都有钱了，哎，你给我买一个，你给我带两个。我们上厂甸儿的人，家里的人把钱交给我们，我们给他们买回来。

您知道前门外有个劝业场。劝业场这个南门儿，好几个就是卖点心的，这些东西就在那儿卖，别处没有，还就春节卖。就跟艾窝窝似的，到了大年初一，点一红点儿，其实它那是为了区分不同的馅儿，可能圆的是澄沙馅儿的，两个红点儿是核桃白糖的，三个红点儿是山楂糕丁儿的。也是显得春节的气氛，白白的面团儿上来一个红点儿，或者来一什么的。当初虽说是农业经济吧，（但）非常注意从这方面去装饰一些年的气氛，其实这是应该发扬的。北京四平八稳，按时按季，就跟那烧羊肉似的，一到立秋马上没有，羊头肉那天就上来了，头一天买绝对没有。好像你违背这个，你就属于没有规矩，什么都要有规矩。

我们应该增加点儿应节的食品。比如说现在这个季节（8月）热，前门外头有卖糖葫芦的，它就为了卖给外地来京旅游的。其实这个东西夏天并不好吃，糖都化了，黏糊糊的，这不是热天吃的玩意儿，它是越冷越脆。

现在还是生活水平提高了。我小时候，你不到时候是甭想，而且它有它的道理。羊头肉确实立秋以后天凉了，尤其晚上一吃，特别好吃。这艾窝窝就是，一到春节，一是增加了气氛，二是吃别的东西可能比较多，肉也多一点儿，这东西，黏黏的、甜甜的。

还有厂甸儿有一个最大特点，就是每年各行各业的位置固定，这给人心理上也是一种（暗示）。您像海王村一出来以后，这边必然是卖干果儿的，卖干果儿的不是一般卖干果儿的，它是那个嗓门儿特别漂亮、特别张扬的。它卖的，都是用的西洋纸包的，要包出角儿来。这葡萄干上头摆着已经包好的十个，这杏干吧，已经包好的，都用的硬的纸，它当然也为了（规整好看），硬纸包装出来比较挺实，这也是做生意的（窍门）。这边是这个，这边永远是卖灌肠的，它老是固定的，所以你感觉好像这才算是逛厂甸儿的。

这火神庙，它有一个东跨院。东跨院就通到那边那条街，就这拐弯的地方，下午2点左右老有一个卖豆腐脑的。因为2点钟人们已经吃过午饭了，它正好给在火神庙摆摊儿或者逛火神庙的人提供这么一个“垫补”的地方。年年如此，因此以前（干）什么，都形成传统。刚才您说这个爷爷、父亲，一辈儿一辈儿都在那儿，它这豆腐脑，打我记事起，永远在那儿。那时候做生意人非常会抓裉节儿，他一直摆到下午5点钟。

我说咱们北京人今后得发扬吃苦耐劳精神。您说小吃，所有的小吃都是北京人自己做，质量也好，也干净，现在因为生活好了，都不干了。现在一个是不愿意下这个力，做小吃确实累。一个最简单的艾窝窝，先要泡江米，冬天怎么泡，夏天怎么泡，泡到什么程度，蒸到什么份儿，打进多少水，用擀面杖搅，再二次回锅，完了再焖上。所以这东西，现在一般年轻人不愿意干，老年人干不动，所以做到它这个水平，馅儿怎么配，最简单一个问题，现在北京叫“华天”吧，那是北京市小吃的品牌。这个店小吃利润不大，您要是去做股票生意，好像三两天，就能挣一万块钱，很容易，但是弄这个想挣一万块钱，这可难了。有一天我和我朋友去逛东华门小吃一条街，看见一个卖爆肚儿的，我说这哪叫爆肚儿啊？这不就是炖肚子吗，而且味道肯定不对。您看海王村里头，每年老有一老头老太在那儿卖一年捏出来的小泥人儿，都是当时画报上最时兴的那些人，你比如说毛三爷、胖太太。这毛三爷、胖太太，都是当时北京有一个《三六九画报》上登的一些东西，他就照着那儿捏，到厂甸儿的时候摆，年年有。知道是毛三爷，毛三爷是长三根头发。毛三爷、胖太太，他捏出来的就是好。年年卖，年年还真有人买，看着它喜兴。

刚才我说卖干果儿的后头，就是靠墙了，咱们叫“耍呜丢丢”（演小木偶戏）。故事题材永远是一个，就是一个小孩儿拿一个叉打那老虎，还在那儿磨磨叉，都叫它“王小打虎”，这叉一下叉到老虎嘴里了，虽然是年年都演，但还忍不住站在那儿看。今天恐怕再演这些东西就不行了，招不来人了，这就需要是让我们去如何变通的问题了。还有就是“黄雀儿占卦”，永远是一块儿糖，你一举小鸟就飞过来了，把你这钱儿叼着，完了它到那儿扔下这个钱儿，用嘴一磕铜的小木盒，叼出来一块儿糖。完了它告诉你一块儿糖，你要糖自己去领去。它是每年如此，人们也有一种恻隐之心，今年谁又来了。什么是传统，每年都能保持，这就是传统。

我们认识一个姓王的，他每年老做“鬼脸儿”[1]。那时候就兴美国人的“双肚子飞机”，飞机俩肚子，他能用马粪纸[2]，再涂上颜色，你看着真像。他也是与时俱进，社会上出现了什么新的东西，马上能够制作出来。但问题是我们现在制作出来的东西，卖不上价。您看一提传统，北京传统荣宝斋的木版水印、棕人等，老是这几样。为什么它们能生存啊？那还是国家真正扶持的。这就是怎么能够把传统给（传承下去），那天我说的那个，还有卖刀枪把子，这戏把子，在当时就是比较贵的，像一般的小孩儿就买不起，都得是有钱人家来买。可是这东西现在就没有卖的了，现在小孩儿有钱了，他又没地儿买去了。

九、蟠桃宫

蟠桃宫是每年三月初一到初五，初三是正日子。蟠桃宫在东便门这儿，离我们家也近。

它真是个道教大庙，第一层殿就是四大金刚，韦驮。第二层殿就是道教的，太上老君、鸿钧老祖、元始天尊，那胡子是很细的，三撇胡子。殿里头老有一个拴娃娃的，家里头老不生孩子，到这儿摸一个娃娃，给拴住，完了给那个老道点儿钱，传说回家就能怀孕了。这五天香火相当的盛。它有一个西跨院，你烧的香不是老在那里点着，刚点一会儿，老道就拿水一蘸，就搁西跨院去了，烧过的香跟码山似的。蟠桃宫庙会西侧的外头，还有个蟠桃井，是一个石头砌的、桃形的井台。庙的正面，有一个石头桥，是可以通过的，再往西去，也有一个是沉了的

① 鬼脸儿：北京旧时在庙会上用纸压成形，然后在上面画出的各种戏剧脸谱。

② 马粪纸：学名“黄板纸”，是用稻草和麦秸等原料做的，只是在造纸的时候加工得比较粗厚、颜色比较黄，故名。在日常生活中，主要是用来包装、衬垫一些物品，还可以用来做手工。

船，从那儿也可以过。因为它有一个护城河，人们过不去，护城河就是从西边流过来，卖吃的的、卖玩意儿的、套圈儿的、唱野台子戏的都沿着河岸，所以说蟠桃宫是比较繁华的。

它最有特色的应该是粗豌豆黄儿，别处好像很少有卖这个东西的。这个豌豆黄儿不是现在吃的豌豆黄儿，现在吃的是细的豌豆黄儿，我说的这个是拿砂锅煮的粗豌豆黄儿。每逢蟠桃宫庙会，他推着一个独轮车，上头铺着蓝布，砂锅一扣，切成一块儿一块儿的，呈三角状，摞起来，他老往那上头掸水。其实现在有一个说错了，凡是卖豌豆黄儿的，都说有一首《竹枝词》："从来美食属燕京，豌豆黄儿最有名。红枣嵌在金屑里，十文一块买黄琼。"其实它这个说的粗豌豆黄儿，细豌豆黄儿里没枣。细豌豆黄儿那个时候就只有像仿膳了、东安市场茶食铺里头才卖。

蟠桃宫还有一点，就是护城河的北岸，有骑小毛驴儿的，从哈德门（崇文门）那儿，骑上给了钱一直到庙这儿。在过河的地方，再往上一走，就是东便门的铁路车站。现在这车站还在那儿，就是那个朱红色的房子——两间，是日本人盖的。那时候北京到天津的火车，东便门站还停呢。

蟠桃宫还有一个生意就是套圈儿的，他把许多玩具之类的东西一个一个地依次摆好，你花钱买他的圈儿，然后站在一个画好的界线的外面往里面扔，套中了哪个，哪个就归你了。他那个圈儿是竹篾做的，轻飘飘，要想套准那太不容易了。话又说回来了，好套的话他吃什么去啊。这个庙会从东便门到崇文门沿护城河南岸茶棚货摊儿林立，日用杂货、风味小吃应有尽有；打把式、卖艺、变戏法儿、摔跤、杂耍儿、说相声的绵延二三里地。还有一个，就是说（看）相的算命的多，有一个叫牛乐天，他用一张牛皮纸写上"牛乐天"三个字，写的是颜体，写得还真叫棒。他给您点，你比如说，这时候的钱，也得两块吧。你要交了两块钱，当时他就给你看，说怎么好怎么好、怎么差怎么差、什么时候要注意，完了。明年你再去，他还能说得一样，这也算是一个本事。这个牛乐天，脸上老是红堂堂的，看起来像喝醉了，他有这个谋生手段。还有一个也是相面的，外号“张半仙”，他穿着一身蓝布大褂，脚穿一双礼服呢的便鞋，猛一看像个教书先生。他蹲在道旁，嘴里叨咕着，也不知道说什么呢，反正嘴在动。小时候淘气，我非常好奇，就蹲在他旁边听他在说什么，词很多，我就记住了几句，像什么“画龙难画爪，画虎难画骨”，反正诸如此类的话吧。突然间，站起来指着一位行人说，我看你印堂发亮，有一笔大财等你发。过去有迷信的人，马上站住听他说，这下你就掉坑里了。你听他这个那个胡说一遍，反正把你给说高兴了，最后要送他一笔钱。关于发财不发财他不管了，花钱主也就弄了一阵“耳福”。他们的特点最会察言观色，会顺情说好话，总之一句话，全是骗人。您看那时候说相声的，不是有高德明、绪德贵、汤瞎子。这汤瞎子属于他眼神儿不好，需要别人带着他，其他人都上凤凰厅这些地方去演出，人家不要他，他就得赶庙会，赶庙会也是马上就可以赚点儿钱。光是算卦、看相的就得有十来个摊儿。

它也是变相一个庙会了，每年就这么一回，就三月份，由于它香火极盛，所以招来很多人。一般的，就是五天，初三是正日子。

十、抗日战争时期

抗日战争时期，我也吃过“共和面儿”，吃了半个窝头，第二天就拉稀了，还真是。我上小学的那年，大概是1943年夏天七八月份的时候，北平发生了一场来势凶猛的传染病，就是霍乱，也不知怎么着，叫“虎列拉”。得上这种病的人上吐下泻，而且白天黑夜不停。当时也穷，也太不讲卫生了，（饮食）质量太差了，很多人没有及时治疗，以为是吃点儿偏方就好了，可是两三天的时间由于大量脱水，很多人就虚脱而死。日本人摆出要消灭霍乱的阵势，他们在各个交通要道强迫过往行人打防疫针，最损的一招儿是往运进城的蔬菜车喷大量的消毒水。他们要拿一种叫“应碧利斯”，它就一个药水似的，你拿着鲜货（水果），“啪”给你这么一喷，这个鲜货你再（拿回家），你得好好洗，要不然老有药味儿。我记得那个蔬菜只要一喷上消毒水，那股子味道怎么也去不掉。如果在胡同里发现了病人，那这儿的住户可遭了殃了，他们用绳子给圈起来定为危险区，强行把死人拉到郊区去焚烧，有的人还没咽气也被他们扔到郊区的石灰坑里活埋。那时候我记着，老有那大车拉着那么大个的那个［用手比画］，这么厚的花生饼，就是榨花生油剩下的渣子，硬极了，敲不碎的，可能是和“共和面儿”就混到一块儿了，那会儿站在崇文门外就见一车一车往城里头拉。日本的时候，东单广场成了滑翔机训练场。那当然飞机也很简单，是可以骑着坐在那儿，有两根绳子，日本兵就拉着这两根绳子，“呦西呦西”，这飞机就起来了。起来以后，到同仁医院那儿就落下来了，那是一个训练滑翔机的地方。

当时进出崇文门，经常有日本兵在那里站岗，他看进出城的人不顺眼就叫过去，搜身检验身份证，如果哪点不符合要求，就要暴打一顿。还有一点最可恶，他让进出城的人向日本太阳旗鞠躬。还有日本人为了毒害中国人，成立了很多“白面儿房子”。许多人一旦染上这个嗜好，身体搞垮了不说，倾家荡产啊，还真有卖老婆卖孩子的，家底卖光了沦为乞丐，骨瘦如柴，身上无衣，腹内无食，大冬天的还趿拉着一双破片儿鞋，那个惨样就别提了，早晨经常在街上出现他们的尸体。在我的记忆中日本人还搞过一次让老百姓献铜献铁的活动，可能是前方太缺乏物资了吧。让各胡同的保长到各家中搜罗破铜烂铁，还不够数，怎么办？愣让各家的铜锅全得拿出来，最后到什么程度？把各家的家具上的铜活儿全起下来，所以说解放以后有很多人家箱子上或者柜子上门鼻儿和拉手全没有，这就是当年日本人造的孽。

像1944年的时候，火车从天津拉到前门站的时候，它这个运兵车，下来的都是孩子。没有兵源了，小孩子得穿着当兵的靴子，那靴子大，小孩儿用不了。所以军队往前一走，“秃噜秃噜”，“秃噜”的都是大人的鞋，战败的那个情况已经很显然了。

日本投降的时候，北平变化最大的，一宣布日本投降，接着就要把日侨，作为侨民来说，给他往日本遣返。他也都是一个家庭一个家庭的，这个家庭里头有很多很多生活必需品。因为那时候日本人也都住在东城这边，从磁器口到北新桥，您看这一拉好几里地，全都是卖日本的家具的。带边的那种锅、衣服，他们烤火的东西，还有他们的佛龛，其实他们就是卖给“打鼓儿的”。“打鼓儿的”您应该知道，现在我还记得他们当时的情景。“打鼓儿的”左手拇指与食指夹着一个四厘米左右的鼓，右手拿着一个大头的藤子棍儿，一边走一边敲打，一般人打不准，为什么呢？因为鼓个头儿太小。这个棍儿的弹性极好，内行敲起来声音“啪啪啪”很脆，串街走巷收购各种旧货。打硬鼓的，专收各种珠宝玉器，各种珍玩；打软鼓的，就是收破烂的。这里的打鼓都是打软鼓的。“打鼓儿的”把东西摆成摊儿，一摆多老远，刚才说的，得好几里地啊，摆的都是他们的生活用品。那时候我们家买的——日本人睡觉是在地下睡，褥子特别厚，得这么厚［用手比画厚度］，他那个被子小，脚丫子露外头。就买了那么一个大褥子，还有两个水桶，我印象深刻。那时候你要想买，东西多，可是那个时候，就是没有钱。老百姓没有钱。

当时我们家有一个收音机，那时叫“话匣子”。有一天家里大人都凑在收音机的前面听着什么，还不时地交头接耳说两句话，我们知道出什么大事儿了。听了一会儿，他们说小日本投降了。

崇文门日本国旗没有了，日本兵也不见了，没多久宣布他们要撤回日本，这一下街上可热闹了。从磁器口一直到东单的北头，最早是“打鼓儿的”，收购日侨的衣服、日用品等来街上卖。他们给的价钱较低，后来有的日侨出来自己摆摊儿，因为他们有的人也会点儿半生不熟的中国话。他们发现能多卖点儿钱，他们之间也有沟通吧，这样一来很多日侨为了早日回国，把家中的日用品、家具全都摆了出来。我记得卖日本和服（当时管它叫“日本大袍”）和日本被褥的最多。还有日本的烤火盆、铝锅、炕桌儿、柜子，甚至手表、怀表、钢笔、围棋以及各种工艺品，反正能够出手的全都拿出来卖。着实热闹了一阵儿。日侨也不像以前那样耀武扬威了，都规规矩矩的，看见人就鞠躬，让路。一看他们这样，中国人反而可怜起他们来了，其实他们也是战争的受害者。最可笑的是有的日本人也穿上了中国的长袍，戴上了中国的小帽盔儿，以防别人出门打他们，但这是个别的了。

十一、解放战争时期的崇文门内

抗日战争胜利，国民党来了以后，东单广场那儿有一块地方，还是一个大空场，很多人就到这里踢足球。那时候北平有很多足球队，振寰、白燕、红黄蓝、利华，利华好像就是北京饭店的员工。利华队的队长，后来当了足球队领导的那个叫什么，在中国足球界挺有名气。崇文门里有很多商店，我记忆最深的就是正昌面包房和法国面包房。正昌面包房是把在崇文门那儿，现在我还记得它的面包非常好吃，一层一层的，当时年纪小觉得很新鲜，各种圆的、长的、方的面包摆在柜台里，也不知道它们叫什么名字，只知道好吃。东单原来是个大广场，在广场的西头，有几个外国兵营，门口站着外国兵，怎么形成这历史，这我就不太清楚了。兵营那儿有一个壕沟，挺深的，“沈崇事件”就发生在那儿。这个马路，你比如说这儿有一个同仁医院，这形成很大的一块地方，也有时候有英国兵，有时候意国（意大利）兵，有时候法国兵、美国兵，反正就这几个大国吧。为什么占领，那咱就不知道，也可能就是大使馆在那儿，门口站岗的，站岗他也不能就俩人啊，他得十个八个的，他得换班啊。他们其中有些人很爱踢球，就找到了北平的足球队，跟他们说踢一场。那时候那个地非常粗糙，尽是小石头，所以在那上踢，你只要摔在地下就有伤，都流血了，哪像今天的绿草地，像地毯似的。那时候就这些，中国队能有的，拐子（足球鞋）、护膝，就算不错了，装备算比较好的。我记得那时候是礼拜六、礼拜天老踢。

那时候中国队老赢。中国队也很灵活，把这个外国当兵的涮得一愣一愣的，那时候就踢得很好，为什么现在足球这么糟糕。那时候球赛很多，北平的球队也多，都是民间球队，国家不掏钱办这个，都是行业，电车公司啊，大饭店大单位，还能自办。

电车公司的球队叫振寰嘛，白燕、红黄蓝，这都是当时的球队，踢球很好的，跟外国兵一块儿踢。外国人老输球，所以叫他们老输。中国人很聪明的，为什么现在踢不好了。那时候真是，球员就是北京饭店的服务员，或者电汽车公司的司机或者卖票的（售票员）。后来由于日侨在这里卖过货，不少中国人也凑热闹到这里来卖一些旧货，慢慢地这里就成了一个市场，甚至于还卖一些美国的剩余物资，美国罐头啦，你比如美国兵吃的饭。那时候没有塑料，就是一个牛皮纸的盒，上头烫了一层蜡，也是密封了。你要买那一盒，打开以后，一小盒沙丁鱼，很小，四块儿压缩饼干，两根香烟，一包咖啡。你要是吃了这个，好像一顿饭就够了，因为它的价格很贵，吃过两回就不吃了，就是图个新鲜。到了冬天，等于美国兵身上有什么东西，这儿就有卖什么的，甚至于军服啊、匕首啊全都有；那儿有一个冰场，不知道什么人泼的，他们用附近的井水泼了这么一个冰场，那时不会用自来水，那成本太高了。

1947年下半年北平就出现了战争气氛，在关厢附近修了堡垒，到了1948年11月份的时候，北平各城门都关了，街道的十字路口都修了防御工事，堆着很多麻袋，里头也不知道装的什么东西。这时候老百姓都纷纷传说八路军（中国人民解放军）把北平包围了，并占领了南苑机场，东单广场就改成了国民党的临时机场了。那时候国民党的内外交通就靠那么一个地方了。它从崇文门到东单一直往北的马路上，立起了木桩，上面全绑着席子，但是绑的质量也不好，经常就倒了什么的，我看国民党办事情就是不认真。但是飞机起降，站在席外边都能看得清楚。

就像傅作义说的，谁愿意走谁走，在东单那儿还有一架飞机，就这意思。那时候共产党一看飞机的起降是那样的，解放军的炮可以控制到东便门的外头。可是一打就打到崇文门外上几条、中几条，就这一带。好像没有打着过飞机，也没有伤过这里的住户。就是有点儿“响动”。

我们那里有许多庙，还都叫“观音庵”的比较多，而且挺大，（佛像）铜的。那个时候由于围城了，城外的老百姓跑到城里来，没地儿住，就住庙里头。有一个张大爷，在西跨院一小屋，老两口儿没孩子，就在那儿住着。有一次，也不知道怎么的，炮弹正打在这儿［比画位置］，他的门在这儿呢，这一打，好像一股气浪就把他给推出来一样。他逢人必说啊，好像观音菩萨把我给推出来了，赶紧去买点儿东西。那时候好像社会上已经没有卖什么东西的了，就买了几盘蜜饯，给观音菩萨那儿上了供了。完了，就叫小孩儿磕头，那时候小孩儿让磕头就磕，不知道为什么，知道磕头就是好。磕头完了以后，分供尖儿，这可是好。一人分一小块儿，那时候已经关起（城）门来了。我想象的，我不知道那时候可能像东单、建国门吧，那一定还有可以来往交通，有一豁子。国共双方都允许。反正那时候我印象，买个萝卜，大家伙儿都得凑钱买，那时候老吃“烀饼”，没别的吃的啊，做起来也简单。

我们有一个亲戚，他农村有地，看我们实在过不去了，他借了我们一大布口袋玉米豆，那口袋好像（装）很多。庙里还有一个碾子，到那去，把它碾碎了，做“烀饼”。那时候，胡同里头还老有一个卖东西的，还不是花生米，就是什么半空（未长成熟的花生）的。这个人拉着个马，我印象很深，穿着一身黑衣裳，黑靴子，戴着一个黑帽子，好像武松那个样儿。小孩儿买不起吃的，他过来的时候，赶紧跑到门口看他去，“那个卖花生的来了，大家伙儿看看去”，他这身衣裳也特别。

那时候家里都是一根线下去吊一个灯泡嘛，得做红布里黑布面的一个套。告诉说要防空，玻璃上都贴着白纸条儿，我印象中还贴过两回，抗日时候贴了一回，国民党这时候又贴了一回，怕飞机轰炸把玻璃振碎了。往这边打炮的时候，把这个被子缝上俩襻儿，挂到整个窗子上。你说那炮弹打进来，这被子能顶得上嘛，就是图个心理安慰。那时候那自来水底下有一坑，开关自来水用的，小时候，小孩儿，我和我们另外一个叔伯弟弟，一听说打炮，我们俩就钻这个“防空洞”。回头想想，里面太憋得慌了。

1947年、1948年国民党在北平到处抓壮丁，我没挨过抓，还小，他们要抓我二哥，我二哥比我大六岁，正好十八岁。那时候怎么躲抓壮丁呢？我们西屋有个躺柜，上面盖了一个单人的铺板，底下垫好了草和褥子。有一天，保长带了五六个国民党兵来抓壮丁，也不知道保长是有意还是无意，在门外就喊“某某某今天在家吧”，光喊不进院。我们听到后，就赶紧把铺板一掀，让我二哥赶紧钻下去，再盖上。我就躺在那儿。后来好像也没来过，有的家找徒弟代替，都是年富力强的，可是这些徒弟一听说要去当兵，都跑回老家了。

那时候由于战争，北平涌进了很多难民，他们的孩子就成了小乞丐，是干吗呢？年纪小没有力气只好捡烂纸。那时候北平很讲究这个，你看胡同口柱子上，挂着一个纸筐子，上写“爱惜字纸”。因为凡纸上面有文字，你要尊重。所以他（小乞丐）老拿一个针绑到一个小棍子上，一剟，搁到后头篮子上。烂纸也值钱，所以我说咱们现在日子，你看解放初期，到了1960年，牙膏皮是不能随便扔的，现在咱们都是大牙膏，没用完就扔了，衣服破了扔了，扔的东西很多。那时候什么东西都能卖，你今天吃那个棒骨，吃完那骨头，你给它晾干了，也能卖钱。牙刷的把儿都值钱，牙膏皮我记得卖一毛五一个，挺值钱的。因为是铅的。

还有刚才说的“爱惜字纸”，也是很好的，就是说胡同口挂一个字纸篓子，墙上，也就一人多高，上面一条儿写着“爱惜字纸”。就是谁在街上看见有字的纸，你要拿起来放在这个篓子里。

这也是一种文化，对文字的尊重。

十二、公私合营

1949年解放，北京古玩业成立了一个公会筹备委员会，这样玉器行也成立了一个类似的组织。1951年6月，北京市工商联成立，把属于文物性质的公会合并成历史艺术文物业公会，分类型把珠宝和玉器算在了一起，据说青山居、东安市场、隆福寺三个地方的玉器摊儿一共有几百户。1952年玉器行业参与了“三反五反运动”，运动结束后宝古斋①的经理邱震生被推选为公会主任委员。邱震生在琉璃厂可是个人物，他出师后老板叫他到天津去买货，天津的当铺每年到冬天把没人赎的“死当”分成堆出售，价钱不贵。邱震生发现在其中的一堆货中有一只明青花酒杯，这只青花杯当初可以值几百元，回来后他如数交给老板。他的人品得到老板的赏识。后来文物家张叔诚出资让他开了“宝古斋”，好像是抗日时期开张的。这里面还有一个故事，你别看宝古斋开张晚，是翁同龢题的匾。翁同龢光绪年间就死了，怎么40年代还有匾呢？原来琉璃厂有个“赏古斋”，倒闭后老板将匾卖给了别人。张叔诚多机灵啊，他是大收藏家，他让他的亲戚书法家陶北溟将“赏”字改为“寶”字。书法家就是书法家啊，愣把这个“寶”字写得天衣无缝，“宝古斋”三个字放在一起看不出任何的修改痕迹。当然这是一个小插曲了。1953年底，北京市又遵照中央财经委一个文件《私营企业统一分类规定》又改名为同业公会，并调整了业务类型，这时候珠宝玉器就成了81户了。经过这次重新划分，把玉器加工加入了特种工艺品制造业，摊商分归各区摊联会。

---

① 宝古斋，坐落于蜚声中外的北京历史文化名街——琉璃厂，是一家以经营中国历代书画及刺绣为主业的老店。

那时候合营先是开会动员，学习什么文件啊讲话啊什么的。事先，工商联已经组织了一批积极分子进行培训和学习，我大哥就是其中之一。他们学完后又按地区划成组，组织这些人学习讨论提高认识。当初人们是比较老实的，总有一个理念，听共产党的话，跟着政府走。

我家当时有蓝布包六个，一件一件地写出单子来，都是我大哥写，写好了以后，连东西带单子，交上去。人家核实对了，清楚了，资产核对工作算是结束了，你就变成了公私合营后北京特种工艺品公司的工作人员了，根据你的资产折合成工资。

全部的资产都得交。等于你拿出来交公，根据这个来定工资。每个月给你一笔工资，这哪儿来的，就是因为你交了这个，你说它是资金也好，入股也好。合营的时候，我记得，我们家还有这么大［比画］一个碧玉炉，挺亮的，碧玉当然也是很亮的。我父亲就说，你们看我做了一辈子玉器生意，这个不交了，算作咱们的传家宝吧。我大哥那时候是公私合营的积极分子，又是学习组的组长，说那可不行，您的做法叫"逃资"，这是和国家政策对抗的，违法的事咱们可不能干。咱们家的资本你全得交了，可不能"逃"一部分。我是个积极分子，您干这事儿我以后还怎么工作。父亲最后无可奈何地说那咱们就交了吧。交东西的时候是我去的，几个大蓝布包，送到四条，上四条西口。1956年8月，又把我父亲他们这些人并进进出口贸易公司。

东西全交了，最后一个也没剩，老爷子真心疼，晚上睡觉总唉声叹气。当时人的觉悟没有那么高，如果我们家要是没有积极分子，扣下两件其实也无所谓，当时管理人员也不懂这方面的事情。

其实如果不合营，生意也做不成了。因为做生意都要给人家票儿，那都是税务局统一印刷的，上面都贴有印花。人家买东西你必须给人家一个这样的票儿，票儿上还有存根，以备查验。当时税务局已经停发这种票儿了，所以说没法做生意。

那时候也怪了，人们就不敢私藏。您看我父亲，交了那么多股金，价格也没法确定。完了以后我父亲的工资是65块钱，我大哥的工资是55块，少10块钱，另外他也没有我父亲资格老啊。

我父亲到工艺美术公司以后也就是刷刷弄弄。那时候还有，您比如说玉件你得拿火烤，烤完以后拿四川白蜡，那蜡到上头一热，它就化了，完了拿长的刷子，一刷就亮了。就干这活儿。老爷子在这儿判断，这批货上不上蜡，这个得“配袱子”，他们的行话把配包装叫“配袱子”。

后来这些东西还出口，12个白玉件拿一个牛皮纸口袋提溜着，那得多便宜。当时我们的方针就是多出口换外汇，除了这些工艺品之外，我们的工业产品拿不出手。

十三、过年习俗

记得以前老北京过年不管经济怎么样，都要讲究一番。有钱富讲究，没钱穷讲究。我记得应该在年前到前门大街路东的正明斋，订那个蜜供。那时候我们家是二尺五的五碗、一尺二的三碗灶王供，这是灶王爷那儿的，还有自己祖先堂那儿，是我爷爷跟我奶奶大照片。我印象特深，当时我不明白为什么洗那么大个照片，可能当时家庭情况好的时候洗的照片。那是25斤的月饼，装月饼的碟子是木头的。我印象很深，底下这么大一个月饼［用手比画大小］，依次排列，完了是最小的，到上头是锥形的，尽顶上是个桃，面做的桃，据说还有个名叫“面鲜”，在上面插上供签儿。那个蜜供也好，月饼也好，上面都有一个供签儿。那时候我们家的这个北屋的正中央，中间老挂着一个，就好像大图章打出来的一个“寿”字，两边有副对联，像南方苏绣绣出来的。内容是汉瓦什么延年益寿、周通盘璧、富贵吉祥，准确的我已经说不上来了，反正都是吉祥话。它的前面还有一堂最好的供，叫枝（荔枝）、圆（桂圆）、枣、栗、柿，还有一堂苹果。那个苹果是特意从果局子买来的，个头一般大，上头都有一个白色的“福”字，是夏天晒出来的，现在还有，那是家庭经济最好的时候。1948年也就象征性来一点儿。到了三十晚上，那个送财神爷的来了，都是穷人家的小孩儿，除夕晚上到各家来送财神爷。那个财神爷印刷得非常粗糙，好像价格不贵，大除夕的人给你送财神爷，怎么能拒之门外呢，多少钱一张你都得接，为图个吉祥嘛！

这是一种营销“手段”，那个东西很便宜，可能是一毛钱十张，我送你们家去，一毛钱一张。三十除夕我到你们家去喊，送财神爷来了，你能不要吗？财神爷来了你能往外推吗？就得要。三十晚上接财神，这接财神就得买一条活鲤鱼。这条活鲤鱼在我印象中是很贵很贵的，可能涨了两三倍价钱了。

有了活鲤鱼，还得准备一个非常好看的盆儿，还要准备一些年糕什么的。到了三十夜里头是接财神，我记得那时候天气很冷啊。就跟老舍写的《我这一辈子》，那老警察的晚年劲头儿一样的。那时候街上就像1946年、1947年、1948年经常有倒卧、要饭的，饿死了躺下。那时候老北京拉垃圾的车是木头车，后面是一个大槽子，清晨起来第一件事就是用它来拉这些死尸。想起来真惨啊。

我参加工作以后，我们荣宝斋，厨房有个大师傅，那天他跟我说一个故事。说解放前到了三十晚上，家里的生活没“落子”，所谓没“落子”就是一点儿办法没有，没辙了，连饭都吃不上。怎么办呢？他爸爸就带着他，爷儿俩到胡同口剃头棚儿，剃个秃子。完了以后，就到那旁边有个小庙，跟那个小庙借两件和尚穿的海青，拿着他们家的一个铜茶盘子，从纸店买两张红绵纸和金箔，用泥做两个元宝，外面粘上金箔。你瞅着就像两个金元宝。他只做了三份，因为他是这里的老住户，他知道这个周围胡同哪家有钱，三十晚上到人家。那时候有财神庙是在广安门外，五显财神庙。到那儿一敲门，对主人讲，我们是广安门外头五显财神庙的，住持叫我们给您送元宝来了。这五显财神庙是北京最大的财神庙，人们都说它最灵。大年初二都要去那里烧香，以求财神爷保佑。您说刚到三十，那里的住持派俩和尚来送元宝，还是专程送，这是多大面子啊，手头再紧也得买啊。他明明知道是假的，都是泥的，上头就贴点儿金箔。他们就去这么三家，多了也不行，全是假的，就这两三家，挣个十几块钱，这个年就算过去了。当时我听了太有趣了。

十四、从花市走出来的名人和大师

您不要小看花市。花市路北原来有个料器店，叫“天义长”，以制作料器葡萄闻名。他们是蒙古正蓝旗人，因为生活所迫从咸丰年间有了这门谋生手艺，他们做出来的葡萄一串一串的和真的一样。当时的葡萄没有像现在这么多的品种，就是紫的白的，圆珠的和长圆珠的，但是都做得亮晶晶，据说还深受慈禧太后的喜爱。1919年在巴拿马召开的国际博览会获了一等奖，从此享誉中外。新中国成立后邓拓还专门采访过他们，写了一篇报道，其中的一个姑姑好像还获得过什么称号。

还有一位满族制作假花的高手金玉林，他解放前做花就出了名，既擅长做绒绢的单枝花，还可以用绫缎做各种仿真盆花，解放后做过大型的悬崖菊、梅花、香橼，甚至还为大饭店设计过紫藤萝架。国家给了他优厚的待遇，还当上了政协委员。人们给他起了个绰号，叫“花儿金”。

20世纪三四十年代，花市的玉器行中出了四位能人，他们就是潘秉衡、刘德瀛、何荣、王树森。这四个人各有千秋，王树森、何荣住得离我家不远，到我家来串门。其中以潘秉衡最为著名，他擅长雕刻人物，制作碧玉洗子、花卉瓶，还有一手绝活儿，就是金银丝嵌宝[①]。把金银制成很细的丝，要严丝合缝不留痕迹地嵌在玉石中。清朝这个东西就失

① 金银丝嵌宝：压丝嵌宝技术，是在玉产品上刻槽线、嵌宝石，把金银丝、宝石用小锤敲入槽内组成图案，使之与玉表面在一个平面上，出现玉的金银错效果。

传了，他又试验成功了。他学徒就在花市大街路北的“則宝斋”，其他三位也是在这一带学的徒。

还有王树森，自幼学艺刻苦。他14岁时就曾经为廊房二条“瑞文斋”刻过几套岫岩玉的骆驼，当时是25块大洋一套。新中国成立后，他制作的翡翠“渔翁和鱼”“韩信淮河调兵”“宝蟾送酒”等历史题材，和现代题材的“少先队员献花”受到了内外行一致称赞，他后来荣获“老艺人”称号。还一个制料器出名的陈德海，自幼在花市“光源号”学徒，在料器鸟兽制作以及仿玉料器敢于创新，他做的仿制唐三彩的马和青铜香炉古色古香，深受中外人士喜爱。这种人士太多了，我今年82岁了，还有些人的名字一时我也想不（起）来了，还有很多，他们在新中国成立后分别被授予“高级工艺美术师”和“工艺美术大师”的称号。这批人才叫真才实学、技艺高超，这是真正的大师，不是现在吹的那些“大师”。

北京中医研究院皮肤科专家赵炳南也在花市学过徒。他师从回族著名皮肤科医生丁德恩，学医六年，后来才挂牌行医的。花市一带他有一个绰号，叫“看疙瘩的”。因为老百姓也分不清什么内科外科，就这么瞎叫。他的名气可不小，可以说是中外闻名了。我儿子小的时候，手上红肿不好，后来找了赵炳南的女儿（也已行医），请她看，上一种黑色膏子药，没几天就好了。

十五、花市民谣

花市地区既有汉族又有回族，还有满族和蒙古族，它是一个多民族杂居的地区，各民族的文化和生活都会互相影响着。

我小的时候，记得崇文门外拉骆驼的特别多，它就老在那儿卧着。好像跟内蒙古那个地方有很大的联系，所以自然而然地要影响到本地居民的生活。我记得我小时候大人经常教我们唱儿歌，什么“小小子儿，坐门墩儿”；“莲花灯莲花灯，今儿个点了明儿个扔”；“水牛儿水牛儿，先出犄角后出头”，诸如此类的歌谣四九城都有。但是有一首别处传唱得不多：“说不动叫马楞，马楞马楞含口水，喷到小姐花裤腿，小姐小姐你别恼，明儿个后儿个车来到。什么车？红轱辘轿，白马拉，里头坐着俏人家，灰鼠皮袄银鼠褂，对子荷包小针扎。达子饽饽就奶茶，烫你狗儿的大龅牙。”你看对子荷包就是满族人常挂的那个荷包，因为挂两个所以叫“对子荷包”。“达子饽饽”就是当时人们对来自内蒙古的奶制品的统称，奶茶更是蒙古族的专利了，早年的满族人也喝，到了后来汉化了，也改成花茶了。您看这是一个普通的儿歌，它反映了我们少数民族的生活习惯。

十六、听评书

小时候，我最喜欢听评书。那时候王杰魁，人称“净街王”，在青山居说《七侠五义》。最近我看了杨良志送我的这本书（指《老北京的生活》），人家金受申讲“说评书的”，说得真好。小时候还真是感兴趣。

我去听过，明场也听过，撂地的也听过。第一你坐那儿，你得沏一壶茶。高沫[1]，还有比它再好一点儿，是高碎[2]，那时候很便宜。我刚参加工作的时候，我们那编辑室里头的人，都是高沫。没有高级的，也不像现在大把的茶叶往里搁。

---

① 高沫：也叫“高碎”“高末”，是一种茶叶碎末。事实上，它就是将各种高级茶叶的碎末，按照比例调配好。

② 高碎：亦称“高末”“劳保茶”，是旧时北京所特有的一种茶叶，实际上就是茶叶店筛茶时筛出的茶叶末。这种碎末在别的地方是弃之无用的东西，在旧时的北京却是底层民众非常喜爱的茶饮原料。

那时候也就十二三岁，站在茶馆的窗户外面，那你可以欠着（踮脚），往里看，耳里听着，反正凑合能听，小孩儿哪进得去啊，没有那个经济力量。王杰魁为什么叫“净街王”啊，因为当初话匣子每天下午4点钟播送这个评书节目。那时候都是直播，评书还没有放录音的，就是今天听完了，明儿听不见了，现场直播嘛。拉车的特别爱听，买卖不多，站在路旁商店门口立的话匣子那儿听，听着听着，来一坐车的，哎，东单，不去。平常两毛，给你三毛，不去。三毛钱明儿还能挣，王杰魁今儿不听明儿听不着了。街上闲人都很少了，都听评书去了。评书甭管它什么内容，就是“净街王”，有这么一个称呼，他能做到这种魅力，比现在电视剧（强多了）。当时街上都没人了，因为当初北京人也少。

这书能把你“拿住”，这个在艺术上，相当了不起的。那时候解放初期三个最有名的，一个是王杰魁，说短打的；还有就是连阔如，说东汉的；还有一个赵英颇，说《聊斋》的。赵英颇他这个嗓子比较“闷”，那时候我们是小孩儿，听他的《聊斋》，他说得让你害怕，这实在是有本事。吃完饭，功课做完以后，赶紧钻被窝儿，等着这个。他还特别晚，老在9点以后播送。他那嗓子，很有魅力，他能把你说得真是害怕。什么席方平啊，什么聂小倩啊，他跟你讲的那个人，跟真的一样，真有本事，这个行行出状元。评书现在很多都是讲故事，太水，能达到他们这样水平的人，那确实不容易，他们确实真功夫练出来的。像撂明地儿也好，讲茶座儿也好，看你有没有那个能耐，我得能卖出这么多茶去。你讲得好，天天客满满座儿，他们好像四六还是二八分成，茶馆也得利，您也得利。您名气大，叫很多听众跟着跑，一个月讲完了，从花市奔东单了，又一大帮还跟着。可能现在年轻人不懂这个，说听一遍就得了，那时候有一句话，叫“常听常新”，就是因为这个，听一回我下回还想听。当初也是老北京非物质文化遗产中非常宝贵的一个组成部分，但是再挖掘这种人恐怕太难了。就这三个评书说得好，一到解放初期就没了。王杰魁呢还有一个女婿，女婿讲着讲着还给做一点儿广告，那广告永远是“德善堂刘宅，庆王府舒肝丸”，给他们做广告，这样还多一点儿收入。

王杰魁我最爱听，就在青山居茶馆。喝壶茶之外，还有一个人，等一会儿，茶馆一老头儿站起来，拿一小笸箩，打钱儿的。也有放点儿干果的，看你的消费水平了，随意。但是他给你准备，一看你这人穿得好一点儿，他就给你送上去了。送上去，有的人就接受了，有的人今天我不用这个，你也可以不用。要想艺术上成功，不是件容易的事。王杰魁的艺术不是三天两早就（练成的），绝不是。这王杰魁说话特别慢，这个书的进展也很慢，但是他说第一句，你就等着他第二句，我非听不可。他就是这样的，有的“包袱”那你是非听不可的。

他呀，王杰魁他说得清楚极了，语速特慢，不是说相声的，由于他语速慢，给他编了一段相声嘛。但是语速慢呢，它一最大的好处，人听得清楚。不管你是老人、中年、小孩儿，你伸脑袋一听，就进去了。你比如说，五义，陷空岛的五义，是大义钻天鼠卢方、二义彻地鼠韩彰、三义穿山鼠徐庆、四义翻江鼠蒋平、五义锦毛鼠白玉堂。到了白玉堂这儿都要加重，因为哥儿五个里头白玉堂最厉害。这个小五义，知道的人就很少了，玉面专诸白芸生、霹雳鬼韩天锦、白眉毛老西儿徐良……白芸生，那是白玉堂的侄子，蒋平没儿子，小五义。这整个的《七侠五义》，就有三把宝家伙儿，一个是展雄飞，他有一口湛卢剑；双侠丁兆兰、丁兆蕙啊，哥儿俩使一把剑，什么原因，宝家伙儿就这一把；还有北侠欧阳春啊，有一把七星宝刀，尺寸长啊，他传给了小侠艾虎。艾虎到哪儿去啊，这一小孩儿怎么挎那么长一把刀啊，艾虎总归年轻啊，老挎这个刀，一下子就奇怪他这刀为什么长。这王杰魁说得简直太好了。

评书我从小就喜欢听。评书是一种故事性的东西，它有正义感，都是杀富济贫、杀强济弱，它是这种故事，而且这些个故事都非常生动，由这些个“语言学家”，他还能把你引入非常激烈的境地，可以把你引入到善良与恶的这个境况，所以听了以后，关键就是这个评书的魅力。今天说的书，明天你必须要听，你不听，用咱们普通话，“抓耳挠腮”，我非得去听。

那时候听评书怎么听呢？我们是从抗日时候就开始，家里有话匣子，这么高［比画］，钟罩儿似的。大小也就这么高，大木头盒。有一次这收音机，它不有个地线吗，有个天线还有地线，声音要不好了，就"晃荡晃荡"地线，就好了。这收音机放在西屋，我父亲也去听，我也去听，家里没事儿人都去听。当时这个评书，就是连阔如的《东汉演义》，晚上是赵英颇的《聊斋》，中间就是4点钟，至少在5点半吧，王杰魁的《七侠五义》。开头《七侠五义》，后来又听《小五义》。有一次，我们一听这匣子好像不响了，就得晃弄晃弄，我父亲这么一晃弄啊，它这地线把手给粘上了，跑电了。我一看，我就拽我父亲。"咣当"，我们俩全躺地上了。这地线才跟他分开了，就说那个落后，质量非常差。听这个，也就是一两年的时候，那时候还没有，买这个挺不容易的。抗日战争胜利后，王杰魁在电台说了有好几年的评书《七侠五义》。我们那时候花市啊，我下了学是堂子胡同，一拐弯就是茶叶铺，那茶叶铺我记得很清楚，它的字号我一时想不起来了。它有一个发射的喇叭，搁在玻璃那儿，那真是一大片人啊。那时候三轮车还很少，都是"拉洋车"，"拉洋车"的都是坐在自个儿的车簸箕那儿，不完不散。

十七、北京的高级三轮车夫

现在很多人应该想不到这形象，人这么坐着、这么搁着、这么一待，他很悠然自得地听评书。这个行业是很苦的。"拉洋车的"嘛，你想完全仗着两条腿啊。其实到了20世纪40年代北京的三轮车代替了人力车，可能是叫顺嘴了，老北京人管三轮也叫"洋车"。

北京有个歇后语："大便没大便，西直门到海淀——拉了。"这是拉车的最爱说的一句话。他只要一出车，就有钱挣。但那车厂老板也有可恶的，但大部分还要把这个车厂维持好，那个车份儿钱，车厂老板要到裉节儿上，让你有的赚，但是你也得下力气挣这个钱。老舍写的《骆驼祥子》，那是极为生动和真实。

我们旁边，24号、25号可就是一个大杂院里头，全是做玉器行的。23号是个律师，李律师，他就是自己的包月车。那车，他得找人每天早晨给他抬出去。抬到外面，那一通掸，非常爱惜这车。

当时一辆好的三轮车也不便宜，上面全是铜活儿。车灯、车铃全是铜活儿。车座上面要篷子，车篷子冬天夏天还不一样，冬季篷子上还绣盘肠、绣团花，所有边儿的地方都是大铜钉啊。

那时候好的洋车比咱们的奔驰“谱儿”大。现在奔驰有点儿普遍了，太多了，那时候你得有身份。你看他是大律师，那李先生大高个儿，大方脸，白色的大方脸，嗓音特洪亮。他一出来，在门那儿喊着，黄泉安（车夫），出车！然后他老对院子里（对孩子）喊一句，“用功去！”用功去就是让他做功课去。这几个孩子赶紧颠儿颠儿进屋做去，其中一个孩子，现在还当了院士。

还有一种拉三轮的，年轻力壮，长得又精神，自学了两句英语，反正一些眼前的话都会说，什么“你到哪去？”“买什么东西？”。他专到北京饭店、六国饭店拉外国人到前门外珠宝市、廊房头条的玉器店和各古玩店去购物，他们要和店里的掌柜和伙计挂上钩，把客人带进店中。他们自己在离店铺不远的地方等着，等客人出来时他就会迎上去把客人接走，同时店里的人会给他一个包儿，里面装的是现钞。因为为店里拉来了主顾，根据顾客的购物多少，他挣一定的提成。我十几岁时在珠宝市见过这个场面，伙计把包着钱的包儿双手递给拉车的，还要说句“您辛苦了”，拉车的双手接过钱连忙说“您受累”。这个人可能是旗人，他给伙计打了一个“千儿”，那个动作透着那么“边式”好看。老北京人的随和，买卖人的和气全在这里面了，这个场面恐怕在电视剧里也能看到了。他们都有一定的线路，不许胡乱跑是他们的行规。

十八、上学

上学的时候，我们家住在北羊市口，过了花市以后，前面就是南羊市口，往东一拐，就到了学校。上堂子胡同小学是在我们崇文区最好的，新中国成立后就变成中心小学。我上小学的时候还有那么一两件事值得（说）。

我是1943年上的小学，这个学校是在北京市都出了名了，它怎么回事儿呢？国民党时候，经常来一辆车把我们学校的学生和音乐老师拉到广播电台去，唱几个歌，当时应该算是水平比较高的了。学校校长是薛迪武先生，他会指挥，教音乐的陈汴先生伴奏，老是这样，录完音还把我们送回来，离开电台时每个人发一支毛笔，不让你白去。这毛笔的最大特点永远是毛掉得非常快，但是笔杆上那四个字刻得很好，叫“放送纪念”。我们走进它那个包着皮的门，拉开以后就进去了。播音员就报，薛迪武先生指挥，陈汴先生伴奏。当时他俩好像都不是太大，薛先生大一点儿，也就是50多岁，陈先生也就40挂点儿零。

那时候还没有钢琴，都是风琴。抗日时候我们也去唱过，解放战争时期也去唱过，具体唱的什么歌现在想不起来了。这学校什么样，我给你形容一下。我们那个学校在整个崇文区、哈德门一带是最好的学校。那操场挺大，当初就是一块庄稼地。在它的东北角那儿有一个水井，水井的后头有三间房，用当时的话叫“园子房”，是看菜地用的。我记得那里住着一个关老师，关老师是老伴儿不在了，带着三个孩子。您想一个男人带着三个孩子，他还得教书，生活就很困难了。那时候经常让我们这些学生拿报纸包十来个煤球儿送给老师。这样关老师才能起火，不然连火都生不起。薪金太低，养这三个孩子就很困难。学校办公有一个四合院，四合院比较大，北墙正中央挂一幅孔圣人的画像，那时候是大家最尊敬的人了。当时那孔子戴了一个帽子，是一个尖一个尖的，完了中间有一个簪子插过去。由于我当时年纪很小，就觉得很奇怪，这么插的话不给脑袋插一窟窿？其实它是插在发髻上面的，大了以后才明白。小时候一直感觉孔子太痛苦了，老在那儿插着。

那时候日本一投降，花的那个联合币，“中国联合准备银行”，叫“孔子冲天坛，五百当一元”。到解放战争时就已经买操衣，就是童子军的服装，有帽子，还有那领巾。最好的就是志成中学，它的童子军是水平最高、穿得最好。像我们这样生活的家庭还能凑合买，那时候它有两个兜儿［在胸前比画］。这儿有一条，这条比现在大，也是中队长一条、大队长两条。

抗日时候和解放战争时内容相差不多，我给您背一段书，说“邻家哥哥娶新娘，贺喜亲友客满堂。客人多来主人忙，磨刀霍霍要杀羊。羊说道，羊毛细软好做衣，为何不杀鸡？鸡说道，每天早晚报时候，为何不杀狗？狗说道，我是看门，为何不杀马？马说道，拉车推磨我都什么，为何不杀猪？猪说道，今天大家都快活，为何只杀我”，因为它（猪）没什么能耐。这个样的书，很有趣，因为它都是合辙押韵的，它还是有点儿教育意义。

在抗日战争时期，我们也学日语，但是实在是学得不好，因为那个时候日本很快就投降了，就没怎么学。但是课程有的，我的印象就是抓得并不紧，也没有日本人来。教日文的老师也是日本人，但是我印象我们那学校没有日本人来。

我还捅过一个娄子，上小学的时候。有个女老师叫陈汴，她不教五线谱嘛，说这个是高音谱记号，它是一个八分音符。说头里这个呢叫符头，中间这儿叫符干。老师点，大伙儿喊，说这是符头、符干、符尾。底下那叫符尾，老师那样一点，我这个孩子就是冒坏，说那个叫小辫，它不是八分音符，就跟小辫一样。女老师勃然大怒，脸色都白了，“刚才谁说的？”，我说“是我说的”。那什么，“下了课到预备室（办公室）去”。我就奇怪，我就随便说说小辫，也没什么。到了预备室，那是我唯一一次挨板儿。这个挨板儿咱们现在都不挨了，很难受的。她不是说打你一下，她是把你的手撅起来，这几块骨头是高于手面的，她掰你这手，“啪”一下，正好打这四块骨头。打完以后，我这手就哆嗦。完了，打了我两下以后，到第三下的时候，旁边有个老师姓傅，这傅老师后来又见过她一次。那老师特别好，教得也特别好，就说了一句“他不见得知道”，就跟着劝我们这音乐老师，这第三板才算没打。我都上了高中了，有次在街上碰到了，她说你知道那个谁为什么打你，我说我哪知道，就一个小辫儿。她说她小名就是“小辫儿”。我哪知道，打完以后这手就哆嗦。那时候恐怕是四五年级。所以说，私塾里头那个老师打板也很厉害，所以不好好念还真不行，感觉这个滋味儿很难受。

这老师还算劝，“他不见得知道”，那意思是你的小名他怎么会知道。你老师，他学生，他怎么知道你的小名呢？但是这事情你就碰上了。

我六年级的时候学习不好，我是一直学习不好。到了高中我学习才好。我还有一张，高中二年级上学期的分数单，这两天我找找它。那时候功课不好，公立学校你就不敢考。我是不敢考，因为我就不懂这个什么“鸡兔同笼”这些事，到我这儿就老是做不好。那时候就考了一个私立学校，在哪呢？宣武门，达智桥，嵩云中学。

嵩云中学校舍不是一般的校舍，是一个名人的宅院。它那时候叫“广亮大门”，一进去之后，这一半是三套院子，这一半是个大花园。大花园是土堆的一个山，大到什么程度啊，尽北边啊，盖了一个很大的房子，五间两层，就好像那么大的一个房子，相当大。上头一个匾，而且是南方风格，是白地儿黑字，跟咱不一样，“听雨楼”，多厉害啊。具体写的什么不记得了，那时候这个课堂就在这一条。这一条上一个学期以后，我们同学大家伙儿说转到五三中学，在哪呢？缸瓦市那儿，就是丰盛胡同里。女六中在东边，单独的，我们是在西边。后来我们转到那学校的时候就不叫“五三”了，叫“进步中学”了。上到初三的时候进步中学和三十七中合并，合并就是够80分的不用考，转到三十七中，我就那么转到三十七中的。这个进步中学、五三中学时候的语文老师就是傅耕野，老先生讲得好，他有点儿结巴，是北京师范大学史学系毕业的，年轻时在书法上下了一番功夫，还可以画几笔梅花和竹子，听说他和朱家溍还有点儿亲戚。他的姑父叫赵元方，赵元方的妹妹是朱家溍的夫人，虽说他和朱家溍岁数差不多，朱家溍比他辈儿大。他的祖上当过官，他祖父和父亲诗作得很好，但是这个人也有点儿倒霉，被打成“右派”了。

因为他毛笔字写得好，改革开放后他还一度卖过字，因为他听说我在荣宝斋工作，我们有了联系，他的书法作品也进了荣宝斋。1997年我还没退休，曾参加过一次他举办的那个“傅耕野书画窗课展”的开幕式，因为那时候我也忙了，后来跟傅先生来往较少，傅先生的派头儿一看就是满族人。

北京有许多满族画家，像金默如写、画都很好，懋隆是他们家开的，那是在东交民巷很有名的一个古玩铺，资金也很雄厚，他们家好像也是爱新觉罗家族的吧，最后合到工艺品公司了。由于他的名气在海外比较大，一直还用他的字号。他有个兄弟，哥儿俩画画的，金默如是比较（好），他画花卉学王雪涛啊，学得特别好，跟我关系也很好。这还有照片，头两天的，去开会，金默如得病了，比以前瘦了。他跟我同岁。这话我又说远了。

孙菊生是我上中学的物理老师，现在100多岁了，据说还健在，老头儿脾气大。到了初中，就是我们那个美术老师，叫蒋北海，他有一个特点，他画了画以后再裱好了之后老拿到班上去挂起来，让大家伙儿看看裱好了以后什么样子。他什么都画，花鸟、山水一类的。教美术啊。那时候有一个教英语的，叫贺子哲，好像傅先生也认识，后来“文革”的时候都遭到了不幸。

我旁边有一个跟我同桌的学生，叫田润成，他们家开棺材铺的。田润成老学他那个字，傅先生还说，你的字写得还可以。田润成家门口有刻字铺，他跟那刻字铺也在学。后来我在荣宝斋都待了十来年了，各方面也都了解一点儿以后，有一次我看见田润成，我说“哎，你还刻图章吗，拿你的图章来我给你看看”。拿来我一看，我说你这都刻字铺（学）的，它没有金石味儿。我给你介绍个老师吧，那时候北京刻字最好的，是王福厂（庵）的学生，叫顿立夫。那时候顿先生在我们那篆刻呢，所以跟顿先生关系特别好，我也喜欢这个玩意儿。有一次我把田润成就介绍给顿先生，说这是我一同学，他刻得不上路，我批评他，他现在按照我的意思改了以后有点味儿了，您再指导指导，就拜您为师吧。这天下事也奇怪，他头天给他（鞠躬），就算他老师了，也没磕头，鞠了个躬，我说你鞠仨躬吧。顿先生对我也是很有面子。第二天早上顿先生死了，（就那么）寸[①]，好像这学生把老师给“方”死了。他也挺后悔的，田润成见了一次。

自左至右依次为：米景扬、傅耕野、田润成（米景扬提供）

① 寸，北京土话，“巧了”。

老田上中学以后考的是中专，学的是内燃机，后来就退休了。他戏迷，经常来，戏票都是他那来的。他老来，永远坐在这椅子上。他也是我发小了，各方面都得照顾，后来一个著名画家急着要一枚图章，我就让他刻，经过我的指挥，帮着他，怎么怎么刻得好，刻铁线那一路的，那个画家很高兴，有好些个印章就让他（刻）。我还给他介绍，启（功）先生还让他刻了一两个。有人一找，米先生，你找人给我刻个图章。我说我给你找个名家去刻去，你比如说30块钱、50块钱。一个月他要有那么一两个生意就不错了。有一笑话，有一个著名书画家也是有点儿封建迷信这一类，那时候我就介绍老田给他刻图章，他还挺满意。退休以后，经常给他刻，他交活儿比较快，第二天就给他送去了，人家挺高兴，刻多了，还送他一张字或者画什么的。有一天闲聊天，那个画家就问他，老田你们家是干吗的，他说我们家是开棺材铺的，这位画家从此以后就再也没有找他刻印了。

中学较好的同学不少，有出息的同学也不少，清华大学有个陈延庆教授您知道吗？他的爸爸很有名气，叫陈占祥，跟梁思成一起提出“梁陈方案”，主张北京市保留城墙的那个。

后来解放了，1950年这学校就撤了，进步中学是私立的，并到三十七中，原来叫“诚达”还是“达诚”我就忘了，在大木仓里头。当时就是这么说的，平均分够80的全都上三十七中，就不用考了。

上高中那时候离家很远，中午只好带饭，因为家里很困难了，基本带的是窝头，好在学校门口有个卖老豆腐的，中午一碗老豆腐，蹭点儿摊儿上的辣椒油，就着窝头就是一顿。后来摊主见学生来，就把辣椒油收起来，给你一小勺就完了。

当初上高中好像就很容易考上（大学）似的，而且学校对学生都很重视。当时的青年人都愿意去当中国人民解放军，保家卫国嘛，大家都很踊跃。学校发了一条指示，高中生也可以去参军，但是得先检查身体。我们就到了一个医院，在地安门那儿，叫“五四”医院，医生给我们检查身体，我一照透视，右肺尖有阴影，怀疑患上肺结核。一听说我得了肺结核，学校说，你要马上退学在家养病。

那个时候，由于父亲的生意用现在的话来说不景气，所以家里经济情况也不好。干什么呢，我也不能在家吃闲饭。那时候刚解放，中学学的都是俄语，当时中苏友好嘛，从苏联常向中国国内寄发苏联杂志，上面写的是俄语，邮递员不认识，所以在包上贴一个贴头，贴头就是地址，什么地方，谁谁谁收。当时没有复印条件，那个东西得刻蜡版。我也不知道什么时候学的，我还会刻蜡版，又稍懂俄语，经人介绍我就到了国际书店刻蜡版去了。也不管什么病不病的了，先解决自个儿的饭辙吧。因为会点儿俄语，刻外文蜡版，工资稍高点儿，是一天一块三，我当时很高兴。在办公室里有一个老太太跟我说，挣多少钱都是假的，你赶紧把身体弄好了是真的。她真是出于好心，关心我不要太累。那时候还到国际书店旁边有一个山东风味的饭馆，它的炒菜品种很多。我印象最深的是那个干㸆大虾，那碟子真是这么大［用手比画］，您猜多少钱？八毛，我就是隔一天吃一顿，过了三个月，再去医院复查，肺上的阴影没了。我太高兴了，又能上学去了。

这是为什么呢？一是发现早，二呢身体又细又高，发育得比较快，营养缺乏，这营养一上来啊，特别起作用。本来想去上学，可回家一想，耽误了三个月的课了，也没有那劲儿了。就和家里说，再等着考大学，这段时间就接着干吧，就在那儿刻（蜡版）。

因为有了这点儿收入，自个儿的生活没问题了。另外我是真舍得吃，家里也不管我要钱，这个病就逐渐好了。因为这个工作是临时的，后来呢还得找其他工作，年纪轻轻的老当临时工也不是事儿啊，家里人为我很着急。那是解放初期，总得找一个正式的工作才觉得体面，可是一时半会儿也找不着。我们有一个远房亲戚，跟大画家汪慎生先生有点儿关系，就让我去找汪慎生先生，求他帮忙。他就住在西单铁匠胡同，听说了我这个事，对我很同情，说你等着吧，我一定要当个事儿办。当时董寿平先生住在这条胡同的东头，汪慎生住在对着的一条胡同的西头，当然都是画家，来往就比较多。汪先生找到董先生问荣宝斋招不招工。

我从小还真是喜欢画画。我记着我画得很细的一个东西，经常画人家画报的封面，我就照着人家画，画得很像。后来我又画过一个“机械的三轮车”，画得很细，非常细。反正就这类东西，我见什么就画什么。汪先生跟董先生一提这个事，说跟他见见吧，我就到了董先生家，董老问我会不会画。我壮着胆子，把我原来自己的画给他看了看。我印象最深刻的就是，画的是一个解放军拿着冲锋枪，从飞机上跳下来的那么一张画。董老说这画得好像还可以，就跟荣宝斋一说。那时候董老已经是荣宝斋编辑室主任，也可以说是顾问，反正也没很明确吧。跟领导一说，当时的经理是侯恺，他说咱们这儿高中生还没有，欢迎他到咱们这儿来工作。那时候一般都是小学或者初中就工作了。我们那都是从通县（现为通州）、顺义，京东那边来的，都是你介绍我、我介绍你，大家都是认真地学，这样我就进了荣宝斋。

第二部分　走进荣宝斋

1950年荣宝斋新记经理侯恺（右）、副经理王仁山在店前合影

一、南纸店

我是1956年的5月3号去荣宝斋报到的，为什么记这么清呢？因为5月1号放假，2号也放假，他们通知我你就从3号来得了。我是走着去的，那时候还没自行车呢。通知我去报到我非常高兴，先到了人事科，是一个老干部接待了我。他问了我一些情况，又问我你喜欢不喜欢雕刻，我说我不喜欢，我还是去画画得了；他说我们这里要扩展木版水印业务，急需雕刻人才，你再考虑考虑……这样我就正式在南纸店荣宝斋编辑科上班了。

过去北京有几种纸店，比如说卖一些进口来的纸，它专卖道林纸、描图纸以及铅画纸，还有一些供印刷的纸张，这种店铺叫“洋纸行”，其他的都叫“南纸店”。因为当时的纸张笔墨产地主要在南方，所以经营这些商品的商店都叫南纸店。就琉璃厂来说，除了书铺、碑帖铺、古玩铺，就数南纸店多。

它们的业务主要是分三部分，一是纸张，它们专门发卖宣纸，这是大宗，还有绵纸、皮纸、毛边、粉连，各种笺纸、信封，各种稿纸，它们还代卖扇面。还有一种当初给人喜事、生日送喜寿连屏，它们把喜寿连屏装裱好，顾客买回去请书法家直接书写就行了，很受顾客的欢迎。还有办白事用的挽联；还有一种业务现在恐怕没有人做了，就是封套，比如办喜事它用红色的，办生日一般也用红色，办丧事用黄、蓝两色；还有供书画用的册页：订好的折子，这可不是奏折的折子，是一种十厘米长、五六厘米宽的小册页，有不同人购买，如店铺老板购买是为了记账，因为它小容易携带，有个别画家买它写生。南纸店还有一个业务，制作信笺。当时最普通的应该叫信纸，它们都是印成八行格子，所以信纸的别名在旧社会叫什么您知道吗？它叫“八行纸”“大八行”，还有那时候官方用的公文稿纸，半面都印十个格子，又叫“大十行”。有一些出名的画家或者书法家，或者是一些老文人，为了显示自己的身份和书写方便，专门到南纸店定制特定的图案以及装饰印制的信笺。您不要小看这个信笺，它是一个非常雅的东西，一般用宣纸木版水印，看起来很有中国文化味道，在书信最后盖上一方朱红大印，显得很高雅。这种业务，南纸店想得非常周到，最少几百张都印，如果多它更欢迎了。由于竞争比较激烈，这种信笺种类非常多，除此之外，就是那些水印花卉诗笺，是信笺中最高级的一种，它非常讲究，由于销售量比较大，各家南纸店争奇斗胜，越制越精，所以它在20世纪30年代引起了鲁迅、郑振铎等人的注意，他们出了一套《北平笺谱》①，这个您听说过吧？

当时郑振铎先生在北京几个大南纸店，如清秘阁②、荣宝斋、淳青阁③，印制了很多笺纸，他曾经给鲁迅写过一封信，信中说，“齐白石花果笺，有清秘、荣宝两种，画悉同，而有一张上却都有善款，写明△△④制，殊奇，细审之，似清秘阁版，乃剽窃也，故取荣宝版”。由此可见，当时清秘阁的名气大于荣宝斋，可是荣宝斋以货真价实略胜一筹。荣宝斋的作风一直流传至今，就是不搞剽窃。

前面我说到了早年的荣宝斋是以印制诗笺和信笺出名的。荣宝斋早年曾经出过一位名家，他制作的信笺和诗笺很受文人雅士的欢迎，这个人的名字早被人们遗忘了。他叫刘锡玲，老家在河北永清，祖父曾中过进士。他自幼受到家学熏陶，除了绘画之外还擅指画。指画就是用手指蘸墨或颜色去作画，也可以说是以手代笔，墨借水之助，渗化为水墨画，进而水墨淋漓、水酣墨饱，达到了作者的预期效果。

---

① 《北平笺谱》，由郑振铎先生和鲁迅先生合编，共收木版水印彩笺三百三十二幅，瓷青纸书衣，线装，六册一函。书衣题签，由沈兼士先生书。

② 清秘阁，清，纯也，秘，稀也，其意为纯正稀少的书画宝物置于此阁之中，是北京琉璃厂文化街的一家老字号，其名源自元代画家倪瓒之藏书阁，流传至今已有650余年的历史。

③ 淳青阁，北京琉璃厂百年艺术老店。

④ 原信中，此处有两字辨识不出，这里用“△△”代替。

刘先生以《七十二候诗笺》和《二十四节令封套》闻名，《七十二候诗笺》古朴典雅、别具一格，比其他南纸店的诗笺受欢迎。一年有二十四个节气，一个节气十五天，这十五天中五天为一候，这样一个节气三个候，二十四节气正好有七十二候。您想一想一年中的光景，春夏秋冬四季，一季十八个候，内容太丰富了。当时我们是农业社会，春种秋收，如“立春”中的“东风解冻”候是画一只飘起的风筝，使人感到严冬虽然还没有过去，但春风已为明媚春天的先锋官，悄然而至。“春分”中的“雷乃发声”候，画的是竹与笋，题字是“冻雷惊笋欲抽芽”，使人感到春意盎然、生机勃发。“小满”中的“苦菜秀”候，画一篮苦菜，题字是“人能嚼得菜根则百事可做”，意思是说人要有吃苦耐劳的精神，寓意相当深刻；“春秋至”候画一茁壮的麦穗，象征丰收，画面简洁而含蓄。“立秋”中的“寒蝉鸣”候，画一纺车和油灯，题字是“好是此声惊懒妇，篝灯永夜响缫车”，劝谕人们要勤劳。总之，这几幅画大多是描写田家小景、民间风俗、年节景致和自然界变化的，不仅画面内容趣味横生，也给人以知识和警策。除了“七十二候”小画外，指画家刘锡玲还根据二十四个节气画成小画，印成24个信封，称《二十四节令封套》。如“除夕”节画一挂鞭炮，构图虽然简单，却让人充分感到喜庆气氛，题句为“听爆竹声便引上眉梢喜”。“灯节”是画一大门，门外挂着方形的灯笼。这记录着清代过年的一种风俗——在门口挂灯，灯上贴着谜语条，过往行人有止步猜中者，设灯谜的主人就会给予奖励，所以题句是“暗藏深意待君猜”。他的作品很得高其佩遗意，而俊意过之。

高是清朝人，生活在雍正年间，他八岁学画画，后跟一位师爷吴韦学指画。他还是“扬州八怪”之一李鱓之师，其艺术才华出众，能诗、工画，他在细绢上所描绘的亭台楼阁、人物、花鸟、鱼虫等等，笔墨精细、设色艳丽、精妙绝伦。可惜大部分已失传，保存下来的多藏于各地博物馆。

刘锡龄晚年在北京办画报。大概是1905年，据说出了三期，有好事者把它呈送给慈禧太后。慈禧见后想召他进宫到如意馆去当差，这位刘先生却以脚有病未曾应允，后来到了学部①担任教科书插图的工作。到了民国，他进了财政部印刷局图案室任技士，并教出了很多学生，很能传他的衣钵，1924年在北京去世。

除了诗笺外，刘锡龄的花鸟画很是出名。20世纪80年代我曾经在北京文物商店看见过一幅他所作的团扇扇面，上款是清末荣宝斋的经理庄虎臣。当时我想这个画对我们来说太有意义了，回来后我和领导商量要收购这个扇面，可是我们去买的时候，对方却说没有找到，不知道什么意思。事情过去30多年了，在市场上我没有见到过这个扇面浮出水面，不知道它藏身何处。

这些话是不是又离题远了？南纸店还有“前店”“后厂”之分。那么后厂除去裱画之外，还有两大业务，一个“白案”，一个“红案”。红案是什么呢？就是木版水印啦，印那个“大八行”、写字纸，说是您定制的，我还可以把张先生名字刻在上头，您可以提出来。信笺、诗笺，这些东西，您要谁的画，可以提出要求，我们去找画家，画家肯不肯给您画（得另说），因为您没有社会地位，说让我陈半丁给您画画，来印这个信笺，您没那么大资格。当然一般的“大八行”“小八行”旁边落一个款儿，这还是可以的。反正多花钱什么都能办。白案种类很多，您比方说做各种信笺的盒、套，做册页。册页你要做得好也不简单，我有一个老荣宝斋的册页，是楠木面儿的，很是讲究。就光这信笺来说，完了以后，搁到盒里头，那时候那盒也不是马粪纸，也不知道怎么就那么囊②，它就便宜，做出那样的盒来。做这个册页、信封信纸，那时候也印名片，诸如此类的，这都属于白案。我要印成“大八行”，上头有个字，这都是红案来弄。

刚才咱们说到了宣纸，很多画家以及正在学画的人，都要到南纸

① 学部：清末设立的中央教育行政机构。

② 囊，应读“nāng”，北京土语，指东西质地较软。

店来买宣纸，这是画中国画必须用的。南纸店有一个特征，卖纸的柜台是一个特制的宽大结实的木柜台，顾客站在外面，伙计站在里面，双方交易。柜台里面有大货架，放着各种纸张，贴墙都有大橱柜，里边都是一些小型的纸制品。在店铺的一角，还放有硬木八仙桌和太师椅，最有特点的是椅子旁边都放有白铜痰盂，这个恐怕只有在电视剧里看了。在我的记忆中，我进荣宝斋时，还有这种陈设，没过几年，就没有了。这个宣纸种类太多，什么“料半”“单宣”“六吉”“夹贡”“玉版”“洒金”“虎皮”“发笺”等等，主要是这几大类。

它为什么叫宣纸？宣纸都是手工纸，我说的是以前。它的产地在哪呢？安徽宣州府一带，据说唐代这里就出纸了。后来全国有很多地方都生产纸，但是经过淘汰，发现宣州府的纸保存时间最长。宣纸具有“韧而能润、光而不滑、洁白稠密、纹理纯净、搓折无损、润墨性强”等特点，并有独特的渗透、润滑性能。写字则骨神兼备，作画则神采飞扬，成为最能体现中国艺术风格的书画纸，再加上耐老化、不变色、少虫蛀、寿命长，故有“纸中之王”“千年寿纸”的誉称，所以宣纸一直生产到现在。全国其他地方也有生产这种纸的，因为宣州府的出名，所以统称为宣纸。生产纸的省份，比如“夹江”的四川、“毛边”的福建、“迁安”的河北、“元书”的浙江、“连史”的江西等，它们都归宣纸类，但是这里面种类又繁多，因为生产过程中加料不同，根据它的纸性不同，又分为“单宣”“料半”“特净”“夹贡”“罗纹”等，有几十种之多吧。

在解放前，最大幅的宣纸是“丈二匹”，这张纸要长一丈二尺，说是这么长，其实不够，因为你要裁边，四边一齐，尺寸就短了。依次往下，有“八尺”的、“六尺”的、“四尺”的。宣纸又根据它的不同用途，做成种类更多的加工纸，如“淳化”的、“玉版”的、“煮硾”的、“蝉衣”的、“冰雪”的、“素染”的、“冷金”的、“虎皮”的、“蜡笺”的等，可达上百种，有一些已经失传了。

南纸店的伙计销售宣纸还有许多技术要求。这里的伙计要会裁纸，首先根据顾客不同的要求，他从货架上拿出你要的纸，凭你选购；然后还要根据你的要求裁成各种不同的尺寸，他拿出裁纸刀帮你裁好。

南纸店的伙计也可以帮你打朱丝栏。打朱丝栏要有工具，这个叫“界尺”［出示一把界尺］，材料还是很不错的。界尺就是打细的线，为什么叫“朱丝”呢？就是拿朱砂，调好的朱砂，底下几言的，几首诗，是哪首诗，是什么朱子治家格言，这些全都有底稿。荣宝斋也是大案子，这个尺子，就是一个在上一个在下，这笔贴好了，这得准的。直是没问题了，它肯定就很直了，这得很准。这样的话，关键是底下那稿，特别准确。南纸店为什么要有这，就说你七言的四首，五言的八首，怎么样怎么样，你一提，他就知道是怎么回事。所以真正南纸店业务是另外一套的，现在没有人知道了。那这笔道粗细得一致，你也不能粗的粗，细的细，浓淡还得一致，全得弄好了。还有你到边上，整个都是细的，最边上还得有个粗的，或者搞点儿花样儿，所以这是专人来做的。现在没人做这个了，也算是单独一功。

南纸店的伙计学徒都要“三年零一节”，他们为了早日能混出“人样儿”①，都非常刻苦。由于当时的环境，他们除了掌握一般业务知识外，都写得一手好字，好到什么程度，都拿得出手②。不管他们在进南纸店前是否上过学，出师后都有这一手本领。为什么呢？因为学徒期间他们吃住都在店里，纸店上班后他们都会把裁纸剩下来的边边角角梳理一番，宽一点儿的、长一点儿的要留出来（解放后这些东西都被当废品卖掉）以供练字。所以他们都能够写一手拿得出手的好字。个别用心人还临帖，所以书法水平有所提高，其中有的人能够仿成（成亲王永瑆）、翁（翁方纲）、刘（刘墉）、铁（铁保），他们写好后，能卖给那些要求不高的消费者。

① 人样儿，北京土语，指有出息的人的样子。

② 拿得出手，北京土语，指技术达到一定的水平。

更有一位出名的学徒，就是王仁山。他是京都顺义人，父亲王芝万是当地小有名气的农民画师。王仁山十几岁来到荣宝斋学徒，他念书不多，但受到良好的家教和绘画艺术的熏陶，而且他头脑清楚，肯下功夫学习，善于思索，办事有条理，很快就受到了提拔，最后成了荣宝斋的掌柜的。他一上任，就显示出他的管理才能，用现在的话说，是个有能力的、有作为的企业家。他制订了一套严格而详细的店规，以规范店员的行为，培养与文化企业相适应的店员。所有店员，从刚进店的小学徒到大伙计，一律住在店里。白天在店里坐堂，晚上打烊搭起铺就是宿舍，一律在店里吃饭，晚上在店里学习业务知识。不许外出闲逛，连理发也定期请人到店里来理。店员从睡觉、穿戴、发式、站立姿势、举手投足到如何说话，都有明确规定。王仁山不但在经营中是行家里手，而且他深入研究我国传统文化艺术的渊源，熟知文化用品知识的特点，了解每个历史时期书画的艺术风格，这是使荣宝斋立于不败之地的重要原因。在他的治理下，荣宝斋得到恢复和发展，先后在上海、洛阳、汉口、天津等处设立分店，使全国有更多的人知道北京有个荣宝斋。南北文化得到了交流，促进了当地传统文化艺术的发展，这是荣宝斋最辉煌的一页。1950年荣宝斋实现公私合营，王仁山在荣宝斋待了一生，当了24年大掌柜的。

王仁山还提拔了一位他的“师弟”——梁子衡。梁子衡一开始也是荣宝斋的伙计，他对上海的书画家、收藏家、古董商很熟，尤其是跟张大千、吴湖帆私交很好。他对海派画坛泰斗吴昌硕的书画、金石篆刻，简直是熟悉透顶了。只要你随便拿出一幅吴昌硕的书画，往他面前一放，他能很快告诉你，是真的还是假的。如是真的，他还会告诉你这幅作品创作于何年何地；如果是假的，他会告诉你假在哪里，听了后你还得信服。当荣宝斋在上海创立分店时，王仁山想到了他。但是上海这地方不一般，什么人都有，鱼龙混杂，荣宝斋上海分店开业的那一天就出了事。一个当地的黑社会小头目带着几个流氓打手，声称要砸坏店铺的玻璃。梁子衡听此情况，并不着慌。他把这个小头目请进了店铺，说："我正要给您介绍个朋友。"梁子衡请出了那个黑道[1]上的老者。这个小头目一见这位老者，慌忙行礼。原来，这位老者是那位小头目的上辈，事情就这样化解了。当然，梁子衡也给了那位小头目一些钱，让他们过得去，嘴上还不住地说好话。上海分店开业的那一天，王仁山也在场。他看到梁子衡处理事件的全过程，非常满意。"有梁子衡在上海分店，我就放心了。"王仁山想。解放后，梁子衡还不辞辛苦地带领同人们踏访民间，征集古旧字画，抢救濒临失传的文物，使一大批珍贵文物起死回生。

我进荣宝斋时营业科科长叫刘振业，他解放前就来到荣宝斋做学徒。当学徒时常被掌柜的派去齐白石家取画，有机会观摩齐老作画，他非常有心，就在一旁细心地看。齐老有时也让他画上几笔，觉得这个小孩儿很机灵，也有作画的天赋，就指导他画虾，这才是没有磕过头的亲授弟子。后来他画的虾还真有几分齐派韵味，甚至很相像。

解放后，业务上的工作大部分都是由解放前荣宝斋的学徒来担任的。像后来担任编辑室领导的孙树梅，业务科科长王宗光、杨集桐、田宜生，以及制作木版水印的张延洲、孙连旺。他们大部分是解放后被培养入党，当了各个部门的领导。

还有一位靳伯声，是京东香河人，他早年也是南纸店的学徒（不是在荣宝斋），也算一位南纸店出来的佼佼者。出师后，自己跑业务，经营新国画和仿古画。1944年，他开起了古玩铺，经营古代名人字画。1956年公私合营后，被分配到文物店当业务员。他和荣宝斋有许多工作上的接触，这个经营南纸新字画出身的人，同国画大师张大千有深交，鉴定明清字画的眼力好，书法也堪称一绝。

有一天，业务人员展示一幅唐伯虎的仕女画轴，大家都说好，是唐伯虎的杰作，靳伯声却说"画胖了"。人家问他，你怎么知道是画胖了？他说我见过真的唐伯虎仕女画，没这么高大肥胖，这是张大

---

① 黑道：指黑社会组织。

千仿的。大家愕然。他接着说张大千仿唐寅、仿石涛、仿八大山人、仿陈老莲诸家之作多了去了！我跟他是熟人，笔墨也熟。当时不知底细者认为他在吹牛。我私下里问陈林斋老先生，他说靳伯声说得没错。

60年代初，张大千先生不忘旧友，给他和陈半丁从海外寄来了几张画，其中给他两幅亲笔画卷，通知他到海关去领。在当时的政治条件下，因怕有海外关系受影响没敢去领，可见他和张大千的关系不一般了。

我们那里的田永庆也是南纸店的学徒出身，1956年被评为全国的先进生产者，也就是全国劳模。进中南海怀仁堂开庆功大会，并受到了党和国家领导人的接见。这种事儿就很多了，说明南纸店培养出了一大批人才。

他们还有其他的技术，比如说你拿一个扇面，到了那里买了一个扇骨子，或者你自己有一个扇骨子，到那里买一个扇面，这里的伙计都会热情熟练地替你把扇子装好（扇面和扇骨装到一起），而且他们还管修理扇骨、配骨轴，这都是南纸店的伙计能做到的。能做到以上的人只能算中等。高等什么样呢？他们懂得绘画，而且对画家的技法特点了如指掌，远的不说，对明清两朝书画家颇有研究，他们出师后就能够接待各种类型的买家，经过几次接触后，他能掌握对方的喜好和要求。向您推荐您所喜欢的画作，并准能卖出高价，这就看他的“道法”[①]了。这种人很少，但是后来都成功了，这也不能不说是南纸店伙计的荣耀。

南纸店卖的第二大类东西，现在的话叫文具用品，笔、墨、砚台、墨盒、水盂、镇纸、笔套、笔筒、笔架、糨糊、裁纸刀、国画颜

① “道法”：办法。

色、颜色碟、印泥、印泥盒子、扇骨子、臂搁[①]、笔洗[②]等等。

第三大类是书家、画家、篆刻家的笔单。它们由若干名家推荐，定出卖画、卖字、刻图章的润笔价格，在南纸店挂笔单，这样南纸店就成了它们的代理商。但是它也从润笔中有一定的提成，挂笔单的书画家再从这家南纸店买纸张、笔墨、颜料等等。这样一来，南纸店两头得利，是店内一笔很可观的收入。

挂笔单是什么呢？现在听起来很陌生。就是有名的书画家、文人墨客，卖字卖画或者撰写文章的价目表，据说最早没这个。清末民初，清朝的遗老遗少和宦海归来的政客，他们当中许多人书法和绘画都是很有名气的，所以很多人向他们求字、求画或者撰写文章。由于相求的人太多，却之不恭，全部答应确实乏术，为了解决这种不胜其烦的情况，所以就应运而生出了笔单。我定个价目表，你比如说一尺是多少钱，工细的是多少钱，写意的是多少钱，甚至于我希望用绢的还是用纸的。像齐白石，我要一个大桃、大荷花，都要用最好的颜料，这些都注明，都是要单算钱的，很明了的。笔单有自定的，有友人代拟的，印制成印刷品，送到各个南纸店，给起了个名儿，叫“挂笔单”。这个词是褒是贬，不好说，因为游方的和尚到寺里暂住叫“挂单”，是自嘲还是别人讽，我没有查过。每个画家都有不同的笔单，你想要什么，你可以到这里来翻看，我请这个画家来画这路的画。这画家得画一个青绿的山水，他这青绿山水一尺是多少钱，你给我画一个二尺的条儿，把钱交了，它就去找画家。

每个时期也有所变化。有的笔单注明“随封加一”，有的是“随封加二”，你比如说一张画——解放后这个情况就变了——50年代，有

---

① 臂搁：古代中国文人用来搁放腕臂的文案用具。除了能够防止墨迹沾在衣袖上外，垫着臂搁书写的时候，也会使腕部感到非常舒服，特别是抄写小字体时，因此，臂搁也称“手枕”。

② 笔洗：一种传统工艺品，属于文房四宝笔、墨、纸、砚之外的一种文房用具，是用来洗涮毛笔的用具，以形制乖巧、种类繁多、雅致精美而广受青睐，传世的笔洗中有很多是艺术珍品。笔洗有很多种质地，包括瓷、玉、玛瑙、珐琅、象牙和犀角等，基本都属于名贵材质，最常见的是瓷笔洗。

一张王雪涛《大鹅》，23块钱，那么他就要给画家20块钱，多的3块钱开发票上税用的。南纸店在清朝时候还有一个别名，叫“缙绅铺”，一听起来和南纸店不搭界。当时南纸店还有一项业务，替皇室刊印朝廷和各省县官员的名录——“缙绅录”[①]，这可是个赚钱的买卖，需要朝中有内线，你才能印得全。其中详细记载着朝廷内外官员的姓名、官职、籍贯、出身以及受过何种奖赏或处罚和任免情况，这也是它的一大特色吧。

在历史上还发生过一件事情，比如说20世纪30年代牙雕艺人杨士惠因为市场萧条，他为了能搞出迎合市场的产品，四处求师问艺，还到有销售书画的店铺中去欣赏书画以吸取艺术精髓。有一天他来到荣宝斋，当时的经理王仁山对他说：“我们这里有一件明代竹雕，你看你能不能雕出这样的东西？”原来这是一件明代用竹子雕刻的竹雕《白菜螳螂》，这件作品很是让人喜欢，一棵白菜上趴着一只螳螂，他受此引发觉得这是一个牙雕的好题材，决心要试验一下。当时正值秋末，他回家买了一棵大白菜掰掉了老帮，只剩下水灵灵的菜心，可是上面放什么虫子好呢？螳螂太大与菜心不成比例，他决定选择蝈蝈。这时不是蝈蝈的生长季节，他只好等来年的夏季，悄悄躺在草棵子中观察蝈蝈爬来爬去的动作，并仔细观察它的生活习性。他创作的蝈蝈微抬前爪，好像要抓前面的东西，两根须子一正一歪像是在摆动，就这样激发了他创作《白菜蝈蝈》的灵感，解放后这件作品一直到现在都是象牙雕刻的拳头产品，当然现在因为国际形势改为骨雕了。

说来也很有意思，我到了荣宝斋之后，和一些老同志熟了，中午休息的时候我们就坐在一起回忆50年代初琉璃厂的风貌。我记得当时参加的人有书法篆刻家徐之谦、木版水印专家王宗光、古画临摹专家金振之。当然他们都是老先生了，根据他们的谈话，我整理出了一张50年代初期琉璃厂文化街店铺分布概况［出示图］。当时在琉璃厂南纸店有

① 缙绅录：旧时书坊刊印的全国职官名录，亦省作“缙绅”。

11家，现在我只能记着其中几个了，如荣宝斋、清秘阁、豹文斋[①]、松古斋、淳清阁、松华斋等。古玩铺最多，有48家，现在我只能记得韵古斋[②]、燕古斋、翠珍斋[③]，其他就是笔店、裱画店、古书铺、字画店、碑帖店。

您看这个评书艺术家连阔如，可是不简单。您不要小看连阔如，他不单评书说得好，有学问，还有一样拿手，您知道是什么吗？嘿，他会麻衣相法[④]，外带批八字[⑤]，当时很有影响，在琉璃厂还开了一广告社。听说还开过一个小百货店，这主儿够能干的。您看我们这儿，［指着图说］什么风筝铺、花炮店、胡琴铺、锦匣铺、裱画铺，是应有尽有。可惜啊，现在失之八九了。现在看来很多商店都不在了。当时也没在意，80年代以后很多愿意搜集琉璃厂资料的人来找我，要求翻拍这张图，我很愿意为他们提供。因为这是宣传琉璃厂的一个重要资料，我不能自己藏起来，我觉得那样对不起这些热心宣传琉璃厂的人。

---

① 豹文斋，北京琉璃厂百年老店。

② 韵古斋，位于北京市原宣武区琉璃厂东街。清光绪二十九年（1903）由韩士怀创立，营业面积221平方米。1956年公私合营，私人经营53年。

③ 翠珍斋，位于北京市原宣武区琉璃厂西街17号。创建于1938年，由酷爱古玩的赵汝珍出资1万元开设的古玩铺，店名是由著名金石家寿石工题写，地址在西琉璃厂荣宝斋东边原尊古斋，因尊古斋卖东陵文物事发将此转翠珍斋。

④ 麻衣相法：指依人的面貌、五官、骨骼、气色、体态和手纹等推测吉凶祸福、贵贱夭寿的相面术。

⑤ 批八字：行话叫作“掐八字”，是一种古老的行业，根据天干地支、阴阳五行等理论推测人的吉凶祸福等事。

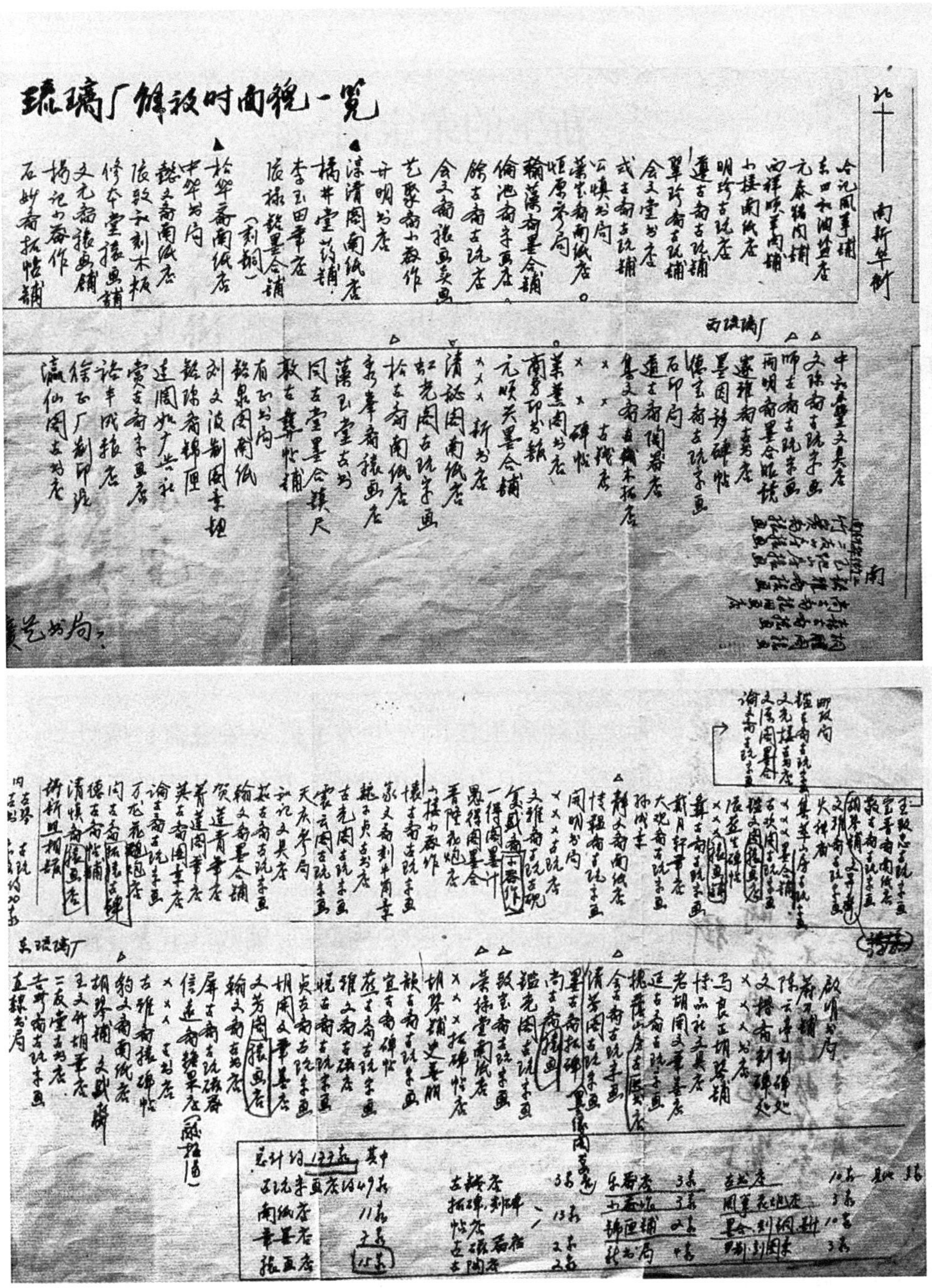

解放初期琉璃厂文化街店铺分布概况（米景扬绘制）

二、新生的荣宝斋

荣宝斋的历史比较久远，在北京南纸店业内称得上老字号。它创建于清代康熙年间，原名叫“松竹斋”。因连年亏损，债台高筑，东家为逃避债务，来了个没有办法的办法：“偷梁换柱”，于1894年（光绪二十年）更名为“荣宝斋”。您算算，至今也有100多年了吧，它真是一个名副其实的百年老店。20世纪30年代，荣宝斋一度声名大震。但是当时军阀混战，后来又有日本帝国主义大举进犯，到日本无条件投降的时候，荣宝斋已经是行将倒闭，濒于破产，虽然勉强维持到解放前夕，但实在是资不抵债，员工被陆续遣散，等于已经停业关张。它的发展和国运的兴衰有很大联系。

新中国成立后，该店负责经理王仁山先生为了振兴荣宝斋，四处奔走呼吁求救。虽然到处碰壁——因为许多单位皆不知他们从事的是什么行业——但事有凑巧，碰到了郑振铎先生。郑先生与荣宝斋素有旧交，因为30年代荣宝斋为他和鲁迅印制过信笺，他对荣宝斋的情况很熟悉，当时又任国家文物局局长，他不忍心这样一家老店铺败落下去，便协助王仁山找到国家出版总署。就在这时候，因为难以维持经营，荣宝斋已将大部人员遣散，最后连店铺用房也打算抵押出去。在这个节骨眼儿上，出版总署负责同志毅然决定投资接办。这已经是1950年的5月份了。但在当时北京的南纸店这一行业中公私合营，荣宝斋还是最早的一家，当时在北京是独一份儿，在全国也不多见吧。紧接着组成领导班子，办理了合营合约签字。公方派遣侯恺任经理，王仁山为副经理，组成有私方参加的政、工领导机构，将总署木印科的人员和荣宝斋合并一起，共有员工80余人，当即开始整顿业务，修缮营业用房。当时鲁迅的名气很大，被称为“新文化运动的旗手”嘛，所以选定鲁迅先生去世的日子10月19日重新开张。为和老荣宝斋区别，请郭（沫若）老重新题写了“荣宝斋新记”匾额。没过多久，徐悲鸿也为荣宝斋题了匾。

有了国家的支持，政府为它又出了很多资金，这一下荣宝斋该有救了。您看多悬呐，荣宝斋没有郑振铎的四方联系，政府的大力支持，恐怕早完了。很快，荣宝斋门脸儿[①]也变了，五间变成了十间。荣宝斋虽然得以保留了，但是又面临着新的问题。原来经营的商品业务，在解放初期和当时的社会现实生活是极不合拍的，已失去了它的服务对象。比如一些爱好书画的有钱人，他们对新社会不了解，就很少来店里购买书画了。画家在解放初期对我们的文艺方针不了解，新中国需要不需要国画，当初还是个谜，所以画家也很少来了。因为国画一直是高档消费品，它不是生活必需品，所以荣宝斋一度门庭冷落。荣宝斋该怎么办下去成了大家关心的事儿。那么既然是出版总署接办，所以当时就拍板出版为主，兼营原有书画及其用品业务。说起来简单，可是出版什么呢，又以什么形式出版呢？这里面外行居多，确实不知道怎么干，大会小会开了不少，但是不得要领。郑振铎先生是很了解过去的荣宝斋的，他建议是不是应把曾用“饾版拱花”[②]印刷诗笺的那一套技法捡拾起来，印刷新题材内容的作品。看法一致后，郑振铎先生是个热心人，是个称职的国家文物局局长，只要关系到国家文物方面的事儿，事无巨细，全要亲自过问。荣宝斋的发展其实和他关系不大，但是他还具体帮助木版水印选稿，他见过的文物多了，挑来选去，首先敲定了敦煌壁画。接着大家又进一步研究了木版水印的性能，因为它善于表现印制水墨淋漓的作品，便特约齐白石老先生按照我们编辑设定的规格要求创作绘制了册页一部。这部册页印制出版后，效果颇佳。时隔不久，又为徐悲鸿先生木版水印了《奔马图》，故在书画艺术界，圈内的同人们戏说“荣宝斋是

① 门脸儿：指商店的门面。

② 饾版拱花：是雕版印刷术发展至明代晚期，由于市场竞争日益激烈，出版商（特别是古代徽州的商家）为了抢占市场份额而自发创造的一种非常成熟的套印、叠印、凹凸无色压印相结合的印刷技术。

靠齐、徐起家的”。

为了荣宝斋的发展，上级要求首先要解决两个问题：一是吸收人才。当时“四处出击”，招聘人才，前后招聘到具有相当绘画能力和一定鉴定水平的大概有20多人，如董寿平就是那一批被北京市副市长张友渔推荐来的。后来又陆续推荐介绍来多名初、高中学生，皆培训成勾、刻、印、裱的技术人才，为荣宝斋木版水印这一事业不断提高和发展起到承前启后的作用。再一点就是原材料的供应。诸如宣纸、绢帛、锦缎、各种颜料、印泥等，这些原材料都是特制的。所以20世纪50年代初，就请安徽省委宣传部、省委轻工局扶持恢复宣纸生产。国家拨专款，解决了地方上宣纸生产的资料、资金问题。中央一声令下，地方很有积极性，还请求轻工业部派遣专家多次长期驻厂研究改进宣纸生产。

而且荣宝斋多年来坚持货真价实、保证质量的经营方针，比如宣纸，老荣宝斋当年卖的都是存放五年至十年的旧纸。因为新纸纸性暴硬不润，而存放多年的旧纸，几经寒暑干湿，“暴性”全无，落墨得心应手。许多老画家都喜欢使用旧纸：傅抱石作画用乾隆旧纸；李可染总爱用30年前的“特净皮”，购买时还要一刀刀选其中薄厚适中者；程十发总到处寻找旧高丽笺……可见旧纸对画家创作各具风格和效果的作品是相当重要的。宣纸每年进货，周期存放，售价偏高也是不无道理的。其他各色冷金笺、素染宣、玉版宣、煮硾宣，画工笔画用的清水书画、云母笺、蝉衣笺等矾纸，都是荣宝斋自己监督加工制作的产品。

宣纸是这里的大宗销售品，笔、墨、砚恐怕销售量也很大，那就先谈一下我现在能想到的销售笔、墨、砚的情况。荣宝斋所售毛笔，选自全国各地制笔老店，并各取其所长。一般如湖州、上海、苏州等地的南方笔，以羊毫见长，而北京狼毫笔的制作则更为精良，这与选料及气候等因素息息相关。荣宝斋还组织笔家制作画家及勾描中有特殊要求的用笔，比如20世纪50年代荣宝斋画家孙天牧画北派山水，需用一种比衣纹笔更短、更硬并稍粗的狼毫笔，即由当时的李福寿笔厂研制出来。孙先生试用后感觉得心应手，由此借用杜甫“猛将腰间大羽箭”诗句，为此笔取名为“大羽箭”。“大羽箭”后又生产了中小型号笔，至今还在生产销售。荣宝斋勾描用笔专用上海“马聘三”（后改“鲁文笔厂”）生产的大、小三号红圭笔，不管多么精细的线描都能再现出来。80年代荣宝斋还派专人监制长锋狼毫笔，用黄鼠狼尾毛制成，每只狼尾只选用其中十数根毫毛集成一支笔，售价在60年代即可达人民币3000元。没想到一支小小的毛笔生产起来这么复杂，其中还有这么大的学问。

我再给您说说墨，墨的质量关系着书画创作的艺术效果。旧墨价格昂贵，而新墨的质量一直无法与旧墨相比。荣宝斋除了经营旧墨外，还监制质量要求高的新墨。如20世纪60年代监制的一种名为“咏梅”的墨，宜书宜画，几可与旧墨媲美，至今还是书画家觅寻的对象。徽墨具有色泽黑润、坚而有光、入纸不晕、舔笔不胶、经久不褪、馨香浓郁、防蛀等特点。荣宝斋出售的墨，其正面镌绘名家的书画图案，美观典雅，是书画艺术的珍品。荣宝斋特制的朱砂墨，取料上乘，精工制作，质量可达清乾隆时库朱墨的水平。墨汁属于大众化的用品，那就是我们的邻居“一得阁”生产的。因为“一得阁”生产的墨汁全是按照一定的规范和配方，里头含有大量的中药成分，它的成本也不低，但是它只适合一般的书画家来用。您看名头比较大的画家，我所知道的都不用墨汁，每天在他作画之前总要请人为他研上一砚池墨供他用。郭沫若每次到我们这里写字，都是我们这里的车间专门给他研制墨。因为墨的效果不同，有的人认为墨汁胶重缠笔，书写者难尽笔意，其颜色虽黑但墨分五色，色不够丰富，尤其在国画上墨韵不足、层次感不强，不如墨块研墨有神韵。有人做这样的比喻：墨汁如同机制面条，墨块研出的墨如同手擀面条，两者味道、口感是不同的。总之，研出来的墨和车间生产的墨汁有很大的差异，所以墨至今仍有一定的市场。

我们荣宝斋卖砚台，都是高档的。因为其他的中低档生意以前荣宝斋不做，买卖不能做绝了，你得给小型的店铺“留碗饭”[①]。我们除了经营收购的古砚外，主要是销售广东端州的端砚、安徽歙县的歙砚。但是一般质量的我们不收也不卖，名家高手制作的精品砚，才能摆上荣宝斋的柜台。砚台也和其他的工艺品一样，雕刻出来的式样不能俗，要充满书卷气，这就难了。这个砚台一看就有文化内涵，还要符合中国的传统文化，所以说我们的砚台在国内外一直享有盛名。尤其是解放后，我们和厂家有协议，它们都把自己制作的上乘产品送到我们这里来。我亲眼见过两方由工艺大师高心泉、宗根云夫妇制作的砚台：其中一方上雕两个桃子，一个凸出，一个凹下，凹下的自然形成墨池，桃枝桃叶包满砚头；另一方是两个小萝卜，一个凹下，是砚池，另一个凸起，萝卜缨包满砚头。这两方砚虽然没能刻诗词歌赋，但主题巧妙，意趣盎然。可惜这些东西没有保存起来。当时也没有这种保护意识。因为这种东西我们见得太多了，我记得摆了没多长时间，其中一方被西安画院大画家石鲁买去了。

笔、墨、纸、砚，各有各的用途，各有各的讲究，所谓“名砚清水，古墨新发，惯用之笔，陈旧之纸”。文房四宝合于一处，成为我国独特的传统书画艺术不可缺少之物。

当时国家真是支持荣宝斋的工作，郑振铎先生功不可没。他只要得到一点儿有关这方面的信息，他都提供给我们；他权限之内能办的，全大开绿灯。比如说全国总工会有一名经溥心畬、张大千培养起来的织造仿宋、元画绢的专家，就通过组织协商，调来荣宝斋；组织苏州宋锦厂专门供应装帧所用的宋锦及各种装潢锦缎，专门请人提供样品图案；组织苏州姜思序堂专门研究制造各种绘画颜料；等等。这些原材料除供应复制印刷使用外，还充分供应各地书画家们使用。尤其是红颜色，在国画创作中叫作“艳”。这红是什么呢？齐白石也用这个，叫作“Carmine”，是英国的一种颜料。回头我把那颜料的说明给你看看，

① “留碗饭”：指留条活路。

你一定认识。

当初那些老先生画画也用外国的颜料，不是都用中国传统的颜料。也只有这些名家才用得起外国颜料，因为它确实贵。价格贵，效果好。其实画国画也用咱们国产矿石颜料。矿石的颜料呢又是一个系统了，这个就是水色，水色里头，尤其是这红的，必须得西洋红。为什么齐白石笔单上写的，什么洋红加四、洋红加二。这洋红是哪呢，就是英国的洋红。解放以前，画家都是通过私人或者在洋行买这种东西；解放以后，洋行没有了，私人到国外去的道路也不“通”了。可是画家还得用，咱们这颜料还得特别到英国去买去。我们荣宝斋还得申请外汇，外贸，商业部给我们一笔外汇，买两种颜料：一种就是西洋红，这个“Carmine”；还有一种就是到越南去买藤黄，黄颜色的。越南那藤黄它是装在竹筒子里，用时劈开，把这种颜料倒出沉淀。花外汇的也就这两种，但是以西洋红为主，所以齐白石的西洋红的画都是特别贵。您看这里头，就有齐白石西洋红的画。咱们国产的颜料不艳也不亮，它的效果比不上西洋红。

您会问这种东西没有传入中国之前，我们的国画家用什么呢？以前大清国的时候，就是用朱砂墨，朱砂有的也非常漂亮。你看，这就是［指一本图册］皇上点红点儿那个，这个朱批用的就是朱砂。什么叫“朱批”？就是皇帝在奏章后面的批示，尤其是雍正，雍正在历代皇帝中御批最多，而且很长。但是它和国外产品颜色上有差异。

为了进一步研究木版水印技法，当时成立了编辑室。它初期仅能印制盈尺小幅、色彩浅淡的诗笺、信笺之类，之后也可以试验印制巨幅重彩作品。后来试印了齐白石先生的八尺整纸巨幅水墨《蕉下鸣蛙图》、徐悲鸿先生的巨幅《群马图》和《雄鹰图》等。这些巨幅复制品很快面世了，赢得各方赞许。进而又考虑到既然可以印制现代作品，不妨也试试印制古代作品，便首先选印了清代新罗山人的一幅花鸟巨作《枫鹰图》。这幅古代作品印制出样张以后，送给叶圣陶副署长审定。他看了以后十分惊讶，张挂在他的客厅壁上，来访的朋友还以为他在收藏古代字画。当说明是印刷品时，他们十分感叹。很快叶老就在当时的《新观察》上发表了一篇介绍推荐文章，对荣宝斋来说当然是一种勉励，证明采用这种印刷方法，古代作品也是可以复制的。不过古代作品多为绢本，于是又鼓起勇气试印了一幅绢本长卷，唐代周昉的《簪花仕女图》，取得了成功。购买、欣赏者的评价是完全可以乱真。接着复制了五代南唐顾闳中的绢本《韩熙载夜宴图》、北宋张择端的《清明上河图》绢本长卷。这两张画的复制是20世纪80年代以后的事儿了，至于其他宋、元画册及中小幅的历代书画作品选题繁多。这些书画复制品问世后，大家都感到新鲜，颇得各方好评，销行很广。国内保证供应各大博物馆、图书馆、学术研究团体及个人爱好者外，到60年代初已销行48个国家和地区，也招来了许多国家的社会名流、政府官员甚至军队将领，直至国家元首来此参观。

看来荣宝斋在新班子的领导下，确实干出了很多成绩。50年代，咱们还有一个名词，叫“兄弟友好国家”，指的是苏联啊，罗马尼亚啊，朝鲜啊，蒙古啊以及东欧几国，又叫“社会主义阵营”。这些国家的领导人也经常来荣宝斋参观访问。当时参观完了，还得在一个本子上签下留言和感想，这个本子被保留下来了。在留言簿上可以看到，他们都异口同声地称赞：中国传统文化艺术，历史悠久伟大，1000多年前的艺术已经发展到那样高的水平。再加之这种印刷方法本身就是一门艺术，所以认为参观荣宝斋是同时欣赏了两门艺术。终日来访参观的人络绎不绝，还有许多国家的专家及画家们，久驻荣宝斋具体操作实习。诸如朝鲜、越南、巴西、瑞典、英、德等国家，还派出了美术界的“留学生”在此学习木版水印艺术，有的人员在这里住达一年以上。这些老外学习很下功夫，但可能是文化背景不同，让我看没几个学成的。可是当时的荣宝斋的确是红红火火，有人开玩笑说荣宝斋了不得了，是北京新八景之一。那七个是什么，我可说不上来，反正都这么传。

我进荣宝斋，荣宝斋还是老样子，但业务开展得很好。

门市部里头卖文房四宝的，卖字画的，有新有旧。那时候的买卖就很少，但也有。我记得一位京剧名女演员在我们那买了一张张大千的四尺整纸的山水，只花了180块，那是在20世纪60年代。

我们还有一项任务——搞收购，因为社会上散落着一些大家的艺术品，想出售就只有到荣宝斋，荣宝斋是国营的。像有一些人历史上有问题，他的画收上来怎么办？所谓历史上有问题的，也就是张大千、溥心畬了，他们解放后都到台湾了，属于这种情况。画好还是要收，以艺术标准来考虑。像汪精卫、郑孝胥等汉奸的字一概不收。

我参加工作初期的时候，还有那么一两年，你比如说明明知道这上款是汉奸，那就给它挖了，挖了以后补上白纸，装裱以后你一点儿都看不出来。后来也就不再挖了，保持原状了。解放后给我们那儿题词的知名人士很多，这也表示了他们对荣宝斋工作的支持，对提高我们的知名度起了很大作用。我现在能记起来的有何香凝题的“爱国”、李济深题的“藻绘流辉”、陈毅题的一副对联“人民荣誉是珍宝，革命斗争即书斋”、赵朴初题的“翰墨缘”、董寿平题的“艺苑珠林”、方毅题的“政通人和”、朱屺瞻题的“宝翰凝香”、启功题的“艺海腾辉”，启功还在我们解放后35周年的时候题写了一副对联“荣誉重书林三十五年推雅望，宝藏增艺圃百千万品聚奇珍”。其实还有很多，猛地一谈还想不起来了。

三、初入荣宝斋

我进入荣宝斋的第一年还真有很多难忘的事。我刚上班两三个月，已经是夏天了，我们正在编辑室里头学勾描，就听有人说齐白石来了。虽说我以前在“和平画店”见过他，但是是隔着窗户望见，这一次我可近距离见到了老人家。我们单位专程准备了一辆车，其实我们单位没有车。侯恺经理到出版总署借了一辆车，不是萨空了就是叶圣陶的专用车让他给弄来了，还烦请王雪涛先生去齐府接白石老人。齐先生被接来了，他头戴黑色缎帽，身着紫红色寿字长袍，拄着红木拐杖，仙风道骨、须髯飘飘，十分神气。其弟子王雪涛搀扶着老先生，坐到沙发上。时值暑夏，天气较热，我们特地把老荣宝斋唯一的西门子电风扇打开。电扇太老了，“冈冈冈……”地响个不停，吹得老先生的胡须一飘一飘的——此情此景，至今历历在目。拍摄开始了。首先拍摄的是：将两张《虾》放在一起，请齐老先生辨认哪一张是真迹。王雪涛扶起齐老问：“老师，墙上挂的两张《虾》，哪张是您画的呀？”齐老扶着眼镜，仔仔细细看了一会儿，然后颤巍巍地说：“搞不清楚！”这一镜头非常权威地表现了荣宝斋的木版水印画足可以乱真的影片主题。摄制组导演请齐老先生现场作画。当时老先生已届92岁高龄，作画实在有些困难。导演只好请老先生拿笔比画，实际镜头里的手和作画的动作都是由其五子齐良已先生做的替身。很多人在介绍白石老人的时候都要说他是木匠出身，可是这个木匠太广泛了，他们分工很细，做棺材的、做家具的、盖房子做大梁的全属这个行业里面。白石老人是雕花木匠，这可不一般，他要在柜子或床上设计雕刻什么样的花卉，雕刻什么样的人物故事，这些都要靠他自己的艺术水平去做。他为什么能够出名，可见他手艺非凡，不要把什么事都一概而论。

我作为小青年，除了在编辑室工作，还有一些其他零零碎碎的活儿。比如说那时候荣宝斋经常和画家收购一些画作，我呢就到画家家里收画啊，给他们送稿费啦，这些我都干过吧。稿费是怎么给呢？那就根据我们需要的情况，我们向画家征稿，您画一个这个。

当时有很多画家生活困难之极，难以想象。现在有些人把清朝皇族画家称为“爱新觉罗画派”，在社会上都很有影响，其实当时他们大多数的生活都很拮据。有一个著名的皇族画家，这里我就不说他的名字了，棉袍里子的棉絮都一条一条的，也不知穿了多少年，却无力换一件新的。一位有很高文化修养的皇族老书画家，生活已经很拮据了，但又很难放下架子，家中还不得不养着个跟随主人几十年、年老了又没地方去的老家人。荣宝斋常有人到老画家家中去办事儿，看见过这样的场面：老画家高叫一声“来呀！”，老家人跑进来，老画家吩咐道：“到胡同口给我买三根儿烟卷儿去。”（解放前到解放初期，烟摊儿都卖零支烟卷儿）老家人“嗻！”[①]一声后，跑去把烟买回，给老先生点上一支，老先生急吸几口，把烟头儿往脑后一递，老家人从身后把烟头儿接过来，找地方享受这“烟屁股”去了。

1956年冬，我刚进荣宝斋不久，有一次领导叫我给一位皇族画家送十元稿费。在这里我就不说他的名字了。画家住在北城一座大宅院的三间马棚里，三间房两明一暗：两明间，四壁皆空，屋角堆着一些煤球儿；一暗间里，只有一张大铜床，还是家中原物，被子皆无被里被面，只剩棉花套子。此外只有一个火炉，一张破桌子，墙根立着一个裱画箅子，别无他物，可见生活之困难。由此也可推想一般的书画家的生活状况。但也不都这样，我去东城一位皇族画家家里，也是去送稿费，他自己住着三层大院里的一个院子，家里还有用人，中午铜制的火炉子上坐着三个“把箍子”[②]，用人把几种馅儿的饺子放里面煮，他的生活可见一斑。

因为那会儿中国画也没市场，买的人太少了，只有荣宝斋来替国家承担这责任。

当时我很年轻，编辑室的老先生们经常带我去一些名家家中，为的是让我“闯练闯练”。董寿平先生有一天对我说：“景扬，我带你去串个门儿。”去哪呢？地安门里，清末大清国驻俄罗斯的总领事张效彬先生家。张效彬先生当时创建了一个私人博物馆，这个博物馆叫“志仁博物馆”，他非常有面子，门口的匾是陈叔通给题的，现在提起这个人恐怕很多人都不知道了。这才是北京第一家私人博物馆。张先生在解放前，除任公职教职与从事著述外，最大的嗜好就是收购名画、名帖、

① 嗻：旧时仆役对主人或宾客的应诺声。

② 把箍子：解放前出产在京西门头沟一带，一种黑灰色的带把的砂锅。

名砚、玉器、青铜器，据他说，连同他父亲传下来的文物，共有270余件，其中明朝书画最多。说句夸张点儿的话，明朝书画名人作品几乎他都有，像王蒙、倪瓒、王绂、董其昌、文徵明、仇英、沈周、唐寅等人的名画。他讲他收藏的明画，北京任何收藏家都不及他的多，也不及他的好，这些明画都收藏在他家后院的大房间内。一进他们家把我吓住了，它的陈设太不一般了，客厅内墙上挂的是元朝的画作，地上铺的是高级地毯，楠木书架与楠木条案上摆放着线装的“四书”“五经”，一看就有年头了。董先生和他谈了很多，我就记着让我观赏了很多古画，这是我印象最深的，真是既长知识又开眼，机会难逢啊。他的夫人是俄罗斯人，后来的事儿我就不了解了。

我记得刚进荣宝斋时见过徐燕孙。他在“反右”前经常来荣宝斋，大部分时间是到东院“中国画”办公室。有一次我亲眼见他在西屋画了一张大幅的“仕女”，因为徐先生是近视眼，脸贴纸很近，在纸上画线条，头随着笔往下移动，全部是水墨画，只用赭石染脸部和手，这在当时是很新鲜的画法。在此之后我好像在北京画院批判“右派”的大会上看到过他一次，以后再也没有机会和他见面了。

再有留下印象深刻的就是刘继卣了。刘继卣是近代画坛津派大师刘奎龄的儿子，人民美术出版社创作员。他的中国画人物、动物造型能力极强，成就巨大，组画《大闹天宫》（此作共八幅，记得拿到欧洲某国展览时曾丢失两幅，后来都找到了）尺幅不大、构图精微，有很高的国际声誉。20世纪50年代全国著名的连环画《鸡毛信》就是他创作的。他的连环画创作开启了一代新风，成为20世纪连环画坛的领军人物。继卣先生的创作极为刻苦，70年代我们同去湖北“咸宁干校”，星期日休息，总能看到他拿着速写本子去猪圈画速写，足足画了三大本。他画的猪，各种动态，千变万化，个个憨态可爱。

1956年就认识他了，可是真正熟起来是60年代。60年代初，人民美术出版社领导邵宇请继卣先生创作《红楼梦》人物，为求环境安静，特安排他到荣宝斋东院画画。我常去那里看他画画，给我印象最深的是，他作画惜墨如金，似乎画多少画就研多少墨，从不浪费。他运笔时成竹在胸，意到笔到。画完画，环境、画具整洁干净，作风极为严谨，令人难忘。与荣宝斋往来的画家还有秦仲文、胡佩衡、马晋、关松房、王铸九、颜地等等。当时尚属年轻的李行百，成都人，与董寿平同住一院，能画能写文章，后来出版的《荣宝斋画谱》的很多文字，都是请李先生执笔的。

四、编辑室

荣宝斋设有编辑室，原由董寿平先生负责，后来又由孙树梅、王宗光负责。1956年编辑室正式成立后，由冯忠莲任主任。冯忠莲调去故宫后，许麟庐、孙树梅都做过领导工作，70年代又增加了我。编辑室的每一任领导都兢兢业业，工作任劳任怨，事事带头。

编辑室除编辑工作外，还担负着木版水印的重要工序——勾描分色的技术工作，因此编辑室成员大多是基本功扎实的国画家，以50年代

20世纪50年代冯忠莲在临摹书画

（米景扬提供）

的阵容最为强大。

当时编辑室成员［拿出一个本子］我这儿有记录，您听我给您念念，李鹤筹，字瑞龄，花鸟画家，金北楼的弟子，主要在水印车间协助指导加工国画颜料，后调天津艺术学院任国画系主任。他是京南（指大兴与河北交界处）人，这个老人家思想有点儿旧，都50年代了，他还用一些30年代的名词，他管派出所叫"巡警阁子"。我们那儿有一个姓刘的小青年说，您别什么巡警阁子，现在都叫派出所，逗得大家哈哈大笑。

金振之，名铎，山水人物画家，徐燕孙的学生，书画"作旧"经验丰富，在复制古画、逼真地反映古旧画面貌方面，发挥了很大的

编号	作者	品名	价格	备考
244	孙诵昭	紫藤鸟	15^{00}	
245	李鹤筹	春柳池鸭	20^{00}	
246	〃	桃柳鹡鸰	20^{00}	
247	〃	太平枫竹	20^{00}	
248	〃	梧桐鹡鸰	20^{00}	
249	〃	柳塘水翠	16^{00}	
250	〃	蔷薇山禽	10^{00}	
251	〃	竹子红鹤	10^{00}	
252	〃	山禽葡萄	12^{00}	
253	〃	竹石松鼠	14^{00}	
254	〃	丫哥柿子	20^{00}	
255	〃	石青扁豆	16^{00}	
256	〃	海棠山禽	16^{00}	

1962年北京画舫斋书画展李鹤筹作品价目表（米景扬提供）

作用，曾临摹唐代周昉《簪花仕女图》、北宋赵佶《雪江归棹图》等画作。

陈林斋，字启湖，人物画家，擅画仕女、婴戏图等，20世纪50年代临摹和指导印刷了五代南唐顾闳中《韩熙载夜宴图》，他还在当时的东北博物馆临摹过南宋马和之《唐风图》。

冯忠莲，工山水、仕女、人物，毕业于辅仁大学美术系，陈少梅的弟子及夫人，曾临摹北宋赵佶《虢国夫人游春图》、北宋张择端《清明上河图》等画作。

孙天牧，北派山水画家，陈少梅的弟子，曾临摹北宋王诜《渔村小雪图》等画。孙天牧算是岁数最大的，他是孙墨佛的儿子，后来也让冯忠莲介绍到荣宝斋了。刚才说的《渔村小雪图》，惠孝同藏的那张画就是他临摹的，他临摹的时候，我还跟他一屋。我印象最深的，他不是山东人嘛，说吃饭了，人们都到食堂吃饭，他从来不上食堂去。他有一个蓝布包，往桌子上一放，"咚"一下，我说您这什么，怎么像大砖头一样，后来他拿出来了，"杠头"[①]，他一顿饭就是喝水来一杠头。

他也不是困难，就是喜欢吃这个。当时荣宝斋设有职工食堂。那时候水平就这样，甲菜两毛五，中等菜一毛五。甲菜两毛五那是真正的肉菜，红烧狮子头能给两个，炒肉片、红烧排骨，像这样的卖两毛五，乙菜像肉片炒白菜一毛五，丙菜素炒白菜五分。

李伯实，人物山水画家，吴光宇的弟子，对修补古画、水印勾描分色工作贡献很大。他是河北香河人，早年在北京古物陈列所临摹古画，曾在北平京华美术学院学习，1954年到荣宝斋木版水印编辑室工作。

郭慕熙，人物画家刘凌沧的夫人，精通勾描、临摹、设计等工

① 杠头：是一种白面火烧或一种很硬的戗面馒头，又叫"小山东锅饼"，很酥，很面，一嚼就能掉干渣儿，又很有嚼劲儿。

作。她是河北永清人，毕业于北平京华美术学院中国画系，师从徐燕孙、吴光宇、刘凌沧等名师，学习重彩工笔人物画。1956年，她调到荣宝斋担任美术设计师。其间主要在故宫博物院从事临摹古画的工作，前后达12年之久。所临摹古画有唐、宋、元、明、清的历史名作。一部分用于荣宝斋印刷木版水印画的范本，一部分留在故宫博物院代替原作展出。

侯培显，山水画家，黄宾虹的弟子，曾亲自编选、加工出版《中国版画选》，他还精通中医。他是怎么回事，北京中医界有四大名医，还有四大怪，他爸爸是四大怪之一。这四大怪是每个人都能看一种病。只对某一种疑难杂症有强项，别人不灵。比如说，这个“缠腰龙”[①]，吃他的药，马上就能好，不然你麻烦了，事儿就多了。那时候他（侯培显）说他经常到黄宾虹家去，黄老生活很简朴：老人家那有一块砚台是一块砖砚，你比如长长的砖，挖个槽，那样的砖，这样发墨比较好；旁边有那么三四个小酒盅[②]，有的酒盅里是清水，蘸点儿墨、蘸点儿清水，在那酒盅上，他就戳戳点点就这么画了。完了以后，他（侯培显）说，比如说老师你给我点儿稿子，我去临临去，黄宾虹就从后头提溜出一卷画来，去吧，也不数，里头也不看落了款儿没有，打没打图章也不看，你就拿走吧。所以他手里有好几张黄宾虹的画。

如果现在还在他手里，那恐怕价格不低了。现在黄宾虹有的作品可以上亿，你问他（买主）真懂吗，真那么爱吗?！就这黑乎乎的，值几个多亿吗?！

侯培显也“没溜儿”[③]，那时候“文革”不是经常有外调嘛！1968年夏天，有一天来了两个东北的外调人员，就到荣宝斋来了，找侯培显，查谁谁谁。你比如说你知道伪满的什么什么人吗，你了解这个人吗，（侯说）这人我可了解，其实傻啊，那节骨眼儿哪能说这话。一般

① 缠腰龙：病毒引起的带状疱疹。

② 酒盅：指用来喝酒的小杯子。

③ 没溜儿，北京口语，指说话不着边际，非一本正经。

人知道都说不知道。外调的人说了，那你把他如何跟日本人勾结的事儿说说，“这事儿我可不知道”，“你不是刚说你了解？”就是这样。什么不积极配合组织调查呀，不要装糊涂放过坏人，那么大年纪让人说了一溜够[1]。这天是礼拜六，下班时工宣队宣布下星期一荣宝斋开始清理阶级队伍。过了那么一个礼拜天，星期一一上班侯培显家属来到荣宝斋说“星期天侯培显死了”。这一下底下议论多了，都说他是被外调人员“吓死的”。

当时荣宝斋有许多著名画家，像董寿平先生，在社会上名气比较大，在我们这里主要担任顾问性质的工作。另外，荣宝斋培养的王宗光、孙树梅两先生，前边儿咱们讲了，从小在南纸店当学徒，对南纸店业务，尤其木版水印业务甚为精通，成为服务于传统文化的专家。

正所谓“雅事集群贤”，有这样一支精干而庞大的编辑技术队伍，为20世纪五六十年代荣宝斋木版水印业务的飞跃发展，发挥了巨大的作用。

五、资料室

1956年5月6号，我正式参加工作，就在编辑室。那时候编辑室很多东西没有位置放，就弄了一个柜子放在副经理王仁山屋里。重要的东西就放在柜子里，甚至于刚印出一个画特别好，就要留一张资料放到一个白柜子里头，当时也没有专门的人来管。

王仁山说资料室也归你管，我接手，够得上资料的没有几件。只有董寿平主张买的一些个《支那名画宝鉴》，日本人给印制的中国古画册，买了一些个。这些日本古画册印得好啊，全是珂罗版，珂罗版就

① 说了一溜够，北京土语，“教训了一顿”。

是利用照相技术复制古画的一种印刷术。但是人家木版也够棒，我这儿有一部叫《渡边省亭花鸟画谱》，是我的一个朋友曾经给荣宝斋一本，也给了我一本，他说你看看日本人印的这个。这个画谱印得不仅仅细啊，他那拱活儿做得特别好，就是从后头，用凹下去的版，从上头一压，不就凹下去，这边就鼓起来了，这叫“拱活儿”。这拱活儿做得比我们还细。但是它也是出自中国，日本叫“昭和年代”，昭和那时候的中国文化大量往那边走，你比如《十竹斋笺谱》送去一部，人家就研究了。还有一件是什么呢，是张大千画的《九歌图》，一本楠木包装的册页，这是荣宝斋收的。现在我们资料室的人很多都不了解这些。

我这个人就是好业务嘛，没事儿上东琉璃厂宝古斋，对门是萃文阁①。萃文阁是专售现代美术家作品的，宝古斋是专售古代名家作品的，我老上“现代”那儿去。那天一去，看见一张徐悲鸿画的老鹰，一个大鹰，多大张啊。徐悲鸿用的纸特别，除去宣纸之外，他不是喜欢高丽纸嘛，那是一张大幅的高丽纸，他的画就那么大，上面一个鹰，底下一棵松树，松树底下闷着一个八哥，意思是弱肉强食，就是日本侵略中国。我就跟那人说，这张画多少钱，他问我你哪儿的，我荣宝斋的。我又问他你这张卖多少钱，我说我们做资料用，好像是230元吧。我说拿去看看，他们就让我把画拿走了。我直接拿给侯经理看，侯经理特懂，说这个好啊，我说那咱们资料室留着。他说多少钱，我说是230元，他说那够贵的。我说多好啊，行，买了吧。支票就支过去，这张画直到现在还在我们那儿呢。这是我经手以后收购的第一件资料。

那时我经常在门市里转，看见收购部有好画就往里调。老这样也不行呀，一个人终究力量有限。后来领导就决定了，不论什么画作，

---

① 萃文阁，坐落在琉璃厂文化街的东口，是一家以研究和经营书法、字画、篆刻、印章材料、文房四宝为主的专营店。其书法篆刻创始人魏长青先生，是一位在书法篆刻、金石鉴赏等方面都颇有成就的艺术家。

我、孙树梅、王大山我们仨人，我们仨人要是同意，就可以当作资料用。根据实际情况就成立了一个名副其实的资料室，后来我就上编辑室了，我也有地方了。我的办公室是跟谁呢，跟徐之谦和孙天牧仨人一屋。资料室还是用王经理那屋子，那屋就经理跟一个打字员在那儿，就是负责整个单位的中文打字。打字员是谁呢，是著名画家阿老的妹妹，她叫老惠英，就让她兼管资料。后来资料室重要性越来越大，调去的人就多了。在建立资料室之后的50多年来，编辑室和门市部的业务领导有计划地、不断地在向社会各界征集藏品，现在的藏品已达4000多件。但是上级有一条规定，凡是我们收集来的一级文物全要送到故宫去，如果把送故宫的再加上，那数量就更加可观了。

六、木版水印

现在我给您介绍一下木版水印。这我要从头给您说说。唐咸通九年（868）就有了木版刻的画，木版刻的字比这还要早很多。画是那个年代有的，都是什么画呢？就是一张《金刚经》[①]的扉页，就是释迦牟尼讲佛学的这样一个场面，就这么大吧［用手比画］，不大。什么颜色呢？就是单色。最近报上登着，目前能见的是868年的单色的画，最早出现的肯定比这个早得多。到了崇祯年间就有了彩色的。明末崇祯年间出了一个咱们现在说的版画家，叫胡曰从，他搞的就是用三四块木版印一个小画，梅花、水仙，这样他搞了一个叫《十竹斋笺谱》，这个出来以后，等于中国的彩色印刷就有了。

木版水印从头到尾全是手工操作，现在也没有机器代替手工操

① 《金刚经》，早期大乘佛教经典，属于《大般若经》的第九会，是宣说般若空义的代表作之一。

作。因为它的工序极其繁缛、精细而艰辛，大致需要经过选稿—勾描—刻版—印刷—装裱这五道工序，每道工序都需要操作者无不以全力反映原作的笔墨形神为己任。选稿和勾描由编辑室负责，选题必须极其慎重，精益求精。一旦某幅画作被选定，就意味着要投入大量的人力、物力，开始极其复杂而艰巨的一系列工作，所以选稿要做到“宁缺毋滥”，要领导和专业人员多次开会论证才能定下。

我们的编辑室应该说人才济济，都有一定的绘画水平。水平那是绝对的，关键是要保证与原作绝对不能有丝毫的（差异）。那时候刚解放初期，社会上技术好的画家就很多，闲着的画家也多。那可以说选择的时候就非常严格，都归董寿平（选择），他很了解当时国画界的情况。当时吸收做这勾描工作的那些人，笔底的功力相当好，都是成名的画家，都是很了不起的。

这里头有一个是陈林斋。陈林斋是四友画馆的画师之一。四友画馆是他与杨敏、常斌卿等四个人组成的一个画馆。他们的笔底功夫特别好，在北京的美术界也红极一时。他是专画仕女和小孩儿的，多画婴戏图。

接着就请的是冯忠莲。冯忠莲就是陈少梅的夫人，她辅仁大学毕业的，毕业的时候就好像是高才生，笔底功夫特别好，她又跟陈少梅，北派山水学的那些个技法，那更了不得了。所以你拿什么东西，都给你勾得非常准确。后来又去临摹，咱们另外说。

这是两位了，接着还有金振之。金振之是谁呢，是徐燕孙的学生，也是笔底非常好的。还有侯培显，他是黄宾虹的弟子，亲自选编加工《中国版画选》。还有一位是吴光宇的学生，李伯实，人物山水画家，对修补古画、水印勾描分色工作贡献很大。还有一位叫李鹤筹，花鸟画家。李鹤筹原来是湖社画会①的，老湖社的，金北楼的学生。老先生笔底功夫非常好，他画画时就说着话，但这画还画得非常精细。当时

① 湖社画会，创办于1919年，创始人是金北楼，它的前身是“中国画研究会”，由北洋政府投资，总统徐世昌亲自批准，同清华大学、同济大学和中法大学同期创办。

他生活非常困难，老伴儿好像眼睛不好，听说最困难时期老两口子一天就吃一毛钱的白薯。荣宝斋编辑室的这些人就跟我们领导说能不能照顾一下。听说这个情况后，我们侯经理那人非常好，让老先生来吧，到荣宝斋这儿来上班。当时老先生没工作，可是这老先生（美术界）地位还是有的，就同意他参加我们那儿的工作。他画画功底还是不错的，工笔画、小写意什么的全都不错。还有刘凌沧先生的夫人，叫郭慕熙，精通勾描、临摹、设计等工作，都是绘画上很见功夫的人，身怀绝技。

勾描的过程由专业绘画高手勾描画稿。首先要精确地分析原作的构思、布局、笔触、色调、风格等，对原作的艺术特点有了深刻的理解后，再用透明的燕皮纸依原稿进行勾描临摹，要求非常精确地传达原作的笔触、形神和意趣，并依照色调进行悉心分版。画面有多少颜色，就得勾描出多少块版。最简单的需要几套版，复杂的古画需要几百套甚至上千套版。对于初学的人来说，那难度可就大了。

初学的人首先就是学勾描。您比如说，敦煌的“飞天”[①]，那个带子老长，要勾下来需憋着气，要练出来也是很不容易的、很讲究的。就原作什么样，你要勾得跟它是一样。那么，这木版水印也是发展得很快，从印刷纸本的到印刷绢本的。手上功夫好，谁都比不了。有个刻版老技师叫张延洲，他能把胡子柔软的劲头给你刻出来。他的事我后边再详细说。

所以我们那儿的人，谁也比不了。你说《韩熙载夜宴图》，再找一个像陈林斋那样勾描的，有这么好的笔墨功夫的也不容易。再找一个能刻得像张延洲这样的，根本就没有。张延洲有一手雕版的绝技，他能在杜梨木版上不露刀痕地刻出仕女身上薄如蝉翼的披纱。为《韩熙载夜宴图》刻版时，他在坚硬的黄杨木上刻韩熙载的胡须，根根毕见且显出蓬松之感，胡子里头又有点儿浅墨衬着它点儿，这就得两块版。画面上有什么变化，我们都要根据变化给它分开。这眼睛是挺好，但是他双

① 飞天：敦煌壁画，指画在敦煌石窟中的飞神。

眼皮，这也要分开。其刀法之精妙，令人叹为观止！那刻得是真叫好，1700多块版。你要说你刻齐白石，因为它是大写意画，刻起来是另外一工，刻比较写意一点儿的呢，那个叫田永庆。木版水印刻版这道工序干好是相当不容易的，那工作量太大了。

我们刻木版用的是梨木，这种木头的性质，软中有硬，硬中有软。所以它刻出来线条很好，但不是说一碰就断，它却很有力量。

那这一块版要印刷能印多少次呢？恐怕几百张没问题。但是像《韩熙载夜宴图》，线条太细了，很不容易，这就不能用梨木。你比如说韩熙载的胡子，你看《虢国夫人游春图》这张画也是特别细，凡是这种非常细的画，就得用黄杨木。为什么用黄杨啊？硬啊。黄杨木就特别硬，它就不容易出问题，所以我们的版，多少年以后你拿来一看还是那么好。

用刻好的线条轮廓准确的木版，往纸或绢上依次逐版套印成画，要根据画面颜色浓淡、苍润及晕染等处理，尤其是写意花卉，它的画面五彩缤纷，还需要特殊的技艺。木版水印的印刷师傅不像其他的印刷工，工作要求他必须具有丰富经验和绘画技巧，这可就难了。只有具备真本事，才能创造性地再现原作的韵致和情趣，传达出原作的面貌和精神。印刷老技师孙连旺对重彩的研究和运用造诣极深，堪与美术学院色彩学教授相媲美。而且所选用的纸、绢、墨、颜料等，也都是尽可能与原作相同，这样印刷出来的木版水印产品，犹如画家亲笔绘制，与原作几无二致。

拿这个刻出来的版，版固定住以后，纸放在版上，你比如说300张，给它搁这儿，版上给它刷上颜色。原作是什么颜色就刷什么颜色，原作是什么色阶咱们就刷什么色阶。比如说这张画是墨的，你要调这个墨，跟这个原作（一样）。这个人的功夫也是不简单。

因为编辑室的这十几位画家经验都非常丰富，所以在他们指导下，勾、刻、印这几个工序都是在高水平的情况下进行的。你比如说调完以后，这浅墨差不多了，就把这个浅墨刷上，把这画拉过来，用一种所谓“耙子”，压。这300张都得弄一遍，不好的地方拿笔再修一修。

第二个颜色，好比有红的了，就把版放在一边了。红的是什么颜色呢，它是朱标，或者是朱砂，或者是西洋红的。原作用西洋红，木版水印也得用西洋红，成本是比较高的。印个齐白石的桃子，它是什么颜色，我们就得是什么颜色。

您猜我们木版水印一张画最多得用多少块版？

一般的像齐白石的螃蟹虾米的，有十几块版几十块版，后来就印了。刚才我跟您说了，从印刷现代画又印刷古代画，古代画就复杂多了，上百块版是有的。《清明上河图》是幅长卷，雕刻木版多达2150块，这版不能放错，这是一个熟能生巧吧。都得跟原作是一样，这样从纸本到印刷绢本，从小幅到印刷大幅，从现代画到印刷古代画，一步一步这么往前走。

既然有那么多的颜色和要求，那也有相应的专家来指导。咱们前面说到的那位李鹤筹先生，除了在编辑室勾描以外，还要指导制作矿石颜料，这是他的一门绝技。不管这古代画面经过多少年，产生什么样的变化，他都能用各种矿石颜料给你兑出来。这对别人来说恐怕也是非常难的一件事情，这位老先生都能应对。

你比如说颜色吧，它分深浅，这叫“色阶”，色阶两个字不好理解。它们表示什么呢？简单来说，色阶就是色的台阶，你比如蓝颜色，头青、二青、三青、四青；绿颜色，头绿、二绿、三绿、四绿，只能四个颜色。这先生就指导这东西怎么研，研多长时间，这都有一定的规范。这颜色你怎么样成头绿，完了最后怎么成二绿。绿是什么，是矿石，是铜矿的石头，铜矿石它压碎了以后，再研。用什么研呢？也是乳钵[①]那样，后来就用一个小机器代替人工了，他来指导这个。可是呢，他的地位还是有的，所以从每天吃一毛钱白薯，变成一个月挣110块钱，当时那工资很高了。

① 乳钵：指研药末等的器具，略像碗。

因为他本事在那儿摆着，你不能给人低了。当初给钱还是根据才干和能力来定，不是瞎定的，要根据他的社会影响和艺术水平，你要给他低了反而带来副作用。所以老先生一有这收入后，马上生活情况完全不一样了，能够全身心投入到艺术创作中去。后来天津艺术学院缺老师，把他请了去到那儿当系主任。我们木版水印的复制品，所用的纸、所用的绢、所用的颜料都和原作一样。原作是矿石颜料的，我们也用矿石颜料。新纸和新绢都要进行仿旧处理，您看看多麻烦。所以这成本也很高啊，木版水印画就不是很便宜，比较贵。

由于工序烦琐，工作中要求精益求精，哪个环节都不能放松，都有极其严格的要求，所以印制完成一幅木版水印画，很不容易。刚才我跟您说了，听起来简单，哪个环节都不能出一点儿问题。刻版的一刀下去刻错，前面的全部报废；印刷的颜色不正，印制出来的也得报废。工作时间上，小的作品需数月，大的要花费几年。木版水印的每一件作品，都是对原作的艺术再创作。您想一想，临摹的画家手头功夫不行，后边的工序就无法正常进行。这里面包含着木刻家、印刷师傅、装裱师傅的心血和汗水。印完一次之后，这个版要保存起来，对干湿度都有一定的要求。管这个版也真是个事儿。后来就是做了木头架子，变成一层一层的，跟屉似的，写上这张画三屉、这张画五屉，但是哪有那么大地方啊。完全不按照一般的方法，而是用牛皮纸多少块包好了，告诉你这是谁，外头注明，就只能单独放一个地方了。所以这个版就很宝贵，是木版水印的灵魂。你要勾好了，没版也不行，得刻出来。刻出来你才能印得好，反正这刻版很重要，只有像张延洲才有这技术，那他刻的版也很珍贵的。他很晚才退休，也不是太早，因为没人能够代替他，后来就让他多待了几年。像《韩熙载夜宴图》1700多块吧，都是他一个人刻的。领导不敢让别人上手，他也不愿意让别人动。你想一碰到较细的线条，尤其是画面中人物的衣褶、眉毛、胡子，马匹的鬃和毛线条更是复杂，都挺难刻的。但是他都刻得很准，所以他要求很高，就不愿意让别人来刻，这也是可以理解的。刻版艺术修养也很重要，有一位刻版的孙日晓，平时很用功，刻得也好，后来学画画，现在成了山水画家，他和宋文治学的。

老艺人对艺术严谨，他们追求了一辈子完美，脚踏实地，而且确实，1700多块，别人给我弄两块，你们弄不好我还得返工，返工比制作还费事，我还不如自个儿来，这是艺术上的严谨。

还有最后一道工序——装裱。对木版水印印刷出来的作品，我们就把它看作和画家的原作一样，按照中国书画装裱的“规矩”装裱。荣宝斋专门有一个装裱车间，因为我们还要装裱一些画家送来的作品，所以说专门成立了一个车间。这里有很多裱技超群的技师，他们尤其在装裱古画和旧画这方面，在全国来说技术都是领先的。很多出土的文物，都已破烂不堪，他们都能够让这些濒临毁灭的上百年甚至上千年的古画起死回生。报纸上对这事儿有很多报道，我们这儿的代表人物就是张贵桐。比如说配什么样的绫边，什么样的绫边配什么样的轴头，这都要一定的审美水平和规矩。木版水印的装裱一定要和原作无二，这就看装裱者的水平了。

现在不是讲究叫“工匠精神”嘛，他们是最典型的工匠精神。你比如说还有一个，就那个印，这张画叫“重彩”，它用的是石青①、石绿、朱砂、白粉，跟原画用的一样，而且陈林斋也有很大的创造性。同样是那几个颜色，他再加上点儿什么颜色上上去以后，那张古画流传了1000多年，那个古旧的面貌他能给你表达出来。所以印起来也很困难，这张画印的人也是，在印刷工序的这一路古画里头最好的了，叫孙连旺。每个人的手法还不一样，这领导心里有数，这任务交给谁，谁能圆满完成任务，他们就偏重谁。

我跟您说说，荣宝斋解放后第一张木版水印的事吧。那是1950年，徐悲鸿先生来了，徐先生当时无论在政界还是在美术界，声望很高。他

① 石青：是一种矿物，常与孔雀石一起产于含铜硫化物矿床的氧化带中，可作为铜矿石来提炼铜，也可用作蓝颜料，质优的还可制作成工艺品，它还是寻找铜矿的标志矿物。

对侯恺说，现在解放了，我又要搞创作又要教学，跟我要画的人很多，我应付不了。他看到荣宝斋用木版水印的方法，印制大量精美的信笺。因为他听说在30年代印过翁同龢的《梅花》屏条、40年代试印过张大千的《敦煌供养人》，很是成功，在社会影响很大。他联想到欧洲有一个办法，就是用木版给它复制出来，复个十张八张二十张，再经本人签名，等于原作一样。根据当时的情况，他非常想试验一下，如果成功的话，解决一大困难。正巧有一位外宾，喜欢上了他的一幅《奔马图》，他说我这匹马你们试一试，原作送给外宾，副本留下。当时谁也没有把握，侯恺当即表示可以试试，荣宝斋就按照惯例，先把这马给勾下来，徐悲鸿在此期间多次到荣宝斋的水印车间，给工人讲马的解剖构造，直接动笔演示马的画法、笔的运用、水墨颜色的变化。这张画印制了30张，第一版就这样成功了。这第一个先解决了徐悲鸿先生燃眉之急，别人老向他要画，有了木版水印他能应付一下。

这东西复制完以后，徐悲鸿说你们这画印得还可以，但是我签的名字，你们恐怕印得不像、不好。这样，第一版，我全部亲笔给你题，30张，我亲笔给你写，款儿是他的。这样你们马上就可以卖了，当时卖15块钱一张。那时候荣宝斋解放初期业务也很紧张，当时木版水印画几乎没有人来买，其他的文房四宝，购买者也寥寥无几。当时由于方针、方向亦不明确，其困难之大，实在是不堪想象。荣宝斋曾几度处于行将停业解散、连职工一日三餐都难得到保障的地步。经常不开张或营业额寥寥，如果开不了张，煮一锅小米饭，大伙儿围坐共餐。吃饭问题得解决了，要不怎么工作啊？这种困难局面直到亚太和平会议后始有好转，当时就是很困难。听说是卖一张徐悲鸿的马，食堂的管理员骑上自行车，车后夹着一个笸箩，到天桥就买一些切面，中午就有饭吃了。所以徐悲鸿30张亲笔题字的奔马一张都没有留下，全部被门市卖掉了，很多老同志一提这事儿都很痛心。1956年，我参加工作后听说了这件事，便问当时主持出版工作的专家王宗光先生：“那张徐悲鸿先生亲笔签名的奔马还有没有？”他满脸遗憾地跟我说：“恐怕再也见不到了，当时没有意识到它的珍贵，就全部拿到门市部销售了，就连资料室都没留下一张，非常可惜。”对于这件事，我一直耿耿于怀，在今后的工作中特别留意凡是遇到旧的木版水印画的时候，我全要留心地去翻看一番，但是始终没有见到它的真容。苍天有眼，我和它相遇的时候，那是我退休五年以后的事情了，以后咱们再细说这件事。

1954年荣宝斋还成功印制了清代王云绢本山水画《月夜楼阁》，此后荣宝斋对古代名画木版水印由小张到大张、纸本到绢本样样都有，做到了登峰造极，酷似原作。

在全国来说，荣宝斋木版水印应该算头一把交椅了。上海有朵云轩，它也有这个木版水印，和荣宝斋的一样。“文革”前，荣宝斋派了六个人去支援他们了。当时，上海木版水印人才短缺，根据当时的形势，上级要求他们也要进行这项业务，人民美术出版社专门向国家出版总署打了一份报告，请荣宝斋派最好的专家来沪，协助朵云轩。那时，为配合国家建设，京沪两地很多领域互派专家，根据他们的技术力量情况，我们派出了老技师徐庆儒等人到上海，协助朵云轩开展木版水印这项业务。后来这六个人就变成上海的人，留那儿了，家属也搬过去了。在北京工作得好好的，听说给他们调到上海去，他们非常高兴。因为上海工资比北京高，当时的上海生活条件比北京要好。粉碎“四人帮”之后，头上的“紧箍咒”没了，在很长一段时间里比较好的现代的木版水印作品多了起来。

70年代末，人们都怀念老一代无产阶级革命家，有人提出要印一些老帅的作品。这是我找的陈毅的儿子陈昊苏，这首诗在哪儿看见过我想不起来了，就是“大雪压青松，青松挺且直。要知松高洁，待到雪化时”。我跟陈昊苏说，这词儿好，我们经理打算要木版水印，他说可以，就把这首诗的原稿借给我们了，很快我们就刻印好了，当然后来就还他了。他那原作上没打图章，我就跟陈昊苏说，你能不能把陈老总的图章给我打一份，我好复制在上头，他给我打了一份。

木版水印有一幅何香凝老太太的梅花作品，上面有董必武题的诗，这是怎么一回事呢？这些人现在都不在了。您看看［展示何香凝画作］，这就是何香凝的梅花。何老太太生前好像没有去过我们荣宝斋。她的儿子廖承志经常去我们那里。这个人非常平易近人，而且极爱开玩笑。他走到哪里都是一片欢笑。他跟他的母亲合作过很多画。廖承志的夫人经普椿和我联系比较多。因为廖家日本朋友比较多，经常购买一些文房四宝作为礼品，她有事要买什么东西就给我打电话。这个（指何香凝《梅花图》）是1978年复制的，是怎么一回事给您谈一下。

因为我们要印刷这张何香凝的梅花，我拿着原作去找经普椿问还有没有什么意见。因为何香凝老人已经去世了。我说让廖公看看，有什么需要改动的，她说你搁这儿，我找人题题字。后来他们请了董必武给题的诗。其实何香凝1972年去世的，董必武1975年去世的，这张画是把何香凝老人和董老拼起来做出来的。另外一张是后来赵朴初又给填了一首词。这样何香凝老人的《梅花图》就制成木版水印了。当初为什么想起要落实一下呢，做每个人的画都要找亲属问一下。因为经过人家后人点头同意才能出，尤其像首长这样的人，不是一般人。我还参与了王雪涛画册《秋色有香》、徐悲鸿《大群马》，等会儿我给您翻出来，让您看看。

编辑室就那么多人，什么活儿，凡是一动笔，一有点儿文事，全都是编辑室的事。有许多人问我，《韩熙载夜宴图》它现在卖30万，成本有那么高吗？其实有很多费用还没算在这里面。那是不算，这要是算，不定成本多少。您想这一天到晚能干多少活儿，早上来了，吃完早点，聊聊天，完了，弄一弄，勾的勾一勾，刻的刻一刻，印的印一印。那《大群马》就是这个［出示《大群马》］。木版水印印制得非常成功。

［展示齐白石《蜻蜓海棠图》］我给您讲一个故事，现在有人在拍卖会上把这张画当成原作在拍卖，哪个拍卖公司我就不说了，我作为一个普通人也管不了。这是怎么回事？就是这张齐白石《蜻蜓海棠图》。作为专业人士，这个木版水印我能认出来。是这么回事，但是我不告诉您，您也不知道。我看一眼我就知道，因为当年荣宝斋木版水印

这张画的时候，是我勾描的，这张画的原作还存在荣宝斋资料室。

木版水印最大的贡献应该就是1979年印制完成的五代南唐顾闳中《韩熙载夜宴图》。从勾描、刻版到印刷、装裱，前后用了八年的时间，用了1700多块雕刻木版套印而成。别说让您干了，您听着就很费劲儿。其复杂、艰辛又离不开精细，可想而知。第一张印出来后，那时我们要去日本办展览会，原作和复制品放在一起，真假难辨。那一天来了很多印刷界的同行，观者无不惊叹，因此我们还在国际上获过奖。印制稀世国宝北宋张择端《清明上河图》是荣宝斋人多少年的夙愿，我这儿有资料［拿笔记本］。这张画高24.8厘米、长528.7厘米，从勾描开始到印制，历时也不短。这里我要说明一点，冯忠莲先生搞的是临摹，她1972年就调离荣宝斋到故宫了，她所临摹的那张《清明上河图》完成后就成了故宫的展品了，所以她的临摹品和我们无关。雕刻木版多达2150块，其木版水印效果也是极佳，达到了酷似原作，这也代表荣宝斋木版水印又攀上了新高峰。

您想一想，从1950年到我退休，荣宝斋的广大职工经过不懈努力，使木版水印得到了飞跃的发展，从印制信笺、小幅国画，发展到制作巨幅和长卷；从印制淡彩纸本国画，发展到印刷重彩绢本古画。它们都精美动人，酷似原作，使我们中国国画艺术大放光彩，代表了荣宝斋木版水印的辉煌成就，这是广大参与者呕心沥血的成果。现在想起来，作为一位参与者，都深感骄傲。木版水印艺术成了荣宝斋的看点，我们获得了许多奖项。

这里面我要着重说一点，木版水印实际上勾（描）、雕（版）、印（刷）三个环节根本无法分开，上环节有一点儿小失误，对后来的环节都有极大影响。三个环节要做到极致，才能使作品完美，在生产过程中绝不能有一点儿失误。勾描要做到神似、雕刻要有骨有肉、印刷要更加神似，这才能创作出一流的作品。

20世纪50年代我们的木版水印复制品问世，博得了党和国家领导人以及广大消费者的好评。1959年在莱比锡举行的国际书籍装帧展览会上获得了特殊展览金制奖章，1989年在莱比锡举行的国际艺术展上荣宝斋的《八大山人册页》荣获金奖。英国有一个研究中国古代科学技术的学者叫李约瑟，我曾亲眼见他三次坐着轮椅来我们这里考察，每次都要细细地观察木版水印的操作过程，并写进他的著作。

1959年，当时很多资本主义国家对咱们国家进行封锁，资本主义国家的各种展览会我们参加不了。我们第一次参加的就是德意志民主共和国举办的国际书籍装帧展览会。中央决定让荣宝斋木版水印画作为重点展品，上级领导专门找侯恺谈话。侯恺真不愧知人善用，回来就找王仁山，让他全权负责这件事。王仁山不辜负上级领导的信任，凭借着他多年对传统装帧艺术的丰富经验和创造水平，找了荣宝斋的业务骨干王宗光、孙树梅等人。每天起早睡晚，用了几个月的时间准备好轴幅画、四条屏、手卷、册页、书函及装帧材质、颜色搭配、包装等，全部重新设计，精心制作，终于准备出一套古色古香、富有中国传统文化的精美展品。我记得做好后，让大家来提意见，我们单位的以及北京书画界的大家，后来文化部的上级领导也来，看这套东西，愣没人提出一点儿改进的意见，那真是做到十全十美了。这套五光十色、多彩多姿的展品，送到了莱比锡，引起了全场震动，展览会的负责人找到我方团长说，“你们的展品有好几十件，件件都应该得到金奖，可是我们会务组没有准备那么多金奖，经过讨论，中国代表团给一个特殊展览金制奖”。这就是获奖的经过。可惜当时没保留展览照片，“文革”中丢失了，如果能保留着该多好啊。

您要问木版水印在当时为什么产生那么大的影响？实不相瞒，除了我们本身的业务水平，还有一个关键问题：早期宣传工作做得好。1956年我刚进荣宝斋时，上海科学教育电影制片厂来荣宝斋拍摄《荣宝斋的木版水印画》大型科教片。据说这是解放后我国拍摄的第一部彩色片，胶片是从国外进口的，解说词是叶圣陶先生写的，由当年最负盛名的播音员齐越配音——可见政府对此片的重视。《荣宝斋的木版水印画》彩色大型科教片在国内放映后，反响强烈，各地博物馆和美术爱好者纷纷来信询问和订购木版水印画。国际书店在国外搞展销时，也在现场循环播放此片，从而使荣宝斋和它的木版水印画，名闻海内外，誉满全世界。

您问我，木版年画和木版水印有什么区别？从我一开始干勾描进入这个行当时很多人就问我这个问题，咱们简单地说吧。这两项都是中国传统的一种印刷艺术，木版水印从勾描、刻版、印刷、裱画有一套烦琐的工艺；木版年画就不同了，它比较原生态，据说它也是唐代兴起的，一直为民间所推崇，它雕版比较简单。前面我们已经讲过木版水印的刻版了，这里不重复了。木版年画它刻版线条精练概括，阴阳均衡，这是他们的一句行话，所谓“阴”就是篆刻中的阴文，“阳”就是篆刻中的阳文，它致密有序。如果线道过粗，就显得黑气大，颜色压不住它，不好看；要是线道过细，很容易被线道“吃”掉，不神气。比如说钟馗，一定要刻成老虎牙、铜铃眼、扫帚眉毛、长胡髯，画面几乎不留空白，这才是广大百姓能够接受的钟馗，因为他在大家的心目中能吃鬼降妖的。这是刻版上的不同。颜料也不同：木版水印要根据画面的需要调制出和作品一样的颜色非常烦琐；木版年画就不同了，它的颜料是用中药和当地的植物作坊自己的秘方泡制，因为我们国家有四大木版年画产地：河南开封的朱仙镇、山东潍坊的杨家埠、 江苏桃花坞、天津杨柳青，它们每个地区所用的颜料、配方都不一样。我就单说一说河南开封的朱仙镇，它的黑颜色最早是刮取厨房里的烟筒灰，加上木匠用的皮胶加工制成；红色是用苏木刨花，加碱、中药五倍子、明矾一起熬制而成；黄色是用国槐的花蕾晒干后用石灰焙炒，再加矾水熬制而成，其他的颜色我就不一一指了，反正颜料和木版水印不一样。用纸也不一样：木版水印要原画原样，该用宣纸用宣纸，该用绢用绢，而木版年画基本就是高丽纸为多。画面用版数量也不一样：木版水印动不动就上百上千块版，而木版年画，一般五六块，多则十几块。题材内容也不一样：木版水印当然都是很名贵的古代名画了，木版年画则不同了，它大部分是民间所用的门神爷、灶王爷、财神爷以及一些戏曲传说和一些民间吉祥图案，颜色以大红大绿为主，尤其过年时让人看着非常喜庆，价位上也有很大不同。这些都是我的回忆，可能有很多地方有误。从20世纪50年代后，各地年画有很大的改进，又创作了许多新题材。我这里说的是50年代以前的木版年画，因为除了四大产地之外，其他地区也有木版年画，印制技术、颜料以及题材可能和这四个地区不一样，我这里只说的是朱仙镇。

七、荣宝斋临摹古画以及社会影响

辽宁省博物馆他们的领导人是比较开通的，本来和荣宝斋的画家关系都很好。1952年，荣宝斋就借着这个机会首先派专人赴沈阳，找“辽博”的负责人提出，我们能不能来你们馆临摹几幅古画。北京派人来临摹画，辽宁省领导听说后非常支持，双方达成协议：“荣宝斋可以来辽博临摹复制所需要的古画珍品，但古画是不能够出馆的，得派人来馆里临。”得到了这个消息后，侯恺经理很快组织了一个由绘画技法高超、临摹上有很深造诣的国画家组成的临摹组。

派的是谁呢？都是荣宝斋里边的高手吧。先后派的是陈林斋、冯忠莲，还有金振之，主要是他们三位。后来大画家于非闇，听说荣宝斋要派人去辽宁博物馆临摹古画，他亲自找到侯恺经理来个“毛遂自荐”，说“我能不能参加你们这个临摹古画的小组”，因为他不是荣宝斋的工作人员，属于主动要求参加。当时侯恺经理表示欢迎，因为他知道老先生的功底非常深厚，既然有这个积极性，也就成全了他这个心愿。其实于非闇有他的“企图”，因为他早就听说辽宁博物馆有一张《瑞鹤图》，一直想临摹但是没有机会。用他的话来说，“此乃天助我也”，并且派了一名业务非常强的科长王宗光带队，这样他们几个人就到了沈阳的辽宁博物馆。馆里领导盛情招待，生活上也安排得非常周到，古书画鉴定大家杨仁恺带他们参观了馆藏古画。当时的口号是“全国一盘棋”，只要对国家有益，没有什么“藏着掖着”，大家选定了几张准备临摹的精品。

金振之先生临摹唐周昉《簪花仕女图》，冯忠莲女士临摹北宋赵佶摹唐张萱《虢国夫人游春图》，于非闇先生临摹北宋赵佶《瑞鹤图》，陈林斋先生临摹南宋马和之的《唐风图》。

先说说《瑞鹤图》吧。作为于非闇老先生这么一位大家，为什么对这张画感兴趣呢？他这个梦想有好多年了，但是无缘与这张画见面，这回算如愿以偿了。辽宁博物馆还有一张也是宋徽宗的画《珍禽图》，画面上绘有各种各样的鸟。他一直想临摹这两张，这次荣宝斋同意让他跟着，他高兴坏了。他长期研究宋徽宗赵佶的画，临摹起来本来可以驾轻就熟，但《瑞鹤图》描绘的是宫廷之上18只白鹤翱翔在蓝天中，这蓝天是用石青平涂的，而套染这石青底子，非高手而莫能奏效。这么大片的石青底子，于非闇先生套染出来，石青色平润成一块，全不露接笔的痕迹，其高超技艺令人称绝。

冯忠莲女士在临摹《虢国夫人游春图》过程中，为了追求神似和每一个变化微妙的细节，不知花费了多少精力。据亲眼看到冯女士临摹此图的杨仁恺先生回忆说：“冯女士常常为一根线条、一块敷彩、一束发丝，反复修改多次；图中有一匹黑马，墨色浓重而透明，为了再现它，冯先生反复研究试验，甚至废寝忘食……”每天她只要往画案前一坐就是四个小时，这几位还互相开玩笑，说她工作起来像老僧入定。为了追求神似与描绘的细节，真的是像杨先生评论的那样废寝忘食，就是回到招待所，她也念念不忘思考着今天临摹中应该解决的问题。

金振之临摹的唐周昉《簪花仕女图》中，有六个着盛装的贵族仕女，有的看花，有的采花，有的缓步闲游，有的在戏弄着小犬，各有不同的神态。她们的特点都是肥实的身躯，高高的发髻。古人概括的“丰硕肥体”，这是形容唐代仕女的典型形状，她们身穿的多层透明的纱衫，很难表现。遇到这样的难点，大家共同研究，分析出原作用色和渲染的顺序，得出具体的表现方法，再经过金振之先生的精心描绘和渲染，终于艺术地再现了原作。

咱们再说说陈林斋先生临摹的《唐风图》。《唐风图》现在是存有三个版本，分别收藏于辽宁省博物馆、日本京都国立博物馆、北京故宫博物院。其中，以辽宁省博物馆收藏的南宋马和之版最为出色。《唐风图》取材于《诗经》毛氏传本，12幅图画分别描绘了《诗经·唐风》中《蟋蟀》《山有枢》《扬之水》《椒聊》《绸缪》《杕杜》《羔裘》《鸨羽》《无衣》《有杕之杜》《葛生》《采苓》12章。《唐风》中的“唐”是指周成王的弟弟叔虞的封地，统治区域在今太原南的汾水河流域一带，后来叔虞的儿子将国号更改为晋。《唐风图》的作者马和之，钱塘（今浙江杭州）人，是中国南宋时期的画家，为南宋宫廷画院中官品最高的画师，居御前画院十人之首。他擅画佛像、界画、山水，尤擅人物，师法吴道子、李公麟，有“小吴生”之称。线条运“兰叶描”，飞动飘逸，有清俊娴雅之韵。高宗、孝宗两朝深重其画，高宗曾书写《毛诗》300篇命马和之每篇画一图，可惜他仅画成50余幅就去世了。《唐风图》为绢本淡设色，高28.7厘米、长827.1厘米，共12段。本来《诗经·唐风》中的诗歌是很难理解的，但马和之的《唐风图》却用生动的艺术形象给予了丰富的诠释。其构图洗练，没有复杂情节，没有繁多形象，取景只有近景或中景，远景代以空白，或只画人物，尽可能通过环境描写形成情调。画面的构思、意境、造型尤为难得，从文学素养、历史知识、技法创新等方面，都能体现作者之新意。

因为他们临摹的是古画，画面不可能鲜明，金振之先生他有很多造旧的方法，因为原作放了上千年了，有的几百年了，它呈现出古旧的面貌。但你怎么给它弄得很接近原作，这个可以说是绝招儿了。给它做旧了以后，你感觉复制品跟原作非常接近，这样拿回来，再把这个东西——摹本，照着木版水印画的过程，勾、刻、印，连裱装都和原作是一样的。尊重原作，所以复制品您拿来一看，就像原作一样。

回来以后，《虢国夫人游春图》《簪花仕女图》《唐风图》都制版印刷了。可惜于非闇先生临摹的那张《瑞鹤图》未能印制，因为它的底子完全用石青一笔一笔画出来，老先生功底就体现在这儿了，浑然一色，看不出接笔的地方。荣宝斋当时考虑这个底子太难制作了，如制作不好影响了画面，后来据说这张画被一家出版社用铜版纸印刷了。

荣宝斋木版水印成功印制几幅古画的消息不胫而走，竟传到了中央，周恩来总理知道后特别高兴，把复制的唐代周昉的《簪花仕女图》当作国礼赠送给了柬埔寨国家元首诺罗敦·西哈努克亲王。毛泽东主席也把一幅复制的《簪花仕女图》赠送给了来访的苏联领导人伏罗希洛夫。

艺术家的艰辛努力受到了同行的赞扬这是最好的奖赏。这次临摹古画的工作在全国引起了很大的反响。还有一点要提到的，荣宝斋的大量临摹工作尚属创举，受到了当时国家文物局的赞赏。说起这个临摹，引起了一个领导的注意，当时故宫博物院院长吴仲超。这个吴院长办事非常认真，很有水平，什么事也都拿得起来放得下那样。原来他的级别特别高，据说他是文化系统里级别最高的。学问也好，工作做得特认真，他曾是华东局的秘书长，据说六级干部，反正级别很高。我在故宫临摹画时，早上起来常看见吴院长戴着一个草帽，每天绕着故宫，有关的地方他都要走到，得看看哪儿出什么问题了。他对工作太负责了，这才叫"恪尽职守"。比如说三年严重困难的时候，有一个传说，他问员工今年御花园的牡丹怎么这么小朵，每一年它们都开得很大。员工说往年咱们都是熬了肉汤，给它浇上，这样它肥，牡丹的花朵就大。那么吴仲超就找康生，你得给我点儿猪肉、猪油什么，康生一批，这样把肉汤这么一浇，就解决了御花园的牡丹太瘦的问题。总而言之，都是很负责，都是积极地来促进当时的文化的发展。

他看到了荣宝斋临摹古画取得的成就，有了一个新的思路。故宫里有这么多的国宝级绘画，想走荣宝斋的路子行不通，故宫没有那么强的懂美术的人才。他就另辟奇路想办法，找社会上不单单笔底的技巧好，而且还有临摹古画的经验的，言外之意，有这个造假画的本事。如果这个本事要特别好的话，那他的技巧各方面来说，就都不同于北方，只能从画面上去追求好坏的这种什么了。后来吴院长就从苏州请来三个可以说是大师，一个叫金仲鱼，第二个叫郑竹友，还有一位杨先生是裱画的。金仲鱼后来临摹展子虔的《游春图》，他这个《游春图》摹完以后，你拿原作跟它来比，简直看不出来，但人家用的是什么办法呢，我回头再给你讲。他们专门一功，和咱们北方不一样。完全不一样，咱们北方是什么呢？就是我得给你画得特别像，这块有点儿深，我得给你拿点儿，你比如说颜色吧，赭石、藤黄、花青这三种颜色，要调起来，他能调出那旧色来。这就太绝了。这么一弄，能跟它原作一样。这是一个技巧，但是人家的技巧是完全不一样的。

咱们再回过头来说，金仲鱼怎样临摹展子虔《游春图》。他是怎么来临摹呢？这从理论上讲，您就知道他是很有道理的。这个古画的流传，展子虔那时是隋朝，距离现在上千年了，他这个临摹古画，跟随着这张古画的流传，你比如这张画700年，这700年大致发生什么事，他给压缩在一年半载，即在临摹过程中压缩到很短的时间来，但他这过程，跟原作的过程是一样的。举个例子，你比如说，每一张古画的流传，历来都是要经过揭裱。时间长了，都破旧了，或者颜色也古旧得太沧桑了。在临摹过程之中，他拿去揭裱，那么一张画揭裱几次呢，要根据画面的情况。他就照着这《游春图》先画一下。人家笔底功夫都很好的，画一张，就把画的这张画绷到板子上，拿水一冲，这张画就变得斑斑驳驳了；斑斑驳驳以后他再把这张画揭下来，因为那原画当初也是全的；揭下来以后它要全，全就是用点来组成面，这好比是粉色的，他用点点点，把这弄得跟原作一样，将画底子残缺处的颜色补全。因为一直在旁边看着原作，他凭着人家的技巧，就把这张画临摹得相当的准确。这个过程，人家用了七八百年，现代人用了一年，就给它完成了。但是咱们北方的裱画师傅，裱这些古画的时候，有时候个别的地方有一个大窟窿，这怎么办呢，补上一块绢，人家颜色还不一样。就全，全到补的这块都一样了。所以这个全画对保存古画的古旧面貌，起了很大的作用。这个人家技巧也非常高。北方裱画裱得好的，就是技巧高，就是这全画好。南方是一整套，等于这张画不是700年这个过程从新到旧嘛，我也给它这么来从新到旧，从新到旧这过程弄得差不多了，方法就这全，完全跟这原作差不多了，任务就算完成了。最后，裱功也和原作是一样的。所以南方的方法确实跟北方不一样。

那杨先生不是裱画技巧好嘛，他裱了一什么呢？裱了一个唐朝卢楞伽的《六尊者》。卢楞伽可能是个和尚吧，他画了六开册页，可能这六开册页是当初（清末）太监往外偷的过程中有人来了，他赶紧拿出来，就“杵”[①]在宝座的垫下边，这一下子几十年过去了。解放以后清理故宫，打开垫子一看，这儿还有几张画呢。一看是唐朝的画，你就知道，当时惊讶到什么程度。又拿这画请杨先生裱，这杨先生技巧非常高，他揭裱，揭下来以后怎么样洗。他拿一大缸，大缸里头是清水，他就怎么样把几张画揭下来以后怎么样洗，反正技巧又和北方（不同）。所谓叫苏裱[②]名人字画，和咱们这边裱画不一样了。

那像绫子啊，糨子啊，都相当讲究。这些东西都要考虑，临摹所用的颜料——也得从故宫那儿找点儿旧的，墨块——也得找点儿旧墨，你想故宫什么东西全有。就是你还没发现呢，故宫里的东西多了去了。除此，他还支持我们荣宝斋的工作，进故宫搞临摹。

我们荣宝斋临摹的古画最后都调给了故宫。就是吴院长曾经跟我们侯经理有过几次谈判，我在旁边听：你们印完就没用了，我们有用，我们拿它还可以去展览，因此你把你们已经摹好的这些摹本，全部给我们。整个还有一个花费，你们工资，这些东西，纸卷颜料的费用，你需要什么，都算一块儿。那时候，荣宝斋属于中央单位，故宫也属于中央

① 杵，北京土语，藏的意思。

② 苏裱：我国裱画的主要派别之一，流行于以苏州为中心的江南地区。书画装裱工艺古称“裱褙”，亦称“装潢”。明宣德以后，装裱中心从杭州转移到苏州。当时装裱工艺上承唐宋遗制，经名画家文徵明、都元敬、王弇州等精心揣摩改进，技艺日臻完美。嘉靖、万历间达到全盛。裱工人才济济，名手辈出。苏州装裱具有选料精良、配色文雅、装制熨帖、整旧得法、形式多样、裱工精妙的特色，明清以来数百年间，承先启后，自成一家，为世所重。

单位，侯经理这事儿根本从来没问过。这个表在我这儿，全部摹品，哪朝哪代、什么画、尺寸是多大、什么时候临摹的，有关资料全都有。退休以后，这东西在哪儿我就记不住了，总而言之都在册，给了故宫。这些摹本现在也当成文物展出。

明确一级文物展出的据说就是《清明上河图》，香港（回归）十周年的时候，港方提出来要借故宫一批文物到那儿展览，后来港方又提出来借的东西里必须有《清明上河图》。因为在这之前，《清明上河图》好像是没出过内地，谁也不愿意担这责任，就算调五六张普通的画去参展，也不如《清明上河图》有名，老百姓都知道。人家必须要有这个，据说最后拿的也是摹品，不知真假，拿原作这责任太大。

据我所知，荣宝斋在40多年里和在这之前共临摹了很多张古画。现在年头多了，我记得也不太清了。除了上面的几张以外，还有孙天牧临摹北宋王诜的《渔村小雪图》、郭慕熙临摹的唐韩滉《文苑图》、金振之临摹的北宋赵佶《雪江归棹图》、郭慕熙与董燕娜和米景扬临摹的《宋元册页》、陈林斋临摹的五代南唐顾闳中的《韩熙载夜宴图》和元赵子昂《秋郊饮马图》、冯忠莲临摹的北宋张择端《清明上河图》与北宋赵佶摹唐张萱《虢国夫人游春图》和清袁耀《万松叠翠图》等。荣宝斋做的这项工程可以说是“前无古人”，有没有“后来者”那只有让历史去说了，反正受到了上级领导机关的表扬。像这种由国家组织的大规模的古画临摹在中国绘画史上是史无前例的，从艺术上来讲、从做旧上来说，仿旧装裱也很考究，不论是从哪个方面来说质量都是上乘，很多被国家列为一级保护文物。它们都代替原作进行对外展出，有的代替原作成了陈列品，从另外一个角度来说，在保护文物方面也做了巨大的贡献。

八、初学描线

咱们书归正传，1956年我进了荣宝斋就被分配到了编辑室，我的任务就两个：做编务、学勾描。您会问什么叫“勾描”？勾描是木版水印的第一道工序，这道工序太关键了！它是刻版和印刷的基础，可以说是非常关键的工作了。因为能够出木版水印的画家都是大师级的，我们要准确地反映原作的风貌，还要能突出画家的笔墨情趣，这就需要勾描者有很好的书画基本功和较高的文化修养。

同时进来的还有董寿平侄女，叫董燕娜，她自幼在董老身边学画，打下了很好的基本功。还有一位叫刘士庸，他也是门里出身。他的父亲是工笔画家，在北京画坛上画人物颇有名气。后来应聘在“五四一”厂（北京制币厂）搞钞票图案设计，北京话俗称“画票子的”。我曾经见过老先生为著名京剧演员孟小冬画过的肖像，现在想起来不愧是高手啊！用句行里的话说，“笔法娴熟、形象生动”，到今天还给我留下了生动的印象。刘士庸也是自幼和父亲学画，人家是家传的。我没法和他们比！为了工作只有安下心来学。

没几天我还遇到一件事，当时荣宝斋归美术出版社直接管，美术出版社当时的社长是萨空了。有一天侯经理就陪同萨空了到我们画画那屋子去了，当时屋里有我跟孙天牧、徐之谦三个人。侯经理跟萨空了介绍我时说，这是我们新来的一个高中生。萨空了点点头，和蔼地说，“好好好，这工作很不容易，认真地学”，嘱咐几句。这几句话对我鼓励很大，领导这样看重自己，就应该好好工作。咱们接着说编辑室的事，好在领导给我们派了一个好老师，她就是编辑室的负责人冯忠莲先生。关于冯先生的事咱们后面再谈。先说说当初我对她的印象吧！冯先生20世纪30年代中期毕业于辅仁大学美术系，师承溥雪斋和启功先生。

她既是著名画家陈少梅的夫人又是学生，她成名很早。但是解放后被荣宝斋请到编辑室搞古画临摹，她全身心投入到这门工作中去，培养了很多人才，临摹了很多古画。但是她的名字被人们淡忘了，她的艺术天分也被埋没了。

看来我是很有福分的，遇上这么一位好老师。冯先生艺术天分高，作风严谨，对我们真像小学生一样手把手教，下了很多苦心。初次见面后我们每个人画了一幅画稿，她给我们点评说："你们要先练好基本功，基本功想过关就得搞好线条，名家的各种线描都要很好地体现和掌握。"

为了让我们练好线描，老师拿出了一张画有"飞天"的敦煌壁画，让我们照图勾描。以前我哪儿干过这个啊，画面的线条又细又长又挺拔，作画的虽说是当时的画家，但是让我去勾描太难了！太难了也得干呢。

米景扬在创作（米景扬提供）

这件事对我来说太枯燥了！人家那二位一出手就高我“一筹”，人家有基本功呀，进步得很快，我虽说是业余喜欢美术但是终究没有系统学过。一张“飞天”我这一勾描就基本用了150天。那时候您了解，一星期只休息一天，一个月25天工作日，半年呐！有一天老师拿起我的作品笑了，对我说：“大致有个样子了！”这七个字让我高兴，我终于被认可了！我的兴致更高了。接下来又干什么呢？

冯先生又拿出了一张马云卿的《维摩演教图》，让我们勾摹。马云卿是金代工笔画大家，他的《维摩演教图》是绢本墨笔，经过很多大鉴定家鉴定和考证。

我把这张画跟您仔细谈一下，它经过了明代的王穉登、董其昌鉴定。董其昌您知道吧？那可是明朝有名的大书法家。经中央美术学院美术史专家金维诺考订为金代马云卿所作。这张画内容是什么？佛教故事，它以白描的手法表现了维摩诘称病，佛祖释迦牟尼听说后派文殊菩萨来探望。白描就是在中国绘画中，以淡墨勾勒轮廓或人物，而不设色者。此画以维摩诘和文殊为主要人物，表现了维摩诘在向文殊宣讲大乘教义的画面，他们的左右侍立着护法弟子们，画的中间有一抛撒鲜花的天女，画中人物神态各异、个性鲜明，刻画得比较生动，可以说得上是精致入微。怎么说呢？它应该是属于古代白描绘画的罕见精品，您爱看京剧，梅兰芳大师创作的《天女散花》就是根据这张图来的。很多人只知道《天女散花》这出戏，不知道出处。

我们三个人在冯先生的指导下，可以说每天都在聚精会神地勾描，经过了一段时间，得到了先生的肯定。先生对我们说：“《维摩演教图》你们算过关了！从此你们在工笔画方面勾画任何东西都比较容易了，你们打了一个很好的基础，以后你们要独立工作了，但是，还要潜心认真钻研。”

那是老师鼓励我们的话，差得还远呢！冯先生从家里拿来不少陈少梅先生的画作，让我们边勾摹边学习。陈先生是一位了不起的大家，他继承传统绘画方面是集大成者，可以这样说吧，他对历代大家用笔都有深刻的研究。所以，他的作品不论是直线行笔还是曲线行笔，都能够顺其自然，极尽其妙！您看他的画，有他自己的特色。通过这一段学习，也可以说通过描摹陈先生的画稿，我自己感觉到用笔产生了很大的变化，以前是轻而飘，现在逐渐沉着而有力度，对我后来的花鸟画创作有了很大的帮助。

1958年初，我们三个人的基本功应该达到了一定的水平，冯先生给了我第一件活儿就是勾描齐白石先生的《海棠》，那一天我可高兴坏了，自己终于能够勾描齐大师的作品。我全力以赴，每天8点上班，我提前到单位做好准备工作，静下心来认真勾描，终于完成了这件作品。当时，把它拿给冯先生时我心里还真七上八下，我觉得我努力了，不知道老师能不能看上。当老师用赞许的目光看着我，编辑室的同志们很多人也给了我称赞，这才松了一口气，两年功夫没白下！紧接着我又用了七天时间，勾描了徐悲鸿先生的大幅《群马图》，大家说勾描得准确，较好地反映了徐先生原作的风貌，现在这块版还在使用。

刘士庸在1960年支援上海朵云轩木版水印，调到上海去了，我和董燕娜一直在荣宝斋工作。

九、裱画

1956年公私合营时，把琉璃厂一带裱画的都给我们合到里头了，但是也有的没活儿，为什么呢？技术不好的没人请他裱画，为了生活他只好给同仁堂[①]和其他的中药店裱膏药布，因为中药里的膏药分成两半儿，得粘到一块儿，好保存和运输。但是在公私合营时领导不了解情

① 同仁堂，是国内最负盛名的老药铺，创建于1669年，至今已有300多年的历史。历经数代、载誉300余年的北京同仁堂，如今已发展成为跨国经营的大型国有企业——同仁堂集团公司，其产品以传统和严谨的制药工艺、显著的疗效享誉海内外。

况，把他们也弄到了荣宝斋。没法安排也放到了裱画车间里头，所以我们最多的时候有400人。因为他们的技术不行，后来又把他们给安排出去了。但是这里面有一位高手叫张贵桐，他解放前开了一个裱画店，“桐焕阁”。

裱画看起来很轻松，其实是个苦差事。我记得1959年画完《江山如此多娇》，荣宝斋的装裱技师当场装裱，那张画特别大，工作场地狭窄，设备又不凑手，非常的不容易。傅抱石有感而发，说“装裱高手必须有面壁九年之志”。它的工艺极其讲究，一年四季中，春夏秋冬，天气的温度、空气中的干湿度，截然不同，它要根据不同的季节和气候，裱起来要有不同的刷法。干一点儿容易裂，湿一点儿容易被虫蛀。可以这么说吧，一刷在手，要平心静气，轻了不行，重了也不行，重了纸有可能碎，轻了画面不容易碾平。

张贵桐是裱画中最好的，怎么个好法呢？20世纪80年代末，张贵桐师傅为拯救营业部收购的两件珍贵古画呕心沥血，其中一件是明代钟钦礼的《雪景山水》，另一件是明代陈老莲的《瓶梅》。两件原作均已破碎不堪，尤其难办的是两件古画都残缺大块绢地。陈老莲的作品《瓶梅》，一个瓶子上面一枝梅花，这瓶子有点儿斑斑驳驳的，还有点儿铜锈的意思，但它是色彩的关系。原来破破烂烂的，很难看的。张贵桐自己有很多收藏的旧绢，他有一个箱子，这箱子谁都不许动。它里头都是破破烂烂，但是恰恰这些东西能办大事。钟钦礼他那张画有这么大一块窟窿，没绢地；张贵桐就是找了一块绢，给它补上的。这补上难在哪儿，就是绢丝要碰绢丝，经纬线。这他弄得非常之好，弄完以后，说那儿有一个大窟窿，正面看，一点儿都没有痕迹；要侧面看，你感觉那儿确实短一块似的。后来来了很多日本的裱画师，其中京都有一个叫耿墨光堂，社长叫岗兴造，岗兴造给他看了，说这技术非常好，能不能请这老先生到日本去，合作裱两张画。后来跟领导一商量，领导的意思就是他都岁数大了。好像现在七八十的人身体都还不错，那时候七八十，又吃得不如现在，完了以后身体不行，就没去了。后来日本裱画家跟纽约博物馆一个裱中国画的日本人说了这个事。这日本人就专程到北京找我，想看这张画。给他看张贵桐裱的这两张画，一张陈老莲、一张钟钦礼。这两张画他看了以后，就是非常钦佩。因为日本人裱出来的中国画缺少中国味儿。

我再给您说说刘金涛，他在装裱书画方面也非常有本事。揭裱旧字画的高手，他在1947年的时候接了一个活儿，什么活儿？徐悲鸿珍藏的《八十七神仙卷》，这可是一件难得的艺术珍品，徐悲鸿一直把它视同生命。可惜在1943年被盗，几经周转又花高价买回。但是这张画回到他的手中的时候，画上面“悲鸿生命”印章已被挖去，题跋已被割去，受损得不成样子。刘金涛把它重新揭裱后，一下子恢复到原来面貌，徐悲鸿连声称赞他的手艺。他还干过一件事，让行内外人无不称赞。有一幅《宋代仕女图》，保存不善，画面上仕女脸的颜色变得很黑，怎样才能恢复它的本来面貌呢？刘金涛用棉绒把仕女的脸部圈了起来，然后倒上适量的高粱烧酒用火柴点燃，把围观人吓坏了，只见火起到灭，时间不长，仕女的脸色逐渐恢复以前的粉红色彩，而画本身又丝毫不受损坏。这是多大的本事，关键是倒酒的数量多了不行，少了不行，必须做到恰到好处。所以很多书画家都愿意请他装裱自己的作品，远的不说，蒋兆和的名作《流民图》、解放后齐白石献给毛主席的《松鹰图》、陈半丁献给毛主席的《九寿桃图》，全经他手装裱的。他的裱活儿很有特点，一是质地柔软，干净平整；二是颜色搭配得当，色彩协调，明朗雅气。他调出荣宝斋后，在中央工艺美术学院为国家揭裱修复了许多文物。这些都是我听别人说的。

亚洲也有许多国家裱画，但是它们的效果不如我们的好。您会问怎么不一样呢？完全不一样。糨子不一样啊，中国的糨子是粉子去掉面筋了，所以那粉子特别细。中国画裱画所用的纸非常薄，像六吉绵连，真是薄如蝉翼，即蝉的翅膀，所用的绫子、所用的绢，都比较厚。但是纸特别薄，因此中国画要裱出来了以后，画心跟很薄的命纸[1]裱在一起以后，又薄又骨力，完了再用比较厚的绫、绢一裱以后，它有个要求，得在墙上绷的时间要长，长到什么程度——好像应该是一年半载。但是现在偷工减料，甚至于机器装裱，这偷工减料也就是一礼拜就揭下来。现在甚至于有的，明天晚上就用，今天早上搁这一宿，认为干了，就揭下来了。揭下来，应该干透到什么程度呢？这是一种自然的现象，是你看不见的东西，它已经彻底干到里边去了。因此中国画裱完以后，比较平。可是日本画裱出来，它所用的纸、绢、绫都是厚的，所以这个画心，你要裱上比较厚的纸以后，平的程度、对画心的保护程度，都不起什么好的作用。日本大阪他们裱出来的东西，纸、绢、绫全都厚，我们是纸、绢、绫全都薄；我们要求是绷的时间长，一个月也行，六个月也行，可是他们恰恰在绷的时间上，方法不同。

因为这成本太大了。为什么要时间长，您比如说一年，春夏秋冬，各种气候都考验过了，因此揭下来以后这画是软中带硬。要不然达不到这个效果，张贵桐他能补，补完以后，全活儿。他把周围边儿啊，各方面，全得能跟其他新的色儿完全是一样。要挂那儿，你绝对看不出来。后来纽约博物馆的（裱画师）也来了，到这儿看了以后，他是完全服气。我特别跟他讲，中国的裱功跟日本是不一样的，这才是真正的中国的裱功，裱完以后，用这个办法来裱中国画，对于保护中国画效果不同。日本什么东西都厚，来裱中国画，裱出来的东西是不行。所以他也承认，老想着让张贵桐去。张贵桐岁数大了，去不了了，谁也不敢让他走了。你找俩徒弟跟着他，那也行啊，问题是他本人身体不行，不能成行。

《江山如此多娇》是他带领着人裱的。那都不是一个人了，得十几个人，大家伙儿一块办，他指挥就是了。

---

① 命纸：指的是绢本书画装裱后紧贴绢背的一层纸，因为其与保护画面有密切关系，犹如书画的性命一样重要，故名。

他们大部分是北京周围通县的、顺义的、怀柔的，京东这一带的多。这一带是这样，您比如说往南走，那地方都是盐碱地，盐碱地种庄稼也不长。在当地，就一点儿出路都没有。为什么就这些人，搞古玩的、搞字画手艺的，一心一意地来做这个活儿？他就是没有后路，家里那么穷，又不长粮食，回去以后也没好，所以这多困难，都能克服，因此出人才。这行看起来很风光，其实都是下了很多功夫，吃了很多苦。裱好画不是说简简单单一抹糨糊，那技术绝对很实在。您说那纸那么薄，一湿了以后，提溜起来，想怎么提溜怎么提溜，没有技术是不行的，他都有自己的技巧。比如说这张纸［演示］，他不是这么托起来，是用俩手指头夹着它，后头这仨指头托着它。那像四尺的怎么弄，也真够弄的。托与不托，艺术感觉就不一样了。

我们荣宝斋技术是不保守的，只要国家需要，我们全都无私地投入全部技术力量去支援。20世纪60年代初，我国很多省市自治区缺少装裱技术人才。我记得黑龙江博物馆曾经派人来京，专门学习装裱，我们派专人办了班，组织专门力量，让他们能够多实习。从现代画的装裱到古画的揭裱，进行全方位的培训，使他们得到了业务上的锻炼和提高，为外省市的文物修复工作也做出了贡献。

十、侯恺经理

现在谈一谈我们的侯恺经理，这个人是老革命，山西辽县人，哦，对了，现在叫“左权县”。他14岁就进工厂当童工，抗日战争全面爆发后又在村里当了儿童团员，16岁进了《新华日报》《胜利报》联合办事处做发行工作，我记得他曾经和我说，就是那年他入的党。您说他的资历有多老嘛。很多人以为他是外行，怎么领导起荣宝斋的呢？侯老可不是外行，最早考入“太行鲁艺”时学的就是美术。他曾经跟我说过，他第一幅作品是大幅肖像画，您知道八路军有个高级将领叫左权嘛，他在战场牺牲后，我们部队要给他开追悼会，追悼会上的画像就是侯老亲手绘制的。后来，他和贺龙同志还有一段工作上的接触。

说来也巧，这里有一个插曲，1942年太行鲁艺停办，侯恺等人被送往延安深造。路经晋西北一二〇师司令部时，贺龙听说来了一批文化人，把他们收编了。后来，晋绥边区新民主主义教育实验学校成立，侯恺出任教务干事，其美术作品《锄头与枪杆》获了乙等奖，奖金200元。可能是根据地流行的货币吧，我也计算不出来值多少钱。看来当时他已经初露头角，艺术天分还是很高的。抗日战争胜利后，他创作了一系列壁画（街头宣传画）和参与演出活报剧，揭露国民党地方割据势力的反动统治。后来又任《晋绥日报》编辑。您看这个人真是多才多艺，又懂美术又懂话剧，在根据地恐怕是不多见的。解放战争期间，用他的话来说，调动频繁，够忙活的。他先后在华北新华书店总店编辑部工作，任《大众报》美编。由于他经常转行，锻炼了他的才能。他还跟赵树理共过事，在晚年回忆这段往事，说赵树理同志对他的帮助很大。无论是看问题还是干工作，都受益匪浅，和赵树理这段接触对他的工作有了很大的促进。1948年冬，他在石家庄出任大众美术社副总经理、编辑室主任。解放后，侯恺在国家出版总署任美术科科长；1950年夏，出任荣宝斋党委书记、经理。他的资格很老，您一定认为他级别很高吧。说来也是笑话，进城时正处级，30多年后离休时好像是提升了一级，成了副局级。

再谈一谈我最初跟他接触的印象。我刚到荣宝斋时，由于是刚走出校门的学生，觉得叫先生是对人尊重的一种称呼。有一天早晨，在上班的路上，我遇到了侯经理，一边点头致意，一边恭敬地打着招呼："侯先生早！"没想到侯经理看了我一眼，有点儿很不情愿地从鼻子里"嗯"了一声。当时我有点儿不明白，我的问候没问题啊，怎么招了他不高兴呢？我们荣宝斋业务室的王宗光先生正好从旁边走过，他把我叫住，说："小伙子，以后见了侯经理，不要叫先生，他不爱听这称呼。”我更不明白了，问道：“那我怎么称呼他啊？”“要叫同志。”我心说人家比我大将近20岁了，人家又是经理又是书记，那不没大没小了嘛。他就喜欢人家叫他同志。第二天，说来也巧，又遇上他了。我鼓起勇气叫了声：“侯恺同志，早上好！”嘿，他眉开眼笑，高兴地说：“早、早、早！”从此我们算结了缘，一直称他“侯恺同志”。这个称呼一直用下去了。他一离休，我们就改称他为“侯老”了。

20世纪60年代米景扬与侯恺经理一起迎候外宾（米景扬提供）

解放以后由于工作繁忙，没见他搞过艺术创作，正式作品没见过。有一次开会我坐在他旁边，他拿起了一支红蓝铅笔，信手在一张纸上画了一个古装人物，您猜怎么着？还真颇具功力。您想，他一直忙于业务工作，没时间搞创作，很好的艺术水平就这样荒废了。现在我们有些老同志坐在一起，还为他惋惜。

前面说了，解放初期，他到荣宝斋应该是受命于危难之际，作为公方的代表进驻，担任领导工作。说起话来总是文绉绉的，从1950年到

80年代中期他离休，他在总经理的岗位上干了36年。您也知道，改革开放前咱们国家运动不断，但是他一直致力于宣传和促进国画艺术的工作，组织和团结了一大批书画家，繁荣艺术创作，以满足国内文化生活的需要和对外增进国际文化交流。据我所知，当时很多画家忙于生计，有一个国画家叫黄胄，您听说过吧。他以画少数民族人物见长，“文革”中也不知道谁给他起了个名儿叫“驴贩子”，改革开放后还成立了一个“炎黄艺术馆”。当初他从大西北调来北京工作，没地方住，侯恺同志就把他安排在荣宝斋后面的“丁香小院”，住了很长一段时间。在总经理办公室有一张单人床，供他休息，可是很少见他在那里。南北的画家傅抱石、亚明、钱瘦铁等许多人来京就住在他这儿。辽宁博物馆有一个大鉴定家杨仁恺更把这里当成了自己的家，来北京不住宾馆，专住这儿。而且侯经理还要自己掏钱招待他们吃饭，跟画家在一起开怀畅饮，既增加了友情，又开展了工作。这招儿太厉害了，真是，又增强了他们之间的友情，工作上也拉近了距离。当时啊，有一个特殊情况，书画市场不景气。因为荣宝斋是国营单位嘛，每到春节前夕，他总指示办公室列出一个生活困难的画家的名单，再派我们这些人或者门市部去收购他们一两张画。其实这种画收上来也很少卖出去，这纯粹是为了照顾这些画家的生活。最令人感动的是，前面我不是说嘛，著名国画家王雪涛被划成“右派”，别人对“右派”躲之不及，可是他却在王雪涛生活困难之时伸出了援助之手。曾经派我到王先生家商谈收购其作品之事，基本王先生的作品每月都能够收购几幅，这就解决了他家生活上的燃眉之急。对知识分子，他很了解他们各方面的情况，所以能够团结一批知识分子。不单单是荣宝斋内部的人，社会上这么多画家，谁来做这个团结的工作？既会掌握政策，又懂得人情世故，即使遭遇了挫折的人，他也不会一棒子打死，太难得了。

他还在荣宝斋东院的西厢房，与美术出版社合作，建立了中国画编辑部，由一位老知识分子穆蕴华主持，形成了“画家之家”。20世纪50年代，著名画家陈半丁、徐燕孙、叶恭绰、徐石雪等以及一些收藏家常来此驻足，这不仅团结了很多画家、收藏家，也为荣宝斋开展书画业务提供了方便。他是一个干大事业的人，想得很远、看得很远，而且政策性很强，才能团结这么一大批老的著名国画家。因为他和大家的关系特别好，不管遇上什么事儿，荣宝斋一招呼，大家都乐意帮忙。在他的带领下，荣宝斋上上下下从编辑室到门市部，凡是能够与画家接触的部门都与画家建立了非常友好亲密的关系，这恐怕也是荣宝斋的特色。

我退休后，在拍卖会上许多人问我，侯经理和许多画家有交往，他又这么平易近人，恐怕不少人赠给他书画吧。他们还真说对了，侯恺经理与国内的很多知名画家，用现在的话来说，都是大师级的了，有深厚的交谊。不少人送给他很多自己的作品，但是侯经理这个人，生性豪爽，常常又随手转赠给别人。敬重画家，但是不依傍画家，他更不会靠画家赚钱。侯恺说："我有两个原则，一是，宝剑赠英雄。画家们给我的画，我大都给了另外一些欣赏它们的人，供其参考学习。二是，没钱宁愿脱了裤子卖，也不能卖朋友们给我的赠画。"光我知道，傅抱石、吴作人、关山月、潘天寿、叶浅予等人送了他作品，这些作品全被他送人了。

我在他的领导下工作了几十年，觉得他工作起来绝对是大将作风。这个人的领导才能和风度，我觉得用12个字概括，不知道合适不合适，就是"举重若轻、遇事不乱、潇潇洒洒"。甭管遇上什么事儿，他都指挥若定，因势利导。他的遇事不乱，我给你举个例子。"文化大革命"，您知道吧，那侯经理挨斗在劫难逃了，"造反派"斗争他时，甚至让他下跪。他绝不承认是反党分子，只承认是工作上有闪失。他不像其他的领导干部，一挨斗，语无伦次，乱了方寸。还有一点，他尊重人，尤其是知识分子。他为荣宝斋网罗了一批国画家。北京原副市长张友渔推荐了他的老乡董寿平，在董寿平的推荐下，把著名女画家冯忠莲请进荣宝斋，成立了编辑室，对荣宝斋繁荣和木版水印技术发展做出了贡献。比如说北京当时有个国画家李鹤筹生活困难，但是他了解到李先生加工重彩颜料有丰富的经验，就花重金将其请来。为了荣宝斋的发展，他是广罗能人呐。还有一点，他和王仁山是正副经理，王仁山您知道吧，解放前是荣宝斋总掌柜。掌柜的管一个店，这个王仁山在解放前执掌北京、天津、上海等荣宝斋总店及十多个省市分店，所以他有一个称呼就是总掌柜。王仁山称得上是经营南纸店魁首，精通各项业务：他不会绘画，却精通鉴赏，纸张的分类、质量的好坏，用眼一看、用手一摸就能分辨出来；不论是什么砚台，他都能给分门别类，并给上乘的取以雅号，抬高了砚台的身价。而且最擅长搞人际关系，齐白石、张大千等人和他私交很好。用解放初期的眼光来看，侯经理任命他为副经理，协助业务工作，对他用人不疑，凡是王仁山精通的业务都交他办理。您想想，这么信任一个资方代表，在20世纪50年代太罕见了。

这个人工作能力太强了，政策的理解性也很强，应该到重要部门担任工作啊。别提了，我们这位侯经理，27岁进入荣宝斋担任党委书记兼经理，成绩显赫，不论是上级领导还是荣宝斋的同志们对这件事有目共睹。他30多年未获升迁，其中有很多原因，最主要的是找不到合适的人选代替他。还有一个原因，很多人认为他政治是“老右”，这个优点可能有的人认为是缺点，我看来自他的性格太耿直了。

十一、“反右”运动

我到荣宝斋一年后全国开展了“反右”运动，荣宝斋自然也要开展这个运动了。好在荣宝斋遇上好人了，我们的经理侯恺是老革命：1938年参加革命，1950年起担任荣宝斋党委书记兼经理，直至1983年离休，是荣宝斋历史上任职最长的经理之一。“反右”时他35岁，他那时候还是中国美术家协会会员工作部主任。“反右”期间，他很少去参加会议，老派我去代他参加一般会议。记得有一天，我正在编辑室勾描，突然有人来叫我：“大米，经理叫你！”因为我的个子比较高，进荣宝斋不久，大家都管我叫“大米”，叫米景扬的反而少了。当时领导找你谈话，就预兆着你有什么问题，我心里头七上八下，不知道领导找我为什么事情。到了办公室，侯经理对我说：“你今天先不要干别的事儿了，下午去北京画院，参加批判斗争‘右派分子’徐燕孙的大会，这是票，你去吧，给我记录记录。”过了没两天，经理又找我，对我说：“明天去美术家协会听‘反右’总结大会，好好听会议精神，回来向我传达。”其实我到那儿，我也不怎么记。回来跟他一说，他说我都知道了，你走吧。我就经常替他去“听会”，当时“反右”运动搞得是“轰轰烈烈”，侯恺当时对这场运动并不“积极”。荣宝斋里也有几个爱说牢骚怪话的人，有的爱给领导提一点儿意见，有的人为了表现自己积极，就“放风”[①]要在荣宝斋里抓出“右派分子”，很多人在会上提出这个问题。侯恺经理总是以笑笑的口吻说，“好，我们研究研究”，以此做挡箭牌给搪塞过去了。所以荣宝斋没划一个“右派”，这只能说他水平比较高。

作为一名共产党干部，最为难得的是，在历次运动中，“三反”、“五反”、肃反，他没有整过一个人。当“反右”运动开始后，“上面”给的压力很大，像荣宝斋这样与传统文化打交道的单位，它的工作人员有不少传统文化的痴迷者，年纪大的和年纪轻的加在一起，当时被统称为“封建遗老遗少”，您说这词儿怎么琢磨的。但是随着社会的变迁产生了变化，有很多人已经成为自食其力的劳动者了。可是在有些人眼睛里还是不行，这里边的水太深了，用当时的阶级观点，他们这种家庭出身，能热爱新社会吗？能不反党吗？可是他不这样看，认为团结好一个人总是多一分力量。他老这样也不行啊，上级领导对他恐怕不满意了。上级领导指责侯恺：“别人打老虎，你连个苍蝇也打不了！”侯恺一瞪眼：“我们的工作我最清楚，你们说我打不了，你们去当经理，这经理我不干了！要打先打我！”不过，话虽说得痛快，面对“上

① “放风”，就是放话的意思。

面”左右摇摆难以捉摸的瞎指挥，侯恺也非常犯难。单位和家里都无法与人诉说，他非常的痛苦，经常独自到天坛公园坐着苦思冥想。这件事被大家知道了，给他坐的那个地儿起了个雅号“侯恺发愁处”。

由于当时经常在外边参加会议，在我的印象中，批斗“右派”的场面不是太激烈，比“文化大革命”的批斗会差远了。会场上贴满了标语，声势很大，有人带着喊口号。每当一宣布会议开始把“右派”分子某某带上来，底下就有人高呼口号，无非是打倒、批判之类的。但是总归知识分子很多，回想起来比别的单位要文明一些。有一次，主持会议的是夏衍，当时他是文化部副部长，夏衍就跟大家伙儿说，我收到了徐燕孙的一个条子，他说有人要打他。［学夏衍的口吻］说“我们还不要打嘛”，夏衍的话，“不要打嘛”，反正都是很平和过去了。因为那时候知识分子不要说打，好像往那儿一站，这就臊得慌，政治上很失落了。“右派”就是已经宣布政治上完了，没前途了，这个人已经很丢面子了。其中有很多人见过很多世面，但是这种斗争会他们没有见过，北京的书画界知识分子，看到这个情景，也可以说是心惊肉跳的。

我参加过徐燕孙先生、王雪涛先生他们俩的批斗会，有的就没有斗，你比如说汪慎生。汪慎生是一个挺胖乎乎的南方人，说话口齿也不伶俐，根本就没斗他。挨斗多的就是伶牙俐齿的人。

十二、大炼钢铁

1958年全国掀起了“大跃进”的高潮，其中有一股风叫“全民大炼钢铁”，恐怕许多人还有印象。机关、厂矿、胡同里到处都有土高炉在炼钢。大炼钢铁，我们荣宝斋也不例外。反正大炼钢铁是炼了，我属于又高又细，身体不怎么壮实那种人。最重要的一环就是把一些废铁搁到炉子里头，点上火，用鼓风机“呼呼呼”地吹，过一段时间，上去一个人就“呱呱呱”这么搅一通，撂下，第二个再上来。因为我没有劲儿还没搅过，搅不动，大伙儿也没让我干。我们那炼钢炉就搁在我们院子里。荣宝斋的地方不大，就在院子里架了一个炉。也不知谁从钢铁厂找来的耐火砖，还找来了师傅，搭起了一座说高炉不高炉，说烟囱不烟囱的东西。电工还给院子里拉起了电线，一到晚上灯火通明，鼓风机呼呼作响，荣宝斋的年轻职工三班倒“奋战”在炉前。就架一个炉，那也得24小时开着，就算是炼钢了，反正是糊弄人。最后钢没炼出来，炼了一堆渣子，这也算成绩啊，也得报喜啊。炼出了一大堆既不像炉渣，又不像铁渣的黑乎乎东西。有人说这是钢，正巧宣武区有一个负责人来荣宝斋检查大炼钢铁工作，侯经理开玩笑地举着一块说：“欢迎领导来检查工作，看看我们的成果。”那位领导说：“行了！你们把本职工作搞好就行了。”其实大伙儿心里也明白，这是件劳民伤财的事，只不过没人说明罢了。我们荣宝斋虽然属于新闻出版总署管的，党的关系归宣武区，宣武区区长叫张旭，张旭跟我们侯经理私人关系特别好。有一次他来荣宝斋和侯经理说：“得得得，你们没多少人，炼钢的任务叫别的单位去完成吧。”上级也不太要求我们，总的来说闹得还不是那么邪乎。

十三、荣宝斋接待工作

我开始负责接待这事儿，还是50年代末。那是1959年，我去故宫临摹画之前，领导让我接待一位荷兰的政府官员，可能是一个部长来参观，这是我第一次干接待工作，还真有点儿紧张，好在这个人懂艺术。最后来到我们门市部，一般的人都是走马观花，可是这位文化背景不同的部长却仔细地看着每一件画作，我告诉他这些作品代表了中国艺术家的最高水平。他参观后表示非常喜欢中国传统文化，并当即请我们为他选购不同风格又有代表性的画家作品，这下可难住我了。我进荣宝斋虽说三年了，描线、跑腿儿的事儿没少干，接待我是第一次，给别人挑画作更没有干过。怎么办呢？我到编辑室找来几位老先生，在他们的帮助下认真挑了二十几位画家的作品。这些作品搁到现在，件件是宝贝。徐悲鸿的马这是首选，齐白石的虾这不能少，王雪涛的花鸟，许麟庐的民间玩具，这些全是水墨画。最后一结账，共收了他1200元。也算为荣宝斋创了收，领导为这事儿开会还表扬了我。哎哟，在当时这可是大买卖了。“文革”前，作为荣宝斋的工作人员，我们接待中央首长都有要求。因为这些喜欢书画的首长，就是工作闲暇的时候都到荣宝斋来，我们后头有一个很大的接待室，专门为接待首长和外宾的。他们来了以后先到后头喝茶，然后再逛门市部，跟工作人员聊聊天。这聊聊天就很重要，因为他有很多艺术上不懂的事儿，可以先向工作人员了解了解情况，讨教讨教，这都有。你要说首长（级别）小了，我们那儿还看不上呢，所以首长来了也就是聊聊天这个形式，没有什么指示。就是自然灾害的时候，（荣宝斋）自己有了困难，跟康生一说，这事情就解决了。

那个时候是这样，裱画得用糨子，而且糨子得把面粉中的面筋去掉，只能留粉子，那粉子还得泡多长时间完成。那你想，自然灾害那么困难，你哪找富强粉去。后来是康生批了一个条儿，给荣宝斋富强粉，至于多少斤我就记不得了。像这类事是有，还有一些事儿就难办了。你比如说像有的领导认为某些作品有问题，他也是通过荣宝斋，本来是墙上挂着玩的展品，他愣说有问题，比如陈半丁那个事儿，以后我再跟您说。田家英您知道吧，他也经常来，这人纯粹是文人。田家英来了话很少，工作人员一陪他，说“你别管我，我自个儿看”。他就一下奔库房了，搬一凳子，站凳子上，翻这个旧东西。他是专找明清的小名家，没名的，拿出来，谁谁谁。他真是个文人，有学问，如果跟他请教点儿事儿，讲出来头头是道，这个人去世太早太可惜了。邓拓、田家英、康生、陈伯达，后来像总政治部主任萧华、海军司令萧劲光、总政治部副主任傅钟，好像这些人也都来过。

有的人有时候买一点儿东西，大多数人可能有时候让我们这儿的人鉴定鉴定家里的老东西，没什么特别的事。特别的事也就是邓拓的这张苏东坡的画，算是大事了，咱们下次再说。中央首长来得最大的也就是宋庆龄。我记得还有胡志明来过我们荣宝斋，胡志明会说中国话，有点儿半通，翻译也帮着，他是来参观的。像陈云诰他们几个当时还活着的翰林，20世纪60年代因为身体情况就不经常去荣宝斋了。

当初几个当过全国人民代表大会常务委员会副委员长的民主人士像沈钧儒去过，不爱说话，总在我们那里随便转转。就是看，别人要是跟他说话，他也很简单地敷衍过去了，很仔细地去看书画，从来不轻易发表自己的意见。陈叔通老先生去得多，还有这么一回事儿，他不是在我们那儿办一个“百梅图”展览嘛。陈叔通先生还是个收藏家，老人家是清末的翰林，解放后又是工商联的主委、全国人民代表大会常务委员会副委员长。他的祖辈就致力于书画收藏，原籍杭州，经过战火，损失了不少。但是呢，有一张明代唐寅的墨梅保存下来了。年轻的陈叔通发誓广为搜集梅花，还定下一个目标，叫“期于足百而止”。陈叔老一生经历了清朝、北洋军阀、国民政府、新中国，从他有了那个心愿，到凑足100幅梅花图，前后用了30年的时间，还真给凑齐了。现在我一时说不清，最早的是元代王冕。我记得有一个是明人陈献章，还有一个是他同朝的刘世儒，我为什么记住他们两个人呢？这两人的画作都是长卷，陈的那张好像有三丈有余，刘的那张也有两丈。当然啦，这100幅不都是长卷，有册页、有画片儿、有挂轴。在布展时，有一张还没有挂呢，陈叔通来了，老先生很随和，见人谈笑风生。因为熟了，我们讲话就无所谓了，我就跟他说：“您这儿怎么落下一张。”他有点儿耳背，我又说了一遍，他听清楚了，给我来了一句：“等你补呢。”他能开玩笑，很随和。

解放初期李济深也经常来我们这里，他一口广西口音。还有领导过长沙起义的湖南省省长程潜，他也喜欢书画。章伯钧、章乃器这些人也都是次数不多。还有邵力子也到我们这里来参观，他的个子很矮，坐在沙发里从后面基本看不到头。我们这里接待的，除去领导之外就是

米景扬陪同日本前首相中曾根康弘参观荣宝斋藏品（米景扬提供）

外宾，外宾来了就很重要。你比如像西园寺公一，他带着夫人，那是常来，来了就买齐白石。那时候齐白石多便宜，当时咱们希望能多卖点儿，不管是谁买的，反正有了收入咱好过日子。

我接待过日本当时在任首相福田赳夫，还有几位退位的首相，日本内阁很多官员也接待过。

印象最深的是接待老布什的夫人。老布什夫人除去有俩国安局的保卫外，她还带俩黑人，那手枪就在这儿摆着［做手势］，那把儿还露了一点儿，我都看得见。像丹麦的女王，玛格丽特，这也是我们接待。你比如说有些画家喜欢艺术，就带着他上这儿来看一看。像20世纪50年代那时候东欧的领导，基本上都来过。我们当时买中华烟和好的茶叶，这也是规定的，也是上级批的，你到某一地方买去，还属于特供。

反正来的外宾很多，既然外宾来了也要送点儿礼物。礼物就是小木版水印，还有就是印了八张小画，那画印得非常好，作为送给他们的礼物。我们侯经理气派比较大，有的时候外宾身份比较特殊，他看这个看得挺（喜欢），就把这个送给他。国营，你得给国家办事，有点儿那个意思。

最麻烦的是，1972年中日邦交正常化以后，日本人来得太多了。荣宝斋既要做生意还要搞接待，那时候日本的经济比较好，来华的人也比较爱消费。我们把他们当成高级客人，还要陪他们旅游，去故宫、颐和园、长城，烤鸭吃完了，就是荣宝斋看画，文化交流嘛。所以跟友协、文委关系都比较好。为什么会有这种事呢？荣宝斋成了接待单位了，起因就是1973年在中山公园搞的那个笔会，先是对外友协先打电话，说我们陪着解放以后的第一个日本书法代表团，而且来的都是日本书法界大佬，是一个特殊阶层的人。我们接待没经验，老米你多操点儿心，反正都是这一类，那个笔会还真是很成功的。所以以后凡是跟文化搭界的接待工作都成荣宝斋的了。1980年以后，日本的首相、前首相，好像这些大人物全都来过。后来我们接待的事儿多了，您看有一次，我刚醒，6点钟，“啪”来一电话，说米先生您快点儿来吧，我说刚几点啊，他说那谁来了，日本官房长官——二阶堂进，那老头儿在荣宝斋等着您呢，不见着您，他不走。日本人还说拿他们那汽车去接您，我说不用，骑自行车比它快。我当时住在团结湖，得蹬会儿，但是不算太远，穿近道去。

我到了单位，二阶堂进对我说：“米先生，我要给田中首相一件礼物。”我当时没搞明白，心想你给田中送礼跟我说什么劲儿啊。旁边有翻译，他屁股后头得有仨人。他又接着说：“我想送他一件礼物，齐白石的大作。”我问他您想要什么样的画呢？齐白石最擅长的螃蟹或者虾米。他提出我只有100万日元，当时100万日元就是那么一沓［用手比画］，能不能给我搞一张齐白石的画。我说你要送给田中首相啊，我支持，可以给你。我让我们管仓库的人拿一张齐白石螃蟹，三尺的螃蟹，你看这张怎么样？“很好很好”，送给田中了。你说这不是搞外交吗？所以说荣宝斋，尤其在中日邦交正常化过程中，做了大量的工作，其实很多工作不见得是在外交谈判桌上。你都不知道，这个工作就做了，（对方还）高兴得很。那时候我是副总经理，管对外业务。你要死板，说这可不行，其实这张画80万（日元）就（可以）。

我在这个时间段接待的人大部分都是日本人，咱们就接着往下说吧。到了20世纪80年代，跟日本的交流多了。我跟您说一个故事，我陪日本外宾到苏州，晚上吃饭，我说你们这儿最好的饭是多少钱一桌。那天顶多就是六个人，就得算一桌。那时候好像宾馆要30块钱，我说那你就给我准备一桌，就是来之前冷盘你先准备好，让他照个相。那时候苏州饭你知道多便宜。一进去餐厅，两桌，我说我们要一桌，怎么两桌。不，您先在这桌吃螃蟹，大闸蟹，完了洗手再到那桌去正式吃饭、喝酒。苏州啊就是不简单，现在买一只大闸蟹多少钱？几百块。上海我吃过一次大闸蟹，300块，还不知道是不是阳澄湖的。对了，苏州那次绝对是真的，你吃完螃蟹洗完手再到那正式的宴会。

有一次在颐和园听鹂馆，还被中央新闻电影制片厂拍成电影。在当时电视上演了很多次，就是我带了一个团，描写这个团进了听鹂馆用餐，照周围的什么，接待人员讲话，我还讲了几句话，然后开始上菜，还拍成电影了。这还不是录像，那时候是电影，中央新闻电影制片厂拍的。我记得影片中有活鱼，上来一个鱼，张着个嘴，就是吃那个活鱼。可是啊，据说欧洲人不喜欢，这不是虐待动物嘛。

我遇到过最挠头的事。1974年来了一个团，来访者要求必须住北京饭店，在当时我们（国内）最高档了。可气在哪啊，没有地方住了，怎么办呢，最后（答应）过道加床。（明明）事先都预订好了，说明白了你房子哪个贵，你给我留着，多贵我都不怕，到时候你别没有就得了。完了来这么一手，我只好和他们协商，给客人调房，不能睡过道啊，折腾半天才把这事儿给解决了。你比如第二天要出去，怎么那么不顺，一出去，门前停的全是咱们国产那种普通的大轿子车，人哪能坐。那时候咱们国家为了接待外宾，购置了日本的日野汽车，那里头设备比较好，座位特软。这些老头儿老太太一看是普通车，不上去，他们都打听了，说大日野车你们已经进口了，怎么拿这破车来接我们。我就问那司机，怎么回事儿？他说车队还有日野，你赶紧打电话，让它改派两辆日野来，我只好带日本客人到大堂休息。完了大日野来了，人都上去，参观故宫啦，人家高级别你就得高水平接待。你看那时候距离我们近的就两个饭庄，一个全聚德烤鸭店，一个晋阳饭庄。在这里我给您讲一个笑话，第一次叫我到全聚德去联系工作，我想得很简单，无非是根据出席宴会的人数和全聚德商量一下点什么菜，花费金额要在控制范围内，到那儿人一问我，我全不懂。负责人问我要“全鸭菜”还是“全鸭席”，我说我们吃烤鸭，他说这只是其中一项，您不能来十位客人一人抱一个烤鸭啃，还有其他的菜。我只好向人家请教，人家跟我讲，“全鸭菜”就是用鸭子做的菜，“全鸭席”就是在“全鸭菜”的基础上发展起来的，比如说标准的“全鸭菜”，最后上烤鸭和鸭汤，还有水果。而“全鸭席”要以两只烤鸭为主要菜品，另外加上卤什件儿、白糟鸭片、芥末鸭掌、酱鸭膀，然后上油爆鸭心、烩四宝、炸鸭肝、炒鸭肠，最后上烤鸭、鸭汤和水果。（经过近二三十年改革开放这些菜品更加丰富了，但是把许多南方的蔬菜和别的面店的菜品融入了进去）真是让我大长学问，从此我明白了宴请不同的客人要用不同的席面和菜品，因为他们的生活习惯不一样。我们请晚餐较多，他们食量较小，要求清淡一些，和我们的生活习惯有很大差异，所以就要尊重他们的这些生活习惯，又不能造成浪费，慢慢地，我就掌握了这项业务。日本友人也非常喜欢去晋阳饭庄，在日本不少人就知道晋阳，吃各种山西风味菜，最后是刀削面、闻喜饼[1]，他吃着舒服。

20世纪70年代中日两国邦交正常化以后，那时候日本人是一拨一拨地就这么来。他们中有书画家，也有普通的旅游者，也有政界人士，反正来北京都要来荣宝斋逛一圈儿。

---

① 闻喜饼：应叫“闻喜煮饼”，是一种山西省的地方传统名点，在晋南民间把“炸”就叫“煮”。主要原料为面粉、蜂蜜、小磨香油、糖稀及上等红白糖等。外皮粘满白芝麻，所以外观是月白色。此饼在明末就已有名气。

在我印象中，日本政界职位比较高的大都去过荣宝斋。好像田中角荣没去过，福田赳夫、大平正芳这些人全都去过，我接待的也太多了，光他们的名片就有一盒，全部是在日本比较有身份的。后来我放在办公室的桌子上不知道让哪位给“顺”[1]走了。那时候做接待工作太不容易了，国内经济比较落后，我们又没有接待外宾的经验，所以经常造成这种被动的局面。在荣宝斋工作真是不容易，因为它是半官半私，都能凑合，都是这类的事。

说到荣宝斋的人，干什么的都有，大部分是喜欢书画的，真是内行，在艺术上有一定的造诣，但是也有不懂装懂的。我曾经碰到过一位这样的人，一个老头儿，年纪看来也不小了，念墙上的一幅书法作品。您一看就能懂，它是这样，“岁月人间促，烟霞此地多。殷勤竹林寺，能得几回过。”他摇头晃脑地念：“岁月人间促烟霞，此地多殷勤，竹林寺能得几回过。”就这个，他在摇头晃脑地念，其实全是错的。什么人全有，但是到荣宝斋好像都想着要跟文化挂上点儿钩。

十四、普选

“反右”后我还参加过一次普选工作，人事科就找我去了。说你去参加一下普选工作吧，我不懂什么普选啊，你到那儿就知道了。从琉璃厂到大栅栏这一大片，就得出一个人民代表，我的工作就是宣传普选的重要性，收集候选人名单，还要查一下什么人有选举权。当时能够参加选举，是一个人政治生活的大事。

我们选区除了东西琉璃厂，还有延寿寺街、樱桃斜街这一大片。在当时找一个高中生不容易，把我当回事儿似的。办公地点就在东琉璃

[1] 顺，北京土语，顺手偷走的意思。

厂的东口。您看那时候，［用手比画］这儿不是东琉璃厂东口嘛，往前一点儿不就是斜街，再往前走第一条胡同，就叫“杨梅竹斜街”。一进胡同啊，第二个门，是个大门楼，台阶也高，那原来是文物商岳彬他们家。解放以后岳彬被关进监狱，他的财产被没收，后来就改为派出所了。老琉璃厂人都知道，岳彬这个人原来在古玩铺当学徒，出师后专做外国人的生意，开了个“彬记”古玩店。他这个人聪明得很，发财心切，造假做旧的技术在行内堪称一流，但凡过手的名贵珍品，一般都会复制几份，卖给各地买家，而真品留给自己，待价而沽。他写得一手好字，此人功底不浅。岳彬还跟外国人有“订单”来往，如果外国人看上中国某地某件文物，或者听说某处有墓地宝藏，均可和岳彬联系，他专门纠集地方上的盗墓贼挖掘盗卖。可能是1934年，美国文物贩子普艾伦看中了龙门石窟的《帝后礼佛图》浮雕。为了得到《帝后礼佛图》，普艾伦分3次付款，共计出了1.4万银洋。这组石雕是中国历史上的珍品，在全国范围来说没有第二份。龙门石窟宾阳中洞中浮雕《帝后礼佛图》的人物和真人一样大小，不但相貌逼真，就连服饰、仪式现场都真实再现了当年皇帝、皇后礼佛的场景。无论从艺术史、宗教史的角度去考查，还是从历史价值和文化价值去估量，《帝后礼佛图》都是当之无愧的国宝。岳彬贪得无厌，纠集盗墓贼分批盗凿、运输，盗凿的石块先被运到北京，再由岳彬请高手根据照片进行黏结和拼装，偷运出国。如今还是美国堪萨斯纳尔逊艺术博物馆的镇馆之宝。岳彬盗卖龙门《帝后礼佛图》算得上一生中最大的恶行了，招致了无数爱国人士的愤慨。新中国成立后，文化界30多位名人联名上告岳彬，满手罪恶的古玩奸商岳彬被判处死刑，缓期两年执行。不料，第二年便病死狱中，得到了他应有的下场。这也是听人说的。

他的家已经没收了，一半改成派出所，一半改成办事处。完了以后我就在那里工作，工作量大，人手少，这得日夜干，而且选民榜写名字什么，这事儿麻烦极了。胡同里有几个门，每个院子里有几家人，每家有多少人够18岁以上有选举权，因为当时有些人由于历史问题或者其他问题没有选举权，不能参加选举。这些问题还要区分出来，还要做好选举权的宣传动员工作，还要开座谈会，深入各家对户口本。而且当时很多人家里白天没人，晚上有人，你只好晚上去核对，有的甚至要去多次才能碰到家里有人，所以这些事很麻烦。第一步每个门里头的户口跟这个对上，您比如说，这李什么是哪儿的，说他是上台湾了，得给他勾了。这是怎么回事，这在上海工作，你注明上海工作，这都不来了。将来整个把这名字都取消，剩下多少，才能上榜的。这些事，你要一弄就得晚上了，所以那儿的负责人说你从家里拿被褥，在这儿睡得了，还得搬那儿睡去。当时还有很多人没有选举权，“地、富、反、坏”没有选举权，这还得搞明白。

这哩哩啦啦半年多准备，到发了榜，到选举，选完了，才没有你的事儿。投票那天你还得布置会场，人们到这儿来，填那票，完了去投票。这些事确实也锻炼人，要不然你哪知道这么些事儿。我记得特别有一个，就在炭儿胡同，它有蝎子庙，那有一家是个老回民，这个回民他的脸白，胡子也白。我们俩说得来，他经常说您没事来啊，您来咱们聊天。全是老百姓，但是哪家都去过。因为当初人们的信任度够，因为你是代表政府到我这儿来，我有选举权你们才到我们这儿来。我们都叫“普选干部”。

十五、1959年发生的故事

那1959年马上就到了，是中华人民共和国成立十周年的大庆，也是全中国人民大喜的日子，荣宝斋也做了许多工作。

为了庆祝中华人民共和国成立十周年，北京新修建了十大建筑，这个您知道吧？今天咱们不说别的，光说人民大会堂，有一张巨大的国画《江山如此多娇》。我今天跟您说一下我所知道的情况。外界对于这张画有很多流传，我只跟您谈一下这张画的创作过程。

人民大会堂施工时间很短，全靠设计人员和工人们那份工作热情。那年正提倡“三面红旗”，全国都处在“大跃进”的状态。听说人民大会堂图纸，好像是边设计，边施工，边修改。它的优点是建设速度快，但是很多工作又处于非常被动。比如说到了那年7月的时候，迎宾大厅基本落成，需要布置一张巨大的国画，当初如何布置迎宾大厅，有很多的建议。好像是周恩来总理拍板，大厅的布置要符合中国文化特色，决定制作一张巨幅国画，离人民大会堂启用还有三个月的时间，您想这么艰巨的任务谁敢接啊。中央为此还召开了会议，要求体现出毛泽东主席在《沁园春·雪》一词中“江山如此多娇”的意义。人民大会堂当初被定为是全国人民代表大会常务委员会办公地点，这是国家最高权力机关的所在地啊，这张画又是国家政治生活形象的代表，所以说它绝不是个人情绪的表述。

以前的画家搞创作，大多为情绪所致，任意抒发，什么浓墨重彩都根据自己的爱好和专长就行了。这张画可不行，你要体现出我们泱泱大国的风度，尤其是画面一定要安排得妥当，又要表现出新中国稳定安宁、蓬勃向上的生机，以及对未来的美好希望。经过千选万选，选定了“岭南派”①大家关山月、“金陵派”②大家傅抱石这二位来合作。

这张画政治要求太高了，业务水平也太高了。可以这样说，这个任务简直太艰巨了！不但艰巨，时间还紧，说是还有三个月，其实离验收也就两个多月的时间，创作过程还有多长时间您算算。还好当时的绘制过程中，党和国家领导人周恩来、陈毅、郭沫若以及北京市副市长吴晗都给予了具体的指示和创作意见，要重点突出“东方红，太阳升”这一全中国人民的心声。具体的创作过程我就不说了，从拟稿到完成，是

---

① 岭南派，是指广东籍画家组成的一个地域画派，创始人为高剑父、高奇峰、陈树人，简称“二高一陈”。

② 金陵派，是指在明末清初金陵八家基础上发展起来的地域画派，20世纪五六十年代的代表画家为傅抱石、钱松喦。

一个浩繁的艺术创作过程。先由傅抱石先生拟出初稿，同关山月先生协商修改后再由稿子扩大为高7米、宽10米。他们将纸铺在地上画，国内提供不了这么大的画案，他们也只好将就如此了。那是一种艰苦的体力劳动，在绘制过程中还不断地修改。它还有一点跟其他国画不同，那是9月27号这张画创作完成后毛主席特意为之亲笔题款，它的款儿是“江山如此多娇”。毛主席在特制的宣纸信笺上，“江山如此多娇”，先后写了两遍，毛主席仔细端详，在比较认可的字上特别注明。然后送到大北照相馆拍摄，用整张相纸放大，请了当时最擅长描摹技法的李方白、沈左尧，在蓝复写纸上用铅笔勾出各自的笔画轮廓，然后用毛笔蘸满了墨进行勾描，最后毛主席的“江山如此多娇”题字顺利临摹完成，可谓“天衣无缝”了。我记得，中央美术学院国画系教授梁树年，曾为刘金涛写了一首赞美诗：赏画从来论画工，装潢谁与一公评？河山万里书长卷，竹树千枝列丈屏。苏绢杭绫全色雅，春风秋雨四时平。莫夸笔墨多神韵，完美还须看裱功。

当时人民大会堂正在建设过程中，这张画创作的场地就在当时的宣武区万明路东方饭店，装裱有很多的困难，这张画太大了，裱这么大的画没有先例。张贵桐师傅凭他多年的装裱经验，先在画的背面裱上经纬纵横的绫、绢，解决了巨幅画作在装裱过程中容易开裂的问题，据我所知，这应该是首创。反正是按照上级要求，如期完成了画作，大家很高兴。但是新的问题出现了，装裱后，国务院要求，即刻前往人民大会堂，挂好。可是，连续几天，北京下起了大雨，当时运输工具紧缺，我们国家没有大型汽车运载这么大的画作。这个画，装裱好后，因为是大画片儿，它既不能折，又不能压，还不能受潮，这可难坏了大伙儿了，怎么办？记得9月29号侯恺经理带着我们一帮人，都在万明路东方饭店现场想办法，外边雨越下越大，国务院那边打电话直催，后来大家决定派人把装裱好的原作卷起来，用帆布苫好，把它包得严丝合缝，由东方饭店派出十多名小伙子，用肩扛，送到人民大会堂。张贵桐师傅带领着裱画组十多个助手来到人民大会堂，古建队的架子工，在场地上搭好了脚手架，张贵桐师傅等人整整工作了一通宵，这幅史无前例的大画终于端端正正地悬挂于迎宾大厅。我们荣宝斋特地选了明代的金丝楠木精心做了框架，它和这张国画相得益彰，给人民大会堂增加了几分气派。这项工作受到了党和国家领导人的赞扬，为荣宝斋挣得了一份荣誉，这是那年的大事儿。

可是傅抱石和关山月先生对这张画并不满意，1961年他们二位来京，找到周总理，希望重新绘制，但是总理认为已经很好了，对他们的工作给以肯定并且安排他们二人去东北写生，并派了四个人沿途照顾他们的生活和为他们拍摄电影，后来还出版了一本他们二位的写生集。

在那年初，侯恺经理想起了郭沫若先生在1958年创作的《百花诗》，这是在“大跃进”背景下孕育出来的诗作。考虑出版一本以郭老的《百花诗》为主题的诗配画。大家认为这个选题太好了。孙树梅建议说，郭老不仅诗好，同时也是中国当代著名大书法家之一，如果郭老能将他的诗书写一遍，这本诗配画就更精彩了。那时，郭老经常来荣宝斋，在商量好这个选题没多久，郭老就来了，侯恺经理立即召集相关人员与郭老座谈。郭老听了侯恺经理的介绍，非常高兴，并很痛快地答应书写《百花诗》。在谈到找什么画家为诗配画时，全场人卡壳了。

大写意花卉不能充分表现这一题材。还是孙树梅先说了话，提议找于非闇先生配画。郭老听说后很赞同，因为他很喜欢于老的工笔花卉。没用多长时间，郭老的墨宝《百花诗》就送来了，还为出版题写了跋。荣宝斋派人找到了于非闇，于先生说，他因病已经很久没画了，恐怕难以胜任，他向我们推荐了他的两个学生——田世光和俞致贞。因为当时两位画家的名气还不是很大，后来与他们联系，请他们来荣宝斋相商此事。两位先生很快就到荣宝斋来了，侯恺经理与他们一起谈为《百花诗》配画的事。两位先生听侯恺经理介绍了这个选题计划后，非常高兴，接下了这个任务。因为于先生是工笔绘画大家，这本书里面不能没有他的作品，于是在旧的画作中选了《兰花》《牡丹》和一幅白描《水仙》，剩下的由俞、田两位先生自己挑选去完成。二位画家十分珍惜这个机会，很快就画出了画稿，我们立即组织分版勾描、刻版。但即使采用了创作、分版勾描、刻版、印刷同步进行的立体实施方案，这套诗配画的《百花诗》也耗时一年多才完成，这时候已经到了1960年了。我们就按最高数开印，共印了300本。《百花诗》印完，装订成上下两册，并使用了郭沫若先生为荣宝斋题写的“百花齐放”手书作为书名题签。

工作结束后，荣宝斋按规定给郭老开稿费，但是，他无论如何也不要。最后，郭老想了一个解决办法，他说你们拿稿费钱，请荣宝斋所有参与出版印刷《百花诗》的人一起到鸿宾楼吃顿饭。鸿宾楼饭庄在西长安街六部口路南，要知道，那时正值三年严重困难的中期。那时候因为副食供应比较紧张，听说郭老要请客，大家都非常高兴。这次请客一共去了30多人，两个大大的圆桌坐满了。除了荣宝斋参与勾描、刻版、印刷及辅助人员，还有田世光、俞致贞两位画家。那天，萨空了社长也来了。

除此之外，我们还去了故宫，开始临摹古画了。进出故宫有一套手续，每个人都办了个出入证。刚开始很严格，到故宫门口必须查验你的出入证。后来熟了，还打着招呼。

临画在西三所。很多人传说这里是冷宫，后来才知道不是。我们没到西三所前，故宫的人就给我们布置好场地了，按要求要什么就给我们装好了。当初双方有协议，而且我们还没进故宫时，荣宝斋就已经临摹了《簪花仕女图》《虢国夫人游春图》《唐风图》《万峰叠翠》等，有五六张了，临摹后都调拨给故宫。来这里工作，也没有其他待遇，中午和他们员工是一样的，都在食堂吃饭。但政治学习还由荣宝斋管。

荣宝斋还经常来电话，给我们派一些临时任务。纸、颜料都是我们提供。有些好画，我们就找故宫借点儿古墨。故宫有的是这种好墨头。现在不会让别人随便用了，那都是文物，现在人们保护文物意识也强了，因为这东西越用越少，不可再生。其他颜料我们荣宝斋都是拿最好的，可以这样说，基本用品大多都是荣宝斋自带。比如我们今天要开始临摹一张画，就把这张画从仓库调出来，放在他们办公室。这西三所当时的名字叫“文物修理厂”，地点在隆恩门右侧，在故宫博物院来说这个地点有点儿偏。他们这里有16个小组，这行当太全了，有什么硬木家具修理、小器作、镶嵌、象牙雕、古铜、新铜、雕漆、书法篆刻、玉雕，其他我就记不住了。我们去了没有多长时间，这里改名叫“文物修复厂”，有个厂长，还有管理员。那儿有这么大的保险柜［拿手比画］，每天早上一去人家就把保险柜给开开了。比方说是哪张画，都装好了匣子，把它交给临摹者。这临摹架子还不一样，我们荣宝斋的是一个三脚架［拿图示范］，这是一个木头盒子，两头鼓起来、半圆形的，画手卷的时候，把手卷架起，向一面展开，您要临摹这一段，手卷就露出这一段，使临摹者非常方便。故宫临摹画不用这种方法，它把画平放。我们两家临摹方法不同，但都是临摹古画，效果一样，就是摆放临摹品的方式不一样。我们这用惯了，等他保险柜开了，就拿到我们那屋，架起来，老先生就开始临了。

作息时间跟平时一样。也是8点多开工，11点半吃饭，中午许可睡会儿觉，不然下午没精神，到下班时间要把画给人送回去。至于钥匙，他们单独有个木头盒子，钥匙搁在木头盒子里。他们管理制度非常严格，每天下班前厂长必须在其他人的陪同下，把这个房屋看一下，然后关掉电闸、锁门，天天如此。

十六、昌平种树

1956年春天，上级要求开始对知识分子进行社会主义改造。各出版社派人去居庸关种树，那时不像现在，山都是光秃着。就只有居庸关上云台雕刻还真好，其他都毁了，现在的建筑很多都是后来盖的。各个出版社，男男女女的大部分都是编辑，知识分子。荣宝斋去俩人，谁啊，就我们那王仁山经理和我，让我带着王经理，这么一个瘸老头子。他那时候也得60多了，老头子腿有毛病，走路一踮一踮的。上级要求去就去吧，就带着行李，种树去了。为什么让他去呢？因为他是资方代理，上级领导部门点名让他参加这次劳动。按资格我不够，因为大都是知识分子和资方代理这类人员，单位派我去是为了照顾王经理的生活。现在说句不客气的话，对他们有点儿劳动改造的意思。头一天，没等干活儿，就炸了窝了。怎么回事呢？王仁山打呼噜到什么程度呢，我们在那里不是睡大通铺嘛，他一打呼噜，这整个通铺全要动了。这些知识分子毛病又大，第二天早上起来说，你给你们经理得找一地儿，他不能跟咱们一块儿。其实这些人，那时候都打呼噜，因为怎么，累啊。最后我找了一个大棚是食堂，我跟那大师傅说，我们经理来了，但是他打呼噜，大师傅说自己也打呼噜，俩人一块儿打吧。给他帮着支了个床，他就跟大师傅俩人在一块儿了。

我给您谈谈这个种树，先说树坑怎么挖。那时候没有机械作业，全靠人工。先挖鱼鳞坑，［做手势说明］这不是山嘛，你要挖这么一个坑，这不就存下水了嘛，这个坑是一个一个地挖，从远处一看就像是鱼鳞。挖这坑可费劲儿了，那边的山，石头多土少，用铁锹挖不动，用镐来刨，一刨就冒火星，上级还要求速度，我们这班人哪是干这个活儿的料啊。当地老乡都笑我们，好在我还年轻，其他出版社、报社编辑，有的都四五十岁了，当时累成什么样子，您就想去吧。挖鱼鳞坑进度不行，但我们的宣传栏和板报办得太好了，不论是画面还是字体，都棒极了。谁都愿意去干这活儿，可以不去挖坑了。招得附近生产队全来参观我们的板报，其实这班人干这个太“小菜”[①]了，这是一个阶段。接着完了以后，你再把树种上，得找有土的地方啊。完了以后你再浇水，山上没有水源，从山底下往山上挑，得挑水啊。反正我第一天下来，一摸膀子，我这膀子就破了，您想咱们这“生膀子”[②]，没有干过体力活儿，那哪行啊。后来我发现一个最大的问题，只要挑着这水，我抬不起腿来，腿没劲儿。后来熟了以后，挑过水你才知道，不能用单膀子，你

① 小菜：即小菜一碟，指轻而易举。

② 生膀子：指没经过磨炼的肩膀。

得用一个半膀子来挑这个水，这样你才能够慢慢上去，从底下往上挑啊。对我们王经理还算“开恩”，他就在食堂给择菜了。干活儿他哪行啊，挑水他起不来啊。我记得整个这事儿，也将近100口子知识分子。头一天干活儿那女同志还乐，下午就没劲儿了，就不开玩笑了。这人各单位全有，什么消息都来，种树是在“反右”以后，说那个是“右派”，那她丈夫是军统。她这干活儿不说话是不行的，非得一拐弯，停下来了，歇会儿，这话就来了，熟了也就说点儿这那的。后来这些人知道我是荣宝斋的，都上荣宝斋来找我。当时我们种的全是苹果树。过了几年后我又去那里一看，一棵也没结。当时那个领导是个老解放军，看那样岁数比较大，得有快60了。［学老解放军口吻］“你们这些知识分子，努力改造，身体有病也能坚持，有的人有的是肺病，有的是关节炎”……从那儿起，谁要是有关节炎，就跟着“guanjieyan”［学山东口音］。在那里干了好几个月，吃得还可以，当初吃的大都算是白米白面，有时候也吃窝头。过些日子就吃一次炸油饼，自个儿炸，那大师傅人家是真懂技术，加上王经理这不俩（人）吗，还调俩比较懂一点儿的去食堂帮厨。吃饭管饱，后来生活下降了，粗粮就开始多了。要吃炸油饼都当作一个重要信息传：好家伙，要吃炸油饼了。

后来供应越来越紧张，也不知道从哪儿弄来北朝鲜产的“明太鱼”，都用那个草包装着。草包一包一包的“明太鱼”，那时候河里也干净，“明太鱼”是干的，来了以后往河里一扔，就不管了，水老在那儿冲着，它就不那么干了，涨开一点儿。做好后一人一大碗，你愿意多吃就吃。那里头什么人全有，家里条件好的谁吃那个。我还行，我还真吃，那时候因为干活儿累，两个筷子插六个馒头。您想想，二两一个的刀切馒头，吃六个。

十七、1963年收《苕溪诗》

大概是1963年夏天，还有一档子事儿。路过门市部，见有一位外地的青年人，带着一个蓝色的布包袱，里面全是乱作一团的纸，也看不清是什么东西，到门市部出售。门市部的一看，没理他，说不收，小伙子很扫兴，正准备离开。这时候也巧了，正赶上业务经理田宜生路过，他拿了一块纸片看，上面清楚地钤着清宫宝玺印样。我们的副经理王仁山、业务科科长杨集桐也过来了，他们把几片大的纸拼起来，吓了大伙儿一跳，竟然是北宋书法家米芾的《苕溪诗》。这下大家可都紧张了，赶快把出差暂时住在这里的辽宁博物馆著名书画鉴定家杨仁恺先生叫来。杨老一看这堆纸片和拼凑好的米芾书法，说赶快把闲人打发走，就在办公桌上亲自一件一件反复拼，竟然从这些废纸里拼出了多件书画作品，可谓件件是精品。这些作品都是末代皇帝溥仪偷盗出宫的书画，这些遗失的国宝曾被编成一本书，叫《故宫已佚书画目》。当时收购的书画精品有陈泊诗稿手迹16首，后有两宋诸家像颜复、苏轼、司马光等的12处题跋。还有元代杨、萧、赵三家合书的《尚书·无逸篇》，杨桓是篆书、萧𣂏是隶书、赵孟頫是楷书。荣宝斋把米芾的《苕溪诗》给买来了，这是多大的事啊。

当时《苕溪诗》能算一级文物，那是米芾的手迹，现在算是特级文物了。米芾可惜他寿命不长，57岁就去世了。他在北宋徽宗时曾官至“书画学博士”，在书画上确是位盖世高手，他的影响很大。我们是美术出版社的下级，马上上报，美术出版社马上报国家文物局，文物局就报国务院了。国务院是谁接听电话的？第一个，齐燕铭，他是国务院副秘书长，也是文人。在我的印象中，他一年四季总穿着一身笔挺的中山服，戴着一副黑框眼镜，一口北京话，让人听起来非常亲切。齐燕铭到我们那儿，高高矮矮的台阶，我看他蹦着就进来了，见我就问怎么回事儿啊？《苕溪诗》在哪呢？后来就跟着王冶秋，王冶秋是国家文物局副局长，张葱玉、徐邦达、吴仲超，还有很多文物界的领导全来了，来看这个。齐燕铭还跟侯恺说，你想办法把他（东北青年）找来，你再给他点儿钱，但别给多了，多了他“照影子”[①]，看他还有没有。再给他打电话，人不在了，他留的是假电话，这下大家全失望了！后来很多人问米芾的《苕溪诗》写的是什么内容？专家说，米芾存世的作品不多，其中一张最有名的就是《苕溪诗》。您看我这儿有资料［拿出笔记本念］：

将之苕溪，戏作呈诸友。襄阳漫仕黻。松竹留因夏，溪山去为秋。久赓白雪咏，更度采菱讴。缕会玉鲈堆案，团金橘满洲。水宫无限景，载与谢公游。

半岁依修竹，三时看好花。懒倾惠泉酒，点尽壑源茶。主席多同好，群峰伴不哗。朝来还蠹简，便起故巢嗟。

余居半岁，诸公载酒不辍。而余以疾，每约置膳清话而已，复借书刘、李、周三姓。

好懒难辞友，知穷岂念通。贫非理生拙，病觉养心功。小圃能留客，青冥不厌鸿。秋帆寻贺老，载酒过江东。

仕倦成流落，游频惯转蓬。热来随意住，凉至逐缘东。入境亲疏集，他乡彼此同。暖衣兼食饱，但觉愧梁鸿。

旅食缘交驻，浮家为兴来。句留荆水话，襟向卞峰开。过剡如寻戴，游梁定赋枚。渔歌堪画处，又有鲁公陪。

密友从春拆，红薇过夏荣。团枝殊自得，顾我若含情。漫有兰随色，宁无石对声。却怜皎皎月，依旧满舡行。

元祐戊辰八月八日作。

---

① 照影子，北京土语，起疑心的意思。

这件作品纵30.3厘米、横189.5厘米，全卷35行，共394字，末署年款“元祐戊辰八月八日作”，是米芾38岁年富力强时的作品。我记得当时上面有六个字残缺，1963年故宫收得此卷，郑竹友先生倾力根据未损前的照片将以上所缺之字补全。如果现在放在拍卖会上，您估计一下能拍多少钱？实话跟您说，这《苕溪诗》现在得值3个亿。好像当时这些书画一共给了这个年轻人1400块，他提出来1500块，我们没有答应他。但是这个得是够级别的东西。当时在场的人都惊呆了，宝贝从天而降啊！谁也没想到《苕溪诗》就这么轻而易举地到了荣宝斋。尤其是张葱玉先生，他是公认的中国书画鉴定界泰斗，当时他的表情我还记忆犹新，简直是痴迷了。这件事虽说过去几十年了，我们现在还记得很清楚。这件事也很传奇，当时我们问过那个小青年是哪里的人，他说是东北人。因为人家是来卖画的，不好问其他详情，我说你为什么大老远地来北京啊，小伙子说起来有点儿气愤。他曾送到当地的文物店，可是人家连看都没看，家中长辈曾经跟他说过，这是非常重要的文物，所以他利用暑假来到了北京。荣宝斋这次收到的这些书画残片，经鉴定后件件都是国宝（此事件东北某电视台在80年代曾有过详细报道）。事后侯恺经理觉得这么重要的文物能够保存下来，是给国家做出巨大贡献，1400元比实际价格相差太多了。所以报请国务院当时有关领导，希望给这个青年人一些奖励。但是由于留下的地址不详，以及紧接着“四清”运动和“文化大革命”，这件事也成了一件悬案，被搁置了。

社会上传闻荣宝斋这下发大财了。其实哪发财去啊，国家对这些文物的价格是有一定规定的，我们只能在收购价格上加有限的手续费，书画全部调拨给故宫博物院收藏。《苕溪诗》怎么会落到东北啊？这说来话就长了，日本人投降了，溥仪的“满洲国”也散了，从故宫带来的很多书画藏在东北伪皇宫的一个“小白楼”里，局面很乱，他底下的人就把“小白楼”的文物抢了，这东西就往外散出去了，那时候也就商人能够知道把这东西怎么摁住。当时溥仪从长春的伪皇宫中散去的文物据说有1200多件，其实没有一个具体的数字。

十八、许麟庐与“和平画店”

因为众所周知的原因吧，如今画店、画廊遍布北京全城。过去的北京，书画原作的经销业务，大都附属于南纸店，如琉璃厂的清秘阁、荣宝斋等。解放以后还有新开张的专营书画的商店，就是1950年开业的“和平画店”。这是一家私人开的，那时候公家还顾不上这个，就一个荣宝斋就花费了很大精力。老板是著名书画家许麟庐先生，就是传闻那个面粉厂的少掌柜，关掉面粉厂、办起书画店那个人。许先生原籍山东蓬莱，长在天津，所以他一口天津话。许麟庐的名字还是齐白石给他起的。他和谁关系最好呢？李苦禅，青年时他们就吃喝不分。从小这个人就喜欢书画，据说青年时代受益于溥二爷（溥心畬）的指点。日本投降后，经他的好朋友李苦禅介绍，拜到齐白石门下。那时候齐白石已经将近90岁了，他一直伴随先生左右，师生关系是好得没法儿说了，得到了齐先生许多真传。

和平画店在东单牌楼西观音寺靠近西头路北，是几间平房，我有个亲戚住在附近。记得门面不大，就是两大间砖房，门口有高台阶。画店的窗户糊的是高丽纸，但中间装有一小块玻璃，从外表看很普通。我当时正上小学，小孩儿嘛，路过也不敢进，可是我就常趴在玻璃上往里头瞧。屋里头挂了很多画，大多是齐白石先生的作品，其次是许麟庐的师兄李苦禅先生的作品。由于房间太小，墙上挂不下，画就吊挂在屋子中间。

有一天我从那儿过，很多人在门前交头接耳，齐白石来了。我连忙凑上前去，看见店堂东北角放着一把太师椅，有一位白胡子老先生坐在那里，由于屋里光线暗，看不大清楚。后来我曾向许老问起这件事，因为画店西边有座澡堂子，齐老有脚疾，所以经常在那里洗澡和修脚，洗完澡来和平画店，一坐就是大半天。和平画店是有一定影响的，您看它门口的匾，是徐悲鸿题的，齐白石、陈半丁也题过，后来郭老也为和平画店题过诗。

解放初，东单还是丁字街，往东是不通的，东、西观音寺就在东单往东的现今马路上。后来长安街至建国门打通了，东、西观音寺也就没有了。于是和平画店与王府井美术服务部合并，迁至王府井菜厂胡同东口路南。和平画店沿用旧名，也并入荣宝斋。这样，北京最繁华的王府井大街上，三个隶属于荣宝斋的传统文化商店同时建立——“荣宝斋”“和平画店”“金石书法部”。它们活跃了20世纪60年代北京的文化生活，三店统由许麟庐先生领导。

许老画家出身，精通书画业务，为人又极谦和，不仅能团结北京地区的国画家、书法篆刻家，而且能广泛地与全国书画家建立紧密的联系，颇能促进全国书画界的交流。在荣宝斋的大旗下，三店组成了首都东城区“书画家之家”，与琉璃厂荣宝斋遥相呼应。

当初来“书画家之家”的除了画家，党政军领导干部、文化界人士以及热爱书画的普通人都来这儿。“书画家之家”给书画家提供了比较满意的挥毫、休息、聚会以及欣赏艺术品的场所。您像文化界、书画界的现在叫“大腕儿”了，郭沫若、老舍、陈半丁、傅抱石、潘天寿、吴作人、李可染、关山月等，我见过的像李雪峰、邓拓、齐燕铭、夏衍、周扬、黄镇等政府人员，陈赓、舒同、萧华、萧劲光、张爱萍、傅钟等部队领导干部，以及外埠来京的一些热爱书画艺术的党政领导同志等，都经常来王府井的荣宝斋“书画家之家”。有的写字作画，有的欣赏书画作品，有的来此谈天说地或放松放松……

1962年，荣宝斋王府井门市部正式挂牌营业，门市部主任由许麟庐先生担任，副主任由荣宝斋老员工黄宝善担任，工作人员近30人。三层洋楼，经过整修油饰，焕然一新。紫檀、红木、花梨木家具，古色古香。一楼是营业厅，挂满了书画真迹和木版水印艺术品，摆满了誉满中外的文房四宝。二楼陈列了许多古今名家字画，供专家和领导同志欣赏，还摆放了画案，供书画家作画写字，进行艺术交流。三楼主要是为首长准备的小型书画室和休息室。

南北两个“荣宝斋”在经营业务上各有侧重，作风上亦有所不同：琉璃厂较为传统，王府井更加活跃。就是店中挂的画，也各有特色：琉璃厂以北京地区名家书画为重点，兼顾全国各地的名家大师之作；王府井较能照顾新画家及海派等地方名家。

先说金石书法部吧，它团结了很多老书法家。这里头有清朝进士、翰林，还有清朝封过的贝子[①]与民国的市长、县长，还有许多是近代史上的名人，这些人都是在书法上颇见功力者。我给您念叨念叨，如溥雪斋您知道吧，沈尹默是大书法家啊，宁斧成——辽宁的篆刻书法家，陈云诰——清翰林院的翰林，郑诵先——北京书法研究社秘书长，吴玉如——天津书法家、北大著名教授吴小如的父亲，郭风惠现在知道他的人不多了，邓以蛰——美学家与篆刻家，钟刚中——中央文史研究馆馆员、中国近代第一批留日学生，孙荣彬书法以柳公权起，兼参黄庭坚、何绍基意自成一派，这都是一代名家。金石书法部还为他们多次举办书法展览。他们的作品也出售，但因为他们年事已高，大部分作品都是小幅斗方。至于价钱，用现在眼光来看，跟白给一样。每件一元至两元，当初的宗旨是“为工农兵服务”。这样的活动啊还真不少，社会影响很大。

“文化大革命”，王府井门市部算是在劫难逃了。来了一帮红卫兵，用墨汁写了“砸烂黑店”四个丑陋的大黑字，把原来的匾给遮住了。还真万幸，里边的东西没被毁坏。随着运动的深入，在“斗、批、改”的浪潮中，有关方面宣布：撤销荣宝斋这个“从来不为工农兵服务的黑店”，其中包括荣宝斋的王府井门市部。当此危亡时刻，周恩来总理关于“荣宝斋不能撤销，要保留”的指示传达下来，琉璃厂荣宝斋总算逃过一劫，但由于周总理的指示中没有提到王府井门市部，结果这个门市部还是没能逃脱被撤销的厄运，大量的名人字画、珍贵的文房四

① 官爵，中国清代贵族爵位名。第四等的皇族爵位称作固山贝子，简称“贝子”。

宝、所有的硬木家具，全部“处理”给了另一单位。许麟庐和黄宝善只能回到琉璃厂荣宝斋工作。自此，王府井大街上三个传统文化单位并存的盛况，再也没能重现。

许老精通古书画鉴赏，20世纪60年代初，文化部特批了一笔钱，由许先生代表荣宝斋赴南方收购一批古画，这批古画为荣宝斋资料室古画收藏奠定了雄厚的基础。咱们前面提到了许老40年代拜于齐白石门下，可贵的是他牢记住了老师“学我者生，似我者死”的教导，能从齐画的强烈个人画风中摆脱出来，达到“青出于蓝而胜于蓝”的成就。他从事笔墨丹青60余载，博览我国历代名家杰作，尤对八大山人、石涛、“扬州八怪”的研究情有独钟，又极富创造性地将我国民间艺术和京剧艺术融入自己的绘画之中，形成了个人独特的绘画风格。他的画，水墨淋漓、飘逸潇洒，洋溢着勃勃生机。大约在20多年前，我见过许老画“八大风格”，行笔极快、运斤成风、造型准确、水墨酣畅。

许老的画室名“竹箫斋”，匾额还真是郭沫若先生题写的。“文化大革命”后的一天，我们来到许老家做客，谈话间说起郭老题写的“竹箫斋”，许老自豪之情溢于言表，当即起身，从画缸里拿起个古旧的锦套，从中拔出一支包浆极光亮的竹箫来。我心想，这支竹箫不是明代的也得是清代的。许老说［学许老口气］：“你以为‘竹箫斋’是假的？真有竹箫！”当时许老的神情，我至今历历在目。

十九、董寿平

在解放前，董寿平他家里做买卖，有人说他家族出身是地主兼资本家。其实他出身于诗书世家，他的高祖董霁堂在清朝乾隆时期是著名书法家，祖父董之焕曾中进士，后来又到翰林院任职，在当地以诗书著称。你想一想，两代为官，又是书法家，家里肯定生活比较富庶，所以收藏文物书画甚丰。地也有，什么也有。解放初期的时候，他们家里头收藏了很多字画，应该是他们上一代的，但是他捐给山西博物馆了。所以山西博物馆的藏品里头有洪洞董氏家藏，那就是他捐的。后来日本友好人士出资，在太原的晋祠那里头有个地方，盖了一个董寿平艺术馆。开幕式的时候，我们几个就去了。

董寿平自幼受家庭熏陶，酷爱书画，刻苦自学。最早画花卉，中年后研究山水，尤以画梅竹及黄山风景而著称于世。20世纪30年代就开始在南纸店挂笔单，后来在西安、成都等地从事书画创作。新中国成立后，供职北京荣宝斋，从事编辑、创作、鉴定及培养专业人才的工作，曾多次应邀出国访问并举办个人画展。出版有《董寿平画辑》《董寿平书画集》《书画大师董寿平》《董寿平谈艺录》《荣宝斋画谱·董寿

1985年的董寿平（米景扬提供）

平画集》等。代表作品有《黄山云海》《人字瀑》《大渡河》《雨后黄山》《黄山风雨》《二郎山之晨》《娄山关》《墨竹》《墨梅》《风竹》《劲节迎风》等。1979年5月，邓颖超访问朝鲜时，把他的画赠送给朝鲜政府。他的书画作品流传到海外的很多，尤以日本及中国香港地区为甚。国内除“董寿平纪念馆”集中收藏他的作品外，国内外各大美术馆、博物馆皆藏有董寿平作品。

董寿平善画梅竹，朱砂红梅堪称绝技。写竹时笔墨简练，坚挺轩昂，构图空灵，以书法为之，浑厚古朴。所写墨松富有生活气息，笔墨苍劲，繁简相宜。山水画卷则多以黄山奇峰老松为题材，不拘峰石之形似，而求整幅气韵的统一，在画界享有“董梅”“寿平竹”“黄山巨擘”的雅誉。他的书法艺术富有个性，苍劲刚健、古朴潇洒、神形兼备、气度豪放，显示出了他那高尚的精神境界、渊博学识和刚正不阿、胸怀坦荡的品德。他的作品多次在国内外展览，曾荣获“富士美术奖章”。

董老教学生挺耐心的，但我有点儿喜欢王雪涛，他知道我喜欢王雪涛，所以他也不跟我费劲儿。有一次大家伙儿合作画，我就在下边画了一点儿竹子，董寿平很惊讶的意思，哟，那意思你还使撇笔呢，[示范画竹子]这竹子是这样，像郑板桥，历来画竹子，撇笔，笔往外撇。董寿平的贡献在哪呢？他是中锋笔，他这个竹叶是这样，他不撇出去，他停住。您看这就是撇笔了，他行笔是中锋笔，因此他的竹子和别人是完全不一样的，特别有力量。虽然我没有用他的笔法，但是我还是喜欢他这个，特别有劲儿，特别有力量。

他愿意跟人聊天，东听一点儿西听一点儿，人也和善。他去世的时候，是晚上七八点钟，在中日友好医院。在住院期间，人家给他一间单间的，老太太也在那儿，日夜睡，在那儿好几年了。就去世那天早晨，我又去看去，还有蔡金鹏，我去的时候我老叫上他：“蔡经理我要去看董老，你去吗？”那时候我们有车了，就可以坐车去了。到那儿去，那天真奇怪，这人要死之前……董老在那儿躺着［学董寿平口吻]："景扬，进来啊。"我过来。他拽着我的手，说："我不是怕死，我死不了。"他已经感觉生活没有质量了。我说董老，您别这么说，您啊是人品、文章都很好，所以您现在的画的声望很高了，国内国外影响这么大，但是我估计将来百年以后，您的画影响更要大。

他上日本去了五六趟。有一次我们去日本，一共三个人，董老、我和黄宝善。日方挺客气，就范曾美术馆的经理，他让下边人跟我说，一人做一套西装。黄宝善当时是门市部的主任，董老是量一套西装之外，还要给他做一大衣。给我们做个西装，日本料子就已经很不错了。日本接待的叫王玉英，是华人，偷偷跟我说，董老懂行啊，他那西装要英国料子，人家只好拿来英国的料子。那大衣他要什么您猜，他要驼绒的。改革开放以后，1980年到1990年这十年，日本对中国真是友好。您看就有这么一档子事，后来有一次董老不是展览嘛，人一岁数大了、名气大了，就有点儿飘飘然。晚上他跟那儿的日本工作人员，一个叫渡边的，一个就是那个王玉英，说把你们日本安眠药拿来，我吃，我睡不好觉。这就是个错误，中国药跟日本药是不一样的，他老觉得日本药什么都好，拿出来了，给他吃了。人家大夫还特意跑到饭店来，多大岁数老先生、吃多少，研究了半天。老头儿夜里头3点钟醒了，火了，吓得那个王玉英直哭，你想接待那么大人物。没办法啦，只好把我给叫起来了，我说别着急，想办法。第二天早上起来，我跟董老说，日本安眠药跟中国药不一样，您在中国吃两粒，人家那得四粒，但是人家处方不开那么多。我说这么得了，因为在日本他还讲课呢，这下讲不了课了，我说我去讲课，我替他讲。我到那儿就去讲董老的绘画和书法的成就，有一本画册，头里还有启先生给作的诗，您看见了吗？董老这事儿我就帮他搪过去了，这课是我给讲的，他这画，水墨画，水墨画的历史。我说董老因为身体不好，没有给你们讲课，很抱歉，回头让工作人员把你们买的书收集起来，我拿着请董老用毛笔给你们题个名字，大家都挺高兴，最后把这事儿给圆过去了。所以这老头儿要是别人陪着，这事儿麻烦了。讲不了课了，还有人家那本书多少钱买的呢。像我这么一人，把面儿我都能给对付过去。

还有一次，董老退休以后，我们那儿有一张丈二匹的董寿平画的黄山，颜色都上完了，全完了，就是没落款，这是“文革”以后。我们那儿的工作人员就来找我，说这个没款儿，咱也不能卖，能不能找找董老给看看，让他给题个款儿，那当然得我去了。董老家里，他们老太太我也挺熟，董老现在在哪呢？在钓鱼台呢，这是20世纪80年代了。后来我拿着这张画就到钓鱼台找董老去，我说董老我们有一张画，没有款子。丈二匹画得好极了，那张画现在也很值钱了，我说您也没落款。董老山西人，那酸劲儿上来了：“什么你们的画，这是我的画，你们还没给稿费呢。”其实他说的是真的，是这么回事。“你搁在这吧”，那意思我给你题。过了一礼拜，我去找董老，我说董老您题了没有，他说我送人了。我说您别送人，那上头账上还有。你再有，你没给我稿费，那画属于我的。我说您送谁，送给某某了，这要不回来了，现在还在某某手里。要按说某某就不应该要，那么大画，现在那张画说是1000万、800万都可以。当时我就为了难呐，怎么和领导交代啊，得亏每次来都有司机陪着。回去和领导汇报，领导也挠头，这么大的画就这样没了，最后就在账上注明吧——还给董老。

[出示一张菜单] 董寿平在日本影响很大，有一个著名的中餐馆，把他的竹子当封面了，您看里头的饭，中华料理——7500日元，合人民币350块吧，它还是贵。人家的拌海蜇，是先拿开水给沏了，那弄完以后味道就不一样了。还有，上一个菜，换一个碟。董老以93岁高龄无疾而终，其实他年轻时身体很差，经常泻肚，中医管这种病是脾胃不和。他这个人很少进行身体锻炼，除了画画、写字就是看书，甚至不去散步。但是他的夫人对他照顾得特别精心，在饮食上注意调整，每天早餐多吃，中午必吃粗粮，经常拿山西小米熬成的粥当饭吃，以至于几十年来竟把脾胃调整好了。他还有一个好习惯，有病就去看医生，而且把自个儿的病原问得一清二楚。久而久之，他也精通起了医道。我们荣宝斋人得了什么病，需要服什么药，都向他请教。

二十、徐之谦

咱们以前也讲了一点儿徐先生的事，现在我系统地再讲一下。徐先生是北京市昌平县马池口镇葛村人，是农民出身，号益斋，也号居庸山农，从小在家乡跟父亲种地。他后来喜欢上了篆刻艺术，经人点拨，成了自学成才的书法篆刻家，在大江南北能够登堂入室，其涉猎面极广。在当初他最崇拜一个人，就是西泠印社[①]的创始人王福庵。他认为王福庵先生金文、小篆、隶书、楷书无所不精，而且篆刻艺术贯通浙皖两派，上有传承秦汉古印，又有自己的新意，可谓独树一帜。他是个有心人，一有时间就临摹古帖，成为真正的一代无所不能的全能书法家。尤其他的宋字，在全国特别有名，而且他的治印，满白、圆朱文无所不精，可能和自小种地有关，手劲儿极大，他对齐白石的单刀入印运用自如。他取字"钵厂"（庵），什么意思呢？就是为了继承王福庵先生的衣钵。这个人脾气秉性老实厚道，与人为善。由于他的宋版书出名，20世纪30年代上海商务印书馆的编译所高薪将其从北京聘到上海，在那里他如鱼得水，更是练就了一手宋版书。后来被荣宝斋上海分店经理梁子衡发现，聘到了荣宝斋上海分店，在那里不论是治印还是书法，名噪一时。

但好景不长，由于抗日战争爆发了，上海比较混乱，于是他就回到了北京，在家务农。解放初，他听说荣宝斋公私合营了，说实在的，他的身体也不适合务农。他就进城托人询问是否能到荣宝斋来工作，王仁山听说后，马上找到侯恺，把他的情况介绍了一下。侯恺一听这是人

① 西泠印社，位于杭州西湖边，是中国研究金石篆刻的一个百年学术团体，有"天下第一名社"之称，今为全国重点文物保护单位，其金石篆刻技艺是国家级非物质文化遗产。它由篆刻家丁仁、王禔、叶为铭、吴隐创建于1904年，篆刻大师吴昌硕为首任社长。

才，当场拍板，欢迎来荣宝斋工作。这样就被安排到编辑室，从此荣宝斋治印、书法重要业务都由他来完成。您想一想，他没有真本事，能两次进荣宝斋工作吗？他的篆刻技艺尤其精湛。他还干过一件事——来荣宝斋不久，文化部副部长又兼任国家文物局局长的郑振铎先生用自己的专车接徐之谦来到北海团城（当时国家文物局办公地点），在一间办公室内，拿出了一方石料，说请徐之谦先生为周恩来总理刻一枚私章。徐先生很是高兴，能为国家总理刻私章，这是多么大的信任。他在印石上设计好，并操刀治印，周恩来的一枚私章很快地完成了。郑振铎表示非常满意，在宣纸上盖了两枚印样，放在口袋里，并对徐之谦先生表示感谢。回来后，徐老没有跟人讲起这件事，还是郑振铎再次来荣宝斋代表总理对徐老的印章表示感谢时，别人才知道这件事情。

据我所知，他为国务院副总理陆定一、海军大将萧劲光、全国人大常委会副委员长郭沫若和刘宁一、国务院副总理谷牧、全国政协副主席赵朴初、北京市委书记邓拓都曾经刻过图章。这几位，他们经常来荣宝斋参观，对荣宝斋非常了解。徐先生办事认真，在荣宝斋出了名，很多国家机关公章出于他手，从不炫耀，守口如瓶。还有一件事，其实他是国内比较早为出版物书写毛主席诗词的。那是20世纪60年代初，中央决定由文物出版社出版一本《毛主席诗词》，采用宋版书印制。文物出版社没有这方面的人才，可是出版《毛主席诗词》这样的大事儿又不能推辞。他们写了一份报告，上报国务院，提出几个问题，其中就有提到写宋版书的问题。当时的国务院副秘书长齐燕铭经常到荣宝斋来，他推荐由徐老完成这项工作。徐老后来认真地完成了这项任务，由于字体精美，受到了中央领导和广大读者欢迎，成为当时《毛主席诗词》众多版本中规格最高的一个。

关于他的其他作品，我可能说得不全。他先后在国内还出版了《雷锋日记字帖》（仿九成宫体）、《王杰日记字帖》（集柳体字）、《焦裕禄的话字帖》（仿皇甫君碑）、《毛主席的语录》（柳体字帖）、《毛主席诗词三十七首》（草书帖）和《毛主席诗词三十九首》

（草书帖）。

那时候中央的事情，20世纪50年代很多事儿还没有走入（正轨），像流水一样。你比如说给哪个国家元首送一个什么礼物，你得写礼单，中南海谁写得好啊，毛泽东写得好，你请得了吗？！就是上荣宝斋，让你们这儿的谁谁谁给写一个礼单。比如中央要举行一个什么招待会，书写请柬，都是徐老来干。这种事儿多了，又繁又杂，来了就急茬儿。急茬儿还好，有的还得装裱。我给您说过，毛主席送给苏加诺那张画，但是包首上那个签条，你不能让毛主席写吧。全都拿到荣宝斋来，让徐先生写，而且必须用规规整整的字。徐老规规整整的功夫特好，什么体都能写。

“文化大革命”他也没（受）什么大冲击。他可能是在解放前夕给国民党一个什么军，也是到那儿给人写字去，为了进出方便，给了他一件佩戴中尉军衔的军服，其实也没穿过几次。“文革”期间有的人嘴特别欠，到处散布说“咱们这儿还有戴大檐帽子的，穿着国民党军服”如何如何，这不是就说徐老的嘛。可把老人家吓得够呛，那时候他60多了。我记得“文革”期间印象最深的，徐之谦写了一本草书的《毛主席诗词三十九首》，就是咱们前边提到的那个。这里面还有一个故事：这不是他写的，等于配的、粘的、凑的，就反正有点儿把各种草书字他拿过来怎么样跟毛主席诗词对上，做了那么一本，再加上他修改，弄得是非常好。

弄完以后，我们这徐老嘴比较笨，他跟我说，景扬你能不能跟我联系联系，我想上郭老那儿让他给我看看。其实郭老非常敬重他，来荣宝斋只要知道徐之谦在，都要找他聊上几句书法和篆刻的事情，而且总是以探讨的口气。他跟我说完以后，我跟郭老的秘书王廷芳说了。王廷芳说没问题，都是熟人嘛，你们什么时候来，咱们再联系吧。过了没多久，有一天他打电话来说郭老今天有时间，你们来吧。当时条件还不行，单位没有汽车，出门办事全靠坐公共汽车。先乘14路，七分钱车钱，到厂桥，然后乘7路无轨，四分钱，坐到北海后门，就到郭老家了，郭老跟他夫人于立群接待了我们。那时候人都很警惕，这徐老这么大岁数，弄个年轻人陪着干吗，以为我是“造反派”押着，那时有这种现象。于立群警觉地问：“这年轻人是谁，好像没见过？”徐老说我们是一个编辑室的，他画画得不错，您看的那套宋人册页就是他勾描的。寒暄之后，徐老把自己的《毛主席诗词三十九首》（草书帖）恭恭敬敬地递给郭老，并说我写了一本字帖，怕有不妥的地方，来请郭老过过目、把把关。郭老说好好好，接过帖稿。他小心翼翼地打开，一页一页地仔细观看，一边看一边夸徐老的字写得好、做事认真，还说出版草书字帖对宣传毛泽东思想、丰富群众的文化艺术生活很有意义。当翻到《七律二首·送瘟神》时，郭老就说，“青山着意化为桥”，好像这“着”字他认为写得不对。我就拿着一电话本，拿着一个笔，他给写，这“着”字好像应该是这样写，这小片我还留着呢。

徐老这人会做泡菜。每到周一，他总提着一罐自制泡菜，来到单位，很多人跟着他的后面要泡菜吃，成了荣宝斋一景。他做的泡菜，酸、甜、辣皆有，又不同于四川，口味独特，很受大家欢迎。但是徐老的晚年说起来很悲惨，“文革”后期，他住在八角琉璃井街，和画家王明明是对门。不知从什么时候徐老有了神经质，和别人讨论问题的时候，突然给对方下跪，当时人们也没有太注意这件事。徐老的夫人，当时是街道积极分子，晚上居委会找她开会就敲几下门，老人家听到后，就出门去参加居委会的活动。徐老以为他的夫人在和居委会整他的黑材料，敲门是联络方式。借故和老夫人吵架，认为她和外人勾结一起，要整徐老，后来闹到了二人离婚，这时候徐老已经70多岁了。

因为条件所限吧，也没有人认为他是得了什么病。由于徐老的名望，当时有很多人来找他看自己的作品，向徐老求教。在这些人中，有一位40多岁的中年妇女，经常来找徐老探讨问题，并且给徐老带来许多自制肉食，这样在编辑室引起了议论。现在看来这是很正常的问题，可是在当时很多人认为，这个中年妇女有不轨之心，要图徐老的财产。有个别人竟找到领导，要求领导出面，管这个事情，起初没当回事儿，后来呼声越来越高。领导只好让孙树梅和我出面，找那个妇女谈话，我话说得很婉转，荣宝斋业务很忙，徐老的工作也很多，如果没有什么大事，就不要来麻烦徐老了。这个女人也很识相，后来就没见她来过荣宝斋。其实当时徐老身边没人照顾，这个妇女可能愿意来照顾徐老，现在看来也没什么大不了，当时就这样。后来他回到了西马坊村，每天写写字儿，还带了不少徒弟，也算是终老天年了吧。

20世纪80年代初徐老去世了。

二十一、姚为言

当初荣宝斋的员工很多，还有很多有能耐的人。比如说我们有个东院招待客人，北房三间就是招待来访的客人的，给这些个书画家准备茶水。我们有一位员工叫姚为言，专门做招待工作。最早他不在荣宝斋工作，是琉璃厂古玩店学徒出身，学的是字画鉴赏，年轻的时候专门卖字画、卖古玩。这字画以前也很少单独的，不是南纸店就是古玩铺。古玩铺除了卖瓷器、玉器和古铜类，也卖字画，掌柜的需要那里的伙计什么都得懂。他就是古玩铺学徒出身，所以业务很精通。解放以后，很多古玩铺关张了，托人就上荣宝斋了。

这个人给我的印象很深，第一干净利落。用现在的眼光来看，穿戴有点儿土：冬天是青布棉袄棉裤，那棉裤还是那种农村的缅裆裤[①]；夏天总是一身白褂青裤；无冬历夏，裤脚儿总打着腿带，脚上的青布鞋总是干干净净。他有两勤，一个是剃头，一个是洗澡。他总风趣地说："常剃头常刮脸，有点儿倒霉也不显。"你别看他年纪60多了，干活儿也干净利索。这个人就是特别，待人说话态度特别生硬，北京话叫他

① 缅裆裤：旧时一种中式裤子，裤腰很肥大。

“藏”。

这老爷子不抽烟，不喝酒，不喝茶。他手头保管很多中华之类的高档香烟和招待贵宾的各种龙井啊，毛峰啊，碧螺春，都有，他是点滴不沾。有人想从他手里蹭点儿茶叶和烟，那没门儿。但是他看画还真有一手，看旧画，就看什么“扬州八家”“明四家”“四王吴恽”，他眼光不错。有一次，莫文骅，您听说过吧，这位老将军平常喜好书画。有一个笑话，“造反派”抄家找不到将军的存折，就去问家里的工作人员，厨师回答得最好：“也许都吃了吧！”其实，莫文骅的大部分积蓄都用来买书画和书了。20世纪90年代莫文骅将军和夫人把他们珍藏的一批古籍字画文物珍品，捐献给了家乡广西博物馆。

那天莫将军到我们那儿，说等老姚呢。老姚给谁去买早点去了，回来后，莫将军说你给我看看这个。［学姚的声调］“打开”，他看了一眼，［又学姚的声调］“这是假的”。态度非常生硬，我们那侯经理老说，你说话能不能柔和一点儿啊。他说这事儿真的就是真的，假的就是假的，我还管他那个，我告诉你真假就不错了，弄得经理也哭笑不得。

比如说黄胄经常在我们那画画，哎哟，一看画得不好，团吧团吧就扔了，就扔纸篓里了。他蔫儿蔫儿的[①]，拿起来摩（mā）挲[②]摩挲。过两天黄胄又来画画，画完以后，他拿出他捡来的画，说你这儿给添两笔，这脸你再勾勾。他一出主意，黄胄一看，确实是那么回事，完了他拿到门市部去卖，好的卖15块。完了就跑到绒线胡同四川饭店，那是1960年到1961年之间，当时副食供应紧张，不是有高级点心、高级糖嘛。饭馆也有高级饭，但是高级饭他不敢多宣传，也怕供应不了。当时就是一份放托盘儿里，品种也不多，一碗红烧肉七八块、一碗饭、一小盘叫蚂蚁上树——其实就是肉末粉条、二两酒（酒每次他都带回来不知

① 蔫儿蔫儿的，指不言不语的样子。

② 摩挲，北京土语，指轻轻抚摸，或使东西舒展、平整。

送给谁了），当时要卖五块钱。五块钱可不少了，能买一斤高级点心或者高级糖。这一托盘五块，那老姚说“吃小毛驴儿去喽”，他就上那儿去吃这些，很得意了。完了我们正准备开会呢，他蹎儿蹎儿走了，临出门他还喊一句“吃小毛驴儿去喽”，你说你就吃去，（非得说）“吃小毛驴儿去喽”，气大家伙儿，大家伙儿饿着肚子，你“吃小毛驴儿”去。他就是这个脾气。

他主要任务就是招待画家、招待首长，他能陪着来宾聊聊字画什么的，他的见解还真得到人们的认可。有的首长称他为大学问家。你说话也得靠谱，人家才能愿意继续跟你聊天；你不靠谱，人也不能继续跟你说了。还真有首长每次专门来找他。姚为言接人待物很有分寸，如他正跟首长聊天，如果有其他首长过来，两个人必然寒暄几句，谈起了工作，他就会主动和人家说别处还有事，你们二位先聊着。二位谈话时间比较长，他估计着要添水了，绝不会立刻走过去，那样会打断别人的交谈。他在远处看着，看准机会，提着水壶过去，给首长续水。因为我们荣宝斋有纪律，首长谈话不许搭茬儿、不许旁听。

“文革”时他快70了，但他身体好啊，就一直用着。按说他应当给身好的工作服，但没有，他（就穿）大棉裤。他给人倒水沏茶，沏完茶端上来，确实眼力见儿不错。郭沫若每次来荣宝斋写字，写完字儿，图章就交给老姚，替他给存着。因为郭老跟他关系不错，有时候他也帮人向郭老求字。在郭老写字时，他为郭老抻纸，写字对郭老来说是一种最好的享受，尤其是他认为写得很好，自己就非常高兴。趁郭老高兴之时，他就提出某某某想求您一幅字儿，郭老有求必应，都满足他的要求。

这老姚，脾气特别怪。他怎么个怪法？北屋这院子，那时候也是比较干净整齐，都是他来收拾，擦得挺干净。我们西边这工厂，还有编辑室、财务行政部门的，这些人一过去，他就给你（轰走），就问干吗来了，没事出去。因为那院里只有总经理办公室，侯恺也知道他是好意，拿他也没辙。时间一长，像我找经理的事情多，他也就不拦了。

“文革”开始后，有人说姚为言和这个“黑帮分子”邓拓之流打得火热，和“驴贩子”黄胄吃喝不分，他们一到荣宝斋他就热情招待。老姚一听这话不干了，说领导叫我搞接待，我只管接待。以前你们谁也没跟我说邓拓是“黑帮分子”啊。后来运动逐渐深入，荣宝斋又是大字报又是批斗领导，正经业务没人干了。老姚对这种行为非常看不惯，因为搞运动，来荣宝斋的首长几乎没了，他每天无所事事，就提出退休。当时已经70了，领导就批准了他，回到通县老家不久就去世了。

二十二、第一次贵州“四清”

1964年全国正开展“四清”运动，我有幸两次参加了“四清”工作队。第一次是在贵州，第二次是在河南。我先和您说说为什么让我去参加“四清”。

那时候，“四清”是个全国性的运动，得让大的机关团体工作人员都到基层去嘛，参加“社教运动”。现在的年轻人都不知道什么叫“社教运动”，其实就是“社会主义教育运动”的简称。

听说我要去搞“四清”，我们编辑室三位老先生陈林斋、侯培显、金振之为我送行。第一，是因为当时在政治上这是个很光荣的事情；第二，下基层是很艰苦的，他们也表示一下。去的是哪呢，缸瓦市的砂锅居；吃的是什么呢，烧、燎、白煮。我是第一次到这个地方，什么叫烧、燎、白煮我还真不知道。到那儿以后半桌已经定了，半桌有二三十个小盘，这是你们老满洲人的吃法。在1964年这东西也算比较贵的了，也就是老先生吃得起。陈林斋懂得这些个，请客的钱三个人掏，我估计他得多拿点儿吧。我记得最清楚，有炸排骨、炸里脊、炸腰花、炸肝尖、炸鹿尾、炸肥肠。确实做得别具一格，鲜美异常，很多菜名可惜都忘了。

这是为我壮行，也是老先生们的一片心意啊。荣宝斋呢，老拿我们“说事”[①]，总对外说搞木版水印业务的，实际上也是知识分子很多的单位。您看我们单位有辅仁大学毕业的、美术学院毕业的，还有解放前国立艺专的，所以文化部要派人呢，那么荣宝斋必然“首当其冲”。我们一下子派出四个，去搞“四清”去，在贵州省的遵义地区。它是这样：侯恺经理带着我们单位三个人在一个单位，本来我们应该在一起，可是上级说你们单位得出一个“打前站”的，就把我派去“打前站”，完成任务后又让我去接“大部队”。来的是哪个单位呢？国务院机关事务管理局，所以我就离开了文化部系统，根本就没给文化部办事。国务院机关事务管理局里头又分好些个单位，我也搞不清。当时我的工作重点在哪儿服务呢？一个是管理局，一个是中国人民解放军总政治部。

这两个单位都是工作到七八个月上下。因为派不出年富力强的，你像我那时候身强力壮。回北京没多久，又让我去参加河南安阳地区“四清”，这是后边的事了，以后我再说。这还真有意思。我算是管理局的“打前站”的，巧在哪呢，就我那姐姐在国务院机关事务管理局工作也派的是这儿，我们俩还在一个队里［出示一张工作队合影］。我的上级是哪儿，是总政。

您听着有点儿乱是不是，为什么归总政管呢？他们是部队编制嘛。当时我们是一个大的分团，管着遵义地区的“四清”运动，每个分团都有一个领头的，我们这个领头的就是总政。分团其实各单位全有，其中还有北影的联络员，我们住的那个地方很远，不靠马路，是那个地方的深山老林。

从我们这儿到公社，距离也不短，也得走三里地。但是晚上回来，山里头有一个简易公路，从这个简易公路到那儿去开会。开会回来以后，我是比他们全都远，总政那主任叫邹正邦，他带着一支左轮手

① “说事”，北京土语，指当借口。

枪，人自己防身，因为他级别够了。他要从军分区调来十几支手枪，没多久真给调来了，像我们每人挎一支啊。就这些日子里，白天我们就挎着枪，晚上把枪放在床边上。后来有一解放军，说你的枪我看看，打开一看，说亏了你没打过，你这什么都没擦干净，弄不好就炸膛，咱们哪懂这个。后来当地有了传闻，说山上有虎，北影的演员们更神了，说看到了老虎的大便，这一下大伙儿警惕性都高了。每次我一人返回时，就是快走，背着这支手枪壮胆。

联络员主要负责什么呢？就与大队和中队联系，大队就是公社一级了。到了该批判“四不清”干部，大家统一开会，布置哪月哪日去斗“四不清”干部，各单位都要找出一定数量的（“四不清”干部）。说句良心话，那里的条件很差，能在那里坚持工作，这些老干部都挺不错，（遭到了批判）我们心里总觉得也有点儿别扭，但是我们也管不了，反正就是联络这些事。

那里生活条件不行，吃什么呢，吃那个苞谷饭。苞谷饭是把老玉米轧得也不是太细，棒子楂似的，一个大竹子编的这么一个蒸笼。把白薯切得这么大块［用手比画］，它就一半，完了把大米和苞谷这俩混在一起，再给它搁上切好的白薯，烧熟了以后，拿一个簸箕似的东西，往那里“咣”一扣，装在里面就变成粮食在下面，白薯在上面。副食就谈不上了。菜就很难说了，没什么菜，有时候择菜择出点儿什么的叶子，蘸上辣椒，加这个苞谷饭。光吃这个不行，咱们顶不住。由于营养不良，脸又浮肿了，后来自个儿开火吧，就自个儿做饭。完了，这个地方干部都是公社一级的，说你们也别干这个“四清”工作了。因为熟悉当地生活，就给我们做饭吧。他们会做，我还得买柴火什么的，这业务上还挺多，反正伙食得到了改善。

您别看当地生活艰苦，可房子还真有的是。我们住在原来一个大地主家里，全都是黄松盖的一个大房子。这个村子里大部分都姓苟，大地主也姓苟，临解放他逃跑了。土改后，因为老空在那里，村里人就在那里打油（坊），后来“四清”到了一定程度，人都问能不能再打油，经过“四清”队研究说可以，打你的油吧。我们就在其他空着的大房子里头，套了很多小间，当作我们的办公室用。

我在当地过过一个冬天，够冷的，把我冻得够呛。您要知道那里有名的“天无三日晴”，冬天有太阳还凑合，如果赶上阴天，屋里比外头还冷。怎么取暖啊？就是炭火盆啊，凑合了。这人心理准备得足，你遇见事就（不愁）。

我们下去要搞“三同”，要和老百姓同吃、同住、同劳动。我这个联络员还好些，只有一段时间搞过“同吃”，到一个贫农老太太家中吃饭，还是大米、玉米、白薯蒸的饭，菜叶子蘸辣椒。老人家为了招待我们拿出了平常舍不得吃的菜，您猜是什么？泡豇豆。我们去了三个人，加上她一共四个，老人家只捞出了三根这么长的［用手比画］泡豇豆。到现在我还忘不了，这个豇豆好吃啊！那里的经济不发达，太落后了。我跟您说一个情况，1964年的春节我是在那里过的。有一个山村过年要送礼嘛，人之常情。他们都送什么呢？第一类是公社干部及学校教师，他们有工资有粮票，送礼就可以买一些挂面，这是当地最“豪华”的。因为普通人搞不到粮票。第二类生活较富裕的，送一小把儿海带。第三类就是普通的农民了，只带上两斤咸盐去送礼。可见当地的经济多么落后，在那里搞“四清”，您说有什么可搞的。

转过年来的春天，我就撤回北京了。

二十三、1965年发生的事情

回到北京以后，领导又派我回故宫临摹古画。有一天，我正在那儿临摹呢，突然来电话让我回荣宝斋开会。散会后，我顺路上东琉璃厂萃文阁去了。我看见有一个四条屏，谁画的我不知道，这种题材叫“八破”。这是行话，它正式名字叫“锦灰堆”[1]，王世襄说的“锦灰堆”就是这个，俗称“八破”。这“八破”是怎么回事？五代的一个画，就剩一尖儿了，完了以后有一个黑老虎（碑帖）的，一点画，全是破的东西，他把这些凑到一块儿，就这么一块儿，里头十好几个破烂的东西。他就凭着自己的功夫，把这个画出来。它一般人看都是破烂，但是名字好听，“锦灰堆”。

那天我到那儿去了，好像也和兜里有钱有关，发了奖金。四条屏，每一条都画了“八破”，至少得有30种“八破”。完了以后它组成四条屏，这得下多大功夫。它不是现代人画的，是清朝一个不太著名的人画的。这画得太好了，那细致准确，您比如他画一块拓片，或者一个帖，也找了最有名的。比如帖这个角，正好是《兰亭序》的角，他也有很多创造。这四条屏，每一屏都有这么4块，16块全是，得画了有几百种。我在那儿看半天，要看清楚了都要花很长时间。萃文阁的老先生都愿意跟年轻人瞎聊，你看这画得多好，我说真是，这得下多大功夫。他说这你没有一年画不出来。定价12块钱，那老头儿和我也熟脸[2]，［学山东口音］“你买了吧”。这一买我就没钱了，再说你买了吧，你不买别人就买了，（最后）买了。我就上故宫接着临摹画去，就把这东西搁在桌子上，那时候叫作“一头沉”。

正在这时候荣宝斋又来电话了，让我马上回单位。领导说你还得去带队，上安阳“四清”去，而且马上就走，好些人等着你呢。我说我什么准备都没有啊，领导说你准备好行李就行了。这样，我只好回家准备准备，晚上跟他们坐火车去了安阳。这回上河南去“四清”，和荣宝斋的人大家伙儿一块儿去。您不知道这支“四清”队里，其中有的人他们没出过门的。您可不知道他们，又笨，什么事都不明白，又小气，

① 锦灰堆：又名“八破图”，是中国传统艺术珍品之一，以画残破的文物片段堆栈构成画面，包括集破、集珍、打翻字纸篓等方式。起于元，盛于清末。郑达甫先生被公认为此领域的唯一能手。

② 熟脸，北京土语，指虽叫不出名字但见过面的人。

又不熟悉下边的生活，什么都不懂。领导一句话，我匆匆忙忙走了，这“八破”忘到故宫办公室了。完了以后，第二年的5月，“文化大革命”爆发了。

二十四、第二次安阳“四清”

去河南“四清”，去的是安阳，干的是深入巩固“四清”成果，也无非是这类事。

我就是管一个小队了。到那儿以后，先搞调查研究，就是访贫问苦。我住在哪呢？“四清”队得搞“三同”啊，同吃、同住、同劳动。我也得搞，安排我住进村里一位“五保户”家，我跟“五保户”住一块儿。这个“五保户”真脏，我就在他的外头屋归置[①]归置。他们河南当地有一种床，就是用木头弄一个框子，中间是柳条编的，铺上草，就睡那上头。但是吃饭的时候，由生产队给派，派到哪儿算哪儿。“五保户”不负责为“四清”队员做“派饭”，也不知道为什么派饭老是在中农什么家里边，可能是他们做得稍微好一点儿。河南安阳那个地方不错，因为出小麦，中午都能吃上一碗白面的面条。这作为北方人来说就很不错了！起码不用吃苞谷饭了。这又待了好几个月，别人都一回，我是两回“四清”。因为荣宝斋老派不出去人，领导就找我说，你也没成家，再跑一趟得了。确实，要不就老弱病残多，要不就是女同志多。这恐怕跟我们的业务性质有关系，太年轻的没有，所以我就算年富力强的了。两次“四清”中间（隔的时间）很短，那照片我还有呢。我第一次下去学习什么文件呢？“二十三条”，这是中央关于全国开展社会主义教育运动的主要文件。还有“桃园经验”，肯定这都学了，基本都按照那个来。

---

① 归置，北京土语，收拾的意思。

第二次下来从北京走的时候也没有开动员会，怎么出发之前也得动员一下啊！没有，关键是上级领导要查下去的“四清”队员的文化水平。一看小学毕业，人家就不批了，得重新申报。说你小学毕业，甚至于初小，都是工人，您到那儿以后还不如人家呢，这样一来我又得再来一趟。我倒挺愿意去安阳，因为我也有私心，安阳那时候是殷墟所在地，我一直都想去看看。

我们“四清”在安阳东郊有一个村子叫文澜氏庄，旁边有一个叫六府氏庄。因为干过一次了以后，我就熟了，到那儿三下五除二我管的那个队就没事了。吃派饭怎么交钱呢？我记得吃一顿派饭交一毛二分钱。社员也不会让，他也不会说什么您别交了这类话，其实他也用不着让，反正这都是规矩。甭管吃什么，都是一毛二。一毛二就是中午一顿面（面条），你到哪家吃派饭去，都是一碗面。有的中农比较细致，管家也好，你看那屋子整整齐齐的，你到他那儿吃派饭去，保证让你满意。你到他那儿，他老跟你说，［学河南口音］“我跟你着上点儿蒜”，他管“搁”叫“着”，就是我给你放上点儿蒜末，那当然吃起来就不一样了，想得就很细致。当时的条件下这算考究一点儿。还有冬天，冬至那很重视，河南当地农民很重视这个节日，家家必须吃饺子。中农对待像我们这些个所谓“中央”来的干部（当地农民一种错误的认识），很是热情。有一个中农就是这样，他在堂屋里给你摆好桌子，让你一个人坐在那儿吃饺子。他们家里人也要上工，但不跟你在一桌。

工作队一进村就搞有没有“多吃多占”的干部。别提了，上一拨工作队就整他们这个“多吃多占”，可是没过多久，这帮人就又犯这个毛病了。这成屡教不改了。唉！说起来都是笑话，这“五保户”家有个特点，晚上村干部有什么事儿啊，不到队部，就到他这儿来。“五保户”是老贫农，用他的话来说，祖祖辈辈给地主干活儿。所以他是村里的依靠对象，队干部商量什么事都不避着他。这些干部都到“五保户”家来，还有一种方便，他们家家都有一种河南的煎饼鏊子，鏊子上擦点儿油，把这个棒子面倒上，完了盖那铁盖儿，待会儿一撬，里头是焦一点儿，外头嫩一点儿。因为他们开会有时候很晚，所以干部起码得吃一块。为什么说他们都“多吃多占”呢？因为棒子面是队里的，队干部也有理由，开会很晚肚子饿了，回家没饭吃。我就睁一只眼闭一只眼不和他们计较了。队里的粮食搁在“五保户”家里头，这个主意很高。吃多吃少都归队里出，反正一晚上也用不了二斤多粮食，谁都不是私人，这就可以看到“四不清”就清到这儿，这就是他们“多吃多占”的证据［大笑］，也没什么可清的。

我在那儿还正赶上邢台地震。1966年那年的春天，我已经从“五保户”家搬出来了，跟一个小伙子叫铁蛋（住一起）。清晨突然他晃悠我，我说干吗晃悠我，［学河南口音］“地动了，地动了”。我记得他用当地话告诉我地动，我一看真是。我也没经过地震，头一回赶上地震。

村里当时还真有一个有历史问题的人。当然了我也是听地方干部介绍的，说村里有一女的，平常这个人穿得比较整齐，据说她是军统的特务，解放以后就回到家乡了。我也得去问问，问她怎么回事。她跟我说什么时候、什么地儿入的军统，解放以后国民党撤退到台湾，她没有跑就回到故乡了。她也就在这儿随着队里干活儿了，挣工分了。

“四清”工作队的情况是比较复杂的。我们那“四清”队的正队长，是一个公社的社长，地方上的。要没有他们地方的，我们这些人懂什么啊，农村的各种生产过程、制度很多烦琐的事情，我们哪里知道怎么回事。农村政策是怎么回事，没有地方干部的指导，你哪懂啊。有一次闹了一个笑话，秋收完了，人家翻地了，这一翻地，就要上肥啊什么，我们那出版社的一个主任，是副队长，他就不满意，那意思是怎么没通过我们，你们就翻地。节气到了，农时到了就干吧。正队长是公社书记，就说你别慌，人误地一时，地误人一年。春种、秋收这是多年的习惯，该怎么做人家都知道，你不要管那么多。你看人家就沉着，不像出版社那个主任，来到这儿就想要夺权似的，看什么都不顺眼。“四清”队中这样的干部还真不少，我就记得这个。人误地一时，地误人一年，您看这句农谚多么精辟！你不懂，你瞎指挥，没通过你，通过你管什么，到了农时该弄什么了，你又不懂，我就主张听人家公社书记的。书记的意见对，所以把出版社那位给顶回去了，当时我们大家在底下都偷着乐。这就是“形左实右”的产物，其实您真懂行吗？根本就不懂，瞎指挥。出版社那位是个知识分子，就是工作起来有一股蛮劲儿。说的就是这么回事儿，可能“四清”过程中这种事儿也不少，因为人嘛，思维不一样。就可以看到，中农之间矛盾也很大，在农村里头他们势力也不弱。因为他们都很能干，又懂得农业耕作技术，队里很多的事都要依靠他们。队里派两个中农老头儿，他们是每天从厕所里头把大小便放到一个地方，然后再掺上土，掺上土以后，最后弄成了一个大长方的，整整齐齐的。我就说你们真是会劳动，你看弄完以后，这多好啊。他把这些东西堆在一起，经过一冬天，自然发酵了，自个儿就冒热气了，到第二年春天的时候，你一翻就是肥料。我说人家农民多少年总结出来的经验，咱们懂什么。这办法是真好，完了以后，每天都从各家把屎尿往上倒，倒一层加一层土，那土都变成肥的了。这就是中国传统农业经济非常重要的一部分，很了不起的，两个中农老头儿就把这事儿办了。这一冬天，挺大一堆肥料，到了春天又该补肥、追肥。这是很好的肥料，也发酵了，也不会烧地，这是传统农业经济良好的施肥方法。

当时我就想趁着这个机会去参观一下殷墟，可是到那儿一看都关着门呢，没参观成。原来很简陋的，不开门啊，快“文革”了嘛。后来过了二三十年，我才真正参观到了殷墟。现在做得多漂亮。

当初我们在贵州也好，安阳也好，没有关过干部，不像其他地方把“四不清”干部关起来隔离审查。批斗是有的，没词儿找词儿吧。最倒霉的是当地的地主富农分子得批斗一下，到哪儿都是先拿他们开刀。当时上级的精神就是要抓阶级斗争嘛。您知道管他们叫什么吗？叫搞阶级斗争的“活靶子”[1]。怪了，贵州我搞“四清”那个村地主早跑了，

① 活靶子：指现实存在的打击、批判对象。

所以在那儿没的批斗。

安阳这边也没怎么批斗农村干部，因为前期已经搞过了，我们就是让他们说说清楚就完了，其实也没什么大不了的事儿。我跟您说，什么叫“四不清”，永远清不了。我到那儿去，突然间就说你把账拿来，我一看账就知道这怎么回事啊。他说这个是白条，拿来了，这些钱都是干部去开会预支的，原来说交五毛钱，后来没交，这些个钱拿回来买两瓶酒，大伙儿给喝了。这你哪儿查得出来，就是说“四不清”。

只有相对，绝对是绝对不了，那时候也没什么大的进项，两瓶酒一盒烟，顶多了，我都没怎么碰上过。但是我一查就查出来了，这白条记下来，一共是多少张白条，总共是多少钱。你比如说，那也就是几十块钱。没什么大的账目，那时候经济也不行。我赶上过年终分配，好不容易到年底了，队里没钱分配，也没什么可分的。有的家工分不够，就到时候把粮食分到手里头，队里先记上账。现金我问了问，队里没钱。工分多的队里，也先记账欠着。反正，不是队里欠你，就是你欠队里。

但是给那些个上头村干部、队长书记、妇女队长，还有管广播的，有点儿补助。来问我，你看给点儿补助行吗？给吧。那很少的一点儿，因为队里有点儿备用金补助就补吧，无几个钱。我跟那个“地动儿”（铁蛋），我们俩住一屋，他就把实际的情况都告诉我。

我回到北京的时候，“文革”已经开始了。我跟您说这个得了，突然有一天，通知明天早上打背包，县里来车拉我们到城里去。到城里去电影院门口，一看有贴大字报的了，自打“反右”之后，我这是第二次看见大字报。到那儿干吗去，集中学习还是干吗？这时候社会主义“文化大革命”运动就开始了。我不知道您还记得不记得这个词。

我记得这是1966年的4月份。那时候安阳的电影院已经有大字报了，咱们就知道要搞运动了。回到北京后，北京也乱了。我回来以后过了那么两天，也没去荣宝斋，就直接去故宫上班。到那儿一看，这屋子都空了，家具也没了，而且荣宝斋的东西没往回拉。故宫在这时添了一个新规定，它只能进东西，就算一张破纸你也不能拿出来。那么我们荣宝斋所有印刷材料印刷的器械，还有办公桌，像陈林斋画画永远就是一个办公桌，就没了。我很纳闷，就问他们，他们回答说也不知道。我们工作的那个修复厂里头全空了，多气人。我说这有个写字台，里头还有我的东西呢，那谁管你那个。我认为就是一归置屋子，发现这儿还有这个，交绘画组吧，一定给了故宫绘画组吧。因为故宫东西也多，这是非常好的一个插曲——中国还有这样表现残破文物的。我那“八破”就丢了！锦灰堆的来源您恐怕知道了，那张“八破”想起来真可惜。到现在也没出现在市场上，恐怕还在故宫里存着呢。

二十五、年轻时买的几张字画

我什么时候喜欢上字画的啊？说实话，解放以前我家虽然从事的是玉器买卖，但生意好的时候，手头比较富裕，父亲也买些字画回来。记得是日本投降后，父亲曾经买回过两幅清宫如意馆画家画的《岁朝博古图》，是工笔画，画得极为细致，上面画的钧瓷花盆跟真的一样，给我留下了深刻的印象。直到现在，我在画花鸟时，还常喜欢画上一些博古器皿。原来还有这么一段故事。爱好也是靠培养出来的，我又干上了这一项工作。那时候年轻，到了荣宝斋以后，以前哪见过这么多国画作品呐，太新鲜了，那儿经常换展品，书画作品让我目不暇接。见天儿接触名家大师，周围许多老师指导，使我的书画知识逐渐丰富，欣赏水平日见增长，兴趣也与日俱增，以至到了痴迷的程度。参加工作不久，我便在展览会上买了几幅字画。当时我的收入也不高，我一参加工作就懂得节省。那时候，我每月工资48元，一分钱都不舍得多花；但花几块钱、十几块钱去买字画，从来不心疼。现在常有人以非常羡慕的口气对我说：“你真有眼光，50年代就开始搞收藏！”其实，这实在是过奖了！当时我哪里会想到什么“收藏”呢？因为接触了几位收藏家，我觉得只有像张伯驹、惠孝同先生那样，藏有宋元的多少名迹，那才叫“收藏”；买几幅当代画家的画，根本就是小打小闹，哪里敢提“收藏”二字？我一个刚参加工作的小青年就讲“收藏”，编辑室的人还不笑掉大牙呀！所以我当时花钱买画，完全是出于自己特别喜欢它。

当时卖当代画家画的北京市就荣宝斋一家，可是呢，当时还有个特殊情况，以北京市中国画研究会为中心，团结了一大批国画家。在中国文联副主席老舍先生主持的文联的指导下，中国画研究会活动相当多。那时候的特色是会多，经常集中起来开会。当时就是配合各项运动，学习政治、讨论创作。光开会不行啊，你得拿出点儿成绩来啊。所以大家创作了很多新作品，都拿荣宝斋卖也不行，因为去那里的人不多，于是就在社会上办展览会：既展示画家的艺术成就，同时也是为了多少解决一些画家的生活问题。解放初期，中国画已经没有什么销路。因为对外我们大门紧闭，国内有钱的人也不敢玩儿字画了。北京是文化古城，画家云集，僧多粥少，很多好作品也卖不上价儿，也卖不出去，国画家的生活水平也下降了。北海公园东岸有个画舫斋①，不知怎么看上了这个地儿。

当时北京没有美术馆，就在这儿举办各种形式的画展，同时还出售。那时候，我特别喜欢于非闇的“瘦金书”，没有想到这种喜好对于我后来临摹赵佶的书法名帖《夏日》大有裨益。由喜欢于非闇的“瘦金书”，进而我又喜欢上了他的绘画，因为于老的工笔重彩花鸟画艳而不俗、工细谨严。1958年5月2号，当时北京有一个规矩，每年的元旦、春节、五一、十一这四个节放假，公园免收门票。正赶上在画舫斋举办第四届中国画展览会，又不用花钱买票，我就去参观。当看到于非闇先生画的《杜顶红》时，我被它的清逸典雅吸引住了，就上前去问工作人员：“这幅《杜顶红》多少钱？”——当时画上是不标价的，你喜

① 画舫斋，是清代行宫建筑，在北海东岸，也称“水殿”，这是一座以方形水池为中心，回廊四匝的幽静庭院。主体建筑坐北朝南，东西为“镜香”“观妙”二室。乾隆曾坐冰床来此题词，“画舫斋”三字便是他的手迹。

欢哪一幅可以向工作人员问一问。工作人员告诉我说：“15元。”这幅《柱顶红》是于非闇先生1958年3月创作的，并曾经在3月24日的《人民日报》上发表过，是于非闇先生晚年的一幅重要作品，于是我就付钱买下了。没想到于老第二年7月竟然作古，这样我的这幅画就更显得珍贵了。

我开始非常注意于非闇先生的书画作品。不久，我又以每幅5元的价格买了两幅于非闇先生的书法精品，一件是于先生手书的毛主席诗词《沁园春·雪》，另一件是于先生手书的《杜子美绝句四首》。后来在一次扇面展上，我又花了5块钱买了于非闇先生的一件扇面，扇面上画了七八个小萝卜，情趣盎然，题词也很有意思：京郊产小萝卜，味甜色艳，可以去病延年。

大约是在1959年的一次扇面展上，刘继卣先生画的两只狼狗扇面，造型准确、质感鲜明，跟活的似的。我一打听，价钱是15元，作为扇面，价格显然是比较高的了，但因为太喜欢它了，我毫不犹豫地付了款。当时规定，展品售出，撤展后才能取走，这中间还发生了一个故事，我跟您说，有点儿惊险。当时我就转到屏风的另一边去继续看别的画。我刚刚走开，就听见屏风的那边有人大声问道：“哎，刘继卣的这两只狼狗我想买，多少钱？”我一听声音，不得了，这个人经常去荣宝斋，他是中国美协书记蔡若虹先生！工作人员告诉他说：“已经被荣宝斋的一个青年买走了。”蔡若虹先生非常遗憾地说：“是吗？”我在屏风这边听着，暗想幸亏我抢先了一步。又想，他万一找我让给他怎么办？还是溜吧。

记得大约是1958年冬天的一个礼拜天，我经过顺承门（现宣武门），那儿有一个文物商店，叫“珍赏斋”，我走了进去。它的买卖够惨的，恐怕很久没人来了。店里到处都是尘土，只有一位长脸的老先生在那里懒洋洋地晒太阳。那时候我已经非常欣赏陈少梅先生的作品了，便直截了当地问：“有没有陈少梅的画？”老先生慢条斯理地说：“我给你找一找吧。”他起身在一摞破破烂烂的画里面翻来覆去找了半天，找出了陈少梅于辛巳年（1941）画的很小的一幅《探梅图》，大概还不到半平尺。我一看，笔墨清劲生动，气韵高古，便很有信心地确认是陈少梅先生的作品。我问：“这幅画多少钱？”老先生回答说：“你给一块钱吧！”我欢天喜地地付了钱。它是我买到的第一件陈少梅先生的作品。当时就是没人注意这些东西。

我再给你讲一个，天津有个大企业家叫郎正庭。他那时候好像给外国人办了一个代理公司。解放后他们家已经搬到北京来了，常来荣宝斋编辑室做客。那时郎先生已无工作，赋闲在家，便陆续把自己所藏的陈少梅作品卖给了荣宝斋。今天荣宝斋资料室所藏的陈少梅大幅名品佳作，如《雪景山水》《岁朝图》《观瀑图》等，均购自郎先生。这些名画大作，当时的收购价也不过150元左右。

有一次，郎先生又来到编辑室，拿出两把扇子。当时资料室尚未建立，购买的资料暂时由经理室秘书老惠英保管。当时啊荣宝斋就只收画，像扇子一类的零碎小件还无力保管，也卖不出去，不在收购范围内。我过去一看，竟是陈少梅先生的精妙佳作，一把是《西园雅集图》，另一把是《桃花源图》。这两把扇子太好了，一个是《西园雅集图》成扇，扇骨是湘妃竹制作的，做工极讲究，咫尺的扇面上以鸟瞰的构图描绘了北宋苏轼、黄庭坚、李公麟、米芾等十几个人在王诜家聚会的情景；一把是《桃花源图》成扇，把陶渊明的优美散文《桃花源记》的丰富内容，压缩在不及盈尺的小小扇面上，把人们心目中的“世外桃源”形象地再现出来。我忙问价格，郎先生说25元两把。我当即向周围的编辑室老先生们东借5元西借3元，终于凑足25元，将这两把成扇买了下来——不过这也使我半年多的时间里经济拮据，几乎缓不过气来。

我们编辑室还担负着木版水印画的勾描工作，这项工作非常精细，眼睛容易疲劳，因此上、下午各有15分钟的休息时间。休息时，我们大多喜欢去门市部看画。1960年，我在门市部看到一张新摆出来的王雪涛先生新作《荷塘戏禽图》（也称《大鹅》），作品为大于四尺整纸的巨幅，雪白的大鹅占据了画面下部，上部是绿叶、红荷及两个鸣翠

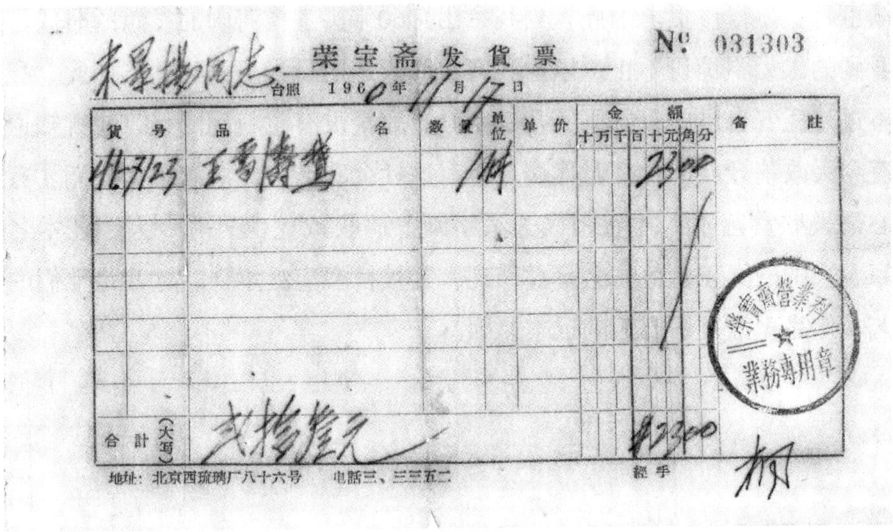

米景扬同志 荣宝斋发貨票 №031303
台照 1960年11月17日

貨号	品名	数量	单位	单价	金额	备註
11.3123	王雪涛鸟	1	张		2300	
合計（大写）	贰拾叁元				¥2300	

荣寶斋營業科 業務專用章

地址：北京西琉璃厂八十六号 电話三、三三五二 經手

1960年米景扬购买国画大师王雪涛作品《荷塘戏禽图》发票（米景扬提供）

柳的黄鹂，用笔气魄极大，颇有新意，为王雪涛20世纪50年代末艺术高峰期的代表作。我喜欢极了，问了杨集桐科长，杨科长说可以23元卖给我。我一时拿不出这么多钱，直到一个月之后的11月17日，单位发下了第四季和全年的奖金，我才终于如愿以偿把它买了下来。光阴荏苒，算来此画我已收藏了50多年，买这幅画的发票我至今还保留着。

我买了画以后，往往就找个画框镶好挂在编辑室里，大家一起欣赏，我亦乐在其中。有一天，侯恺经理来了，看见墙上挂着字画，便问："这些画是谁的呀？"我颇有些得意地介绍说："是我买的。"然后一一介绍了每一幅的价格。没有想到侯经理却用轻蔑的口吻说道："你还买什么画呀！去拿到门市去，让他们收购了得了！"侯经理的意思大概是，你一个小青年，又挣得不多，拿钱买什么画呀，花好多的钱！这些话虽然让我有点儿扫兴，但我还是舍不得把画卖掉，有些画在编辑室一直挂到"文革"。但此后很长一段时间里，由于搞运动、上干校等原因，我再也没有心情买什么字画，一过就是几十年。

我买的这些画，在荣宝斋领导和老艺术家的眼里简直是微不足道，但这些都是当代杰出的大师级画家的作品，随着时间的推移，这些画也日益显得珍贵。因此，当我拿出1960年买王雪涛画的发票的时候，看到的人无不惊讶不止，以为我有多么长远的目光。其实并非如此，我不过是凭着自己的爱好买了几件字画。完全没有意料到的是，我哪知道有今天改革开放的大好时代啊。只有这社会和谐、经济繁荣，人们才有心情去欣赏艺术，才有闲钱去买字画、搞收藏。也只有今天，艺术名家、大师的真正价值才会日益凸现，并被社会广泛承认，这才是他们的艺术作品千倍万倍升值的根本原因。

第三部分　难忘的十年

20世纪70年代中期荣宝斋鸟瞰照

一、“文革”初期的荣宝斋

谈谈“文革”中的荣宝斋吧。我们从河南撤回就回到荣宝斋了，那时候还在批判邓拓、吴晗、廖沫沙，可是过了没多久，运动升级了。1966年6月1日吧，我不知道您还记得不记得，《人民日报》发表了一篇社论《横扫一切牛鬼蛇神》，后来8月份又“破四旧”，我们那时候“破四旧”把匾卸下来，把陆润庠的那个卸下来了，资料室全部封了。

也不知道这谁的主意，很有高见。那时候还没有军宣队啊，什么“文革”小组，人事科出来挑头管事儿了。人事科科长叫邢化良，这个人曾经参加过抗美援朝，朝鲜停战后转业到了我们荣宝斋，一直当人事科科长。他这时候在一次会上宣布，荣宝斋一切国画原作和各种资料全交到人事科统一保管。这个人真不愧是行伍出身，干事儿雷厉风行，派人到我们编辑室宣布，你们编辑室的所有原作，我不管你是谁的原作，全部交资料室。当时我手头有几件以我的名义为荣宝斋借的名家之作，为的是搞木版水印做资料用，其他人手里也有很多名家原作，都是和人家借的。我还要说一点，我们借原作，从来不给人家打借条，不是我们以荣宝斋来压人，当时人与人非常信任，觉得我们荣宝斋不会干坑人之事。当时我就提出来这个怎么办？他们说赶快给人家还回去。我手头真有几张借来的字画：比如廖静文把她珍藏的两幅徐悲鸿的马借给我，供我们临摹用，我赶紧给她送回去了；我手头还有一张黄苗子与郁风结婚时徐悲鸿给他们画的《双猫》册页，我到了他们家，这二位都被单位隔离了，只好又拿回来，放在我这儿也不是个事，我就写了一个说明，把它放到了资料室。资料室哪有那么大地儿，又腾出了几间仓库，“啪”一封，所以一点儿损失没有。回想起来，有一件事我永远也忘不了。在荣宝斋营业部后面有一个小礼堂，实际上也不是礼堂，是个会客室。会客室四面墙上挂满了名人字画。门首两侧，是两幅山水巨轴，一为陈少梅先生的《丛林远岭》，一为祁井西先生的《青绿山水》。室内南墙两侧为齐白石先生的六屏工笔草虫和陈半丁、曹克家两先生合作的花卉、猫四条屏。这些，当年常去荣宝斋的人都会记得。这间屋子布置得太雅致了，都是高手之作，简直成了大师作品展览会了！这还不算，关键是西墙上挂有一个红木大镜框，镜框中为近代著名山水画家姜颖生先生画的巨幅山水。难得的是两边配的对联，是谁写的呢？是大书法家邓石如。邓石如于篆、草、行、隶全都精通，配的是邓石如的篆书联，字体端庄遒劲，对仗工整，文辞优美，我给您念一下他的词：

沧海日、赤城霞、峨眉雪、巫峡云、洞庭月、彭蠡烟、潇湘雨、广陵涛、庐山瀑布，合宇宙奇观，绘吾斋壁；

少陵诗、摩诘画、左传文、马迁史、薛涛笺、右军帖、南华经、相如赋、屈子离骚，收古今绝艺，置我山窗。

嘉庆九年岁次甲子邓石如题碧山书屋

据说这副对联是邓石如临去世前一年所书的“龙门对”。一般人不知道什么叫“龙门对”，这是书写对联的一种格式：三字成句，整个作品一气呵成，最后以四字句收尾。那张姜颖生的大作，它是四尺整张纸的大幅作品，作于1914年，这张画是他专门给荣宝斋画的，它的题款特有意思：上题“白云当岭雨，黄叶绕阶风”，并补注“为荣宝斋不得更售于人”。周围有傅增湘、陈云诰、俞陛云、邵章、郭则沄、高毓彤等六位翰林的题跋。这张画真是荣宝斋历史的一个见证，分外珍贵！这些大作也被封到仓库，躲过了一劫。

人们没有忘记它，“文革”后期，可能是1975年，当时有一位著名的民主人士叫张奚若，特地来荣宝斋要求看一下邓石如的大作。那天是我接待的，我们赶紧去仓库把它找出来，张先生站在对联前仔细观看了很长时间，可以看出他的心情是非常复杂的。他对我说：“你去找个人，把这上边的词帮我抄下来。”他带走了抄录的文字，临出门握着我的手说：“谢谢你的接待！”我说：“这是我应当做的，欢迎您再来。”

这时候侯恺经理可遭了罪了。被“造反派夺了权”，和其他几个当权派每天打扫卫生，写交代材料。没权了，这还好受，最受罪的是“正经八百”的批判会。会议开了半天也没什么“正经东西”，无非是张三说李四讲，说来说去就那点儿材料。宣扬“四旧”，三旧（舅）他兄弟——四旧（舅）。封资修吹鼓手，为封建文化招魂，帽子很大，罪名很多，其实都是吓唬人，瞎说一顿。有的是望风捉影，有的是道听途说，还有更可笑的，念一段报纸，让大伙儿也搞不清是在揭发侯恺，还是在说别人。反正一个小时的批判会要喊20分钟口号。还有20多分钟让侯恺回答问题，侯恺肯定实话实说，这下可坏了，达不到会议“预期效果”，底下又是一番口号。我记得喊得最多的是“侯恺必须低头认罪”“侯恺不投降就让他灭亡”“侯恺必须老实交代问题”……运动初期总是让他交代和邓拓的关系、“三家村”和荣宝斋的关系、为什么邓拓老来荣宝斋、“驴贩子”黄胄来荣宝斋放了哪些毒，这都成他的“罪状”了。

1966年8月份，“文革”全面展开了，荣宝斋员工分成了两派，也就是社会上流传的势不两立的“造反派”和“保皇派”，怎么区分呢？一部分人，这里主要是老同志，认为侯恺有错误，但是属于工作水平问题，不是政治问题；还有一部分年轻人，认为侯恺17年来执行了修正主义路线，宣传“封资修”，做了很多坏事，不宣传工农兵，不宣传毛泽东思想，向国际友人推荐封建主义文化，应该打倒。就这样，分成了两派。当时，两派先开始辩论，但是没有搞“武斗”，在荣宝斋这个地方两派对立没有闹得像社会上那么严重。我们这里也搞“早请示、晚汇报”活动。跟社会上一样，我们把一进门的地方布置了一座毛主席塑像，每天上班来每个人都要佩戴毛主席像章，手持《毛主席语录》，都要向毛主席塑像恭恭敬敬三鞠躬，但是我们这里没有集中起来搞什么早晨起来高呼“万寿无疆”“永远健康”之类的词儿。我们单位也大唱毛主席语录歌，没有搞其他的形式。

侯恺经理批判会也“升级”了，当时改成批斗会了。其实“文化大革命”的开始是王府井的荣宝斋首先“起火”的，因为它的附近有一个中学——中央美术学院附中，中学生那时候最“积极”，他们到门市部贴大字报，扬言要砸烂荣宝斋，并搞起了“串联”和“点火”。这样一来琉璃厂荣宝斋受其影响也搞起来了，第一要打倒“走资派”，侯恺就首当其冲挨了斗，无非就是那老一套（说他）宣传帝王将相、才子佳人，为封建文化招魂，不宣传毛泽东思想，这一类无限上纲的话。侯恺的回答很好，不是不知道就是想不起来，有时甚至就不回答。倒很坦荡，你们说的时候我也不理你们。有时候问他，他回答得也好，“这我不知道”“那个我不明白”。反正拿他也没辙，也没什么过激行为，也没有揍一通。我记得有一次，车间里的女工人，为了表示义愤和显示“积极”，在开批斗会时，她出了一个“馊主意”，非让侯恺跪在茶几上，让他自己喊“打倒侯恺”，手里还举着荣宝斋出版的《十竹斋笺谱》。她在一旁发言，无非是宣称“封资修”，也没有什么新鲜词，说着说着，“无产阶级义愤”上来了。她上前撞侯恺一下，侯恺跪在茶几上，时间长了一点儿，又没有精神准备，他就从茶几上摔下来，被旁边的人接住了。如果没人接的话，恐怕摔得头破血流，这后果可惨了。这是我的记忆中批斗侯恺最严重的一次。

还有一次，本来是批斗侯恺，因为两派意见不统一，批判会改成了辩论会，说起来也可笑，就为了一件事，荣宝斋不为无产阶级政治服务。“造反派”就说了很多道理，“保皇派”这边站出来一位老工人，不慌不忙，一句话就把对方给怼回去了。他说我们荣宝斋为伟大领袖毛主席印制了特制的信封和信纸，以及送给外国元首的贺年卡、贺年片，难道说这些工作不是为无产阶级政治服务吗？大家哄堂大笑，就散了会了。

门市部也正常营业，大部分木版水印也收起来了，那时候哪还能卖这些呢？名家的原作是甭想了，文人画像齐白石的也给收起来了，大专家的反正全都收了。柜台上出售的就是木版水印画，像敦煌壁画里飞天

20世纪60年代荣宝斋为中央首长印制的贺年片（米景扬提供）

一类的，另外出售美术出版社的毛主席诗词、毛主席像。后来我们木版水印，两派之间各印了一个毛主席的画像：“造反派”弄一张，“保皇派”也来弄一张。两派的还有区别，那一派是写意的毛主席画像，这一派是工笔的毛主席画像。印的质量非常好，除了对毛主席的热爱之外，还有一个关键问题：两派互相找碴儿，都想找出对方的错误，以便把对方“搞倒”。所以，这批作品称得上是质量上乘。

我参加毛主席画像的制作，那时候能参加这项工作在政治上这是最大的光荣，不沾边的人都想往这里边“靠”。最近还有一个人，他不知道从哪里弄了一张荣宝斋“文革”时期印制的毛主席像，他拿来让我一看，我说你这是真的，他说您给我题几个字得了。想不到50年后我又见到这个东西，回想当时的情况，真让我感慨万分，这时间过得真快。后来两派联合了，为了表示对毛主席的热爱，就印了一首毛主席诗词，从原稿上放大，木版水印的。印的是哪首诗词呢？印的是毛主席《七律·长征》那首诗：“红军不怕远征难，万水千山只等闲。五岭逶迤腾细浪，乌蒙磅礴走泥丸。金沙水拍云崖暖，大渡桥横铁索寒。更喜岷山千里雪，三军过后尽开颜。”印成丈二匹那么大，每个字大约30厘米大小，也开创了中国印刷史上首次印制这么巨幅的木版水印作品的先河。主席的行草字迹我们也仿制得非常好，在制作的时候大伙儿都小心翼翼，当时出了点儿问题可不得了，那非得按照“现行反革命”处理。当初印制这丈二匹的《七律·长征》，成本得多少钱？没人去计算，也没人敢计算。当时都沉醉于“文革”之中，还在乎这个？不算经济账，只算政治账，宣传毛泽东思想谁还敢说成本，那不找倒霉呢嘛。当时这幅《七律·长征》的木版水印用绫子装裱后售价54元，除了机关厂矿、部队院校买去陈列，私人好像没有购买的。除此之外，我们还用木版水印复制了三幅毛主席画像，其中有一幅恐怕您还记得，在全国闹得很红，一张毛主席油画像，就是《毛主席去安源》。

木版水印都是国画，没有印过油画，就是我们那里后来摹《韩熙载夜宴图》那陈林斋，陈先生印得真好。当时大家就凭着一股对毛主席的感情，在陈先生的带领下，编辑室的技术人员和水印车间的工人们通力合作，经过多次试验，终于找到了一种能够基本反映原作风貌的方法，就是用中国画的重彩颜料追求油画效果，“两派”人都找来，大家共同来鉴定，认为复制质量还不错。

我再跟您说说我们印制好的毛主席诗词，那装裱太棒了，周边是红丝绒，那都选的市场上质量上乘的。装裱好了，倒没装框，直接托康生的秘书，就交给康生了。我们大伙儿的意思是让康生转给毛主席，请他看一眼，大伙儿热情很高，送上去后也没有回信了。有一天我遇到康生那秘书就问，康老把我们的事办了吗？他办了，交给主席了，说主席看了。我心里头说，你这话蒙谁呢，主席哪有那么多闲工夫，不过也可能看了。“文革”中康生还经常去荣宝斋，中央首长中数他还能去，但去得没那么勤了。有时穿灰色的“派力司”[①]中山服，陪同毛主席接见红卫兵以后，他平常也穿上了军装。当时的军装都是草绿色，红色帽徽红领章，可是穿在他身上总那么不舒服，可能是看他着便装惯了。“文

① 派力司：用羊毛织成的平纹毛织品，表面隐约现出纵横交错的线条，适宜于做夏季服装。

革”中他是来去比较自由，他想什么时间去就什么时间去。别提了，白天也去，有时候打电话说关门以后来，我们还得留人，他来了不能没人陪啊。我记得有一天他（不知）怎么穿着睡衣就来了。我们一看一愣，说康老是不是有病了，怎么这个打扮就来了。确实过了不久，他就很少出席各种会议了，报纸上也很少提他了。

康生对书画鉴赏是有很深的造诣的，他书法很好，所以很会挑印章，“中央文革”那帮“少壮派”，还有其他的一些人，都跟在他后面，这帮人挑好之后都让他看看。

上级单位派了解放军来我们单位，叫“军宣队”，其实就是个营级干部带着个参谋什么的，到我们那儿去了。一开始他们宣布，荣宝斋改名为“人民美术出版社第二门市部”。反正侯恺出来工作了，就开始负责业务工作了。和“文革”前一样，他把全面工作抓起来了，因为军代表他们也不懂业务，但是这些人也没有辙，美其名曰“监督领导班子工作”，其实业务上还得靠侯经理。

运动初期董寿平也挨批判，董老还精神，批了一通。比如说他的一幅墨竹里头题的诗，造反派们硬说他是讽刺社会主义，反对共产党，但是找不出老先生有什么反党行为，后来也就搁下了。这些人纯属没事儿找事儿。有的人是借机报复，有的是嫉妒董老的名气，反正什么人都有。“文革”后期所谓的批黑画把他给带上了。

许麟庐没少挨批判，但许麟庐多机灵啊，他的“材料”可多了，资本家、画店老板、专门和“牛鬼蛇神”交往、帮“封建遗老”卖画等等，批了他没两回，他自称有病了，躺下了，造反派拿他也没辙。众所周知，他在和平画店时就和邓拓私交不错，为买苏东坡的作品他还帮邓拓卖过藏画，他和许多老画家有着千丝万缕的关系，所以说1966年开始批判“三家村”时，他的日子就不好过了。让他交代和邓拓的关系，这个问题倒好说，就是朋友嘛。关键是后来让他揭发邓拓的反党言行，那他哪知道啊！领导找他谈话，在许多会议上不点名地说到他。“红卫兵运动”一起来，他的帽子可多了，什么“反动资本家”“黑店掌柜”，更可气的是有人在他的办公室贴了一副对联：“庙小神灵大，池浅王八多。”挂上牌子批斗了好几回，许麟庐这个人比较聪明，到医院找熟悉的大夫给他开了病假条。后来造反派说不行，还得来单位接受批判，他一想干脆住院去了。这样就在医院住了起来，人住院了造反派也就没辙了。从这点也可以看出，荣宝斋的造反派还是有点儿人性的。许麟庐先生这叫“临危不乱”呐。我跟许麟庐关系还挺好，这个人就心宽，在这种情况下还管别人的闲事，他那天给我打电话，让我到他那儿去。我到那儿一看，有一个画家要卖一大包赭石，就是矿石颜料。当时门市部不收这个东西，这人也无处去卖。他找到许麟庐，说家里有困难需要钱。那许麟庐说，我一人也用不了，咱俩买行不行。我说行，反正也没多少钱，我交一半的钱，他出一半。我们俩正说这事儿呢，正赶上我们单位造反派找他来了，就把我们俩堵屋里头，当时我想这是有人给走漏风声了。后来一想也不见得，反正就是堵上了。进门就说找许麟庐，让许麟庐参加批斗会去，我用余光一看，许麟庐没了。我就说听说许麟庐病了，上医院，住院去了。反正那俩小子也算是老老实实的人，说那走吧。您猜那许麟庐躲哪去了？一听门外有人说话，他急中生智，藏到里屋去了，等他们两个人走后，他又出来了。反正就这么个事儿吧。

还有一件事要提一下，“文革”中有人提出要撤掉荣宝斋，周总理特地批示“荣宝斋还是要保留的”。但是“四人帮”把持了文化部门，他们还是把荣宝斋改名为“人民美术出版社门市部”，要求荣宝斋今后不再出售和出版名家名作。更令人痛心的是把大批库存——齐白石、傅抱石、李可染、吴作人、王雪涛等人的原作整理出来，调给香港的国资画廊“集古斋”“博雅”。这是1974年左右，当时经理还是侯恺。还给我们配备了书记，叫卢华堂，他原来是我们“五七干校”时那个大队的书记，后来给调到荣宝斋来。那时候故宫老想调冯忠莲和陈林斋，那是我们那儿的台柱，我们能调给你吗？1972年，故宫公函一来，卢华堂自己就做主了，没有和其他人商量，冯忠莲等人都到故宫上班去了，荣宝斋的其他领导还不知道，从此弄得领导班子不团结了。后来调到故宫人就开始工作了，《清明上河图》《韩熙载夜宴图》都上马了，这些都是真事儿。

二、结婚

［出示结婚证］

您看这是我们那个结婚证，1965年办的。在当时来说，我结婚也够晚的。我们是1967年元月19日举行的婚礼，那一天一共花费了98块2毛3分。［指一个清单］当时的物价这里全有，东西虽说很便宜，但是买齐就费很大劲儿。因为当时只有几个大的菜市场能够供应这些东西。这种大型菜市场北京城就四家：西单菜市场、东单菜市场、崇文菜市场、朝内菜市场。买东西有一大特点——排队。［出示当时购物清单］

当初的肥卤鸡是货真价实啊，是在哪买的您猜——百货大楼，又买了海参、玉兰片。您一看就明白了，对了，打卤面。我们就是一大桌子，大家平时吃不着的，全都给摆上，最后每人一碗打卤面，也不叫炒菜面，因为摆的全是冷荤。

买了二斤萨其马，花了一块九毛四，一斤九毛七。那时候点心好的，没有过一块钱的，买它是预备招待客人。肥肠贵，一块六，肝儿、小肚儿、鸭杂儿一斤，鱼二条，三块六。切面二毛一分一斤，白面是一毛八分五，对不对，那会儿卖切面，粮店赚个二分五厘，那真不能乱来，因为都是国营。二毛一分要付一斤粮票，要给您一斤二两面条。为什么呢？因为要加水，那时候都讲究货真价实，不会坑你一钱分量。那一天等于是在家热闹一番。就我们编辑室请了几个，没有地方，来了怎么办，还有我们这老亲老友的，起码我姐姐就得来，我姐夫就得来吧。就偷偷地，只那么几个，我们编辑室就是徐之谦来了、王宗光来了、孙树梅来了，就是几个头儿，没敢惊动别人。当时随礼也很简单，就是徐之谦的礼重，一对寿山石图章，我跟我夫人的名章，现在我还用。

[看一对寿山石章]

这是徐老送的，别人一般就很简单了，因为当时社会上都很简单。不像现在动不动就几百块，甚至上千块。我记得有俩暖壶，有好多个毛主席像章和《毛泽东选集》，像章和“毛选”是大宗，一般都送这个。很简单举行这么一个婚礼。它都这么办，但有点儿钱还真是，买了一个五斗柜，买了一个双人床。购买时要家具票了，已经讲票了，五斗柜和双人床都是有票的。五斗柜我想想多少钱，52块；双人床是木头板，床两头是铁棍，价格好像没超过50元，可能是49元5角，好像价位是统一的，因为北京家具公司嘛，就几个门市部。对，那一直到20世纪80年代初，都是那东西，当初那社会，经济真是不发达，计划经济就得这么出、就得这么做，跟苏联学的。我给您看一个东西，都有点儿可怜，[出示包装纸]最后的钱就买了一盒巧克力，这巧克力每一块的封面，我们俩还签了个字。巧克力包装还留起来了，12块，一打。那时候谁吃巧克力啊。

三、参与筹办毛泽东著作出版成就展和文物南迁

1970年的春天，也就是三四月份，当时荣宝斋的上级单位是国家出版局，为了宣传出版局出版毛泽东著作的工作成绩，决定把全国出版社近年来出版的毛泽东著作集中起来，在中国美术馆搞一个“无产阶级文化大革命”以来出版的毛泽东著作成就的展览。当时这是一项“政治任务”，各单位都派了人，荣宝斋派我去参与这项工作。当时的情况是分三个馆，我被任命为第一馆馆长。哪个出版社我现在记不起来了，送来了一批毛选的样本，设计人员提出要布置成一个红色的山峰，按照设计

我们就布置了一个木模型，呈螺旋状，每层上面放满了红色的出版物，堆积得像山一样，很是壮观。这次展览，经过上级多次审查、多次修改，历时八个月才完成了布展工作，这时候我就又被调回荣宝斋。

我刚回到荣宝斋一星期，领导找我，说派给我一个新的工作，就是落实中央领导交代的“战备命令”。当时我们设想的敌人是苏联。为了防止他们入侵后对我们的文物破坏，首先把北京地区的，如人民出版社、（人民）文学出版社、商务印书馆等大单位保存的善本图书，以及出版过的刊物的样本，其中包括了大量的无可估价的孤本，为了战备的需要，转移到较为安全的“三线”地区，其中还包括荣宝斋保存的大量名家作品，也可以说是国宝了（都集中起来运走）。其他单位的我不了解，我把当时荣宝斋运走的一些文物谈一下。其中有齐白石大量精品之作，在国内来讲数量是很大的，还有一个张大千的《九歌》册页。20世纪60年代初，虽说我国经济遭受了困难时期，当时的文化部副部长夏衍，力排众议，拨出一笔专款，由当时的业务主任许麟庐和他的助手黄宝善，亲赴江南，在许多城市和名家那里，购进了一大批历代书画作品。许麟庐鉴定书画是高手，而且有经济头脑，定价极准，既不让国家吃亏，也不让出售者吃亏，很公允地受到了行内外人的称赞。其中有元代的吴镇《秋溪远眺图》、盛懋《清溪渔作图》、元人《调马图》，以及“明四家”、陈老莲、徐渭、陈淳、清代“四王”、石涛、八大山人、“扬州八怪”等人历代古画名迹，现在这些东西都是国宝级的文物了。从门市部又把一些名贵的印章，如田白、田黄、鸡血、白寿山等石材和一些古墨、端砚通通装箱，箱子都是统一规格，漆上了绿油漆，荣宝斋就装了40箱，听说这批文物当初估价不菲。我们荣宝斋的文物，被装上了汽车，运到了丰台火车站西货场，装上了铁皮闷子车。我们的领队是一位老干部，叫吕朗，还有一个其他单位的同志，还有我，一共三个人，第一次搞这样的工作，谁也没有经验，装好车皮之后，我们坐在车里，静候发车。也不知道等了多长时间，也没有地方去问什么时候发车，因为这是战备工作，当时属于保密。好在我们已经准备好了开水和干粮，就这样，在不知不觉的情况下，火车开走了。这种车皮，不知道现在还有没有了。没有窗户，里面黑洞洞的，因为拉的东西怕火，也不敢点灯，也没有座位，只好在一个角落里，我们三个人席地而坐，每到一站也没人理我们，停停走走，走走停停。有时候甚至把我们甩到一个孤零零的道岔上，只要一停车，我们赶紧轮流上厕所，找地方灌热水。更有趣的是，那一年的12月26号，领队的老干部吕朗想起了这一天是毛泽东主席的生日。怎么样来庆祝毛主席诞辰呢？应该吃面条，车上也没有，我们还一天三顿干馒头就咸菜呢。我们两个人在他带领下，冲着东方，唱了一首《东方红》，表达了一下我们的心意。12月份天气天寒地冻，那一年冬天还出奇地冷，登车的第二天，发现文化部顺便捎给湖北干校一批毯子，我们就连铺带盖，总算没挨着冻。从丰台站出发，到湖北丹江，现在恐怕走不了十几个小时吧，那时候我们整整走了七天七夜，每到一个停车点儿我们就抓紧时间打开水、买馒头。因为我们是战备车，临时安排的，发车也没个点儿，我们也不敢走远了。到达了目的地，那里有一个当地新华社的发行所，我们把押运的箱子，安排到了库房里，做好了防潮的工作，箱子下面都垫起很高的木头。我们能做的工作都做了，交接完毕后我们就要回北京了。我觉得不能虚行一趟，自己就去了樊城，现在的襄阳，那里当时也是乱哄哄，到处的标语大字报。有一件事一进城吓我一跳，因为要过春节了，路边的树上挂满了屠宰好的羊，后来一打听，是狗肉，他们那里有这个风俗，要在那里晾晒，做成腊肉过年吃。完了我又去逛了一趟武汉，回到北京已经是1971年初了。

四、第一次到干校

接着就是“五七干校”了吧。我们头一个干校是文化部在湖北咸宁办的，我们属于新闻出版署，当然也就属于文化口。新闻出版署下边多个出版社，“四清”时我在贵州是联络员，到了咸宁的“五七干校”又是联络员，又有这么一活儿，还管点儿事儿：管医务室，管仓库，还管文化部的勇进评剧团和红旗越剧团。

因为文化部直接管理这两个剧团。没地儿搁，文化部管着呢。这可是两个大型剧团，越剧表演艺术家徐小兰等都是全国著名的，反正我是上传下达嘛。当时全国都在学演样板戏，我们这里也要求这两个剧团排练样板戏，演出古装戏这两个剧团是没问题的，但是评剧团的演员没有武功，唱越剧的都是女的，武功也不成。这越剧团小伙子也就三四个，让他们演《沙家浜》，其中有一场“奔袭”，里面的新四军战士要翻跟头过墙，他们哪行呀，我记得，我去的时候，他们就上来，说我们越剧不会（武功），我心里说我也知道你不会，那就凑合吧，最后打一翻身过去了。导演真有办法，他们拉着一个帘，比其他剧种要矮，而且越来越矮，演员在那儿来了个翻身就过去了。这《沙家浜》总算演出了。

我还兼管一个医务室。我也不懂医，下边反映没药了，开出单子来，我派人送哪儿哪儿跟他们要去。

有的单位都睡大通铺，可是我们这儿没有板凳架这个板子，也不知是谁出了个主意，找了好多棺材，因为当地有一风俗，老人一到岁数得先做这个，准备好了。这下不要紧，我们先给“睡了”。后来因为工作关系，我倒是住了一两天就调走了，单个铺了。

吃饭呢，全是在食堂。刚开始食堂办得不行，因为突然来了这么多人，副食跟不上。管理食堂的都是外行，后来逐步走入正轨，逐渐地好起来。您想，这些单位都跟本单位那儿勾着呢，出来也有经费，跟北京的（要），虽然他们去了，原来说的跟原单位脱节了，当初交代说你们将来“重新分配”，你爱怎么着怎么着，说得很邪乎。那儿有一个新华书店总店，其中有新华书店发行所，人很多的，他们把印制过的年画不能发行的全带来了，那纸都比较好，但是一面有画面，一面是白的，这白的可以做很多事情，糊糊墙什么的。反正各有各的办法，有的跟地方要点儿香油，我们给你钱，那谁愿意得罪你们。反正那脑子灵活的队

（它叫连队），那连长都是从北京往这边运东西。

赶上“死性”的就坏了，上边说什么你就干什么，那就不行。后来逐渐好了，就是逢礼拜六的晚上，每人发一个松花蛋，这就算改善生活了。“双抢”的时候，就是收麦子、种玉米，这也是农村最累的活儿，那时候要吃点儿好的。领导脑子灵活的单位，可是能吃点儿鱼和肉；灵活性差的，像我们队里的就不灵，反正也能凑合弄点儿，就得吃得好点儿。还有一件事就是1971年的春节，我在“五七干校”过的，那天我到一个生产队里去。那个地方出产鳜鱼，那个村的名字叫“砖家湾”，这个村全是圆棚子，竹子、草编的，可是这里是个渔村，因为油少，他们经常吃烤鱼，因此棚子里边熏得都黑了，但是鱼烤完以后香味儿老在那儿。村干部跟我们关系挺好，因为用点儿电线、找一些钢丝，甚至跟我们要一些水泥，我都要满足他们的需要。见我来了，队长说：“我给你留了点儿好东西。”带我到了一条渔船边，渔船上有一块活动的板子，打开以后从里边提出一条四五斤重的大鳜鱼，我一看太高兴了！今天有菜了。我问他多少钱，他表示不收钱，我说那不行，根据当地市价，鳜鱼在当地四毛钱一斤，当时就给了他三块钱。他说太多了，我说多的你就买盒烟。这样晚上我们宿舍的几个人又添了一个菜。那么大的野生鳜鱼，现在得多少钱呢！恐怕也没地买去。“五七干校”的故事很多。

五、干校回来后

在“五七干校”待了半年以后，因为荣宝斋还要正常营业，很多人调回了北京。回北京不久，湖州笔厂有一个叫费在山的，他给我来了一封信，说他收藏了一部沈尹默写的毛主席诗词。沈尹默可是全国著名的大书法家，他早年留学日本，“五四运动”时期曾任《新青年》编委，和胡适一起倡导白话文，这个人擅长旧诗词，学问大了，曾任北京大学、中法大学教授。书法工正楷、行书、草书，尤以行书擅名。他崇尚“二王”，学习欧阳询、褚遂良，后来又系统地学习了晋、唐诸家以及北魏、汉碑，对宋代苏、黄、米也多有留心。精于用笔，清秀圆润中有劲健秀逸之姿，他的有关书法著作颇丰。我就跟我们那儿领导商量，您看咱们要不要出版。他说只要是出版主席诗词，谁都得支持。那太好了，就让我去，领导有意把它借来，因为当时处在“文化大革命”时期，盛行印制毛主席诗词。尽管当时社会上发行的毛主席诗词的版本很多，但尚未见到由名家整个几十首全部手写下来出版的。沈尹默先生是现代书坛中最具影响力的书法大家之一，解放后受到政府的重视，他曾担任中央文史研究馆副馆长，他手写的毛主席诗词当然很有意义。

到湖州笔厂出差，是我首次到江浙一带。当时也不懂什么叫旅游，坐火车到苏州，然后从苏州乘船到湖州。来到苏州以后，利用等船的间隙，我迫不及待地先去看一看苏州园林。这里假山碧池、小桥流水、奇花古石、茂林修竹、亭台楼榭，一步一景，果然美不胜收。

我印象最深的是到拙政园，反正苏州的园林不少，面积不大很快就逛了好几个。我来到了拙政园里的一个大殿，上边挂着一个“香远益清”的匾额，字写得非常好，文也切题。因为它的对面有一个荷塘，当时正是荷花盛开的季节，荷叶肥大、荷花清香，真是叫人看不够！北京的荷塘没法和它比。我正在感叹之中，发现大殿内有很多人在画画，我想这是什么单位啊？怎么有这么多人在这儿画画呢？我信步走了进去，有一位像是负责人的人问我，您是哪个单位的？噢，原来这儿不许参观。我连忙解释说：“我是北京荣宝斋的，出差路过此地看你们这儿有这么多人在画画，想进来看一看。”荣宝斋在许多人眼里头是一个不起眼儿的单位，可是全国凡是搞书画的单位没有不知道它的。它当时是全中国最大的中国画经营单位。那人一听连忙说，“非常欢迎您！”这时候有一位温文尔雅、个子不高、身着中式服装的老先生迎了过来，旁边有人介绍说：“这位是我们苏州画院院长张辛稼同志。”您看这个称呼，真有时代感。现在应该叫先生或院长了！我连忙回答：“早就听说过您的大名，看过您的字画。”

平心而论张辛稼当时在国画界名头不大，但画得很好，可是卖不上价钱。为什么啊？卖不上价钱，一肯定是知名度，因为小地方嘛；另外题材也不是太多，还是受地方的影响。字写得极好，那时候苏州市面上的匾，大部分都是他跟费新我写的。张先生就是苏州本地人，江南著名小写意花鸟画家和书法家，名枢，字星阶，别署“霜屋老农”；1973年改字“星阶”为“辛稼”，是苏州国画院首任院长。他早年师从虞山名画家陈摩先生，初学画山水，后改习花鸟。他的花鸟画设色明丽，画面清新，自成风格；他的作品用笔苍劲，这与老先生卓越的书法成就密切相关。“香远益清”堂的巧遇，使我与张老建立联系，荣宝斋从此挂出了张老的作品。当时咱们国内有几个大的画院，北京的中国画院、上海的中国画院、江苏省的国画院，这算国内比较大的。苏州画院隶属于江苏国画院管，虽说是个地区上市（级）的一个画院，但是它有它的特殊性：苏州是个国画和书法人才辈出的地方，出了很多大家和名家。当地的一些普通书画家普遍水平较高。要不是这种情况，当时哪能有那么多人还在画画呢。咱们还是书归正传，我对当地的情况不太熟悉，就托张老为我买了去湖州的船票。

一提坐船我就想起了当时的情景，给我留下了深刻印象，为什么呢？因为我第一次在船上过夜，我平生还是第一次。船很大，当然不像现在的舱位分楼上楼下，船舱只有一层，被分隔成一个一个的小单间，每个单间可以睡四个人。我睡在把门儿的床上，床位很窄，我个子又大，翻身都觉得很困难。门紧贴着船帮，船帮大约只有20厘米宽，躺下以后，船夫好像是贴着你的头来来回回地走，脑袋也像是枕在水旁边一样。听着“哗哗”的水声，感觉水会一下子灌进来浇到头上似的，真让人提心吊胆。幸好，第二天早晨就到了太湖南岸的湖州了。没想到任务完成得很顺利，我把手稿拿到后就返回北京了。还有点儿意外收获，认识了江苏的著名书法家费新我，因为费新我和费在山是亲戚，还能够结识苏州花鸟画家张辛稼，这都是意外收获啊！

还有一件事，您看值不值得一提。在湖州啊，吃晚饭的时候我来到餐厅，服务员一看我这人高马大的模样，就说：“你是北方来的吧？”我说：“对，我是北京来的。”这个服务员放低了声音跟我说：“今天我们这里有刚从太湖打上来的鲜白鱼。”我这个北方人啊还真不懂什么叫“白鱼”，因为在北京啊您也知道，“文化大革命”期间鱼都买不着，哪还有什么鲜鱼啊！后来我这么一查，才知道白鱼就是“鲦”因其头尾都向上而出名，它以肉食性为主，其肉质洁白细嫩，味道鲜美，为大众所喜爱，与银鱼、白虾并称“太湖三白”而名闻天下。后来跟人聊起这件事，它可以跟鲥鱼比美。于是我就说：“来一条！”接着又问她：“有没有啤酒？”“没有瓶装的，只有散装的啤酒。”我一听更高兴了。您回想一下北京在“文革”中买散啤酒得排队啊，这儿好，敞开供应。那鱼做得简直既鲜又美，要不怎么说南方人会吃呢？原材料好，烹饪手艺也高。就这鲜鱼加啤酒让我终生难忘！

回到北京后，我把沈尹默的手稿送给了领导，他的手稿可能比当时发行的要少一两首，领导班子开会研究，没人敢拍板出版这部手稿。为什么呢？因为那时候正在“文革”时期，谁要出版毛主席诗词必须得37首齐全，否则有篡改毛主席诗词的嫌疑，所以说这事儿就搁下了。

这一年还发生一件让我很震惊的事情，那就是“林彪事件”。我当时正在北京。我们有两个街坊，一个是在首都电影院工作，另一个在首都电影院对门——电报大楼工作。“文革”期间人们都爱谈论一点儿国家大事，无非是一些小道消息，最关心的是中央上层领导的人事变动以及趣闻，反正都是瞎说。是真是假人们也搞不清，但是人们也都关心这些个事情。有一次，他们两人到我这儿来，神神秘秘的，恨不得叫我起誓，才能将这个事情告诉我，还不放心，严肃地跟我说：“告诉你，出了事儿，要传出去你得负责任。”这还憋了我半天，就是不说。弄得我更想知道是什么事，后来才告诉我说林彪跑了，我一听就说你们这是瞎说啊，那是毛主席的亲密战友、好学生、接班人，都上党章了，他怎么会跑了呢？还有这共产党的人怎么能上别处去，这也不对啊，他们俩走后我怎么想都想不通，哪能有这事儿啊，有些人胡编的吧，真是震惊得不得了，夜里睡不着觉，心里搁着这点儿事儿还不知道跟谁说。从那天开始他俩是过一天，传闻给你增加一点儿资料，明儿又给你增加一点儿。开始的时候（我）绝对不信，不可能的事儿。有道理，问题是谁能解释啊。后来中央下了文件，我们那儿有位老先生还要求看看文件封面，一看真是中央的红头文件，才相信了这件事。

还有一点我这儿要说明，我们荣宝斋的经营特点也就是注意到了南方的画家。整个中国“文革”前绘画的状态是这样，岭南派没有多少人——就是广东和香港，画家就是关山月、黎雄才等等；然后就是海派，那时候海派是以赵之谦、任伯年为代表；后来就进入当代了，就是吴湖帆、唐云、陆俨少这些人了。他们受外来影响比较大，您说岭南派和海派为什么呢？他们都在海边上，出去的机会容易。自从解放以后，20世纪50年代的时候，以傅抱石为首的南京这一批画家，他们吸收现实主义的画派氧分，反映当时的社会现实，山水画的内容也新，比如钱松嵒画《红岩》。北方的画家就想不起来，人家脑子就比较新，所以就形成了金陵画派。而且还主张写生，所以那时候傅抱石常带着南京的画家到各地去写生，所以钱松嵒的画就特别新，他什么都能画。比如说他有一张画叫《常熟田》，画一个田地，这怎么画啊，但是他脑子很新：把田地割成几块，每一块有的地方起来的牌楼什么，把这平的地，割成几块，画出来以后很立体的，技法就很高，这就不一样。完了就是北京了，解放前形成京津画派。京津画派算是一派，画风都比较接近，北京就是齐白石、陈半丁、于非闇、王雪涛、汪慎生……陈半丁地位就很高的。北京有不少人，天津实际上就两三个人特别有名，陈少梅和刘奎龄，还有刘子久。不过这刘奎龄老先生就是在家里画画，从来不参加社会活动，反正他的画老有人要，画得细。所以北京这一大片就很多了，但是解放前后，徐悲鸿到了北京了，他这中西合璧的画风，一下把一批人就给团结一起来了。他首先请齐白石，弄到国立艺专去当教授了。

“文革”期间，也举行了一两次全国美展。全国美展画的画内容就很新，北京的画家就跟不上，就是广东的画家和南京的画家。广东那边培养了一批年轻的，像画防风林、木棉花什么的，农民运动讲习所之类的。关山月为什么呢？他虽然是老画家，但是他能画内容新的东西，所以荣宝斋就到南方、就到广东去组织稿子，像杨之光。杨之光跟我就很熟的，（他的画）主要是题材新。可是北京这些老作风的画家有一大批，还画仕女、竹子什么的。所以说当时金陵派和岭南派占领了中国画的半壁江山。

六、中日第一次笔会

1973年10月，日本来了一批大书法家到中国交流书法，就是要跟中国搞笔会。代表团级别很高，“全日本书道联盟”访华代表团，团长是日本国会议长香川风云，成员有全日本书道联盟主席青山杉雨、代表团秘书长种谷善舟、日本关西书道联盟主席村上三岛，以及饭岛春敬、梅舒适等十多位日本书道家。很多人问我，为什么日本管书法叫书道？甭管是书法、书道，反正它来源于中国，在日本盛行起来以后，被视为修身养性的重要方式和日本国固有的艺道的一种代表。从唐代以来，日本国内书道家产生了很多，直到现在风气长盛不衰，而且还有许多流派。

最有名的流派也就是传统和前卫两派。传统派就是中国风格的真草隶篆，前卫派就是现代派吧，注重表现自我。因为来的都是传统派书法家，非常喜欢中国的传统文化，但是当时国内正处在“文革”当中，很多传统的东西都遗失了。但还得接待他们，可把中日友好协会难坏了。因为是中日友协接了这个任务，没辙啊，找我来了。说日本人要搞笔会，还要参观一下传统文化的场所，你给想个办法。我说你就听我的，我让你干吗你干吗，所有东西都由荣宝斋拿出来，荣宝斋来负责，你就别管了。完了以后，他们的领导得开会，这么大事儿，这中日书法家（笔会），从来没有过。解放以后，咱们关着门，他们没有进来；解放以前，还顾不得说是去搞什么。你看这个，［指一本画册］人家这效果多好啊，咱们这一瞅就是中国味儿的。最后笔会地点定在中山公园兰花室。因为交给我这个任务后，选了很多地点都不合适，大宾馆没有书卷气，地方太小的又办不起来这样大的活动，“文革”中只有中山公园才有兰花，其他的公园恐怕全没有这种花卉了。兰花室你看这地方多好，一圈儿是兰花，散发着清香，它又是“四君子”之一。咱们在那儿，那屋子也大，五间北房。那天笔会天气很好，对外友协工作人员和我们陪同日本友人走进了中山公园，进了一座朝南的大厅，大厅中央挂着朱德手迹“兰室”，这俩字写得别提多遒劲有力了。许多日本友人拿出照相机，闪光灯咔咔乱闪。窗外，翠竹掩映，又是兰花，又是翠竹。贵宾入座，品茗、赏兰，荣宝斋就不管了。我们配备了一张很长的画案，铺上台布、毡子，荣宝斋员工负责摆上好纸好墨等文房珍品。

我记得有什么呢？有朱友麟刻瓷的大绢筒，很多人说那是笔筒，其实不是，那是绢筒。端石大墨海、紫檀大镇纸，笔他们都自带，但是你也得准备啊，把咱们门市部最好的笔准备一套，搁上印泥，墨呢是现研的，配备都是第一流的。你比如说这写字的桌子——大绢筒，把这红黄库绢一卷一卷地卷上，插在上头，旁边还有一盆兰花——一瞅就是雅的。那时候对外友协的主任孙平化，那是专管中日外交的。他说我们请的是赵朴初，那就先让赵朴老讲几句话，还拿出一小稿来，念一首诗，这劲儿就不一样。完了以后，他先开笔，下面请赵朴老开笔。我方两个女同志，精精神神的，抻着纸，赵朴老写一首中日友好的诗。完了，对方书道代表团团长青山杉雨开笔，完了以后关西的主席村上三岛。因为我方书法家还没“解放”，后来就是让董寿平出席。当时是在“文化大革命”中，董老头上还顶着一顶“地主兼资本家”的帽子啊，这哪行啊。但是找不到合适的人了，只好是他了。还有工艺美术学院的院长陈叔亮、邵宇教授，还有王成喜，后来我碰到他说，你那时候就是临时给你加上的，你是青年代表，就是代表青年让你上去写俩字，显示一下我们的书法后继有人。

完了到董寿平最后写，我们请董寿平拿出他的绝招儿，悬纸悬笔书写技巧。这种技法可能是明末王铎发明的，反正古代就有。这是董老悬笔书法在公开场合第一次露面。他以前没露过啊。因为在平日闲谈中，他跟我谈过这个事，在编辑室给我们示范过，我当然知道了，我说您这次就露露这个。按照事先的安排，两个服务员走到画案前，把一张宣纸悬空拉起来，董老站在纸的左侧，悬臂提笔蘸墨，只见董老一笔下去，速度之快让人目不暇接，几个大字瞬间出现在纸上。那年董老已经年近70岁，他的笔力厚重俊逸，您光听别人说什么叫鬼斧神工、什么叫腕底鬼神，在当时，董老的笔下全产生了。董老旁若无人、振笔疾书，时而若迅雷闪电，时而若行云流水，一会儿，一幅飞动自然、气势雄健的杰作就出现在大家眼前，引来了满堂喝彩。日本人只听说过，没见过；中国人见过的也不多。我就把日本人请到董老作品旁边，让他们“开开眼”。

这次笔会故事可是不少。笔会开始前两天，还安排了代表团参观荣宝斋。首先，他们参观了中外闻名的木版水印复制的流程，当时的产品还不太多，但是也让他们很惊喜，尤其是齐白石的作品，仿得那么逼真，在参观过程中不断引起他们的喝彩声。我们还拿出了“文革”中收起来的一些藏品，专门布置了一个琳琅满目的文房珍品展，主要是田白、鸡血、田黄在一块石头上，不知道您听说过没有，就藏在荣宝斋。我们给取了个名儿，叫“刘关张”，这三个人的脸谱不是一种颜色，田白表示刘备、鸡血表示关羽、黑色表示张飞。也不知道哪个高人给起的名字，挺形象。200块白寿山，现在您上哪儿找去啊。还有一方石眼端砚，什么叫“石眼”？就是长在石头上的圆柱体，它的形状圆正或尖长，大部分是长在天青或青紫色这两种砚石上，可是它却呈青绿或翠绿还略带微黄色，其形状如动物的眼睛，看上去犹如晶莹可爱的明珠。但它在端石各名坑中，又有许多的不同，可以说大小、色泽以及形态，各具特色：老坑石的石眼，是淡绿色；麻子坑石眼，色碧绿或绿中带黄，质地较粗；坑仔岩的石眼，色彩最为丰富，有翠绿、黄色等，形状较小如绿豆，看上去显得晶莹；宋坑的石眼，颜色不太好，灰色中带黄色，质地粗糙；梅花坑的石眼，土黄色，多死眼，有的眼有裂纹，但其含量最多，一件不大的砚石可达数十颗乃至百颗以上。其产地不同，眼的颜色也不一样，如在端砚上有一颗眼，就提高了它的身价，别说我们这个有100颗眼的砚台，那太难得了，颜色又好。他们都是内行呀，看了之后无不惊叹。有的书法家用手抚摸着砚，感慨万千。还有一个看点，就是乾隆手工绘制龙纹蜡笺，在市面上根本就看不到，而且制造技艺当时基本失传。还有我们收购的明清书法大家作品。参观者都是日本著名书法家，这个展览太合他们口味了。转来转去地，看不够。后来在翻译的催促下，来到门市部，选购文房用品，这又发生了一件事。参观展览的游兴未尽，他们的选购相当踊跃，有位团员看中了一块田白石料，怎么收费啊？这事儿可麻烦了，这田白比田黄更厉害了，看这东西是真是假，他很有经验，净玩这个。王大山说跟他要4000块钱吧。1973年4000块钱也是个钱了，我说你这个4000块钱。好的，从裤腰里头，他这钱，在日本不敢露外头，把这钱拿出来，一点，买走了。国内2000（块钱）也没人要。一是没这个需求，二是不懂，还是没市场。当初已经是放开胆要价了，现在能值多少钱？如要在拍卖会上能值1000多万吧。

笔会完了以后，当天晚上他们在晋阳饭庄往东的那个大饭馆子——丰泽园回请答谢。宴会上就有鱼翅、海参、鲍鱼，都是普通人没吃过、没见过的，又是冷拼，又是热炒，足一通上。第二天上班，昨天的宴会成了新闻，那给抻纸的女同志，都是我们那儿编辑室的，单位的有些人就问她们，说昨天吃饭吃什么最好吃啊，她说就那粉丝。把鱼翅当粉丝了，粉丝倒是挺好吃，逗得我们大家伙儿都乐了。那时候谁吃过啊，没吃过，甭说她没吃过，那80多岁老头儿也没吃过啊。

这次任务等于是圆满结束了，这是一个很大的、成功的外事活动。从那开始，一直到20世纪80年代末，全日本书道联盟每年都要派代表团来华访问，日本书法家个人来访也逐渐多了起来。一是参观荣宝斋木版水印流程，（二是）欣赏珍贵的文房文物，然后购物，这就形成了一个固定的格局，同时也促进了荣宝斋对外业务的开展。

1973年肇庆市政府决定要重新开采沉寂了百年的老坑，第一批开采出来的最大一块老坑砚石，交给了端砚名家（当时没有大师一说）麦健醒，让他雕刻制作。这位麦先生是制砚高手，爱好砚石如命，因为多年没有见到这么上乘的石材了，他喜出望外。边琢磨边设计，加班加点，花了一年多的时间，制作成《九龙戏墨海砚》。该砚长60厘米，重约50公斤，据我所知，是端砚有史以来最大的老坑砚。砚台正面刻有九条龙，腾云驾雾，或遨游海底，或游弋云间；背面刻有书法家麦华的题诗；侧面刻有赵朴初题诗，这首诗还是我去找赵朴老书写的，荣宝斋请人刻在砚上的。我们购买这块砚台，花了三万块。您要知道，这可是顶级的价格了，运到北京后陈列在大厅，参观者无不赞叹。后来被一个澳门的收藏家买走了，为什么卖给他呢？我们又收了一块更好的。这块砚台叫《九龙端砚》，它的石质细腻，上面还有鱼脑冻①、火捺、冰纹"眼"等，它也出自于最好的端州老坑口，它长85厘米，重54.4公斤，上面刻有当代书法家赵朴初亲笔题词："砚之王、出端溪，九龙飞、震风雷。墨海翻腾椽笔挥，文章彪炳照四陲。"它的个头大于《九龙戏墨海砚》，这才是自唐朝端砚开采以来历史上第一大端砚，成了我们荣宝斋的镇斋之宝。

七、四幅大画的命运

在中日笔会之后，咱们国内又搞起了"批林批孔"运动。这一来，荣宝斋又发生了一件事。那年，荣宝斋旧营业部因破旧而拆建。当年冬天，新门市部就落成了。这时候荣宝斋可变样儿了，新建筑是一座800平方米的长方形大厅，这么空旷的大厅陈列商品显得有些太直露，经过讨论，决定制作两个屏风把大厅隔成三段，以便商品分类陈列。大

① 鱼脑冻：产于水晶洞，半透半浑，又称"羊脂玉"，石质显得特别凝腻脂润，隐含云、水团状纹或波浪纹，如煮熟鱼脑，不如水晶冻莹澈，石色亦非雪白。

屏风的每一面，都拟请一位著名国画家画一幅丈二匹的大画。因为当时运动有了些松动，就请来了王雪涛、李苦禅、董寿平和刘继卣四位大家精心绘制。都是老手啊，没用多长时间，四幅大画就创作完成了。您问他们分别画制的是什么？王雪涛不是擅长小写意花卉吗，画的是《双色牡丹图》（原题《千娇百态》）；李苦禅画鹰很有名，画的是《五鹰图》，那是大写意的笔法；董寿平的松树和山水很好，画的是《松瀑图》；刘继卣擅画动物，画的是《群鹿图》，最早他题的款儿是“新茸”。现在有些人喜欢大幅的画，动辄四尺、六尺、八尺、丈二，以为越大越好。其实，过去的老画家们很少作大画。那时候画丈二匹的人不多，为什么呢？您想，20世纪70年代北京有几家宾馆呐，大饭庄也很少，当时的宾馆叫饭店，全北京恐怕不超过十家，因为建筑面积有限，也很少有陈列大画的地方，这是第一。第二，王雪涛先生说，那时画家都在家里作画，一般画家住房都较小，条件也差。王雪涛先生为了画这张丈二匹的大画，特地在画案旁接了一张桌子——纸总算摆开了，但桌子也堵到了屋门口，老先生和家里人出出进进，都要从接出的桌子底下钻来钻去。这幅《双色牡丹图》（是王雪老一生画牡丹最大的一幅。前部用朱砂画花，后部用洋红画花，异常珍贵）画了三天，全家人就从桌子底下钻出钻进三天。其他三位老画家创作的另外三幅大画，其艰难程度也是可想而知了。尽管工作条件很差，但他们创作态度一点儿也不凑合。我跟您这样说吧，四张作品没有一张不精彩的，堪称精品。四位老先生对艺术严谨认真的精神，回想起来实在令人钦佩。四幅大画画好了，刚才讲了不是正赶上“批林批孔”吗，“大批判”还在不断“深入”。挂不挂这几张画啊，领导可犯了愁，我们左研究、右研究，还是不敢将画贸然挂出去。这时候，来了个救星，香港有个集古斋画廊，它的经理来北京办事儿，他把四幅大画全部买走了。这么好的四张画就到香港去了。

你当完事儿啦？没过不久，社会上又冒出了一个“批黑画”的高潮。您应该知道“批黑画”是怎么回事。1971年，林彪事件发生后，周恩来总理主持中央日常工作，正赶上北京饭店新楼竣工，需要有大批书画来装饰。周总理亲自指示，场地布置要朴素大方，充分反映我国的历史文化，要有特有的民族风格，所以指示创作一批非政治题材的中国画，一是要装饰宾馆，二是要出口赚取外汇。1972年春节刚过，在“文革”中遭批斗的一批画家，像吴作人、李苦禅、黄永玉、田世光、宗其香、俞致贞、董寿平、黄胄、李斛、陶一清、关松房、许麟庐等等，创作了大量美术作品。这些画放到现在可值钱了。当时形势没人提钱，能让你出来为宾馆作画，这政治上的影响可大了。起码表示你没什么“问题”了，这是多少画家求之不得的事儿啊。所以这些老画家把上级交给他们的任务认认真真去完成了，张张是珍品，显示了他们当时的最高水平。可是好事多磨，问题出现了。黄永玉在许麟庐家，为宋文治画了一张睁只眼闭只眼的猫头鹰，也不知道怎么落到了某某的手中，他把这张画拿到了当时主管文化工作的国务院文化组，文化组有个负责人叫王曼恬，她借此发难，说猫头鹰睁只眼闭只眼是敌视社会主义、是对社会主义不满，并向“四人帮”汇报了这事儿。“四人帮”借题发挥，掀起了一场“批黑画”运动。这下可坏了，多少人给卷了进去。南京的陈大羽画了张《迎春》，画面是迎春花前引颈高鸣的公鸡。“四人帮”愣说这幅画中的公鸡怒气冲冲，翻白眼、翘尾巴，分明是在对社会主义的春天、对“文化大革命”极端仇视。李苦禅画的《残荷图》，画了八朵荷花，右下角有只翠鸟，“四人帮”硬说那只鸟是暗讽江青称霸，八朵荷花是影射八个样板戏没人看。最倒霉的是黄胄，众所周知他擅长画驴，如果他画一两头驴，说他热衷单干；如果画三头以上，说他污蔑社会主义制度落后；最可笑的是，他画了个回头看的小驴，被加的罪名是留恋过去，走回头路。还有一位叫宗其香，他画了三只老虎，“四人帮”说“三虎成彪”，当时“九一三事件”已经发生，林彪已经死了，他们说他在怀念林彪，对他进行了严厉的批判。李可染有一幅水墨山水画，被批成“就画黑山黑水”。真是欲加之罪，何患无辞啊。上海有一画家叫王个簃，他是个老资格了，1973年他画了一枝山茶花，后面衬着一块石头，他题了个款儿“冲风斗雪见精神”，后来也被别人当作黑画来批，造反派说你要冲哪家的风、斗哪家的雪，纯粹是对社会主义不满。又抓住了他画了一张墨荷的款儿——“不染污泥花似玉，饱经风露叶具香”的诗，经分析此画有两个反动之处：一是用墨画，太黑，属于不健康的颓废没落艺术；二是“不染污泥”四个字是孤芳自赏自我标榜，代表了对社会主义不满的心态。老先生事后跟我说，只有任他们批判，没地方讲理。

荣宝斋也受到冲击，把许麟庐给“卷”进去了。他创作了一张国画还是册页，我记不清了，画的是三只柿子、一棵白菜，题字是“三世清白”，画写意花鸟的画家都爱创作这个题材，齐白石曾经画过“世世清白”。可许麟庐这张画撞枪口上了，有人就出来批判他，利用“三世清白”的谐音为“反动家庭”翻案。因为那棵白菜外面绑了一根稻草，也不知道哪位“高人”发现了问题，说许麟庐太恶毒了，他这个画的本意是三世清白、一世受困，整个一个对社会主义不满，这事儿可坏了。又是黑画展又是批判会，闹哄了一大阵。

苦禅老和董老的作品都被列入了“黑画”名单，也不知哪位啊给举报了，他们在荣宝斋画了大画，还卖到香港去了。这还了得，上级马上发了话，勒令荣宝斋必须将画追回。这样《五鹰图》和《松瀑图》又被退回到荣宝斋，这二位也被扣上了“黑画家”的罪名，遭到了“批判”，你说冤不冤。

“文革”结束后，这两张画一直在荣宝斋；改革开放以后，《五鹰图》和《松瀑图》陈列在荣宝斋大堂的迎面，赢得了无数来荣宝斋参观者赞赏的目光，这两张画才叫为荣宝斋增光添彩。您会问流落香港的另两幅大画后来怎么样了？我退休前到香港出差，朋友请我到陆羽茶室去吃饭，一上楼梯，便发现二楼迎面挂着的正是王雪涛先生丈二匹大画《双色牡丹图》。陆羽茶室是一个文化餐馆，三层营业厅堂都挂着张大千、溥心畬等名家书画原件。但十多年没见它了，真叫我感慨万千。只有刘继卣的《群鹿图》多年不见踪影，那张画上画了八只大鹿。可是1997年，我在中国嘉德拍卖公司的拍卖会上又见到了它。原来这幅大画当年由中国香港辗转流至新加坡，中国嘉德拍卖公司当时的经理甘学军告诉我说，是他“从新加坡扛回来的”。这幅大画历经20多个春秋，终于又回到北京，参加了当年的秋季拍卖会。当我看到这幅大画，回想起20多年前的情景。刘继卣先生这幅《群鹿图》以16万元的价格落槌，20年后的今天再看这一拍价，简直叫人唏嘘不已。刘继卣的《群鹿图》是刘先生生前所画最大之作，现藏于邯郸收藏家郭红先生处。李苦禅《五鹰图》与董寿平《松瀑图》最早保存在荣宝斋，后来《五鹰图》和《松瀑图》也进入了艺术品市场，现在藏于大连的玥宝斋。可见画和人一样，它的命运往往是不可预知的。只要国运昌盛，真正的艺术佳构终究是会安得其所的。

这一年我还赶上了一件事，收了一方石印章。我认识一个大校，是解放军军官，喜好文艺，后来才知道他的姓名，当时我们见面老管他叫章大校，也不叫他名字。一看见他就老喊章大校来了，听口音山东人，他夫人也是解放军大校，两人工资很高，可能家庭负担少，有一定的文化层次。他喜欢书画，而且可能是见多了，鉴赏水平还不低。他去荣宝斋主要是买画啊，您想，王雪涛的画那时候才20多块钱一张，其他人的就可想而知了。他专买近代、当代名家精品佳作，有眼光，会挑。他还有一个毛病，画的品相一定要好，行话叫“雪白干净”。那时候荣宝斋啊，买卖不多，有一个不成文的规定，熟的客人看上哪幅画可以拿回家看几天。如果要，您就交钱；如果不要，您给退回来，再换别的画。当时不单是我们这儿，琉璃厂好几家，都有这规定，因为他经常来，从经理到工作人员，都跟他很熟。他有一套公关方法，这词儿有点儿新了，反正他特会来事儿。他到编辑室有个特点，从兜里拿出一盒中华烟，永远不打开的，当众打开，边上有个丝儿嘛，打开，完了给在座能抽烟的一人一根，搞这个“统战”。他来了，有人赶着要这个，“章大校，坐这儿，今天您带烟了吗”，“带了带了”，就是联络感情吧。

现在他还健在，头几年我们还经常通电话。章大校当时负责什么工作呢，20世纪60年代越南不是跟美国打仗吗，苏联支援越南的那些个军用物资，要穿过中国，才能送到越南去，过境期间，你得保它在中国不要发生问题，他就负责这个事。这样的人有那么几个，也不多，四五个，名字我都忘了。这些人后来都“滑”了，改革开放后，除去上荣宝斋，也上文物商店、燕京书画社，就不光在荣宝斋买了，这几个店之间价格有差异。他们是当时主要购买力之一。这章大校还给我来了一“拳”，怎么回事儿呢？他从对门（庆云堂），拿了一块石头，他们这些人是因为在琉璃厂经常买文物，先拿回去看看去，这是允许的，不满意还可以退，就拿回来了。是一块什么石头呢？我拿给您看看，您看了以后才知道是怎么回事。

［展示石头］

您看这块石头多好，芙蓉寿山，王福庵刻的，江南名篆刻家。这词儿也好，“永受嘉福”。这是一块好石头。这块石头，他在家里看了好久，时间太长了，你说你看个三五日还无所谓，他有点儿不好意思，不愿意自己送回去。那天他上我们这儿来，“大米你把这个给我送回去，这是对门庆云堂的，卖给我15块钱，我还没付款，你帮我退掉吧”。一看就是（脸上）挂不住了，他是一个大校嘛。我说您干吗不要了，他也没回答我。我当时心里想，你买东西，不要了，让我去退，退东西的事儿我也不爱干，但又不好拒绝他，我一忙，又搁了一两天，才想起送去。我们那儿的人说，这石头多好，干脆你买了。尤其是徐之谦老先生说，这块石头，石质色美，篆刻的字儿严谨整饬，是深得浙派神髓，而且印语非常好，说得我也动了心。我没钱，第二天，我从家里拿出两张王雪涛先生的花鸟画，找到收购部，那天王大山在，我说我把这两张画卖了。王大山是老业务员，一看画，说你是18块买的，那我们还18块钱收。我说行，就这样，两张王雪涛就出手了。15块钱交了印钱，3块钱也不知道怎么花了。到现在我还记得那两张王雪涛画的是什么呢！别提了，一想这事儿我就心疼。一张是两平尺的牡丹，画得很好，它是草绿色的叶子，您知道牡丹花是用什么画的吗，没上彩色，是水墨，别提多别致了；另一幅三平尺，画的是令箭荷花，上边飞着两只蝴蝶，那真是栩栩如生啊。我退休以后，我们俩还有来往，我不是参与拍卖了吗，我想他手里有很多东西。他的那批东西，还是前几年，有一个拍卖公司想收购。我给他打电话，我说你现在也老了，子女不知道喜欢不喜欢收藏，我说你卖了得了。我说我们给你判断，给你5000万。5000万可以了，这是头几年的事儿，但是他没卖。后来我就病了，最近没来电话，也不知道他的情况了。

八、清理查抄物资

20世纪70年代中期邓小平同志复出，全国各地都开始落实政策，北京市也成立了一个什么查抄物资清理的组织。当然上头是领导干部，下面分很多组，古玩、字画、古书、家具以及杂项组，都由各个专业单位派人参加。荣宝斋领导找我说："你带几个人到市查抄办公室报到，那儿给你们新任务。"我们到了那儿以后分配我们荣宝斋的这些人专门清点书画，地点在哪呢？缸瓦市路西的基督教堂。当时正是"文革"中间，教堂已经封闭了六七年了，里面堆满了1966年的抄家物资，就在他们教堂的大厅里，里面也没有灯光，暴土扬场，没法待。后来还算不错给我们配上了灯泡，每个组专有办公室，在里面把书画分类一级的文物要挑出来。第一天我到了大厅里，东西堆得和小山一样，我们开始工作了，鉴定我的书画去吧。

书画里面也有部分珍品，但是不多。您想抄家的对象什么人都有，有的解放后穷了，有的依然还富有，所以里面的东西参差不齐。真有好的册页可惜都受潮了，粘在一起打不开；也有很多长卷被撕了，对不上了；有的上面被涂抹很多花花绿绿的东西，没法再复原了。那些日子没白忙吧，反正从这里面还找出了几件一级文物。

还发生一件意想不到的事。在一个樟木箱子盖里面有一个夹层，有一位工作人员一掏，拿出来一张存单，大伙儿当时一看全吓坏了，您猜多少钱？头一位看完之后不敢念，第二位还不敢念，我是第三个看的，只好数零，个、十、百、千、万，上面写着20万，当时谁见过这么多钱啊！我说咱们大伙儿别动，咱们还给搁回去，这也算是中间一个插曲吧。

九、怡亲王宝

［出示一张照片］荣宝斋的怡亲王之宝是“文革”前一位姓孙的领导收购进来的。我记得当初才给人5000块钱，可是您要知道“文革”前夕的5000块是个钱。现在看来在当时收也是便宜了，后来也没给人再找补找补。情况是上哪儿找去啊，谁知道啊。那时候收东西只有一个简单记录，某某日购进物品某某，经手人是谁，付款多少，其实这些东西都不很规范。随着时间的推移，这对石章反正是越来越被重视，为什么呢？这么大两块印章，原石得多大呀，现在我们无从查起了。你想我们在福建买那块大田黄石，那要切成章料的话，顶多也就是这么大［比画］，这么两块，它才出这么点儿东西。这对大田黄章是清雍正皇帝第十三弟胤祥之子“和硕怡亲王”弘晓的遗物，它长宽高都是十多厘米，每方近一公斤，您从成色、花纹、纹路拿眼一看，肯定是一块田黄石分割出的。田黄石出土都不规则，能够开出规规矩矩的印章，原石肯定要大于它几倍。您看它的顶部呈深橘皮色，下部田白色，这在石头里还有一个讲儿，这叫“金裹银”，要不是全黄，要不是全白，黄白相间真不多见。其中有一方，刻有“和硕怡亲王宝”，这块石头重949克，收购时还不论克收，大约19两。还有一块儿，刻有弘晓的号，叫“冰玉道人之章”，它重945克，合18.9两，两块相差不多。篆法和章法一看就是宫廷风范，它无论从文物价值、材质价值，都堪称是瑰宝。这才是田黄王呢，您可以在这书里头强调一下。这老米一再说，我们从福建购买田黄王和“怡亲王宝”都堪称是世界第一。

第四部分　改革开放后的荣宝斋

第一届总经理侯恺（右四）、书记王士之（右二），第二届总经理蔡金鹏（右六），第三届总经理龚如甲（右三），第四届总经理郜宗远（右七），第五届总经理马五一（右五）、副总经理米景扬（右一）在一起

一、搞鉴定

我觉得荣宝斋就是个大学校，你要说这时候咱开始成立一个训练班，让谁讲讲这个、讲讲那个，还真没有过。就看你在那里是不是真的喜欢书画艺术——这句话对不对："师父领进门，修行在个人"——就看你自己的悟性了。我什么时候开始搞鉴定的，还真不好说。在工作中因为对这个有接触，不知不觉地就熟悉起来，我并没有刻意拒绝。那时候也没有"领进门"这一说，就是你每天都要看这些个东西，你要喜欢的话，必然产生问题，产生问题你就问这些老先生们，这怎么回事，那怎么回事。当时的老先生都不保守，你去问他问题，他很高兴。自然就产生这样那样的问题，那么产生问题，你再研究深入以后，你就产生爱。收藏也好，搞鉴定也好，你要不爱，那你就甭干，你也干不了，你非得爱。为什么有的人省吃俭用？据说早年张伯驹收集很多字画，家里有钱，但是都在银行里，到时间才能取。他不管这些，只要喜欢就买，不管家里的经济情况，中年以后家里人如果不同意他买喜欢的书画，就躺地上，你要再不给他买那个，他就不起来，能有这样的决心。他是不一样，他确实是真爱。那么艺术品又存在很深的艺术上可以解释的东西。您比如说以前南齐谢赫"六法论"，你要想学画、你要想认识画，你得看看它的骨架怎么样、颜色对不对、当初他怎么学的，就这一系列的事情，它必然产生这样那样的问题。比如说"六法论"的第一个叫"气韵生动"。什么叫"气韵生动"？这"气韵生动"最难解释。我认为"气韵生动"就是它的艺术魅力，中国画的特点就是讲笔墨、讲线条、讲气韵。由于你本身有一定的水准、有了一定的鉴赏能力后，一看作品就知道它好在哪里、败笔在哪里，有些人讲国画有气韵，"气韵"就是综合魅力。用现在时髦的词儿来说的话，很难说什么叫"气韵"，说这个是“气韵”，就是个综合魅力。我从小就喜欢（艺术品），我们家北屋的正中央，有这么大［比画］一个观音。这观音瓷的，烧得实在是好，慈眉善目、法相庄严，一直到公私合营才交了。虽然不属于你们经营范围，也得上交。当初你这是哪来的，也是你（们家）这些个货里的其中之一。

有人曾经问我，好比我是玉器行，不干了，我转业去干别的东西，这个东西我们可不可以留下来。那当然了，那您就整个完全变了，变成一个私人（收藏）了。就好像您一个普通老百姓，我家里摆着两件玉器，这性质是一样的，这你管不着了。那时候你要是买了卖了也得有个小票证什么的，也不能随便。

咱们书归正传还说书画鉴定吧。有人说这鉴定太难了，明明这东西你看就是真的，他看却是假的。不同眼光，它就是你经常看，你把这个人的构图、造型、用色、笔墨、用墨、用水这些方面（综合起来），还有一个就是习惯的变化。你看着看着看习惯了，看习惯了你就不觉得它难了。我看近代很多我熟悉的画家，我钦佩的画家，你就是背面给我看，我都能知道这是谁、那是谁，因为那个人的用笔用色他有自己的习惯，而这习惯不会变，你都能够掌握得了。但这需要一番功夫，有人说恐怕不是三两天就能完成。这话说得对，就是得有时间长的功夫。20世纪50年代第一届全国美展，是在北海那儿，我从那儿起，就注意上这个绘画，其实我用的功夫并不大。因为你很快就工作了，你一工作，工作上的事情太多了，让你干这个、让你干那个，那只能是业余的。我们荣宝斋编辑室，就是一个艺术家集中的地方。那几位老先生应该都是业务水平很高的。因为在一起工作都非常熟，你提出问题来，他能给你答；有的他真是不能给你答，不能给你答（时），他们相互交流一下这怎么回事，也就探讨出来了，就给你一个明确的回答。这环境多好呀，你花多少钱也买不来呀。

就拿书画来说，你每天看和不每天看是截然不同。这就是所谓的“曲不离口、拳不离手”，这应该是同道。看的次数多了，比如看哪个画家的特点，用笔怎么个特点。您比如工笔花卉，大部分画的是温柔的线条，很美的、很有弹性的线条，于非闇画的就是线条一般粗，但是他也是有他的柔软性，他有他的习惯。你看，说起于非闇有个最大特点，画家有的越老越好，有的老了手颤了，避免不了，手颤的人多了。而手颤有的就坏了，画什么不像什么，也有个别情况。就齐白石这手颤，他画出来以后有另一番风味，有点儿像毕加索那劲儿。毕加索为什么说我不敢到中国去，中国有个齐白石。齐白石在这方面确实比毕加索还厉害，就这个随心所欲那劲儿，想怎么画就怎么画。那齐白石是不这样就不行了？您看这张画就很说明问题。

［出示齐白石晚年牡丹画作］唯独齐白石，他到了晚年，身体不好了之后，又有点儿特别劲儿。您看这花瓣都画成羽毛了，而且花戳了半天也不知道戳的哪瓣，但是你看着感觉它就是不同凡响。你刻意地去画绝对画不出来，您还别不服气，这就是大家，因为他艺术上的造诣在这儿搁着呢。为什么尊称他为大师呢！

［出示于非闇《柱顶红》画作］您看这张于非闇的《柱顶红》，真有绝的。您看这叶子

于非闇《柱顶红》画作（米景扬藏品）

的布局、花朵的位置，我称它为绝，恐怕您也同意。您先看看这画什么时间画的，［指画作的款儿］时年70岁，那是1958年，可惜第二年就故去了。当时算享了高寿了，可是用现在的眼光一看死得太早了，才71岁嘛。岁数不大，您看这线条，他非常厉害啊，这就是北海画舫斋买的，15块。在我买之前《人民日报》还刊登过这个画。

您问我鉴赏的第一张画，那很难说了。荣宝斋一进门就是一大片画，那时候的荣宝斋，它是这么一长条，长条完了以后，通后面有一条长夹道，最精彩的画都在后头这一溜。每天在看，耳濡目染。你经过它那儿，你就看那画，而且经常听到一些老先生们在评论画作的艺术水平。那时候人比较实在，很少有“吹捧”之嫌，也没听说过这个大师、那个大师的。现在倒是大师“满天飞”了，其实水平怎么样，你心知肚明，捧你的人心里也有杆秤。当大师，诗、书、画、印，熔于一炉，四绝超群拔萃。现在的大师们有几位能作诗，能写一手好字？自己制印就更谈不上了，即使画风也是稀松二五眼，连款儿都写不好，别说题诗了。好在现在网络很方便，上网一查手到擒来，应付应付而已。只不过都不说心里话，我就直截了当说了。

您看看这张。［出示王雪涛画作］说起这个，王雪涛画牡丹不是上来就这样。他开始是画西洋画出身，在学校的时候学过西洋画，所以他画画的感觉跟没学过的人是不一样的。您看他的花头的造型，当然他写生，是综合了这几朵花最漂亮的几个花瓣，搁在这一个花头上，所以他画出来的花头不是很普通的花，而是这个造型美，哪儿缺哪儿补的造型美。就这种画法，是1956年的冬天，他拿到荣宝斋第一张这样的牡丹，以前还没有。那天怎么回事呢？那天荣宝斋正好赶上我们那东院，买了以后，修理完了，就开一个展览会，用那个院和前面的门市。就跟画家征集作品，说您得拿好画，大家伙儿全拿好画，王雪涛就拿了这么一张牡丹，和他解放前画的牡丹完全不一样。这花头之美，造型、枝干、构图，花头俯仰的变化。头两天我跟您说的田宜生，他比我大多了，我那时候才20多，他已经五六十了，很老的一位了。他就陪着一个首长，说您看，王雪涛现在已经能画独枝牡丹了。我听了就回到办公室说，我听田宜生跟人介绍说这是独枝牡丹。田宜生说，独枝牡丹，画一张画，不管多么大就一枝子牡丹，不是画了很多而是画一枝子牡丹，就能把牡丹表现出来。以前画独枝牡丹，只有吴昌硕，别人没有，连齐白石都没这样画过。这张画就是当时的展品，许多中央首长看了以后，都称赞他有本事。很多人不知道王雪涛先生最早学的是大写意花鸟，1923年拜齐白石为师，但是他很早就倾向于发展小写意的兴趣，所以后来的小写意成了名。很少人知道这一段故事了，可以这样说，他是继清朝任伯年之后最有成就的小写意花鸟画家，他的作品有灵气，特别潇洒。［出示一张国画］您看这幅画的花蕊不是随便点的。其实什么叫大家，有不同的解释，我认为就是把最美的地方显示出来，艺术品是美的综合。那时候书画市场价格也很便宜，其实这不是钱的问题，是对一个人艺术上的肯定。

［出示董寿平画作］不同的画家本事不一样，董寿平画竹子。画竹子从宋朝一直到清朝的郑板桥，觉得郑板桥的竹子就到头了，董寿平的贡献可是大。董寿平画竹叶的用笔是中锋笔，中锋转折、万毫齐立，这个笔尖集中在一个笔肚里头。万毫齐立，力量就使在笔的最中心的地方，他这笔不是倒着的，到头的力量也不要放松，中锋转折嘛！王雪涛就不一样。王雪涛是侧锋，您看王雪涛画，这笔是倒着的，这张纸很大，他这一下［用手演示］，这一个枝干就到了画的底上了。你要这么画就慢多了，（他）这样地往前走，用的是侧锋，侧锋的面积就大了，也有速度。咱们北京有一个叫金默如，金默如是画得真不错，他真把王雪涛的绘画方法全学会了，可是现在身体不好。跟我同岁，我们关系挺好。那天在国家博物馆看画展，我说你还画吗？他说得画啊。能画就画，可不吗，他真是旗人的口吻。

刚才我让您看一个画册，就说傅抱石皴法，我说这是假的，一看就是。您怎么能从皴法上看出真假来呢？傅抱石山石的皴法，有各种各样的，他善于用墨，特别泼墨大写意，从实践和传统中吸取营养，创立了一种人称“抱石皴”的新皴法。如傅抱石画树，以散锋干皴点叶，画水以散锋勾纹皴波，他又形成自己的习惯用笔。傅抱石的皴法是把石头，你可以说他好像是乱涂似的，其实他是有他自己的规律，有他的章法。他这个用笔，笔和笔、皴法和皴法之间，它的关系不是乱来的，他有自己的想法。所以傅抱石的这种笔法，别人叫它“抱石皴”。这艺术必须有贡献，你没有创造不行，“抱石皴”就是他创造出来的。

现在仿他的画，要想仿好非常不容易。画家除了高超的技艺，还要有一个创作的情绪，才能画得这么好。作画和情绪有很大关系，那太有关系了，尤其是写意画。您看梁楷，您看他画得多么简单，但是他画得就是很好。

鉴看一个画家，尤其他过世多年了，很多作品存在世上。作为我来说，要看很多画，要对他深入地了解。学习鉴赏我告诉您一个诀窍，多看原作。我举一个例子，不知恰当不恰当，李苦禅老先生画鹰，是他的一绝，您会问这和款儿有什么关系，其实有很大关系。在20世纪70年代以前，他画的鹰嘴略呈方形，可是80年代以后就定格为方形：如果它的款儿是70年代以后作的，就是真的；如果是60年代的款儿还是方嘴的鹰，那就是假的了。还有它的字体与画面要协调，您还得了解一下天干地支。反正这里头学问很多，不是一两句就能说明白的。

您问我像王雪老小写意花卉，他的特点在哪里？按王雪涛来说，第一构图很独特，叫三角构图，［指王雪涛牡丹画作］这张纸拿来了以后，这两笔下来，主干就有了，这有一枝子陪衬它以后，一下子有一大块空白，形成一个三角构图。

每个人的修养不同，每个人布局不同。修养不同、想法不同、喜好不同、习惯不同，所以每个大师有每个大师的特点，绝不是一道汤。您看这个，［指墙上一张王雪涛册页］没人画赤包，他画俩赤包，看的人连知道都不知道，玉兰花能看得出来，还没开呢。现在恐怕赤包没有人种了。我记得我小时候，20世纪50年代中期以前，还有种这玩意儿的，成熟后放在棉花里让它发软。它还是一味中药，橘红色或橘黄色的，这个东西放在果盘里当清供很有品位，但是现在很多人都不知道它是何物。您看它这个构图，大块的空白，但是他把款子放那儿以后，就补充了这个空白了。除此之外，它色彩变化，红、黑、绿、白，这几个颜色放在一块儿，特好。您看国旗，没法国国旗好看，它是红、蓝、白，这三个颜色配在一块儿就是好看。

我谈谈这个款识上鉴定对鉴定家也是很重要的一个功夫。自古以来，画家要表现自个儿的心情，因此王维说诗中有画画中有诗，后来画家都要会写诗，而且书法要表现得好。把这几个综合起来，又是他的画的艺术成就所表现的重要的地方。有的画家的题跋，一题就是一大片，我给您拿一张您看。

［出示张大千画作和画册］这两张画您就感觉一下。这个是比较秃一点儿，这个就丰满了，但是确实他补得水平高。您说它是一张画还是两张画？您会说这是两张画。您再看看，细致地看看。这个就是结构，这多了一棵松树，这多了一个人。您看看这个，您怎么感觉，您怎么看也是两张画。［指张大千画作］这两张画这是一张，就这一张。1999年偶然的机会得来的，以后有机会再讲这件事。

还有的画家题的款儿，占的地儿太大了。

［出示郑板桥画作］这一张画，写了100多个字，其中很多个“兰”字，具体这我当然没数，别人跟我说的。

余种兰数十盆，三春告莫，皆有憔悴思归之色。因移植于太湖石黄石之间，山之阴，石之缝，既已避日，又就燥，对吾堂亦不恶也。来年忽发箭数十，挺然直上，香味坚厚而远。又一年更茂，乃知物各有本性。赠以诗曰：兰花本是山中草，还向山中种此花。尘世纷纷植盆盎，不如留与伴烟霞。又云：山中兰花乱如蓬，叶暖花酣气候浓。山谷送香非不远，那能送到俗尘中？此假山耳，尚如此，况真山乎！余画此幅，花皆出叶上，极肥而劲，盖山中之兰，非盆中之兰也。

他画的是兰花，题的也是兰花。这就是画家自己对兰花的体会。像郑板桥这个咱先说说，（款儿）这么大，这是他独创啊，这是他的心得啊，这是属于什么呢？那天心里高兴、痛快，有些话都要说出来，就形成了。在书画界来说这算长吗？这也不算。谁愿意下这么大功夫啊，差不多是一半，他就是兰花画完以后，对兰花的体会和那天对兰花的感觉，他都抒发出来。对款儿来说，没有一定的要求，只要题得好，显示你的学问；题得少，就俩字，叫“穷款”，但也有那“特殊”性。“文革”前后，很多画家什么都不写，只写个名字就完了，什么原因，怕找“毛病”。如果在作品上一写什么诗，这诗怎么回事有人找“毛病”，很多人也就放弃了。那个创作期有它时代的特点。王雪涛这个时候永远是“雪涛写”，就三个字，他知道陈半丁题诗惹了事儿了，这是个经验教训。

我快退休的时候，有一次中南海通过延安鲁艺校友会负责人苏扬同志，他跟我比较熟，说中南海那儿有许多周总理的字画，周总理早已去世了，你能不能给我们看看，鉴定一下。我当然高兴去了。

米景扬（右）与延安鲁艺校友会负责人苏扬在中南海西花厅合影（米景扬提供）

看了物品的登记册以后，觉得还真不错，周总理家里绝对是大家庭，他收藏的都是谁啊，都是袁江、袁耀。这袁江、袁耀是画界画的，就是画楼台殿阁的，他们的作品都很大，或者是四条屏、八条屏、十二条屏，都是画的这个。周总理家里收藏的，他先给我看目录，我说这很了不起的。他说这画看不了了，都让谁给拿走了。谁拿走了？周总理不是两个家吗，一个是属于绍兴，一个是淮安，说是淮安的周总理纪念馆全给挑走了，我心里说你们也太不负责了，让人把好的都挑走了。我说请负责人把这些个全部要回来。后来完事，负责人请我吃顿饭，坐在一个桌子上，有一个年轻的女同志，看上去也就30多岁。别人说你知道她是谁吗，我说我不知道。她是田家英的女儿，就见这么一回。我在西花厅屋子里转转。周总理也真勤俭，您看南方不有竹子编的小椅子吗，两根棍插着，最简单的那种。他这一进大堂，一套沙发，两边好像有10把还是12把这种小竹椅子，工作人员说这些竹椅子是周总理自己拿钱买的。他可能提出来往的客人多，没地儿坐，他又不愿意让有关部门给添椅子，他说添12把椅子、添20把椅子也没关系，他心里不愿意。由此可见，他在生活问题上是谨慎得不行的。由于我上班时工作较多，我喜欢鉴定，但是接待任务是我的主要业务。所以说很多的鉴定工作是在退休以后才开始的。现在年轻人有一句时髦的话，叫作“干自己高兴的事儿”。也可以这么说吧，1998年退休之后，我有大量的精力才能搞鉴定。这个话题咱们放在以后再说。

还有一个，总理的秘书赵茂峰离休后找我，他们要办一个对外文化公司，内部要装饰一下，想托我找几个国画家，给他们画几张画。凡是跟我私交好的画家，我都找了，请了如范曾、董寿平、白雪石、何海霞等人，画完以后交给我，我给他们裱好，拿过去了。后来赵说你给我们出了这么大的力，我总得送你们一点儿礼物。他拿出了一个大牛皮纸信封递给我，我以为是钱，我说这就俗了。他把信封硬塞在我手中，说你先看看再说。我打开一看，原来是20世纪60年代荣宝斋举行内部展览的请柬。这张请柬是我们送给周总理的那个请柬，那时候我们办什么展览都给总理送请柬。您来不来我们不管，反正我们得请您。可是由于工作的原因，总理没来过荣宝斋。这张请柬的后头总理写了《蝶恋花——答李淑一》，那首词应该是这么写的：

我失骄杨君失柳，杨柳轻飏直上重霄九。问讯吴刚何所有？吴刚捧出桂花酒。

寂寞嫦娥舒广袖，长空万里且为忠魂舞。忽报人间曾伏虎，泪飞顿化倾盆雨。

它和公开发表的毛主席诗词《蝶恋花·游仙——答李淑一》有多处不同，我推测可能是在毛主席写这首词后，周总理看到了词的草稿，顺手抄在荣宝斋送给他的请柬上。他说这个东西很珍贵，送给你留个纪念。我说我可不敢要，这都是实话，这总理的东西。既然是参观荣宝斋的请柬，你要送给我，我还是送给荣宝斋吧。所以我就转赠给荣宝斋资料室了，荣宝斋就收藏了这样一件珍贵的文物—— 一张请柬，上面有周总理的亲笔墨迹。这礼太大了。要是现在拿出去，在拍卖场上，反正得百万左右吧。因为周恩来手迹拍卖场上没有出现过。国家规定，毛主席、周恩来、朱德、刘少奇，他们的手迹不能拍卖。

二、定价

您刚才问我如何给我们这儿的商品定价，我给您讲一个故事，但它是我亲身经历的。我们荣宝斋在外地收了块砚台，恐怕是20世纪80年代，是端石里面的绿豆端，中间有个槽，有人给起名，说这就是“僧人鞋”。一说僧人，外国人尤其日本人他就尊重，觉得这种东西亲切。80块钱收的，营业部定了销售价280块，反正是这么个意思。利润已经

250%了，我们那王大山看了半天说，等会儿，等大米回来以后，再让他看看，他的价比咱们好、比咱们“壮”[①]。这“拉”[②]价也是学问，有的气足，有的老“拉”不上。我从外边办完事以后，别人告诉我有这么回事儿。我看了看砚台、掂了掂重量，当时写的那签，就写了个10050。您会问为什么有零有整。我的意思是顾客一还价，让他们把那50给抹了，卖的时候好卖。那天好像是礼拜六。没想到第三天，星期一了，我一上班一看砚台没了，营业员告诉我说卖了10000块钱，是一个日本人买走了。日本人一看绿豆端，个儿也大，就这么大个［比画］，非常喜欢，我们还减了50块钱，非常高兴。

给东西定价是非常大的学问。你得了解社会，了解这东西打算要卖给什么人，而这个人的特点是什么。那时候就是只能卖给日本人，改革开放也开始了。

您问如果外国人来买荣宝斋的字画，你们在原价上还加不加钱。也不明确，这些都没有明确。外国人来买，这张画特别好，价钱稍微提高一点儿，这是可能的。那时候除去荣宝斋，别处很少卖画。也不是不许卖，就是说起买字画，所有人脑子里就是到荣宝斋去买。“文革”前琉璃厂还有两家：一个就是萃文阁了。萃文阁那个价钱，我跟您说那张大鹰，不就是230块钱嘛，也是和我们的价钱差不多。还有一个叫伦池斋，我们荣宝斋的隔壁有一个两间门脸儿的小画廊，私人的了，好像是北京20世纪50年代后最后一个私人的。那老经理跟荣宝斋关系一直就很好，跟画家也关系特别好，所以你要看他那儿的画，都是真的、都是好的，但是挂不了多少张，地方小。那时候我看见他有四条，王雪涛给他画的四条，可能是从王雪涛那儿拿来的，就是一年也卖不了几张。那恐怕也没买卖。老经理一人，你说在那一天到晚坐着没事儿干，铺子的牌子也不响，能卖几张画?

从20世纪50年代荣宝斋即使卖原作也是寄售。画家画好后，先寄放

---

① “壮”：此处指的是定价高而合理。

② “拉”：提高的意思。

在这里，卖出去才付款。当代书画名家作品，我说的是名家，小名头不收，我们也卖不出去。只有十几位大师例外，给以适当的照顾。我跟您说都有哪几位，傅抱石、潘天寿、吴作人、关山月、王雪涛、李可染，上海的程十发、南京的钱松喦，现在我也说不全了。他们的作品拿到我们那里，当即付款，这是特殊待遇，其他画家不行，他们的画70年代末还能卖。

我举个例子，把他们的“笔润”低到什么程度说一下？傅抱石名气大不大，生前已经在全国打响了，现在他的画，上千万的大画在当时能卖多少钱呢？跟您说，80块。我这儿还有一封信，［出示傅抱石信件］这是1965年傅抱石去世前一个月写给荣宝斋的，这也是他生前向荣宝斋出售的最后一批画。一共有多少张？25张，其中20张小幅，5张大幅。

宜生同志：您好！

承汇存款，已如数奉讫。感甚，感甚！

兹另邮寄上拙作一卷，共计二十五幅，请查收，至祷。其中大幅五幅，拟托裱请寄售（每幅请定价八十元），小幅每幅定四十元，费神……您何时下乡？便中乞见示为盼。

匆匆顺致

敬礼

抱石上

一九六五年八月二日

从这儿我们就可以看出，20世纪60年代书画价格是受计划经济影响的。但是关键是当时的经济不发达，有这个问题在制约着。

我们那儿算搞得比较好，刚才您问，原来定价是一个人说了算呢，还是要大伙儿讨论。原来得讨论。后来领导觉得我技术比较全面，木版水印、勾描、画画、临摹，对外业务上我也拿得起来，就让我负责定价。我觉得画画可以根据天赋来学，但是给东西定价，这是学不来的。他们有的人看见过我定价，以前定价都是好些人，到我负责这个工作时，就我一个人，后头有俩人记。你比如说隔了一两个月得挂出一批新画来，都挂好了，这张3500，再看第二张，这张500，再看第三张，这张12000，一个人写那签儿，一个人记那账，就这一圈儿，用不了一个钟头，解决了。开会讨论就坏了，老张说12000，老李说8000。关键这个东西啊，你得是真懂，作者的社会影响、作者的艺术水平、这张画什么人喜欢、这个流派是哪个阶层能接受，既不能高，又不能低。古玩铺的老先生们说，要价要不到“痒痒肉”上，真喜欢这件东西，稍微觉得有点儿贵还能接受，这价就要到了恰到好处。这东西您说得对，定价是门学问。

［出示照片］这是纪念荣宝斋公私合营30周年展览。您提到我们还是在那次展览会上见过面，您说的东大厅都挂满了画，真是那么回事。在1980年，那时候书画价位还没上去，李苦禅的二尺的横幅荷花才1600块钱，您说的有一个日本客人，提出要八折，接待人员说做不了主，得找“大米”，当时这种事很多，因为我负责这一块。（张龙翔：您看了画之后，点了头，他买走了。）

实际上荣宝斋门市上关于书画价格的事儿80年代初一段时间我负责。当初打折也有原则。第一熟人，第二他常来，一般他要得比较紧就是九折，如果是熟人就八折，大致就是这样。不能再低了，在这范围之内，这是我的权限。

我是怎么加入这个美术家协会的呢？那是1987年，当时华君武是美术家协会副主席，他是专管美术家协会具体事的，他跟王大山说，你们荣宝斋没有美协会员也不对啊。以前我们侯经理是会员工作部主任，这权力大了，他一点头，就可以当会员。刚开始大家都没当回事儿，后来因为要求入会的人太多了，就（有了）一个规定：你的画作得参加过两次或者三次全国美展，这样才能成为会员。那时候荣宝斋美协会员也就三四个，董寿平、侯恺、冯忠莲，还有郭慕熙。大家都没把这事儿当回事，但其实这事儿很重要。华君武说你们荣宝斋美协会员没有，这也不像话，你们一天到晚搞美术、搞书画，而且和最高级的美术家，都打成一片，联系最频繁，你们得有美协会员，你看你们荣宝斋有几个人可以。多呢，王大山当时就开了个名单，四个人：王大山、孙日晓、我，还有孙树梅。孙日晓是刻木版的，但是喜欢画画，拜了宋文治为师，画得也挺好，他好像老在深圳那边。你们就办手续得了，通知就来了。我们就办手续了，是点将点进去的。这会费不是很麻烦吗，以前是按年交，后来就是你交一笔钱，就到你死了，终身制了。

三、1977年以后的荣宝斋

1977—1978年，应该说是“文革”后荣宝斋各项业务恢复生机并走向正轨的阶段。在这一时期，荣宝斋率先做了几件大事，在书画界真算是大事，别人连想都不敢想。

1977年，我们首先提出来对书画家恢复稿费。光有这个想法不行，还得报告上级领导去审批，反正又是文化局又是文化部，几经反复，1978年终于批下来了。您猜多少钱？当时的最高标准是1平方尺15元，这些全是国内顶级画家的标准，其他的就5元、10元不等。这个消息一经公布，跟炸锅一样，震动了全国的书画界。还有一档子事，由文化部、美协、荣宝斋三家合作组建了“中国画创作组”，后来它就变成了“中国画研究院”。当时就是把全国的顶级书画家组织到北京，住在颐和园的藻鉴堂。那可是个好地方，在昆明湖的西侧，它只有一个入口在西堤，整个建筑在昆明湖上，居住条件也好、风景也好，那真是给画家创造了一个好的条件，而且饮食办得也是非常符合南北画家的胃口，其他的事情不用你操心，你们就一心搞创作就可以了。他们的作品用途主要有三个方面：第一，是作为外交部赠送外国友人和各国元首的外交

米景扬在荣宝斋新年团拜会上讲话（米景扬提供）

礼品；第二，是有代表性的作品由全国美术家协会和中国美术馆收藏；第三，是由荣宝斋经销他们的部分作品，从而直接变成外汇，也算是为国家做了创收。

中日邦交正常化以后，中日民间文化交流日渐频繁。1979年的夏天，日本西武百货公司派人专程来荣宝斋洽谈，邀请我们荣宝斋赴日本举行“中国荣宝斋展览”。影响太大了，为什么呢？远的不说，以前日本人很看重吴昌硕的作品，吴昌硕在日本“火”的时候，那是（一九）三几年，以后到了抗日战争，就谈不上交流了。到解放以后，这二三十年，咱们关着大门，双方经济、艺术没有任何交流，更何况搞这么大型的展览会。其实这次展览会还有一个意义，因为在1978年8月《中日和平友好条约》正式签订了。这是件大事，您想一想1972年田中角荣首相来华，中日邦交正常化，为了签订这个条约整整用了六年的时间，非常不容易。他们国内各种政治势力的不同见解、来自于国外的阻力，但是这些困难都在邓小平的领导下一一攻破了，所以说在条约签订一周年去日本办这样的大型展览，还有一层这样的意义。这是荣宝斋为国家办的一件大事，恐怕知道的人也就不多了。为什么不在美术馆举行呢，偏要百货公司来邀请在它那儿举办。是因为日本国内虽然美术馆很多，但是有一个不成文的规定：它只展出本展馆所藏的藏品，不搞对外商业性的展览。尤其在几个大城市，像东京、大阪，要搞商业性展览，只有百货公司才有场地。西武百货公司当时是东京最有实力的一家，在日本许多大城市都有它的分店。我们这次办展览的场地是它最大的百货店。这个百货店在东京，名字叫“西武池袋店”，就在东京的池袋地区。它当时号称是亚洲营业面积最大的百货商店，有12层营业大楼，可以举办多个展览，当时第九层专门举办这种活动。在我们这次展览之前，好像还举办过故宫文物展、徐悲鸿先生的画展。我们那个荣宝斋（展览）时间定在1979年11月，并确定了展览的内容、展品的数量，还有许多具体的展览事宜。

从谈判成功到去日本展览，只有三四个月的时间，困难很多。一是咱们国家没有在国外举行过这么大的美术展览会；二是一些著名画家还没有落实政策，他们的作品能否参展还未知；三是很多画家和日本美术爱好者是否了解。还有更重要的一点，改革开放初期，人们心有余悸，这么说吧，胆子很小，因为以前没经历过这种事情。经过几次会议，大伙儿统一认识，现征集展品是不可能的了，就把荣宝斋门市和仓库中所有的画家精品全拿出来，经过筛选，只好以年龄为序，朱屺瞻那年是87岁，最年轻的是黄胄54岁。关键是让谁去参加，这是最费脑筋的。原来我手里有参展的说明书，不知道是哪位借走了还是拿走了，反正我是没了。我这里有名单，［去拿参展画家名目］您看，我给您念念，朱屺瞻、钱松喦、李苦禅、林散之、沙孟海、关良、宋吟可、王雪涛、费新我、董寿平、蒋兆和、李可染、叶浅予、吴作人、何海霞、陆俨少、张辛稼、唐云、萧淑芳、郑乃珖、关山月、启功、白雪石、魏紫熙、田世光、刘继卣、吴冠中、宋文治、程十发、亚明、黄永玉、黄胄。又根据当时在国内美术界的影响，又临时添加了三位年轻画家，范曾、郭怡孮、秦剑铭，共35位。您别看我现在念出来那么轻松，定这些人用了好几天的时间。每位书画家两张作品，并特设计了一个书画家简介，有本人照片、简历、常用印章，最后是本人的签名。同时我们还带去了荣宝斋的大量木版水印画，也参加了展销。值得提出的是，那一年刚刚复制成功的五代顾闳中的《韩熙载夜宴图》，它代表了荣宝斋当时木版水印的最高成就。唐朝灭亡以后，中国又形成分裂的局面，历史上称它为“五代十国”。当时北方有一个学者叫韩熙载，这个人很有学问，他趁着战乱来到了江南，在南唐做官。李后主看重他的才华，想重用这个人，但又听说他生活不检点，名声不好不能称职，就派画家顾闳中和周文矩等人暗中窥探，当时没有摄影技术，只好把他夜里饮宴作乐的情景描绘下来；另一种说法是北方的后周威胁着南唐的安全，后主李煜（一方面）一味求和，一方面又对北方南来的官员百般猜疑陷害。韩熙载为了保护自己，装作生活腐败、醉生梦死的人，好打消后主对他的怀疑。这就是这个画产生的两种说法。这一幅长卷共分五个部分：第一部分是众人共听乐伎弹琵琶，众目集中在乐手的手上，情节传神，韩熙载戴黑纱帽蓄长须，怡然自得地坐在榻上，两手自然下垂，全神贯注；第二部分他为舞伎击鼓，画面上出现了一个和尚，神态很尴尬，出家人竟出现在这种场合，令人发笑；第三部分是宴会后休息，他坐在榻上一边洗手一边和妇女谈话；第四部分换了便装准备听众女乐伎演奏；第五部分是与妇女们调笑。每一段各隔一屏风做自然划分，有点儿像连环画，人物刻画得很有个性又互相协调，表情富有趣味性，特别是韩熙载在五个不同场合中有各种表情和姿态。他置身歌舞场中，掩饰不住深沉含蓄、郁郁寡欢的内心情绪。这幅长卷可以说是现实主义的杰作，这也是第一次拿这么大的木版水印画到国外去展出。还有就是传统的新旧文房四宝，这种东西我们那儿有的是。还有我们那儿藏的各种印石，以及我们解放前就出了名的信笺和诗笺，非常珍贵的“怡亲王”田黄石印章也参加了展出。一共带了3万多件，规模之宏大、展品之丰富，在我国对外文化交流展览中堪属史无前例。

当时展览团团长侯恺经理，还有一个副经理叫蓝若天。营业部呢，有一个党员副经理，还有书画鉴定专家王大山、装裱技师张贵桐、木版水印专家宋兆英，接着就是熊伯齐，文化部有俩翻译。其实翻译人家那儿都有，这不都借机（出国）。完了以后，有人提出是否要现场作画，带谁去？当时在会上都不说话，我还是年轻，光从工作上考虑，我提出董寿平、范曾，这都是擅长当场（画）的主儿。你看，范曾画人物的，画速很快还生动得很；董寿平先生最擅长梅、竹，在日本影响很大，几笔就一幅画，让人瞅着好看。就因为这个事，没有用荣宝斋的其他画家。首先荣宝斋的画家许麟庐就不高兴了。我们那儿徐之谦篆刻多好啊，老先生（篆刻）速度特慢；熊伯齐呢岁数年轻，刻速较快。因为他们到那儿去带有表演性质。出国不是去玩儿，你得把事儿给办了，可是这样一来，就得罪了很多人。当时因为是第一次出国展览，需要经过官方的批准。文化部是主办单位，写报告给文化部，文化部领导批了以后，批给文化部对外司，对外司又推给亚洲处，他们批了，这你才能办手续。办手续就是出国手续，护照、批给你钱，批给你钱也是单位拿的，不是它给。第一次出国，还给发了服装费。还有这么一笑话，第二天我们就要坐飞机走了，头天晚上有一个台湾的作家，请范曾吃饭，范曾叫上我了。这台湾作家说，你们这领带，太土了，他说我这箱子里还有俩领带，你们系这得了。那时候咱们的领带太短，在这个展览之后，范曾就跟张仃到香港去展览，那条件就好多了，香港什么都有，当时这领带外国贵着呢，回来的时候领带、箱子，那就完全不一样了。你看咱们现在，所有东西都一样，都接轨。12个人里头有两个翻译，所有出国的全都可以领那一笔外汇，东交民巷有个叫“红都”的服装店。到红都买这一套东西，别处还没有，你别看土，（别地）没有。出国人员服务部那儿买的这一套东西。它给你批的东西，你可以要、可以不要。你比如说那大衣，就很多人不要，只有我跟董寿平，我们俩要了。是烤花呢的，那时候烤花呢大衣了不得，很有派头，它厚、结实、暖和啊。其实根本使不上，因为日本那时候11月，它屋里暖和外头冷，西装就够了。这个展览会规模之大、影响之远，那是没的说啦。这应该是抗日战争胜利后，中日之间首次具有商业性质的文化交流大展。以前也有过展览，但是以政治为主，光赔钱不挣钱，这一次情况不一样了，我们是又展又销，但是呢价格定得不低。这里主要是没经验，不熟悉国外市场，虽说为国家挣了一些外汇，但是想起来还是不成熟。

展览会上还有许多小故事。咱们国家刚刚改革开放，走出国门，不懂得好多事情，比如说做广告。出国前我想搞一个宣传画嘛。于是，就请小写意花鸟画大师王雪涛先生画了一幅国画，内容是插着繁茂牡丹的古瓶和装着毛笔和字画轴的绢筒，旁边还有砚台，以及百合、水仙、佛手一类的吉祥物，题的是“己未夏日为荣宝斋展览会作。雪涛”。我觉得这张画内容丰富、笔墨精彩，涉及很多书画方面的内容，作为展览会的宣传画应该没有问题。但是这幅画提供给日方后，日方表示：作为一张中国画来说这幅画的确很精彩，但作为商业广告画好像不大合适。后来，日方就自己设计了一个图案：一支吊着的巨大的毛笔，下面有一只硕大的砚台，毛笔尖恰恰接触到砚台的中心。这张宣传画内容简洁贴切、形象鲜明突出、设计很有创意，且有着浓郁的中国文化色彩。我们马上表示同意用这幅画做展览会的宣传画。后来，在展览会期间，东京街头到处都贴着这张广告宣传画，甚至电车上也挂着这张小幅的宣传画，显得十分抢眼，宣传效果极佳。

就那次展览，那真叫在国外声名特大。当时中日关系正是好的时候，中国这文化，日本谁都接受，尤其日本文化界的人。我们去的时候那边隆重接待。你比如说，当天晚上，驻日大使符浩就请吃饭，符浩请吃饭时，他请来了东京艺术大学校长，这面子大。那时候中国的大使在日本面子大，我给你举个例子。在日本东京，中国、美国、苏联，这三国的大使出来，警视厅开道。只有这三国，警视厅开道，这个面子大，大使请吃饭。还有一个武藏野美术大学的校长，那天和我们一起到东京的，除了我们这十几个人之外，还有傅抱石的女儿——傅益瑶，她也是第一次到东京。东京艺大那校长听说傅益瑶来日本学习水墨画，私下和我说，这不开玩笑吗，到日本来学什么水墨画。那酒会很隆重。那时候日本经济最好，西武百货店是日本最有名的大财团，老板是弟兄两个，一叫提义明，一叫提清二，很有钱。第二天中午，由他们的母亲出来招待，他母亲一来，就跟西太后似的，从大厅起，各部的部长、工作人员，全都笔管条直。他们的一个科长对我说，日本国内很多大活动从来没请动得了她。招待会中方只让一个侯恺、范曾参加，那边都是西武的店长什么的，都是大官。回来范曾给我学，那老太太说今天请各位中国朋友吃饭，吃什么饭也费了很大的力气去（安排），说吃中国饭也不行、吃日本饭也不好，最后，今天请你们吃法国菜。宴会场面够谱，都没见过啊。那时候日本给我们弄了一个很好的办公室，我一看办公桌上放着中日两国国旗。当时我也不懂，心说我们也不是国家单位，人不管那套，你代表中国。我跟您说它怎么布置这楼，西武百货公司是一个12层大楼啊，有几十个窗户，那字都这么大个儿［用手比画］，它把咱们几十个省市的名字，红地啊，江苏填满一个窗户、上海填一个、河北一

米景扬在西武百货店中国展外留影

（米景扬提供）

1979年日本西武百货店举行中国展，图为百货大楼外的宣传广告（米景扬提供）

个、黑龙江一个，它把各个省市的名字（都写上）。

那时候，中日关系很好。我一瞅，真是没见过，这可是20世纪70年代末啊，赶明儿这些资料我整理出来您就看看，全有。展览会场地是怎么设计的呢，西武百货店大楼外头挂着“中国荣宝斋展览”的巨幅广告，广告有六层楼那么高，大老远就能看见。这百货店还把它的第六层全部腾空，整个布置成一个活脱脱的“北京荣宝斋”：四合院、匾额、抱柱、对联，尤其泥金对联，复制得神形毕肖，让你置身其中，就会完全沉浸在浓厚的中国文化氛围和气息中，就跟回到了北京荣宝斋的东院儿一样。走进会展大厅，琳琅满目的展品在婉转曲折、层见错出的布局中，显得丰富多彩而又井然有序，充分展示了荣宝斋展品特有的民族风采和所蕴藏的深厚文化内涵。展览的开幕式举办得非常顺利，但是也发生了一件我没想到的事情，到现在我从心眼里佩服那些日方展览会的设计人员，您看我给您举这个例子。荣宝斋展览会的时候，下午2点开幕，1点这场子还是“和服展览”，我一看，当时把我急得够呛，还有一个小时就开展了，怎么还没开始布展，这是怎么回事儿呢。我赶紧就去找日本那个科长说，2点钟我们就要开展了，现在还没有动静，这是怎么回事啊。他说展览的事都不用你们管，原来“和服展览”到点一撤，马上会场上来了很多工作人员，他们早就设计好展览布置图纸了，都是美术部找来的人，他们都穿着统一的工作服，腰里要别块毛巾，擦汗用的。只见他们各负其责，按照图纸，这张董寿平挂这儿，这张范曾挂这儿，这张挂那儿，人家都有图，早设计好了，他们一上来，“啪”一挂，一点半钟不到，齐了。人家早准备好了，准备得比较充分。您看这因为是荣宝斋解放以后头一个展览，人家经理、部长、科长都在那儿站着，工作人员都是“嗒嗒嗒”小跑，一会儿就挂好了。美术部的部长两只眼睛跟什么似的，四处巡查，指出问题，这张画歪了，哪儿哪儿又怎么了，很是严格。有一个工作人员也不知道怎么，跟科长说了一句，好像解释，“啪”就一个大耳朵贴子，他使这个劲儿。我还真就这个没经验，就您说广告那个，它印了这么大个儿的，给了我这么一卷子，我就搁到他们办公室的地下了，我从外头一回来，我这东西呢？什么东西，你甭找了，找不着了，保洁员当垃圾给拉走了。它就是什么东西都严格得很。当时也有很多画家，你想他们都在中国这么有名，可是他们的作品没能来日本参展。参展的画我们都收购了，到时候让董寿平跟范曾打头阵去了，嫉妒心也就上来了，留下了很多后遗症，细节以后再跟您说。

在出国展览的过程中还有一个小插曲，领导安排我们游览东京。第一次出国嘛，也不知道应该到哪儿去玩，旅游车走到一个地方，看见路旁一大庙，这干吗的，导游说这（是）日本的庙。我们觉得很新鲜，没进过日本的庙。我是代表团的秘书长嘛，我说停下车我们下去看看。车停下来，我头一个，那门槛这么高［用手比画］，我刚要迈腿进去，自然地抬头一看——靖国神社。这儿可不能进，我说得了得了，咱不去这儿了，就走了。就这么着，那俩文化部的翻译，一男一女，特别是那男的，爱打小报告，回国后他跟文化部有关单位给我来一个汇报，告我“带人去靖国神社参观”，领导就得找我了，当场我就说明了情况。我说我腿刚一迈，就退回来了，领导听了后，又询问同去的其他人，大家都证明老米没有进去，领导说算了，以后要多加注意。“左”得很，他给你来这个。临出国我还处理了两件事，杂事特别多。我还跟您说这么一个事儿，这时“文化大革命”已经结束了，正在清理“文化大革命”遗留的事情。这时候胡絜青来了，拿着一个信封，里头装了一个收条。上面写今收到胡絜青先生送来的齐白石的什么什么画作，五张还是四张，我记不得了，售后付款，落款是我们东城门市部有一个叫邹俊华的工作人员，可是这邹俊华已经死了，（胡絜青说）“你们拿我这画，你退给我吧”，你说这事儿多瞎。当初给没给他（邹俊华）啊，是不是真交到荣宝斋来了？这你也不知道，但是千年字迹会说话，这要命。他拿四五张齐白石，你看这事儿怎么办，得找党委。当时的书记，他是别的单位调来的，遇上这事儿他也很挠头。我说咱们就得吃哑巴亏，他说那你去解决吧，我只好去办这件事了。老舍生前跟荣宝斋关系很好，他又是北京市文联主席，对我们荣宝斋的工作很关照。我跟您说个笑话啊，有一年春节，很多书画家在荣宝斋聚会，墙上挂了一张徐悲鸿的作品，画面是一头水牛在饮水，老舍看后幽默地说：“这张画应该挂到大酒缸去。”这句话引得大伙儿哄堂大笑。所以胡絜青也跟我都很熟的。我到了丰富胡同她家里，胡絜青对我还是很客气，我说您这个事的经手人已经归了西了，您说这事儿，我说没有也不行，那我对不住您和老舍先生了；我说有，我也没有什么根据。所以咱们为了解决这个事，您甭说是四五张、五六张，我们荣宝斋从库存的齐白石作品中赔您两张得了，您看行不行？她说行行，就这样，反正拿两张齐白石给了她了。这事儿才了了。

另外一件事是我接到了黄苗子的一封来信［出示信件］：

米景扬同志您好，好久不见了。

“文化大革命”前夕，您经手给荣宝斋我藏的一幅徐悲鸿的《双猫》小册页一开，有我和郁风的上款的，希望你日内还我，我五月间在医院动了手术，现在仍在家休养，还件请送南小街芳嘉园15号我家即可。

我收到这封信，马上把画送去。当时黄苗子还住的是王世襄家的房子，几间破旧的东屋，这件事我算了了。

1980年3月，西武百货正式挂牌成立了荣宝斋经销处，这是荣宝斋在海外的第一家代理机构。第一年经济收益就是非常可观的。两家的往来日益密切，1986年，荣宝斋应日本西武艺术馆的邀请，将荣宝斋珍藏多年的明、清字画及文房四宝，拿出近200件精品，在日本东京举办了“荣宝斋珍藏艺术品展”，这些东西全没有走出过国门，这一下轰动了日本。此后，两国的书画交流高潮迭起，形成了两国文化艺术交流史上空前的盛况。除了把中国书画家推介到日本，荣宝斋也经常邀请日本知名的书画家访华。

随着40年的对外开放、对内搞活政策的深入人心，人们也逐步对对外业务了解和熟悉，荣宝斋同各国和地区之间的文化交流活动日益频繁。为更好地传播祖国传统书画艺术的丰硕成果，扩大海内外的艺术交流，1987年11月，荣宝斋同香港博雅艺术公司合资，开办荣宝斋（香港）有限公司，公司开业以后，深得香港各界爱国人士的欢迎和支持。1989年，荣宝斋（香港）有限公司与协联古玩拍卖行合作，于香港希尔顿酒店举办字画拍卖会，此为内地文化企业举办的首次拍卖活动。荣宝斋毅然加入国际拍卖行列，不仅打破了苏富比和佳士得“控制”香港艺术品拍卖市场的局面，而且对提高中国画在国际市场上的地位有着十分重大的意义。此后香港公司每年都会举办两次拍卖会，直至1996年。

1992年，荣宝斋藏品展首次在韩国东方画廊举办。1994—1995年间，荣宝斋汉城分店正式成立，由荣宝斋和东方画廊联合经营。2002年6月，为庆祝中韩建交十周年，促进中韩两国的文化交流，荣宝斋与东方画廊合作，在韩国国立汉城大学举行了“荣宝斋珍藏明清书画展”。

我手头还有很多整理的信件，以后让您来看一看。什么程十发让我代购宣纸、钱松嵒要买旧墨，还有许多人要买专用的毛笔等等诸如此类，只要人家有求于我，全要给人家很好地完成，这也要共通有无吧。因为我们在求人家作画的时候，人家从来不和我们提条件，所以说荣宝斋也要愉快完成他们要求的事情，这就是荣宝斋的特色。这些事还好办，外国人的事情就不好办了，很多事儿语言不通，但是您也得办。有位日本友人叫德公，为荣宝斋在日本办业务，帮了很大忙，所以和荣宝斋经常有书信往来，您再看这封信［出示德公给米景扬的信］：

米先生您好！

这次日本国立文化线研究所资料室长鹤田武良先生十二月十八日访北京。应邀（到）中央美术学院对外美术教育交流中心（访问）。他说在京期间想去荣宝斋，如去请关照，拜托！

德公 12.16

这是简单的，还有提出陪他们去游玩的，但是我们本着中日友好的原则基本都满足他们的需要。

四、赴日收获

第一次接触国外，一看人家百货公司（商品）真是琳琅满目，各种各样的东西。你说袜子，就这一大片都是袜子。物资极为丰富，另外质量之好，设计之精美。你再看人家超市，最让人感动的就是超市，这物资怎么这么丰富。这一条街全是鱼，那一条街全是肉，各种各样的。那时候就已经让咱们感觉惊讶得很了，随便的东西都要包个两三层。

［出示一个纸口袋］这口袋就是我第一次（出国）以后，我回来，做的第一个口袋，荣宝斋专用的。我回国后，就跟给荣宝斋印制包装纸的厂家研究，能不能以现有的包装纸图案为基础，做成手提袋？说了半天也没弄明白，我只好回店里取了一个纸袋样品。可是厂子里没有做这种袋子的材料，比如穿绳子用的气眼儿，没有地方卖，还有人给我出主意，到生产鞋子的工厂去定做；当时还不懂压膜，工作人员想了个

主意，外头套个同样大的塑料口袋，用胶粘上；那个提绳更是不好找，费了好大劲儿，才在南城一个小厂中找到。袋子终于做出了，漂亮又实用。许多熟人都跑来找我，要这种手提袋。胶条和手提袋，现在看来是最普通不过的东西了。可20世纪70年代，中国还真没这些东西。我觉得在这方面，荣宝斋是领先的。最早去荣宝斋买画，就纸包一下。

我看见人家这口袋太方便了，零七八碎，您比如买好几十样东西，都往里头放，一提溜走了，多方便啊。那时候我们是第一次，国内更是第一次了。比如有一次（以往我们包装质量也不好，咱一弄，就“呼啦，呼啦”两折就得了），那天，西武的社长，到荣宝斋去买了一盒印泥，他要求“我能不能自个儿包？”［做示范］把这纸拿来以后，这么一捻，这么一包，就比我们包得好看。还有，就这个胶条，也是我从日本引进的。那时候国内还没有，国内知道有这么一个东西吗？这胶条谁知道啊，你这口袋谁见过啊。跟外界没什么接触，就这个口袋、就这胶条，都是引进以后，荣宝斋有了，别处陆陆续续才有，现在你买什么全有。我们最早用的包装纸什么样呢，那样儿可多了，得分解放前解放后。解放前的比较古朴，买卖家嘛，管包装纸叫门票，北京有句老话，叫“货卖一张皮”，包装得好，既提高了档次，又受到顾客的欢迎。凡是著名的商店，对包装纸都很重视。最早是光绪末年的包装纸，那简直是广告，用木版印制。我这儿有个资料，写的是清末荣宝斋包装纸上的内容：

> 本斋专办红黄绫纸奏折，正副表文万寿贺本，承办科场试卷。自制赤金、冷金、瓷青、朱砂、绢笺、围屏，描金各色贡笺、画绢。琴弦、日晷、罗盘、湖笔、徽墨、歙砚、泥金颜料、八宝朱砂印色，时款雅扇、精裱册页，手卷屏幅、对联、古锦、针黹。精镌墨盒。时下名贤书籍、字画、笺筒、帖套，各色南纸，文武缙绅吏部四季呈书、刑名各种例书，一应俱全。京都正阳门外琉璃厂桥西路北便是。

可以看出，当初它的经营物品多么丰富，这是典型的老南纸店的业务。解放以后，又有了变化。1956年，郭慕熙女士设计了一种包装纸，因为是解放后，所以人们生活的方方面面都发生了变化，不再是那种说明书式的包装纸了。她设计出了唐代仕女悠闲地在走廊中散步的样式，利用走廊之间的空间书写着经营内容。这是解放后的第一套包装纸。

不久，她又设计了一套画像砖图案，很有历史文化感。到了20世纪60年代，随着政治气候的变化，很多人提出包装纸缺乏政治内容，我们门市部有一个科长是党员，他找到我，欸，你再给设计一个包装纸吧。那天我给您看一个竹子梅花，后来还有一个百花的，百花的他们告诉我说这有点儿像花圈，就撤掉了，（指竹子梅花）就这个一直使到现在。现在荣宝拍卖公司也用这个设计了，反正都是这个，我把这个画好了墨稿，字排好了，去印的。而且我们这纸特别好，叫“鸡皮纸”，韧性特好，特别贵。（指松竹包装纸）这个1960年，距离现在50多年了。我就是找了那么一个参考。像买一个大画轴的也用这个包，大画轴用这纸包，在中国的包装已经是很高级了。这个南纸店包装还算是讲究，大画轴是这样，包这个的时候，［做示范］那画这么长，你怎么包啊？包完以后，这头卷上，再用另外一张纸从那头包，两头接一块儿，这还算是最讲究了。

五、访日本和田美术馆

启功先生的字，间架结构要求特别严格，所以你看他的字，确实有收获。当时在日本办“范曾、宋文治二人书画展”，这个展览范曾没去，我跟宋文治俩人去的。去的时候，西武百货店的科长就跟我们说，我们这儿有一个和田美术馆，那儿有一个启功先生的书法艺术展览室，其中也包括绘画，要不要去看？我说启功先生的展览我当然要看，这样就去了。这个美术馆在千叶县，我记得很清楚，馆长和田至弘先生他拿车来接我跟宋老，车快到了，“啪”，升降杆就起来了，车就过去，第一次看见，新鲜得很。这和田美术馆在哪呢，在富士山下，环境很好，大门是中式牌坊，门口蹲着俩威风的石狮子，很有东方特色。我们去的时候门口还挂着“欢迎宋文治先生到馆来参观”的条幅。它有几个展览馆，都是大的松木做的，木结构的，全都是大粗木头。它哪里最奇怪，有十几个将近两米的大瓷瓶，瓷的，兰花的也有、山水画的也有。这个和田自称是跟日本的皇家有关系，他说那是中国的皇家送给我们的，这都没什么根据，也难说，也没法考证。启先生的展览室，四面都挂着精心装裱的启功先生的书法作品和十多幅山水、花卉的画作，还有条幅、横批、巨轴、斗方、对联、扇面……集中（展示）了启功先生20多年的代表作品，大概有100幅了，可以说是全面地体现了启功先生的书法绘画艺术成就，真是大饱眼福了。就算是在咱们国内也没有那么集中反映启功先生书法绘画艺术成就的展览。参观了以后，我一看有些字是我们（荣宝斋售卖）的，有些确实是启先生他的对联，形式很特别。当天晚上和田请我们吃饭，是日本式的，就坐地下的。我那时候还行，现在我不灵。吃得高兴了，宋老说，我给你们唱一段昆曲，站的那地方也大，唱上了。我说宋老您这情绪真好，我跟宋老一起去日本两次呢。嗯，跟他去两次、跟白雪石去两次、跟程十发去一次，程十发是我们出国个展的第一个人。启功先生为说明和田美术馆内有启功展室，还挺重视，曾写过一个声明如下：

和田至弘先生于拙书独有癖嗜，拟于所建“和田美术馆”中特辟一室以张之。搜罗得三十余件，未能满四壁。功感其见知盛意，愿捡近作之较可观者二十五件（内画二件）为赠，为充一室，不收酬谢。此去年四月在山梨县美术馆中所谈者，时杨振亚大史，章金树参赞，陈真教授在座。公元一九九一年九月克践前约，因志缘起。

启功并书

时年七十又九

这事儿恐怕谁也不知道，因为这件墨宝启功先生没让几个人看过，他无偿地赠送多幅书画，留在友好的邻邦以促进中日两国人民友好和促进两国书画家往来长期交流，做了这么一件大事。可是他却不声张，您要知道这事儿发生在1991年，那时中日两国友好正处在高峰期！

六、与日本的友好交往

今天谈一谈中日友好交往的一些小故事，我不说政界的，也不说黑田寿男、冈崎嘉平太这些中日友好的大佬们，就说普通人吧。我儿子米川遇上不少这样的友好人民，那时他在中国驻日本大使馆工作，认识几个和尚。几个和尚组织起来筹集资金支持中国希望小学，因为他们到中国来访问过。日本的和尚啊，最爱去陕西，尤其是法门寺那一带，他们知道那里的学校情况，就把这笔钱交给他，他经常回国，到陕西那边，按他们的名单发给了各个学校。我儿子认识这些个和尚，有点儿像爱心工程吧，弄了些钱。他们再去陕西好像挺麻烦，就让米川到那儿去给他们办过一次。

其他比如说我碰到一个日本书法家，要去（花市）上二条。1980年起，改革开放刚开始，日本岁数大的人都有点儿谢罪那个劲儿，对中国人特友好，中国人到那儿去，招待也特别好。他说你能带我到哈德门（今崇文门）外头上二条，我说我们家就在那儿。他说你能带我上多少多少号去，那儿原来是个小学，战争期间我是那儿的校长，你能带我去吗，我说可以。他说咱们能不能不在北京饭店坐汽车去，带我坐公共汽车去。我说行，我带他去。后来我记得上的是无轨，无轨中间不是有一转盘吗，到了崇文门。真找到了那儿，那家儿是一个小四合院，他说我是这个小学的校长，能让我进去看看吗。改民宅了，而且那时候人们对日本反感劲儿已经小多了，因为中日友好嘛，两国来往比较密切，中国人都比较（认可）。我就进院儿说，我是荣宝斋的，这儿有个日本人，他想看看你们这个院子行不行，说行行行、来来来。进院后，他真认真看，好像每块砖头他都细致地看。有这个感情，在这儿居住过嘛。他年龄比我大，回来的路上他两只眼睛看看这个人、看看那个人，他观察很细致，对他有什么反应，这种事儿还真不多。因为他本身也不是什么反华分子，在中国生活工作过。当初来中国不见得都是日本兵，有搞科技的、搞教学的，人嘛，终究还是有感情的，生活过一段之后，留恋。这日本人名字叫什么来着，以前我还记得他的名字，听说回国后他积极参加日中友好协会的活动，还宣传中国的变化。您看，这就是一个普通日本人身上所发生的事儿。他们对中国还是蛮有感情的，因为文化太相近了。

中日文化交流应该是打开中日友好之门最有力的敲门砖。1979年、1980年到1990年，这十年，那真是打开了。但是到了1990年以后，日本经济不行了，来中国的少了，你看直到现在，也来得较少。那时候韩国还少呢。1990年以后才（有）韩国（人来）。日本人来了就是奔荣宝斋，电话一来300人，你那胡同，300个日本人在那儿转悠。那就是给他们让到我们客厅里头，站着、坐着全有。完了拿出几件文物给他们看看，见着宝贝了。你要说起来，这都是外交。那时候一般都带他们哪吃呢，老是晋阳饭庄，他们一来，当天晚上，有关单位就接待他们。他们特别认为烤鸭好，晋阳的东西就是花样多，什么闻喜饼、香酥鸭。人家都是自个儿掏钱，重要的我们掏，不重要的自己掏，晋阳也是，我一电话，明天晚上，“30个人3桌”，“好，您甭管了”。规格等级呢，好像都差不多。这规格我印象最深的，上次我跟您说的那咖啡厅上有四张画，长富宫那次，那画家叫林工，他是日本画家，来的次数最多，挺友好的。这个长富宫有一个咖啡厅，咖啡厅的上头镶着两张大画，谁画的呢，林工。这个人跟中国非常好，跟我也很密切的。他总想着中日文化交流，把日本比较先进的颜料的秘方告诉咱们，因为咱们石青、石绿，只有苏州姜思序堂国画颜料厂，咱们才四个色阶，一头青、二青、三青、四青，可是日本是20个色阶，咱们四个，从深到浅，深的、比较深、差点儿、很淡的。人家的色阶是机器做的。就为这事儿，他老想着跟中国交流。到苏州去，这苏州还怕咱们的技术让人家学去什么的，我说人家都是20个，您才四个，您还跟人这个那个，人家教给你就算不错了。那时候落后的思想就甭提了。后来出事儿了。他后来又跟陕西联合起来，搞章怀太子墓壁画、懿德太子墓壁画的临摹。他带着人去临摹，主要想搞重彩颜料的增加色阶的试验，又想在中国实践一下，所以他到了陕西去搞两个太子墓壁画的临摹。他在陕西工作的时候，上华山去游览，回来的时候，出车祸了，死了，才五十来岁，正当年啊，跟我关系特好。也有很多愿意为中日友好做贡献的人。

七、寿山田黄

［念记事本］您看这是1986年8月23日，到福州市东北郊，寿山乡购田黄王。

荣宝斋负责收购图章等业务的门市部门经理叫袁良的跟我说，福建发现了一块大田黄，个头怎么怎么大、成色怎么怎么好，跟我这么一通形容。他怎么得到的消息呢，因为他管这个的啊。说是福建小陈，传来了一个消息，在寿山那里有五家联合挖地的时候挖出个田黄。田黄出在什么地方呢，你比如它是一个圆坝子，在矮下去的这么一个圆的地方［用手比画］，完了以后，好像是人家翻的土，就翻成这么一个高的圆堂，这住户就住在这圆坝子上边高处，这圆坝子里头就种庄稼，再往这边也都是种的庄稼。它分上坂、中坂、下坂，你要想挖此田黄，你得毁一块田。这三块地也就几亩大，所有的田黄都出在那里。这上、中、下三坂还有一些区别：上坂靠近溪水源头，这里出产的田石颜色淡雅。上坂之下为中坂，产出田石色彩浓重、质地柔嫩，是田石中之上乘佳品，因此又叫“标准田石”。田黄石中的黄金黄、橘皮黄等均产于此。下坂在寿山溪的下游，所产田石质地、品位均次于上坂、中坂所出。

田黄是总称，它底下分很多品种。按颜色分，有银裹金田黄石，就是田黄石外裹着一层薄薄的白色石皮，肌理如蛋黄般温润，所以叫“银裹金”。这种田黄石十分珍稀，因为从开发那天开始，这里出产的田黄多为黄皮和乌鸦皮，白皮特别少。乌鸦皮就是一种黑皮田黄石，但又不是纯黑，在黑皮中又掺有赭黄色，内部温润，肌理萝卜丝纹清晰，也有人管它叫癞蛤蟆皮田黄石。还有一种黄金田黄石，它近似纯黄金色，在田黄中此种产品多见，我曾经见过一块吴昌硕用过的印章，就属此类。它以质纯、色正、有皮、萝卜丝纹为佳。还有一种叫“田黄冻”[①]，这种田黄石皮并不薄，而里面却包裹着黄金黄的，称为田黄冻。还有一种叫“红田石”[②]，红皮黄心，天然的红田色，一般只是黄色中偏红，但是也有一种现象，就是农民在田中烧稻草时，生成的草木灰下，有未发现的田黄石，通过草木灰的温度，煨出来的红色。这两种很好区分，天然的倍感质润，人工煨过的多有裂纹。从颜色上，还有很多名称，比如橘皮黄、栗子黄、桂花黄等等。

那这田黄石是怎么形成的呢？据说是由于地壳的变动，周围山上不少石头崩落到这块水田中，又经过千万年的水浸、酸蚀，引起了石头内外变化，最终沁透成为田黄石，所以当地有“先有石，后有田”之说。全世界所有博物馆中的田黄石，都产自这儿的水田。从明末开始到现在，300多年了，多少代人啊，都在这片田地上挖，挖一次田黄毁一次田。挖过田黄的水田得经过好几年的休整才能够变成正常的水田，因此在本地别说找一块田黄石，就是找一块普通的寿山石现在也不大容易了。它早已经挖了不知道多少次了，都扫了多少回了。面上您甭想了，

---

① 田黄冻：一种绝世奇珍田黄石，其形成过程十分复杂而缓慢，它只有在地下松软润澈的环境中，即充满水分的泥土中，才可以在分子作用下聚集形成一种饱含油脂的金色浆脂团。

② 红田石：寿山石品之一，正红，色如橘皮，鲜艳通明，又称“橘皮红田”，极为罕见。煨红，是因烧草积肥等人为原因，使土层受热，而埋藏田中的田黄石受高温影响，表皮二氧化铁引起化学变化，形成红色层，肌理则依然保持原有黄色。往往逊其温嫩，所以不为人们所珍重。

你就是挖不见得能挖着，但是当地寿山乡的人，都有一个什么时候能挖着田黄（的愿望）。不过也可能他使劲儿挖，挖了一年，挖出这么一块来［用手比画，拇指大］，也非常高兴。这挖了大田黄，他们当初说了，只卖荣宝斋，因为他们知道它是国营的，只有它才不会坑他们。凡是书画这一行，就离不开荣宝斋。荣宝斋其实说实在背后也没多大背景，但是它声望太高了。袁良说米先生咱们俩要不去一趟，我说行啊，你马上买车票去，咱俩说走就走。当时飞机票不好买，只好坐火车去了福州。那么普通寿山石都包括什么品种呢？寿山乡出的高山、杜陵、善伯、旗降，都是寿山石里的品种。都说田黄石是"一两田黄十两黄金"，其实这指的是成品，真说几克重的田黄也没什么价值，也不怎么值钱。它的价值除了我上面说的以外，还有几个因素：一是个头方正，这样雕刻起来浪费很少，自然形状就形成了印章，或者是可以做某项工艺品；二是形状不要凹凸得特别厉害，这种称为丑石，也影响它的价值。如果出土的这块石头，能用算命先生常用的术语"天庭饱满"形容，这种石头就很值钱。到福州之后找小陈，小陈就是倒腾石头的。你不要小看他，这班人都是自学成才，对他们倒腾的石头非常有研究。那时候寿山石有好的就很不错了，现在有的人以为好像天下都是寿山石似的，什么田黄石、田黄冻、水晶冻[①]、鱼脑冻，这个那个，名儿多了，就是在当地也没有多少储存量了。到了福州我们先找小陈联系，他说你们先看看。这是五家挖出来的。他们已经有经验了，这件事他们在当地还保密。因为当时政策很严格，所以他们非要找荣宝斋，如果石头的事向外界一透露，工商肯定介入。当时国家规定土地下边的文物都归国家，它一拿走，这五户白干多少年，所以这事儿机密得很。我们待了没过两天，小陈来了，说联系好了，明天早上我们去。他说我给你们借了一辆汽车，那时候就是上海车，上海车在当地已经是不错的了。那

① 水晶冻：雕刻工艺品用材，寿山石品之一。水坑石中，凡石质透明莹澈如水晶，称为"水晶冻"，又名"晶玉"。常见有白、黄、红三种颜色。白色者往往于纯洁中有粒点粟起，俗称"虱卵"。

辆上海车非常旧，开起来“咣当咣当”乱响，就那劲儿。出发那天还阴着天，走的都是土路，崎岖不平、暴土扬烟，一路上车子摇摇晃晃，还熄了好几次火，中午又下起了雨，道路又泥泞难行。下午小陈指着前面一块盆地说，到了寿山乡了。我们就在那儿，一个竹编的棚子里头，等着人家来。我就跟那小陈说，怎么还不来啊，等半天了。他说您看见没有，来了。来了一个中年人，这人穿着一身塑料雨衣，虽然事先已经打过招呼，但是他对我们还是满脸的不信任。他有点儿文化，先检查我们的工作证，又看介绍信，幸好小陈在这里有面子，最后总算答应让我们先看一看货。这时候雨停了，我们又踏着泥泞到了小山岗对面的一个农户家。这五个人在当地也不是“吃素”的，他们知道这村里有点儿屁事儿全都知道，何况北京来人了，来俩人。看热闹的全给轰出去了。只见他小心地关上了门，小心翼翼地从床底下拖出一只木油桶，从桶中捧出一个沉甸甸的包裹，包得是严严实实，打开一看，一块光泽四射的田黄石呈现在我们面前。石头呈菱形，周身呈枇杷黄色，一块砖头大小，拿在手中感觉足有八九斤沉。我在荣宝斋待了30年了，没见过这么大块的田黄，虽未加工，却通体晶莹，呈蛤肉般的半透明状，并布满红色的水格纹，用手摸了一下，细腻温润，似凝脂。因为第一次见这么大这么好的石头，我总怕出差错，屏住气，仔细观察了好几遍，断定它的确是上品田黄。那一看红格，田黄的特色它都有。这田黄石，它上头是黑的或红的纹儿，叫“红格”，反正这些特点全都有。行了，谈谈价吧，这袁良就去那屋跟那人谈价去，我说包上，甭看了。你别看他们是老农，卖寿山石他们可是内行，有点儿像两国政府谈判似的。他们提出价格，我们不厌其烦地还价，还是定不下来。最后他们提出第二天到我们住的饭店接着谈。他们还是不放心，其实我们这才叫“麻秆打狼——两头怕”。小陈也告诉我们，他们还是不放心，想看看你们是不是真住得起大饭店，只有荣宝斋的人才能住得起。没有办法，只好返回福州。第二天一早，这五家人一家来了一个代表，来到我们住的饭店。我在门口等着他们，只见他们东瞅瞅西看看，觉得饭店档次还行，还到登记处看有没有我们的登记。经过了又一番“论战”，讨价还价，真累得袁良够呛。最后以135000元成交。他们知道这价值很高，为什么135000元一谈就成了？他们提出不要支票，全部要现金，可是我们只带了支票，我们只好打长途电话请示领导，经领导开会研究，答应了他们的要求，并约定四天后带现款到他们那里取货。那时候还没有100元和50元的面额，最大面额是十块钱一张的。我们一个电报到北京，给汇135000元来，这135000元汇到这里以后，可巧，这小陈的爱人在银行里工作，人都给取的是十块一张的，大票子。这大票子是多少呢，是两纸箱子，还有一个手提包。我用手挨个儿掂了掂，够沉。老人们说“一两田黄十两黄金”，我们这纸票子也比这石头重好几倍。该送钱去了，又借的是那车，还是我们三个人，小陈开车，我和袁良押款。这事后，我还真是有点儿害怕，你想，穷乡僻壤，见不着一个车，见不着一个人，万一出事可怎么好。这真来几个人，拿着杠子，你也玩不转啊。那破车半路还坏了，还修了半天。我们来到了原来那屋子，数钱吧。他们就数，十块的，这十块钱在当时不得了，数半天。可是我们要买的石头始终不让我们看，我心里有点儿毛，担心地问：“石头呢？”主人不急不忙，往对面山岗上一指，只见一个臂搭雨衣的人，绕过山岗，疾步往这边走，来到跟前我们才知道，大田黄就藏在里面。原来他们也是不放心，为防不测，我们那天走后，他们把石头转移了。他们防着我们，我们防着他们，都很谨慎。货款两清，我们可以走了，可是他们却让我们再等一等。就在这时候，挖石头主持的人跟我们说明情况，他说这石头挖出来，我们五家的媳妇儿还没看见过呢。媳妇儿都不让看，都不知道怎么回事，但也可以看出他们很谨慎。那就让她们看看。五家的媳妇儿，有抱孩子的，叽叽喳喳的，他们的防备不光光是针对我们，我打心眼里佩服他们的警惕性。这下他们可好了，一家怎么也分两万多呢。这就乐得不得了了。我说把石头包好了，用我们那包，把这石头搁在包里了，塞草啊，纸啊，别让它动就好了。这时候主人显出了热情，又杀鸡又做饭，要款待我们。这回轮到我们警惕了，谢绝了美意，我们又坐那破车回饭店了。福州也没敢待，赶紧坐火车回北京。回来以后怎么打磨，全由专业人员管。荣宝斋人才济济。我们的业务科先过秤，重量是4275克。重量减轻了，就一层吧，这一层要打磨，磨下去以后要打光，打完光以后就倍儿亮。当时我们主张是坚决不刻花，原生态，大家伙儿意见倒是统一。我觉得从艺术角度来讲，这个像火一般的石头，您想它还是好看。完了以后，单位又上南方，南通配了一座儿。用花梨木刻了一个底座，做得还真讲究。花梨木，两层座儿，摆上以后，这石头已经打磨得很光亮了。

都弄好了以后，头一个听到消息的人是谁呢？当时的国务院副总理方毅。方毅来了，到这儿一看，这简直是宝贝，我跟你们说，谁要主张卖了，他就是汉奸。这是他的原话，“谁要给卖了谁就是汉奸”。我说我们不会卖的，这哪能卖。当时也有人提出来要买，我们不是135000元买的吗，据说台湾有客商给100万元，一口价。135000元跟100万元这距离够大了，我们连眼皮都不眨，原则已定就是不卖。谁也甭想了，之后也对外展出了。反正客人来了都要求看，因为这东西归属就归资料室，谁一来，就通知资料室，提出来看看。

八、复制《江山如此多娇》

《江山如此多娇》复制工作为什么开展您听我给您从头说，就是那时候江苏省委书记彭冲，调到中央当全国人大常委会副委员长。一上任，人民大会堂打报告给他了，人民大会堂房屋有漏雨的地方，把关山月他们画的那张画给泡了，一刮风一干，画面上“来”一大口子，因为大型的国画就怕一湿一干，很容易破裂。干得太快、湿得太快，都不好；既不能湿也不能干，最好。有人就提出来，这张画应该复制一张，把原作给历史博物馆，那时候叫“历史博物馆”，现在叫“国家博物馆”。彭冲同志就说这是人民大会堂，这张画是毛主席、周总理点名让挂在这儿的，原来的作者傅抱石先生已经去世了34年了，关山月先生已经77岁高龄了，这张画在国际上有很大的影响，从1959年到1989年，30年来党和国家领导人多次在此接待外宾并合影留念，这张画在国际上影响之大是可想而知的。当时如果找别人再画一张这种类型的作品，是不妥当的，所以只能这样不能动。你要不能修的话，那就临摹一张，换上。

据说最早有人提出由金陵派画家宋文治来完成这项工作，但是考虑到宋文治的绘画风格和傅抱石不同，这个提议被否决了。后来中央美术学院、中国美术学院，这些大学就提出来他们能临摹。首长说你们能临摹，但是你们搞临摹的业务水平还是不如荣宝斋，荣宝斋是专做复制的，就让荣宝斋完成这项工作吧。当时人民大会堂办公室主任来到荣宝斋交代任务，那时荣宝斋的经理龚如甲当场表示：一定要第一确保高质量完成任务；二如期把作品陈列到迎宾大厅，代替原作，迎来八方宾客；三不收取国家一分钱。这样荣宝斋派出了我和临摹复制专家孙树梅，来承接这项艰巨而光荣的任务。当时我已经53岁，孙树梅年龄也将近60岁，考虑到这些，领导又派出了两位年轻画家担任助手，当初取名叫“四人临摹小组”。要想临摹好这张画，真是不容易，困难很多。我们先按照原稿的尺寸（7米乘10米），也用了13张丈二匹，拼接在一起，先接成一张和原作一般大的大纸，再把原作从墙上起下来，按照原作画面上的部位，准确地勾画出画面上各种景物的位置，然后我们才动笔，落墨进行临摹。您想一想，这张画这么大，临摹的时候，需要在上面放几个垫子连接起来，我们就坐在垫子上，笔墨颜料也在垫子上拉来拉去，从底下一点儿一点儿往上临摹。

不瞒您说，要临摹好这张画，非常难，大师的精品。落笔时我们尤其要注意，不失原貌。有一句文言怎么说来着，“谨毛而失貌”，在画局部的时候，一定要照顾整体的效果，一件小事都不能遗落。比如说在画某个部位时应该用什么样的笔，配合什么样的颜色，在画之前，我和孙树梅都要做好反复的试验，力求达到与原作相同。原来题款是毛主席书写在一张办公笺上，原作时是先接成横幅，放大以后临摹上去的，孙树梅在这方面非常有经验，他就按照原作上字的尺寸直接临摹，写好之后，很多领导人来看，无不赞叹孙树梅水平之高，真可谓几乎乱真。画面上的图章，我们请的是荣宝斋的篆刻家宋学伟仿刻好钤印上去的。

前后干了一个月吧，我们终于完成了这项临摹任务。全齐了以后，我们感觉到整个画面颜色特别新，因为我们都是干这行的，就调一些旧色，这色你得弄成旧一点儿。我们都知道这个活儿，赭石、藤黄、花青，这三种颜色你调完以后，弄到纸上就是旧色，使它尽可能接近一张挂了30年的旧画的感觉。就有一点儿显黄了，显旧了。完了你再配，说再旧一点儿，就加点儿花青，说再黄点儿，加点儿藤黄。整个来一遍，旧色这个整个刷一遍，整个就旧了。完了以后就是验收了，人民大会堂的领导首先请了北京的著名山水画家，用时髦话讲，画界大腕儿，白雪石和何海霞来做审定。两位大师走到画前，共同说道，这张画忠实了原作，比较准确地表现了傅抱石、关山月两位大师原作的基本风貌，有关方面又把相关情况和两位大师的意见写成报告，转呈中央，经有关领导批示，认为可以代替原作。随即由荣宝斋裱画大师精心装裱，因为在人民大会堂复制，免去了运输的工作。这样，荣宝斋复制了《江山如此多娇》，陈列在人民大会堂迎宾厅。那时候关山月每年都要来北京开会，因为他是全国人大代表，人民大会堂的领导特地请他来鉴定一下，我们的复制品，得到了他的肯定。说个题外话，摹画期间每天都是在人民大会堂吃最好的饭。有朋友来看我们，也可以跟着吃。颜梅华老先生那时正好在北京，就在我们那儿吃的。那会儿就我跟孙树梅俩人，加上这两个青年。原作完了怎么办，人民大会堂怎么处理不知道，没问。

九、中国第一次艺术品拍卖

中国第一次有艺术品拍卖是什么时候，说法不一。［去书房找资料］1992年4月26日。朵云轩注册成立国内第一家艺术品拍卖公司，在它之前，北京和深圳也搞过拍卖，但是不正规。为什么这么说呢？它们都是以本单位的名义举办的，当时人们还没有拍卖公司这个概念。朵云轩解放前它的前身叫上海荣宝斋，经理叫梁子恒，是北京派去的，在南方影响很大。朵云轩最早主持拍卖会的是祝君波，这是内地公司头一次和香港合作举行拍卖，对这种现代拍卖的形式还不熟悉不了解。

当时拍的谁的画？当时文物出口国家有法律规定，那不可越雷池半步啊。当时拍品有吴昌硕、吴湖帆、溥儒、齐白石、任伯年这些人。［展示照片］此次拍卖之后，先后在北京成立了北京翰海、中国嘉德、北京荣宝拍卖公司等。

中国第一场拍卖会在上海举行。第二排左二为米景扬、第二排左三为张宗宪、第二排右二为陈逸飞（米景扬提供）

十、参加拍卖的技巧

我记得在翰海搞的一次拍卖会上，拍的齐白石的画，画的三个大桃，还有一封齐白石给当初买主的信。这个桃怎么好呢？西洋红的很漂亮。起价好像是五六万吧。那时候刚开始，也是翰海头一次，拍卖多少钱，说五万、五万二、五万五、六万，咱们以为这么一路飙升，结果香港的大商人张宗宪先生，直接举牌18万。一下子就给到这儿，咱们就没有经过这种拍卖，是这种方式。不是非得一点儿一点儿往上涨，一下18万，谁都不言语了。当然对于我来说就很惊讶，这五六万怎么就变成18万了。一下子给到顶了，现在值一二百万了。这叫现代的拍卖形式，就是这样，不浪费时间。这是翰海，有过这么一次。

当时征集拍品还得看拍卖公司的名望，如果你声望比较好，拍了几场很有成绩，当然愿意往你这儿送。或者你的业务人员到人家那儿去，人家把好的给你拿出来。您比如说“匡时”，它十周年的晚上搞了一个宴会，这宴会规模相当大。当时有一家投资机构，当场宣布，我给匡时拍卖公司投16个亿。它就说你这拍卖公司，我认为有前途，我投16个亿。这都是有名有姓的。人家经营除靠着自己原来的资金之外，还有这16个亿。还有一个问题，拍卖公司挣的是什么？挣的是10%的佣金。您看，这是图号，就是你这张画在我图录里头是哪个号，这画叫什么名字，是谁画的。落槌价，佣金是10%，给拍卖公司。完了以后还有保险费、图录费、装框子的钱，这样小计花了一笔钱，还有代扣税金，给国家，交给国家的税金。好比您卖了100万，这税金它替国家给你扣了。所以你参加拍卖，不犯错误，该扣的都很清楚的，它挣这个佣金，还有帮着国家代扣税金。还有一点，您买给它10%，我卖呢，也得交10%。但是呢，卖主也好、买主也好，如果是个老客户，跟这拍卖公司关系不错，你比如说买主得交10%，跟总经理暗着商量商量，给8%吧。卖主也可以，这就得看交情了。

关于画作真假的问题，自古以来，简单说，从明朝以来，同样一幅画，两个鉴定家，结论不一样，你说真他说假，这种事情，从明朝以来到现在，300多年来不断。还有一个故事，明朝的大画家文徵明头一天做出来的画，第二天就有人仿，这件事自古就有。就是那些个大收藏家，在历史上都有地位的收藏家，也存在这个问题。到了拍卖公司这儿，随着拍卖的规矩越来越严，拍卖公司为了本公司的声誉它也在不断地严格要求自己。所以这幅画，真要是一个亿的话，它不给人真的行吗？它这个顺序是这样，把这画征进来以后，就得找专家看，就完全凭这个鉴定家的社会地位、声望。您看这张怎么样，这张没问题，你拍吧。如果这个鉴定家的地位非常高的话，拍卖公司也要对这鉴定家有所表示。到拍卖的时候，越是大的拍卖公司，越是有声望的，它越要求自个儿出来的拍品可靠。而且现在的可靠度是越来越高，有一次在上海的一个国际性研讨会，我说现在拍卖公司，在拍品的质量问题上要求自己非常严格了。“腾”一下站起来一个美籍的华人，您说这话根本就不对，他的意思是拍卖公司他们就是想法儿赚钱，我说你那个范围是这样，我们现在北京的范围，各拍卖公司要求越来越严。我们这是要求很严格的，给他们顶回去了。因为拍卖是个钱的问题，买也好、卖也好，现在就陈少梅这张［指身边一张陈少梅山水画］，40万元，你要说40万元也是个钱，也是个支出。大张范曾那个80万元，甚至上百万元，它也是个钱。所以一定要保证是真品。一是拍卖公司要把好关，二是购买者得有很好的鉴赏能力，有眼光，真懂才行，千万不要“半瓶子醋瞎起哄”，北京话说“有俩糟钱不知道怎么花”。现在总体来说，从1992年到现在25年了，中国的拍卖，我认为已经走上正常轨道，比较正常了。

十一、荣宝斋拍卖

我还参加过荣宝斋的拍卖。在我快退休前，参加这个拍卖，有两件事我的记忆比较深。一件是预展的时候，挂出王雪涛四扇屏来，因为我没参加征集拍品，当时老先生已经去世了，不知道是什么人拿出来的。我一看这四张画挺好，算得上是王老的精品，我们荣宝斋资料室还真没有这个，我觉得咱们应该买。我一和部经理提这个事，他说好啊，你就参加拍卖会吧，你举牌，但是拍品归荣宝斋，就给举下来了。现在这四条还在荣宝斋的资料室放着呢。当时的价钱，好像是100万元吧，现在的价格，那就贵了。这里面也有一个四扇屏［出示一本画册］，品相还不如这个呢，拍了400多万元。我买的那个现在还在资料室。进资料室的东西不管是谁拿来的，都要由专家来判定是真品赝品，必须要有这么一帮人，要认真负责。

说说我在荣宝斋拍卖会上的事吧。那是在上海第一次拍卖会之后，翰海公司在北京就开始搞拍卖了，头一次拍卖去的人很多，我也随着大家参加了。我们家收藏的几张陈少梅的精品，参加了拍卖。因为我参加翰海拍卖之后回家跟他们说现在书画可以拍卖了，大家也很想试试，就这样参加了荣宝斋的第一次拍卖。还有一个原因，我是这里的老职工，第一次拍卖嘛，拍卖品要多一些，质量要高一些，有点儿捧场的意思吧。我拿出了陈少梅的一张《浴牛图》，就是给牛洗澡的那一张，还有一张是《江南春》，这两张画拍的价格不错。

十二、十墨山房藏墨

我拿一样东西让您瞧一瞧，这也是我珍藏的古墨之一［出示一块朱砂墨］，清高宗御用朱砂墨，重1890克。这是我在拍卖会上拍来的。用的时候需要太监砸碎了再去研磨，这么大块这么重的墨，谁也拿不动。现存世古墨以明清两代为多，清代古墨按质量分等级，它们的价格悬殊，如清代汪节庵生产的“惜如金”“古喩麋”墨，在当时每斤要卖20两白银，那时候一斤是16两。而一般的“龙翔凤舞”墨，每斤仅卖白银一两五钱，价格上就有这么大的差异。生产墨主要用什么原料呢？在传统工艺之中，制墨所用材料是植物、植物油及矿物燃烧所产生的黑色粉末，掺以胶料、香料压模制成。大致可分为松烟、桐油烟、漆烟等，松烟制墨历史最为悠久。

鉴别墨要多看实物，通过实物与文献资料相互印证，这两个缺一不可。有的有年款，有的没年款。有年款好办，即使在没有年款的情况下，也可以鉴定出是哪些名家墨品。如康熙三十五年（1696）所制“耕织图”墨品、乾隆三十年（1765）所制“棉花图”，无论仿造、改制，可以断定康熙三十五年以前没有“耕织图”墨品，乾隆三十年以前没有“棉花图”墨品。“避讳”对于明清两代墨的鉴别尤为重要。在明代制墨中品名、斋名常用“玄”字，如“玄元灵气”“九玄三极”等。到了清代，您知道康熙皇帝名玄烨，皇帝名讳中的字谁敢用？所以“玄”字成了避讳字，大家只好改写成“元”，或把“玄”字缺写一笔。清代凡有“玄”字的墨如不是仿造假品，就是康熙以前的作品；如“玄”改写“元”或缺一笔，当是康熙以后的作品。“玄”字墨品给明代墨带来诸多厄运，为什么呢？明代的“玄”字墨到了康熙以后，均被挖去“玄”字或将墨毁坏。近几年以来，在各大拍卖会上，无论是国内的还是国外的、大型的小型的，中国古代文房用具专场异军突起，成交情况良好。

藏墨是文人的雅逸之举和情怀寄托。［出示一锭乾隆御制蝙蝠祥云纹朱砂墨］喜爱古墨的人应该知道，古墨的收藏颇为不易。一是墨为书画消耗品，极易损坏；二是保存难、存世量小。寒来暑往、冷热交替、霉潮侵袭对墨品都有直接致命的影响。众多因素导致古墨留传下来十分不易，精品更属凤毛麟角。当前，收藏拍卖市场上拍的大多为清代、民国时期的墨品，其中珍玩观赏墨、文人自制（用）墨、御制墨很少。保存古墨的难点在于它既不能湿又不能干。湿了产生“冰纹”，外边起“墨霜”；干了那就断裂了，挺好的墨成了好几瓣。所以一块古墨能够完整地保存到现在是非常不容易的。

从古至今有很多制墨大家，那时候用墨的人多，都写毛笔字，所以制墨的也多。最出名的应该是曹素功、汪近圣、胡开文、汪节庵四大制墨名家。很多质量都差不多，但是曹素功的“紫玉光”“苍龙珠”，胡开文的“御园图墨”“御制棉花图”，汪近圣的“御制耕织图诗”“御制罗汉赞”等古墨，又在外表装潢上下了很大功夫，除了墨好使，它的图案精美、人物刻画细腻、装潢考究，空前绝后。1915年，民国休宁胡开文出品的“地球仪墨”获巴拿马世界博览会金奖。这墨啊，从质地上区分新墨和旧墨。比如说，那个新墨带灰色，可是旧墨朗润、色泽纯黑，这样一来给您一种颜色厚实的感觉。旧墨一瞧就有一股自身的古朴淡远的馨香之气，而且显出一种古朴的色调。因为新墨存放时间短，一闻常有怪味儿，它的胶质太重，使用时常黏笔；由于古墨生产年头久远，那它的胶质自然退去，俗称“去了性”，所以书写流畅，墨色极好。那好的墨，墨质坚如玉石，表面丝丝起发理，可能是由于年头关系，它表面的颜色起了变化，黑而带紫，用手一掂感觉很重。您再看古墨表面的漆皮，凡是年代久远的，那个漆皮越显浑厚，还能呈现出蛇皮断纹，就和弹的那个古琴上漆皮断纹极相似。它又像钧瓷开片，有纹不裂，隐蕴在漆皮之间，同时闪出蓝色光彩。近现代仿品上没有蛇皮断纹，只有断裂纹，就是断了，这种现象很多，让人看了真觉可惜。

您看看我这儿的墨，我这里还有一个匾。我给您介绍一下我的墨吧。我这儿有很多块古墨，所以我的书房名“十墨山房”，“十”字在古汉语中表示多的意思，很多人都以为我就有十块墨，那就错了。［出示一枚2000多克乾隆御制朱砂墨］这块儿还没用过，这当初皇上用的时候，前面说了，让那个太监给砸碎了，您看这上面的字。［看墨上的题款］养心殿珍藏，这是故宫里头的东西。绝对是故宫里头的，为各种殿单独制作的，用着方便。我刚才给您拿的这个朱砂御墨，这要是研出来，可是漂亮得很。我曾经画过一个蜡烛，在日本展览时候，一个蜡烛，底下一个茶壶、一个茶碗、一枝梅花，这个蜡烛，我就研好了朱砂墨，就是它［指一块朱砂墨头］。蘸好了以后，我一笔下来，那漂亮极了。是从德国来的，回流。很可能是英法联军那时候侵华时，拿走的。

我把我收藏的这十块墨给您说一遍。这一块光绪癸未胡开文“石渠阁瓦”瓦砚墨，正面刻铭文“戒勿贪慎所守用行，舍藏与金石同不朽。逸云氏铭”，钤印“逸云”，背面铭文“购得宋人石渠阁瓦砚，爱其形色幽古。回属苍佩室用易水法仿制，并铭之以自励，寄为知己临池之助，即希雅鉴。光绪癸未夏日识于新安官廨之紫翠楼，笑如持赠”。钤印“笑如”“石渠阁瓦”。墨形状仿古瓦砚状，此墨制作精良，为胡开文制墨中的精品。胡开文是安徽绩溪人，字柱臣，号在丰，为乾隆时制墨大家。因师从徽州休宁汪启茂，所以他是休宁派墨匠后起之秀。先后在休宁、屯溪两处开设“胡开文墨店”，他的后代经营“胡开文墨店”的范围覆盖大江南北，后代一直沿用这个老字号。这块墨是光绪癸未年，1883年，那时胡开文早已去世了，这是他后代监制的。

这一块您看，从外表看就不一般。这是康熙御墨“梨花伴月”，它生产于1719年，到现在快300年了。它呈长方形，正面上部刻有双龙图纹，并书有行书“御制”二字。字迹与双龙图案均为填金，中下部刻有臣字，下边被别人磨掉了，肯定是别人用过了。这也是“文革”前收购的。“梨花伴月”好似一组建筑的名字，在承德行宫有一座造型非常新颖别致的建筑。整组建筑周围种满了梨树，春天梨花盛开之时，月朗之夜，银辉白花交融，香气扑鼻，如同仙境，康熙皇帝因此题额“梨花伴月”。完整的“梨花伴月”墨，国内还真有一块，珍藏在国家博物馆呢。

这一块是乾隆丁巳年的“岳渎呈祥”库朱墨，瓣花形，两边起边框。正面雕刻五岳四渎图，烟波浩渺、山水一线、意境宏阔、布局谨理。背面阴文填金楷书，“御墨 乾隆丁巳年制”，钤“岳渎呈祥”四字篆印。“岳”就是高山，“渎”理解起来比较费劲儿，现代人很少用，就是江河。五岳指的就是中岳嵩山、东岳泰山、西岳华山、南岳衡山、北岳恒山。四渎是什么，就是指长江、淮河、黄河、济水。它杵制于乾隆二年（1737），到今年（2017）正好280年。虽说经过了这么多年，它色泽依然沉郁朱赤，无龟裂、无断纹，真是一件难得的珍品。这个墨啊（朱砂墨），我买的时候是20万元，怎么只值20万元，说明懂的人太少了，这墨怎么那么沉啊，搁那儿了。他不知道这东西的含义，大清国你知道，雍正使了多少墨啊，天天在那儿批，朱批。2007年中国嘉德秋季拍卖会上，这是曹素功“极品”墨，曹素功原名圣臣，号素功，安徽歙县人，清代四大制墨名家之一。他早年潜心科举仕宦，屡考不中也就灰了心，回老家制墨为业。最早他没有影响，只好借用本家制墨大家吴叔大的墨模和墨名，销售制品，以后墨质和工艺造型日渐精良，名声在外，买卖越做越火。后来在苏州、上海等地开分店，当时有“天下之墨推歙州[①]，歙州之墨推曹氏”之说。后代争气，绵延了十几代光景。此墨呈长方形，形制规整，您拿手一掂，有沉重的感觉，它正面刻有行书“曹素功制”。

这是一块乾隆丁巳年（1737）制作的库朱墨，它以朱砂制成而得名。古代以朱墨做公文代称，清代御制朱墨为皇帝批改奏章之用，从清

① 歙州，即徽州，位于安徽省南部、新安江上游，所辖地域为今黄山市、绩溪县和江西婺源县以及今浙江淳安县（隋朝以前）。宋徽宗宣和三年（1121），改歙州为徽州。

宫流散的御墨多为小品，它的重量在市面上应该不多见。它也和上一块库朱墨一样，保存极好，没有受到外界影响。

这一块是康熙吴天章仿“韩幹照夜白”墨，墨呈长方形，攒框起边，墨正面雕有拴在马桩的“照夜白马”。吴天章名倬，字天章，生于崇祯年间。他擅长于制作集锦墨。简单来说，集锦墨是观赏墨的一种，它是明代制墨业中安徽休宁派创造的，通常以一锭或几锭、十几锭为一套，最多者为64锭一套，并配以十分漂亮的外盒。集锦墨的形状、名称、图案各具特色，应该说是集当时绘画、书法、雕刻等艺术最高成就于一体的艺术品。

这一块是康熙吴天章“神品”墨，这块墨呈椭圆形，正面刻有楷书“吴天章造”，阴文并填金。

这一块最好，叫乾隆暗款“云龙”墨，这块墨呈圆形，您看它像不像古代的一块铜镜？正面阳文篆书“云行雨施，万国咸宁”，上额阴文填金篆书“御墨”，侧面阳文楷书“大清乾隆年制”。背面阳识云龙图，腾龙矫健、麟角须爪、巧穷毫发、流云飞卷、连绵不绝。整器设计精致、构图巧妙、倍见用心，乃皇帝御用之墨，具有富丽堂皇的尊贵气息。您看这个墨特别绝，叫“乾隆御制”，暗款。后来我才发现，这墨侧面您一看，平的，拿光线这么一照，有大清乾隆年制，这怎么回事儿呢？那个坯胎，已经有了“乾隆御制”四个字了，然后刷上一层漆（中国漆），这漆正好把那字压着，你似能看见，似不能看见。暗款，您这么一块墨，以前下多大功夫。云龙墨，当初还真是买得贵了，我就加点儿税就行了。这是“文革”前，正赶上过旧历年的时候，事先我跟家里说三十那天要发奖金，可是回家没拿出钱来，到家后嫂子问我过年你们没发点儿什么，我说买了这个了。我嫂子非常不高兴，我父亲他的观点跟我一样，拿过看看，说这么讲究的墨，值！再就没说别的。这块墨是在天津收的，放王府井荣宝斋分店那儿，当时那儿的主任叫黄宝善，他说刚从天津回来，收了一块墨，我说你给我看看。我一看，这墨实在太好了，它好在哪呢？它这墨模子，刻了模子，挖了字了，它涂上一层漆，这漆你这样看着你才能看见大清乾隆年制，哪个店，哪儿哪儿御制，这才能看见，所以叫暗款，这暗款我还头一次看见。

这块是汪节庵“汉蔡邕书”仿古墨，它是长方形三连状，正反面涂金，正面隶书“定册帷幕，有安社稷之勋”并填石青，后面刻有楷书“汉蔡邕书歙汪节庵仿古”。汪节庵，名宣礼，字蓉坞，是安徽歙县人，他活跃于清中期，是“清代四大墨家”之一。

这一块是吴元振“五岳藏书”墨，这块墨呈圆形，周边起攒边沿，正面上方有隶书“五岳藏书”，下方有一方印。

那时候，荣宝斋旧纸还有是吧？我曾经给荣宝斋买过一张旧纸，它这是引首，那完全是单摆浮搁，画的这个龙，中间也是这个凤啊，龙凤啊。那画得那个细啊，当时人家就要2000块钱，我们那儿有的人说好像太贵了，不值这么多钱，我说买（收购），2000块钱。我说你再找第二张去，我给你加倍，那单摆浮搁啊，画的。你看我那块纸，那就差多了。就是说它这皇上用的，那真是给仇英的画，加引首，才使这块纸。后来荣宝斋这样给存起来了，后来安徽芜湖，就发展这个手工绘画的纸的技术，他们来了，我给他们一看，他们开了眼。仿制起来太难了，因为技术太好了。所以这就是宫廷的东西不计成本，你现在肯定得算（成）本，工人开工资、利润啊，你要一算这个，这些东西都别出，肯定出不了了。荣宝斋那门市部，当时古墨很便宜。20世纪50年代我刚进荣宝斋的时候，一块小墨，一块五钱的小墨，两块钱，清朝的墨。当初也没什么人买。

十三、退休

我是63岁退休的，就是1998年。“有诗为证”，最后一张工资单。［出示工资单］1428块5毛，不高。在20世纪80年代初我的画就有人收购，在日本也有市场，所以说工资这块儿我就不大注意。赶上又该评工资了，我说我不要了，你们甭考虑我了。那确实是，大家都不富裕，也真是不容易，这一家子都指着这个，我和你们一家人去争，也没意思。工资也不争，单位房子也没要，房子没要是怎么回事儿呢，两袖清风说不上，我有地儿住就行了。

荣宝斋对得起我，我也对得起荣宝斋。很多事儿啊，我都要管，有些个并不是单位要求的，我也是主动地管。所以我们第二任总经理叫蔡金鹏，解放军转业那个干部，他死之前三天，已经说话很慢，给我打一个电话，说大米啊，现在总结起来，你给荣宝斋办的事情太多了，我是非常感谢你。人之将故，其言也善。他能总结出这么一个，别人不知道，他知道我干了多少事，这不全都是我干的事儿吗。我还有国务院特殊津贴，跟工资一块儿发，但是没往上写，原来是150块钱，现在600块

1998年退休时米景扬在荣宝斋院内留影纪念（米景扬提供）

钱，每月都给你600块钱。我们那儿就仨人，我、孙树梅、王大山，就三位，国务院津贴。我到年龄就想退休，一直找不到顶替的人，所以我到63岁才退的。

再来说说评级的事情，评一级怎么回事，那是20世纪90年代初，什么都要正规化，艺术（口儿）也要评级了。文艺级吧，得请一个评审委员会，我们请的评审委员会委员就是启功先生，下边还有几个书画家，我记得有白雪石，都是名家。开了动员会以后，你可以报。王大山那时候已经是一级鉴定师了，他好像早就是。他是鉴定委员会的，就不存在评级的问题了。完了申请一级的，只有我和熊伯齐。熊伯齐比我年轻，完了还有很多要求二级的、三级的。又是大会又是小会又是专家讨论。弄了半天，最后一评，一级就两个，我和熊伯齐，都表示同意了，其他的还有二级、三级的。我记得最清楚，那天散会，我送专家出来，启先生悄悄地在我耳边说，“要说起来，都不够”，我说对，我说您这是实话。后来这评完以后得送到上头，文化部得给你审批，同意不同意你一级、二级什么的。我的材料一送到文化部，文化部的评审委员会，都是中央美术学院的老师，这些个老师对我“不感冒”，因为我看他们的画不行，他们虽说是教授，搞美术教育那是行家里手、讲美术理论绝对个个大家，但是他们的画作有的还真不行，我这是说的实话。很多人求过我，想把作品拿到荣宝斋来卖，我也很难。搁这儿寄售吧，长期卖不出去，你面子不好看；收购吧，价儿高了荣宝斋吃亏，这不是我的买卖啊。我不做这顺水人情，价儿低了你又不干，所以说和这几位关系很紧张。您记住了，什么事儿别和经济挂钩，有一句话怎么说的，“莫言财，言财两不来”，这回犯他们手里了，说什么我就是二级。后来我们总经理老部，部宗远找我说你再报一次，你就报鉴定，我说我不报了，我不要了，爱什么级不级的，后来我就没有再报。现在什么二级美术师的证明我都有，无所谓，我犯不上去求人家去啊。我到文化部去，那些小教授，评我的时候你们举一下手，我挨着个儿去求，求来求去犯不上，搁您您也不干。党委决定，国务院津贴当时我们三个人，王大山、我、孙树梅。就是跟我一起画人大会堂那张大画的，我也没把这事儿当回事儿。我最近才发现，后来人家说我不光是鉴定师啊，还是国务院“特殊”津贴的获得者。敢情这个“牌儿响”。这是我后来才知道的，我是特贴获得者，这还有一个条件。经过本单位党委以及上级党委共同审核之后，按照程序投票，还有一个呢，名额限制，国务院直接给文化部，文化部再往下分，还真麻烦。我记得1998年领导找我谈话，中午还在外边请我吃了一顿饭，人家说得很婉转：您在荣宝斋工作这么多年了，也很辛苦，为了工作，您还延迟了三年，现在您可以办退休手续了，但是您的办公室还要保留，很多后续工作您还要完成。我说办公室别留了，家里有电话，有事儿找我，随叫随到。完了，这样从1956年5月4号到1998年6月×号，我就完成了在荣宝斋的历史使命。

退休之前，有件事想办没办成，真办成了对我没什么好处，但是对荣宝斋开展工作好处大了。什么事儿呢？招待费，招待费得批。如果来了什么参观的，赶上饭点儿之类的，得经上级批。其他的画家来我们这儿，甭管是办什么事儿，一概不管饭。关系好的由接待人员自掏腰包来用餐，内部食堂也好、到外头也好，你就根据自个儿的经济状况啦。20世纪50年代就这么定的，那是计划经济时代啊。改革开放了，市场经济，可是我们荣宝斋是国有企业，财务手续特别严格。你比方说到了90年代了，开了有些画廊和画店，人家有一笔接待费，凡是有名的人，他们都请。您比如说他请了黄胄，给他画一张什么画，所以他准备的饭特别好，招待得特别周到，他们还有汽车，把画家送回去了。各方面弄得是挺好，这些画家都愿意去。我们这还是50年代那一套，你像有一次，范曾、启功、白雪石，外省来的名人，来荣宝斋开笔会，到中午了，各自回家。本来挺累的，等他画完了画，你让他回家“折腾”。荣宝斋也没法解决交通工具，不管，都到饭点儿了，我记得都快12点了，笔会结束，大伙儿提溜书包往外走，有车的不多。你像启功老还得去叫出租，非常不方便。有一天大伙儿就提议，好像是董寿老提出来的，既然荣宝斋有制度，咱们也别破坏人家的好规矩，咱们几个人每个人画一张画，摆到门市部卖掉。这个钱暂存在他们这个柜上，以后再有笔会什么的，咱们就不用饿着肚子走了，连吃饭带打车恐怕足有富余，花得差不多时咱们再画几张。我一听这是好主意啊。当时我表态，就说试试。就这五个人，范曾、董寿平、启功、白雪石、黄胄。一人给画了一张画，那画画得好啊，当时他们的价格已经很高了。搁我们门市就卖了，卖了以后我去拿钱，财务室的会计就说了，你们这么干，不合法，这成了小金库了。这一句话，把这个提议给枪毙了，人家就白画了。人家对我发牢骚，跟我说，你们不是有钱吗，我把会计的话一说，他们也没辙。荣宝斋是全中国国营里头，唯一的一个属于中央管的，中央单位，地位挺高，可就是不灵活。

第五部分　人物篇

2000年以后荣宝斋书画经营一部

一、陈毅

有一回陈毅来了，20世纪50年代，陈毅来很有意思，他在西琉璃厂东口就下了车，一直步行到荣宝斋，只带了一个秘书从外头走进来，也没提前通知。他还穿着一身洗白了的旧军装，脚上是一双旧布鞋。我们荣宝斋的财务科科长发现了他，一看这个人气度不凡，就知道这人不简单，赶紧找我们侯经理去了，说来了一个人是找你的，你赶紧看看。侯经理隔着玻璃一看，原来是陈毅。只见他一直走进了荣宝斋的东院，来到了院子里仔细端详着一副抱柱楹联："垂帘不卷留香久，古砚微凹聚墨多。"侯恺急忙走出来，陈毅对侯恺说："是王昆仑同志介绍我来这里看这副对联的，我是来学习的。"两人聊了一会儿天，就引导他到各个部门看看。来到我们编辑室，就把我们每个人向陈毅介绍，到了郭慕熙那里，就说她是画家刘凌沧的夫人，也是位画家，郭慕熙赶紧站起来说"不敢不敢"，这等于客气话。陈毅说："画家就是画家，怎么不敢。"

大家都知道陈毅是个军事家，其实他早年在北京中法大学学习，后来又去法国留学（当时叫"勤工俭学"），这个人学养很深厚，可以这样说，他集政治家、军事家、外交家、诗人、书法家于一身。年轻时他的书法作品就发表于《民国时期书法》。他写了很多诗词，最著名的就是后来人民文学出版社选编的《陈毅诗词选集》，他的诗不依格律的限制，有些地方可能略欠平仄，但是随手挥洒，聊写胸中之气。他的行书写起来款款而至、一气呵成，称得上自然流畅，这个人的胸怀磊落跃然纸上。他并不是解放以后才喜欢书画艺术，据有的中央首长讲，上海解放时华东野战军后勤部队里面，有几辆大卡车专拉陈毅同志在解放区收集的文物。这些文物有古瓷、青铜器、书画，还专门派人管理。进上海后工作很繁忙，但是他很快召集上海有关人士，成立一个专门管理文物的机构，专门请了文物鉴定家、大画家谢稚柳牵头抓这个事。这个机构一成立就开始收购文物，当时政府经济很困难，作为市长的陈毅很支持这项工作，少则两三亿多则十亿八亿，这个是当时货币的单位，现在就分、角、元，当时叫百、千、万。上面提到的两亿就是两万。可想而知他是多么支持我们的文物工作。就这样上海收集了相当数量的国宝，因为它那里有钱人多，收藏家也多。这样一来为新中国的艺术宝库建立了不朽的功勋。

荣宝斋作为中国传统文化艺术的橱窗，在弘扬中华文化、促进中外文化艺术交流方面发挥了重要作用，得到中央首长的肯定和各方面的好评。20世纪60年代初期，陈毅外长就说过这样意思的话：“荣宝斋几乎天天接待外宾……咱们国家不论哪个出版社出版的刊物，人家外国人都不准入境，可荣宝斋却例外，它出版的书画、刊物却能堂堂正正地进入许多国家。我们可不要小看荣宝斋，它可为统战部、为外交部、为‘对外友协’做了不少工作。我陈毅是很感谢荣宝斋的！”陈毅元帅到荣宝斋去参观，非常细致地看书画，但是他从来不拿东西走。

陈毅同志非常支持我们的工作，他得知荣宝斋即将出版一套荣宝斋系列画谱恳请他作序，他用了四五天的时间，亲笔写好并派人送来，序言中写道：“荣宝斋画谱保留了中国历代画学的传统，又照顾到各时代的流派，且着重具有生活气息，而制作又系现代名手，可以肯定说他们的水平大大超过旧谱以上，值得欢迎，值得介绍，祝谱学新生，祝画学大发展。”另外还附了一封信，信上说，请你们斟酌，能用则用，如不适宜，万不可勉强。这套书，出版了上百套了，我们用的还是陈毅同志的序。

二、郭沫若

在荣宝斋工作期间我还见过郭沫若。郭老对荣宝斋是非常关心的。从解放初期就给我们题匾，他当过一任政务院（即国务院）的副总理，也经常关心过问我们荣宝斋。我参加工作后一直到“文化大革命”前，每到星期日，他经常来荣宝斋写字。用他的话来说，是还“笔账”。他不在家里写，荣宝斋很清静，没人打扰他。我们叫“大北屋”，纸早就准备好了，笔是他自个儿带的。因为当时他是国家领导人嘛，在日本影响很大，经常有国际友人求他的字，各省的文化界人士啊，热爱书法的高级干部啊，很多单位出版的杂志或刊物都求他题字。平常他要处理很多事儿，很忙，所以只有礼拜天。用他的话来说，躲到荣宝斋还“笔账”。每次都是他的秘书王廷芳，拿出一张条子，提醒郭老，该给谁写了。他用的墨是我们制色组研的，不用墨汁，那时候都是研的。

他还给荣宝斋的工作人员写过字。我们荣宝斋有一个会计，因为工作关系礼拜天总值班，那天他（郭沫若）到那儿去，找不到为他抻纸的工作人员。每次他来都有专门人抻纸，就是我们那个姚为言，那天正赶上又来了一个首长，老姚去招待别人去了。没人抻纸也不行啊，老姚到会计室去找这个会计，欸，你过来给郭老抻纸，会计就过去了。写完字以后，郭老问，“你有我的字吗？”“我没有。”郭老就在一张纸上写一句话，“四海翻腾云水怒，五洲震荡风雷激”，给他了。过些日子，又是他值班，他又为郭老抻纸，这位会计真有（造化），郭老又问他有没有他的字，没有，又给他写一张，因此郭老的字他有两张。

像侯经理有一两张，我岳母冯忠莲有一张。有一天她值班还是怎么的，郭老问她有他的字吗及喜欢什么，她说我喜欢主席的《采桑子·重阳》，就是“人生易老天难老，岁岁重阳，今又重阳，战地黄花分外香。一年一度秋风劲，不似春光，胜似春光，寥廓江天万里霜”。给她写了一张，挺老大的，现在分到大儿子手里。

我去过郭沫若家。郭沫若来荣宝斋的次数更多了，就把他的图章放在我们荣宝斋工友姚为言那里。他对老姚绝对信任，放在老姚手里他放心，知道老姚不会给他到处乱盖，所以呢，有很多人知道郭老跟老姚的关系，就通过老姚和郭老“要”字。别人不敢跟郭老提这些事，可是老姚会看时机，终究是学徒出身嘛，北京话叫“有眼力见儿”，他总是找郭老余兴未尽的时候，提出您给某某某写张字儿，郭老是有求必应。

我们这儿还有一个故事，有一次郭老书兴大发写了一张不甚满意，站在一旁以鉴定书法字帖见长的陈仰山师傅对郭老说：“我建议您以后把字写得瘦一点儿，这样更见精神。”郭老听了很高兴，当场就按照陈仰山师傅的意见写了一张。以后郭老真的在这方面特别留意，60年代以后的字体更加潇洒、瘦硬，也更显得有自己的风格了。

三、康生

康生在“文革”前经常到荣宝斋去嘛。他戴副眼镜，给别人的印象是文质彬彬，一个老干部，谁知道他后来那么坏啊。他在书画上是内行，这点不可否认，懂金石篆刻。到荣宝斋以后，他主要跟业务人员聊聊这、聊聊那。

第一次见他是在东城门市部，钓鱼台国宾馆的负责人，叫什么来着，搬了一个唐三彩的马来，放在王府井门市部楼梯拐弯那处，刚摆上，康生就来了，我在那儿站着呢。有人用浓重的山东口音问这是谁的，我说这是钓鱼台国宾馆的；他问我你看怎么样，我说我看还不错吧；他说不行，你看见没有，就这马鬃，一根一根的，太在意了，要按说的话，以前真的都是匠人做的，他不会在这方面这么在意。看来这个人很懂的，这时我才发现跟我说话的是康生。

20世纪50年代、60年代的时候，国家级首长坐车分坐两种车，一种叫吉姆，一种叫吉司。吉司是特别大，吉司喇叭声跟吉姆声不一样。有时候一听到喇叭响就知道是谁来了。当时北京这种车没几辆，有几次我们听到了外面喇叭声知道康生来了，可是出门一看，他却没下车，车又开走了。我们也闹不清楚是怎么回事儿，这事儿还不能打听，因为我们有纪律，打听首长行踪这是要受到批评的，重则要处理。

他来这里也不买画，但给我们写过东西。我们现在资料室里头有一个就这么大的匾［比画］，上头写俩字——文苑，我们那儿有两张，都是文苑，那都是他亲自给荣宝斋写的。平心而论，康生的字是有水平的，尤其他的草书，更属上乘。五六十年代，曾经流传国内的四大书家有康生、郭沫若、齐燕铭、沈尹默。有一次，一个首长，我不说是谁了，给我们写了一个“百花齐放”，我们就挂起来了，康生来了，他小眼睛特厉害。［学康生口吻］“他的破字还往荣宝斋挂呢，给拿下来，跟他要纸钱。”那人的字是不行，那意思，你还往荣宝斋挂，你够格吗?

康生不知道为什么看不起齐白石。他有一个笔名叫“鲁赤水”，齐对鲁、白对赤、你石我水。其实那么大的首长何必和一个衰年老画家过不去呢，反正就是看不上他。20世纪60年代初，邓拓在一篇题为“一幅墨荷”的《燕山夜话》中这样评论康生的画作：“鲁赤水同志用泼墨的画法，生动地描写了荷花的高尚性格。笔墨浓淡相间，仿佛有五彩之分。从画面上看，这个写意的荷花，与寻常所见的嫩绿新荷不同，与衰败破碎的残荷也不同。这一丛荷花生气勃勃，正在发展旺盛的时候。荷梗的画法也特别表现出一种挺拔俊秀之气，没有折断和弯曲的。这些很细微的地方，似乎是出于无意，其实我们完全能够觉察到作者的深意所在。”当时，恐怕只有邓拓这样级别的人才知道鲁赤水就是康生。康生是有点儿水平了。他对荣宝斋的事儿有时候也很热心，有一次荣宝斋收购了一张清代画家杨涵的《竹子》，田宜生在和一位首长谈话时，说起对杨不甚了解，康生也不知怎么知道这件事，他专门来荣宝斋看了这张画，回家后亲自为杨涵写了小传，派秘书送到荣宝斋来。60年代荣宝斋出版了《宝晋斋法帖》，让谁来题封面呢，最后决定请康生来写。但是谁去说呢，好像是田宜生，康生还真答应了。

“文革”中（康生）去得也不少。他就跟“中央文革小组”的那几个人，少壮派，他带他们去看画，带他们“长见识”。有的时候，他刚睡完觉，穿着睡衣就去了。晚上我们也下班了，门市部就那么几个在那儿住的，都是老头儿，他们都熟了，一敲门就进来了。或者电话一打，门口有人接他，到这儿来看看画。1962年还是1963年，康生在荣宝斋看见一张陈半丁的画，好像是吉林博物馆请陈半丁画的，陈半丁上头题了一首诗，其实这首诗也不是陈半丁作的，是陈半丁抄《历代画史汇传》里边的词句。康生说这在骂共产党啊，但是那张画画的是什么呢？好像写的是玉泉山的景物，康生这个人极左，他认为题字有问题。第二天早上，齐燕铭就来了（问），这儿有一张陈半丁新画的画，叫《玉泉山》吗？（工作人员找到这张画）说就是这张，齐燕铭就跟侯恺说，你们给他稿费。什么话也没说他就把画拿走了，后来把陈半丁的画都集中在钓鱼台审查，说他怎么反动，其实也不是他作的，东抄西抄，但是就扣他脑袋上了。还有一个“红白荷花开共塘，两般颜色一般香”，这下更惹了大祸了，为什么这么画，红的白的搁在一块儿，两般颜色一般香，暗含这国民党跟共产党是一样的，其实它这是一种艺术上的描写。而且这诗以前就有人题过，就这些事，给陈半丁惹了很大的麻烦。听说陈半丁还写过一副对联，好像也招有关领导不喜欢，叫作“多听故事有益卫生，免谈未来徒论精神”。据说，在一次画展上，陈半丁和康生发生了分歧，他很不客气地说康生是搞政治的，不懂画。在大庭广众之下，给了康生一个难堪。

所以荣宝斋这地方也是是非之地，出了这个事之后好多人都不来了。康生有一次来荣宝斋，特意到我们编辑室，找到郭慕熙，还让她按白居易《琵琶行》的诗画了一张画，完了以后，她很快就画完了，康生送给郭一张书法《琵琶行》。

关于陈半丁这件事，它后患无穷，从此以后画家不敢在画上题诗和写长款了。为什么呢？都怕招事。万一别人提出问题就会引来很多麻烦，所以从1964年开始很多画家都开始用穷款，比如某某画或者某某写于某某地。这种现象一直到改革开放后才得以改变。

四、陈伯达

陈伯达也去荣宝斋，就是听不懂他的话。他谱大了，像年轻人，连理你他都不理你。康生也架子大，不过那时候我们都年轻，不会理我们。我们那里有位崔振坤，陈伯达专门跟崔振坤交往。也不知道是不是崔振坤懂他的话还是怎么着，反正两人就能说得上来。崔振坤主要在那负责字画来往的业务。陈伯达有特点，他总穿着一双青布鞋，身上总穿着旧的布中山服，可能是谢顶的关系，一年四季总戴着一顶布制的帽子。陈伯达一来荣宝斋，就找崔振坤说话，有一次也不知说什么了，别人插了一下嘴，陈伯达脸一沉，跟崔振坤说，［学陈伯达口吻］“我们说话，他为什么插嘴啊？”你说那人得多大压力，他的话是很难懂。

我们那儿还传说了一件事。这可能是20世纪60年代初，有一次中央开会，罗瑞卿总长看到胡乔木、田家英、陈伯达在一起聊天，他也走过去，婉转地说：“三位大秀才，在外面一言一行要注意符合自己的身份，自己在外面买一些文物，不要为一两毛钱和人家斤斤计较，影响不好。”说罢，大家哈哈一笑，其实大家心知肚明，这在说陈伯达。他本来说话就“呜噜呜噜”，讲不清，在买东西时还爱跟人讨价还价。

有一天不知怎么回事儿，他来荣宝斋后就走向东院，一屁股坐在北屋的台阶上，看着东屋抱柱楹联发愣。过了一会儿，用手在腿上画来画去，老姚来请他进屋休息，他也不起来，弄得老姚也没办法，只好去找侯恺。后来什么情况我就不清楚了。

陈伯达是福建人，他说话你根本听不懂。我这人有个特点，首长一来没有接待任务我就撤，我从来不跟他们掺和。你看我退休以后，我没有首长朋友。

五、邓拓与田家英

邓拓也是常客。邓拓经常去，他主要爱去王府井门市部，就那一阵，“文革”前，写《燕山夜话》那一段时间。1960年那一段，他去以后主要是看画啦，有一次跟许麟庐说，把溥雪斋、载涛等几个老人请过来，谈谈清朝的什么什么问题，有这样的事儿。溥雪斋不常去，他岁数大了。邓拓还有一档子事，四川发现一张《竹石图》，一块石头，上头弯着几根竹子，款子是苏东坡。邓拓是个文人，他很懂这个。他就拼命查，它上面有几行字，他愣把这几行字的出处查出来了，是怎么回事怎么回事，因此证明这张画是真的。那么多行内呢，像大鉴定家徐邦达，都不以为然。他就认为是真的，还写了一篇很长的文章，证明说这是苏东坡的。荣宝斋就是听，这一派说是真的，那一派说是假的，我们都兼收并蓄，真的假的就这么过去了。邓拓那是很有学问的，来的次数比较多，他老到东城去找许麟庐聊天。“文化大革命”许麟庐也遭殃了，不单单是许麟庐，连侯恺都挂上了。你邓拓老上荣宝斋干吗去，显然是有问题。

那画后来就邓拓花了5000块钱买了。邓拓买了以后，他没现款啊，凑了半天凑不够，他就拿出一批自己的藏画来，交给许麟庐了，说你给我卖了。拿一批字画来让卖，可是当时卖不了怎么办，许麟庐可能就跟侯恺说，咱们给买了吧，不然的话他也没有那么多钱。当然侯恺也是，知道是个文人，可能就收了吧，反正也没多少钱。

唉，后来就传来许多谣言，有人说邓拓和荣宝斋抢国宝，有人说邓拓的藏品卖高价，占国家便宜。这件事惊动了中央，刘少奇办公室派人下来了解情况，并责成荣宝斋王大山将情况写成一份报告，把事情的原委写清楚，呈报到国家主席办公室，经过一番调查之后才平息了这场“风波”。其实，邓拓极爱收藏文物，早在抗战时期，就广泛接触过收藏，他认为藏画、赏画、研究画能够丰富知识、开阔眼界。我记得他好像说过这样一句话，“我的个人收藏，并不单单出于个人爱好，也不把它当作个人财产，到了一定的时候，我会将自己的收藏捐给国家”。1964年，他写了一首诗，其中两句是“君爱文明非爱宝，身为物主不为奴”，随即，他把自己多年收藏的唐伯虎、倪瓒、沈周、文徵明、八大山人等作品以及5000元购买的苏东坡的原作共154件全部捐给了中国美术馆。其实邓拓这个人也够冤的，我听一位了解他的老干部说，新中国成立后他是《人民日报》社长兼总编，在1957年“反右派”斗争中不能充分“理解”“引蛇出洞”的“阳谋”，没有在《人民日报》上和报社内积极组织大鸣大放，遭到了上级领导的严厉批评，说他“书生办报”“死人办报”，他不得不离开了《人民日报》，由于在晋察冀工作多年，和彭真很熟，就把他调到北京市委担任书记，分管文化教育工作。他又创办了一个《前线》杂志，在上面发表了很多杂文，被中央的某些人盯上了，他和吴晗、廖沫沙取了个笔名叫“三家村”，这才闯下了大祸，批判他们成了“文化大革命”的导火线。

苏东坡这张画我见过。它画的是什么我记得也不大清楚了。好像是湘江和潇水这两条江的汇合处，前面有一块土坡、两块怪石，体势奇崛、相依相靠。中间还有几根竹子，他不像现在人画竹子规规矩矩，有点儿左右横斜。竹石这么一搭配，显得撑开了天地。它的竹子和石头都是用水墨画的，浓淡相宜。还有一件事，更是难能可贵，它的卷尾处有26位从元到明藏家的题跋，我记得好像有三四千字。关于字数，您再查查，我记的可能有误。传承了几百年了，但是传承有序，那些名家的名字，一时还想不起来。这就是我对这个画的印象。

后来“文革”一开始，对他的《燕山夜话》展开了批判，好像组织上让他停职反省，后来就发生意外了。

我刚到荣宝斋上班时，田家英常上荣宝斋去，很年轻，当时他三十来岁，可是能到我们的仓库去找一些他需要的东西。能进我们仓库是有级别限制的，好像是副部级以上。我看到他出入这里，就想这么年轻就当了这么大的官儿，心里好奇，就问这位是谁？我记得好像是徐之谦跟我说他是毛主席的秘书。他在我心目中是个了不起的人，你想一想，那时候能在毛主席身边工作，那是多么让人向往的事儿。这人没架子。他忙得很，总是匆匆忙忙地来，一来之后他各处看看，到仓库里搬个凳子，他就蹬在凳子上，在上面那些不太好卖的商品里头去翻。他也不怕尘土，有时弄一身灰和蜘蛛网，他全然不顾，翻找他需要的资料。他主要是买明清的小名头，你不注意的他需要的，他专买这些小名头，就是书札、信札、手卷、手稿、册页、楹联、条幅，这些东西都很便宜，当时荣宝斋有的是，不像现在只要沾上名人的名气，不要说书札、信札、手稿，就是一张便条有名人的签字，也得卖不少钱。当时这些东西就三毛五毛，最贵也就十几块钱。我们的人发现他经常买谭嗣同、梁启超、康有为、王国维、袁枚、邓石如、吴昌硕、蒲松龄、顾贞观、金农、林则徐、刘墉、龚自珍等人的。每次他都自己挑，挑完以后找地儿洗洗手，你一算账，他付了钱就走了。每次来都是匆匆忙忙，也不跟人聊天。当时田家英还是很年轻的，反正身体挺灵便的，一看是文人，据说他手头有很多太平天国、甲午战争、义和团等重大事件的史料。他对清史很感兴趣，除了上荣宝斋，他还经常去逛旧书摊儿，当时东安市场和西单商场有很多私人的旧书店。

六、赵朴初与王雪涛、亚明

郭老“文革”后期很少到荣宝斋来了，在书法界的代表人物当数赵朴初先生了。赵老不仅是佛教界的杰出代表，而且是享誉海内外的著名作家、诗人和书法大师。他对中国古典文学有着十分精湛深入的研究，在诗词和书法方面都具有很深的造诣。他的诗词曲作品曾先后结集为《滴水集》《片石集》，其中不少名篇在国内外广为传诵。他的书法

自左至右依次为：王大山、蔡金鹏、赵朴初夫人、赵朴初、米景扬（米景扬提供）

作品俊朗隽秀，形成了自己的独特风貌，在书法界久负盛名。

那时候不像现在，一般人还不懂得家里悬挂书法作品，书法作品也不值钱。跟他讨字的都是内行，普通人也说不上话儿。赵朴老也经常到荣宝斋来写字，以还“字债”。不过赵朴老写字的时候是一个人来的时候多，并且经常在写到半截儿的时候，会来一位70多岁的很瘦的老先生，老先生总是在一边坐着看他写字。赵朴老有时候还和这位老先生一起切磋诗词的句子、平仄、韵律什么的，这使我们这些旁观者切身地感受到赵朴老谦逊的品德和他严谨的写作态度。字写好后，打完图章，赵朴老一般把图章交给我，由我锁在我的办公桌里，下次他再写的时候用起来方便一些。时间久了，赵朴老和荣宝斋的关系越来越密切，荣宝斋想请他写点儿什么，他从不拒绝。就像当年老姚和郭老的关系一样，图章都放在相识人的手里。1973年12月，为了祝贺毛主席80寿辰，赵朴老填了一首词——《八声甘州·咏梅》，并在荣宝斋做了多次修改，还和那位老先生共同研究平仄等格律方面的问题。词填好以后，他非常高兴地把它写成立幅，到现在我还记得其中的词句：

对飘风骤雪乱群山，仰首看梅花。叹凌空铁骨，荡胸灵气，眩目明霞。任汝冰悬百丈，一笑暖千家。不尽春消息，传向天涯。

且试登高临远，望丛林烈焰，大漠惊沙。指冬云破处，残霸枉纷拿。喜弥天红旗一色，听四方八面起欢哗。愿长共，乔松劲健，新竹清嘉。

调寄八声甘州咏梅　贺
毛主席八十寿辰
一九七三年十二月　赵朴初

当时的场景我还记得，不少人围着观看，还有人七嘴八舌地念出声来。赵朴老听到有人断句不对，于是，在写完以后，便抑扬顿挫地向我们在场的人高声吟咏了一遍。可能是喜欢这首词吧，赵朴老曾经书写过几次，有一天我看他兴致很高，顺便向赵朴老建议说："赵老，我觉得您这首咏梅词，不仅寓意深刻，而且形象生动，色彩鲜明，很容易入画。能不能由我们荣宝斋请一位著名的花鸟画家根据词意创作一张大画，画完以后您给题上这首词？"

"那当然好，你们准备请谁？"

"请王雪涛。"我胸有成竹地说。

"那太好了！"赵朴老很痛快地答应了我们的要求。

跟赵朴老商量以后，我又找到王雪老，请他根据赵朴老《八声甘州·咏梅》的词意创作一张六尺整纸的大画。王雪老看了这首词，也认为写得很好，又是与赵朴老合作，就非常高兴地接受了。

王老手挺快，也就两三天，王雪老的《八声甘州·咏梅》词意图绘制完成了。画面是在漫天大雪中梅花傲然盛开，苍劲的枝干、鲜艳的花朵，生动地表达了梅花凌风傲雪的坚贞品格，准确地表现了赵朴老

《八声甘州·咏梅》的词意。赵朴老看后非常满意，欣然在画上题写了《八声甘州·咏梅》。荣宝斋组织两位大师的成功合作，给人们留下了一幅宝贵的艺术珍品。后来，这幅画荣宝斋多次用各种印刷出版，并受到广泛的欢迎和好评。

1976年1月8日，周恩来总理与世长辞，当时南京画家亚明先生满怀对周总理的深情，画了一幅《折松图》，画面是一株巨大的松树，一根很粗的枝干从松树上折了下来。寓意痛失举足轻重的周总理是中国人民无法弥补的巨大损失。这幅画构图新颖、笔墨生动、立意深刻，代表了广大中国人民在那一非常时刻的沉痛心情。后来，亚明把这幅画拿给我看，问我："你能不能求赵朴老为这幅画题一个诗塘[①]？"我说："赵朴老对周总理感情是非常深的，最近写了不少悼念总理的诗词，我想，他肯定愿意为你这幅画题字的。"我择机把这幅画送到赵朴老家里。果然不出所料，赵朴老看了亚明先生的画，十分赞赏，很快就把诗塘写好了。

落纸泪耶还是墨，画松痛哭老柯折。
老柯曾庇天下人，不比寻常伤离别。
松干犹标雄杰姿，画师深意吾能知。
灰飞百岁形骸尽，日永千秋志业垂。

去岁亚明同志闻周总理之丧，涕泣画松以志哀，今值总理逝世周年，自南京寄画来，属余题词，谨赋此以当瓣香之荐。

一九七七年一月　赵朴初

当亚明先生看到赵朴老为他题写的墨宝时，非常高兴，连连称谢。我说："是你的画打动了赵朴老，赵朴老为此画题字也是为了寄托

① 诗塘：中国画立轴。由于画身正方，或过阔过小，裱成立轴，轴长画短，有失均衡，故在画身上方嵌一书法。

对周总理的哀思呀！”亚明先生不禁感慨地说：“是啊，人同此心！有良心的中国人，现在是人同此心呀！”

荣宝斋组织书画家合作的其他例子还有很多。比如，1948年齐白石、徐悲鸿合作了《芋叶双鸡图》；1980年“荣宝斋新记”成立30周年纪念笔会上，由钱松喦、李可染两位南北山水画大师合绘过《春柳耕牛图》，这是二老一生唯一的一幅合作画；悬挂于北京某饭店的《群鸡图》是王雪涛与刘继卣合画的作品；而由启功、董寿平、黄胄、范曾等人合作的佳作，几十年这种例子太多了。

七、“偷师”王雪涛

我什么时候喜欢上王雪老的画风的呢？头一次见到他的画作，我就喜欢上了。学画这事儿说起来可长了。就我那两把刷子，哪敢提拜师的事儿啊，我只能偷偷地利用业余时间，临摹一些王雪涛花鸟画的作品。时间一长，就凑成几丈长的手卷了。［拿出一个长手卷］这是那时候下了班以后，回家之前还有时间，就到门市部，凡是门市部王雪涛的画，我都借过来，当场临摹。我临摹完以后，第二天早上，我就还了。几年以后，就积累成这么长了，成手卷了，这东西看见过的人还很少。画了得有个二三年吧。全是王雪涛的稿子。完了以后，我就裱好，请王雪涛先生看一看。王雪涛很高兴，他说你真是有心人，临了这么多。我走的时候，他说你别拿走了，我给那学生看看，就放在王老处。

画稿在王雪老那儿放了有一个多月，老先生非常高兴，来了学生就给他看。当时也没想着让老人家给题个词，太熟了就没这意识了。后来我让范曾给题的。这画稿从来没在外边透露过。确实我是喜欢，您想，5点半下班，吃完饭6点，我就开始画，有时候画到八九点就画完了。

门市那儿有王雪涛经常拿的新作品来。那时候王雪涛的画卖得还是很好的。

20世纪80年代以后，只要我在国内，每到礼拜天，我总是在家里习画。我就按照黄胄先生教给我的办法，集中力量画一个题材。先画梅花，梅花看起来容易，画出神韵就不简单了。然后又画荷花、画鸡，用了几年时间，笔墨也就自如了。有的朋友知道这件事，给我起个外号，叫“星期天画家”。

1984年，日本著名老书法家岛海硕先生受日本书法大师伊藤东海之托，率团访华。在一个偶然的机会里，他看到了我画的小写意花鸟，十分喜爱，称赞说：“米先生的画在中国正统花鸟画的技法基础上，创造出了清新的个人风格，格调非常高雅……”并邀请我赴日举办画展。对岛海硕先生的评价，当时我觉得愧不敢当，至于赴日举办画展，是人家的一个热情。我就婉言谢绝了，但是岛海硕先生再三竭诚邀请，我最后还是同意了。1985年的春天，“米景扬花鸟画特别个人展”在日本有田市开幕了，几月份我忘了，反正我到日本后正值樱花盛开，观众很多。30件展品显得少了些，但很快被认购一空。其中一幅《樱花图》被誉为“绝妙之逸品”，以高价售出。这次个人画展的成功举办，给了我很大的鼓舞，促使我更勤奋地投入花鸟画的学习与创作。1980年以后，一直到90年代初，我曾经在美国旧金山，办过一个展览，那个展览是卖了有一个六条屏，只把那个六条屏卖了。香港一次，香港那次是美国运通公司，运通公司是搞信用卡的，也像银行似的，就说也开展艺术品的业务，那次经手人黄先生来荣宝斋，他来挑拍品，他看上一大块鸡血石[①]。他说你能不能带上这块鸡血石到香港去参加我们的一个展览。完了他们主办单位的一个人告诉我，老米你的这个画很适合，因为我的画是比较鲜嫩的花卉，就带了20张去。他一看见我这个画，他说这个画绝

① 鸡血石：是辰砂条带的地开石，因其颜色比朱砂还鲜红而得名，与寿山石、青田石、巴林石并列享有中国“四大国石”的美称，主要作为印章或工艺雕刻品材料。

对好卖。叫工作人员去配框子，一夜就把这20个框子就配好了。人家为了挣钱什么事儿都能办到。这20个框在一个架子上摆着，很快就卖了十多张了，卖得非常好。中方的主办单位是工艺品公司，他们派了两个经理，而且香港办事利索，卖了第二天早上就把钱给我了，就这么快。那时候好像是1000港币一张，一共多少钱，你一数，那俩经理在旁边，我一人给了他们1000。港币1000块钱，他们叫“大红袍”，挺管事的，那俩人还特别客气，说你卖点儿画，你还给我们钱，我那天是卖了不少钱。这是在香港办展览，后来香港这展又拿到台湾去办了。

我没有去台湾。完了以后还上美国，主要就是日本了。日本的书法家岛海硕，老跟我合着画、合着办，他拿多少张字、我拿多少张画，他去办，办完以后，卖多少就给我多少稿费。最后一次就是在西武百货店，给我办了一个展览。［展示画册］驻日大使杨振亚，白雪石、启功为这次展览题了字，头两天《北京晚报》登了我一篇，那上头是一个猫头鹰。西武这次展览我亲自去了。这个展览销售情况还是挺不错的，这也是通过荣宝斋办的。您看这是当时开幕式的情况，杨大使还题了词“祝西武荣宝斋交流日益发展。米景扬画展，杨振亚，辛未年春”。这些展览都是以前在别处办展览的时候，请这些名家写一个刊头，他给一块登上头了。启功老题的是“花草精神”，白雪石是“暗香盈袖”，这次我带了五六十张，售出多一半。［出示一张请柬］这是西武百货店的请柬，这是1991年了。我从来没有为我的事儿去办个展览，第一是我不愿意那么做，第二也不敢。这都是人家主动要求，你办吧，那意思保证有人买你的画。这是最后一次展览，这一次以后没有精力举办画展了。

1980年米景扬在西武画廊举行个展

（米景扬提供）

米景扬在日本举行个展（米景扬提供）

我是非常佩服王雪涛的艺术，虽然我不是他的亲传徒弟，但是周围人都当我是王雪老的徒弟。实际上，学王雪老学得好的是金默如。王雪老逝世后几个月，王雪老夫人把我和金默如两个人叫了去说，老先生不在了，老先生生前最喜欢你们俩，老夫人说着，拿出一瓶颜料石青、一瓶西洋红，都是好颜料。说给你们一人一瓶留作纪念。老夫人的盛情使我们深受感动，连连道谢！

一般人舍不得使这个颜料，太贵，以前形容，蘸这一笔，30块。所以齐白石说洋红加二，凡是齐白石画的大桃、荷花，还有荔枝什么的，都在显著之处加洋红。因此，在当时的润笔单加两成。这笔收入就不小了，如果20块钱的画，就变成了24块，那时候白面才两块钱一袋。现在，这也牵扯到一个艺术上的问题，你说中国画是以水墨为最好，画得好，运用水墨用得好，哪有红的绿的，它（现在）兴，而且从外边兴来的。现在就凡是大红的作品，全都贵。

我特别着迷王老的作品，1960年秋门市挂出一张王老的新作：《大鹅》（天鹅）［展示王雪涛《荷塘戏禽图》］。这张画在门市部一挂，我就爱上了。

门市部经理叫杨集桐，老职工，额头上有一包，徐之谦跟他最好，管他叫“包儿杨”，俩人一见面就斗嘴。看见这张《大鹅》后，我就问杨先生，我说这张画卖多少钱啊？［学杨集桐口气］“这张画定价23块，3块开发票钱”，开发票还有税，3块钱也不算少了，20块钱给王雪涛，稿费，所以你得拿23块才能买这张画。

那时我的工资得交家里，我还有这费那费，你想吃甲菜（食堂最贵的菜）都不敢轻易地吃了，一直到11月，11月我是年终的一等奖和第四季的一等奖，这两个奖和攒下的钱，凑在一块儿，我才买了这张画，才够这一张画钱。这23块钱，现在值多少钱？前日子还有人说，米先生您这张画我给您400万您卖给我得了，这是个纪念。谁都知道这张画，而且这《大鹅》，是王雪涛轻易不画，他卖画的时候，画这《大鹅》，唯一的一次。这张画成了我们的谈资了。现在好些人想亲眼看看原作，我都欣然拿出请人欣赏，这张画的柳条，真是跟真的一样。

王雪老，小写意，花鸟画，此后想学画花鸟没有不学王的。在我的收藏生涯中，收藏的第一张就是王雪老的。

我什么都爱留。刚才这分数单，你留什么分数单，又不是总平均分99，你留着干吗？我老有一种怀旧的感觉，我感觉这个恐怕就是我的一生的最后一张了，恐怕也是当时教育系统往后就不用这个了，可能不用这种分数单了。收藏的很多，像这种有发票的恐怕全国太少太少。给人看把发票也拿出来，这都还留着，比较有意思。

前面我跟您介绍过了，从小喜欢书画。新中国成立初期啊，画展倒是有，个展很少。经常举办的是全国性的一些画展，可能是在第一届全国中国画会展，我就知道了王雪老。

那时候美术馆还没建立，有一个地儿，专门举行这种活动的，北海公园里面的漪澜堂①。在展览会上，我看到的王老的真迹是《鸳鸯·鹡鸰》，它造型生动、构图巧妙，给我留下很深的印象。第二届我没印象了，在第三届北京中国画会展上，我又看到了先生的作品——墨笔《双鹰》，此画水墨运用炉火纯青，完全是自家面貌，令我钦佩不已。所以，走进荣宝斋以后，我一直想亲眼见一见这位独步一时的小写意花鸟画大师。

可我一个学生，哪有机会啊。我来上班没几个月，有一天我们这儿来了一个客人，那打扮在当时“够份儿”。笔挺的蓝色西装，脚穿着一双黑色的高档皮鞋，他来我们这儿是找侯培显，给他看病的。初次见面给我留下深刻的印象。当时他刚从法国访问回来，尤其他用的一个打火机，我至今难忘，一打火带动八音盒，叮当作响，引得编辑室老老少少都觉得很稀奇。从此因为工作上的关系，我和王老有了联系。

---

① 漪澜堂，在北海白塔山山阴。清乾隆三十六年（1771）仿照江南镇江金山寺建造的建筑群。主建筑漪澜堂前为碧照楼，左为道宁斋，斋前有远帆阁，四座建筑及其连接的60间延楼，依白塔山山阴作半圆形。延楼回廊外绕长达300米的汉白玉护栏，尽头各有古堡式小楼一座，东为倚晴楼，西为分凉阁。该建筑群现为仿膳饭庄。

王雪老的花鸟画创作，我个人觉得可以分为三个阶段。新中国成立前是一个阶段，作品多写花草昆虫，秀丽工致，用笔比较纤细。1966年以后可算作第三个阶段，由于众所周知的种种原因，他多画梅花、牡丹，颜色越用越重，生怕自己的作品缺少政治色彩。而他的艺术高峰则在第二阶段——20世纪50年代至60年代，这十年间他形成了俏丽清新、独树一帜、影响深广的小写意花鸟画风格，精彩名作也大多出自这个时期。王雪老的画，题材广泛，花鸟虫鱼无不尽收笔下，可以说没有他不能画的题材。他也是驾驭构图的大师，不管何种取势的构图，侧旁画一小枝或一小虫，即把矛盾制造出来，同时也使画面统一起来，真可谓把三角构图运用到了出神入化的程度。他作画态度极为认真，每幅画无不细心经营，所画的花鸟虫鱼，无不形似神肖。

20世纪60年代初，中组部有一位首长和侯恺同志很熟，在一次交谈中，他提出想看一看画家怎么画画。侯恺说这事儿好办。有一天，我们这儿请来了王雪涛和郭味蕖两位名家当场作画，并商量好两人合作一幅。那是我在1960年一年中遇到的唯一一次小型的笔会。四尺对开，大约120厘米乘以30厘米这一张纸，二位先生互相谦虚一下，郭先生先动笔画，只见他拿起大号提笔，饱蘸水墨，画了起来。一会儿工夫，一株墨芭蕉便画好了，笔酣墨饱、水墨淋漓、布满全纸，气派很大。我在赞同之余，不禁暗中着急，心想：不是两人合作画画吗？现在纸上已经几乎没有空白了，王雪老往哪画呢？是两人没商量好呢，还是另有默契？

我正替王老着急呢，只见他向我招手，大米，你到后边给我弄一点儿石绿。我赶紧到后边叫配颜料的配好了石绿，放在画碟中。只见王雪老拿出一支中小号的狼毫笔，蘸上了石绿，对着画面略加沉思，落笔在墨芭蕉顶部。不一会儿，一只碧绿的活灵活现的螳螂出现在纸上，简直给画活了，似乎要冲出画面。关键是它的颜色和位置非常醒目，使得满纸的芭蕉不显大，一只小螳螂也不显小。这张画引起了满堂喝彩。30年后，我又遇到了那位首长，提起当年的往事，我问他那张《芭蕉螳螂》还保存着吗？他说还在他家。到现在为止，57年过去了，我一直在关心这张画，它一直没出现在拍卖市场。

王雪老早年学过西画，对于运用色彩颇有独到之处。他画牡丹，一反用颜色大点画牡丹的传统方法，而创造出一种用变化丰富的深浅色，即深挤浅、浅衬深的独特技法，构成层层花瓣分明、花团锦簇、绚丽多姿的鲜明风格。他画牡丹花头，有时用洋红，有时用朱砂；点花叶，有时用草绿，有时用水墨，整幅画面健康浓郁、勃茂丰神而无艳俗之感，将这种很多人都会画的富贵花画法，推到一个崭新的境界。

王雪老写字作画，用笔几乎全部是侧锋，不论画纸大小，几笔下去，就能征服画面。这种用笔方法，也是构成王雪老作品独特风貌的重要因素。雪老虽是大师，但为人谦虚，很注意别人的长处。当时荣宝斋有一幅高奇峰的《松鹤图》，王雪涛看到后说想将这幅画借去欣赏几天。这高奇峰是岭南派，他们有不少代表人物，高奇峰、高剑父、陈树人等。他们这个画派兴起于清末，最大特点是吸收了许多日本画的渲染表现手法。过了几天，雪老打电话通知我去取《松鹤图》，我不敢怠慢，赶紧跑去他家。等到他家一看，《松鹤图》还挂在墙上。雪老指着画跟我讲："你看，岭南派画家用白粉有独到之处，这种用白粉的方法，我们应该学习。"雪老见我有一点儿摸不着头脑，就详细地给我讲："一般人画仙鹤都把两翼的羽毛画成黑色包着屁股，其实并不是这样。包着屁股的黑色，并不是仙鹤两翼的顶端，而是它两翼腋下的黑羽。你看高先生这鹤，画得就很准确，说明他是认真观察了的……你看他用白粉，不是黑羽压白粉，而是厚白粉压黑羽。这样就显得白羽毛的质感特别强烈。这种画法是别的画派所没有的，所以，我们要学习。"

我常听雪老说，"最近没画儿"——意思是脑子里没新的题材、新的构图。这说明艺术创作是艰苦的劳动，虽没出画，但他的脑子里时时都没有闲着，时时处在"迁想妙得"的劳动之中。雪老的禽鸟之所以造型生动，常有出奇的动感，与他"外师造化"、注意写生有很大的关系。他50多岁还经常去动物园、鸡场、鸭场画速写。凡欣赏过他速写的人，无不惊叹他捕捉禽鸟瞬间动态的高度准确和高度概况的能力。雪老待人谦和，关心别人，1974年春节，我小有疾患，雪老听到后，托人带来中药，并附一信说：

景扬同志：

兹送去中药“活血通脉片”廿五片，每日吃三次（或二次），不分饭前饭后，此药据说很好，请服用试试，主要的成分是三七粉，如有效，此药还有。

雪涛即日

老先生如此分心，真令我过意不去。雪老曾几次和我说：“把你的画拿来给我看看。”我因用功不够，又加上工作繁忙，所以从未拿出拙作去求教，更没敢提出拜师学画。每想起此事，我总是深感遗憾。

八、李可染

李可染先生的艺术成就有目共睹，尤其他水墨山水画独特，这还有一个笑话。有两张大幅的《万山红遍》，其中一张小幅的在20世纪90年代荣宝斋举行的一次拍卖会上，拍了550万。您可要知道，这是90年代啊。放在现在，多少钱，那就没法说了。反正在当时已经是“天价”，现在卖还是“天价”。据说他这辈子就画了两幅，除了荣宝斋那张，李可染艺术馆还有一张，画这个画是60年代中期，荣宝斋派我给老先生送去库存老朱砂，都是老货。最早老先生画的是水墨，有人说“黑山黑水”，李可染先生从此改变画风，画面用朱砂，产生了一个新的“红山红水”。

有一次他说，“中国画用墨用水都很讲究，齐白石先生曾经有一句话，‘墨海灵光五色开’，意思是墨色变化无穷。古人也说过，墨分五色，其实又何止五色呢，其深浅变化微妙得很啊，有的人画画，笔的肚子上蘸点儿浅的墨色，笔尖上蘸点儿深的墨色，这样一抹，便一边深一边浅了”。他边说边比画，一边将右手的食指横过来，往左手心一抹，接着说，“这种变化太小了，如何用墨，岂止是这么一个深浅的问题呢？它的变化太大了，太微妙了”。

他临去世之前，我给他去送稿费。他画了一幅赭石调子的《秋景

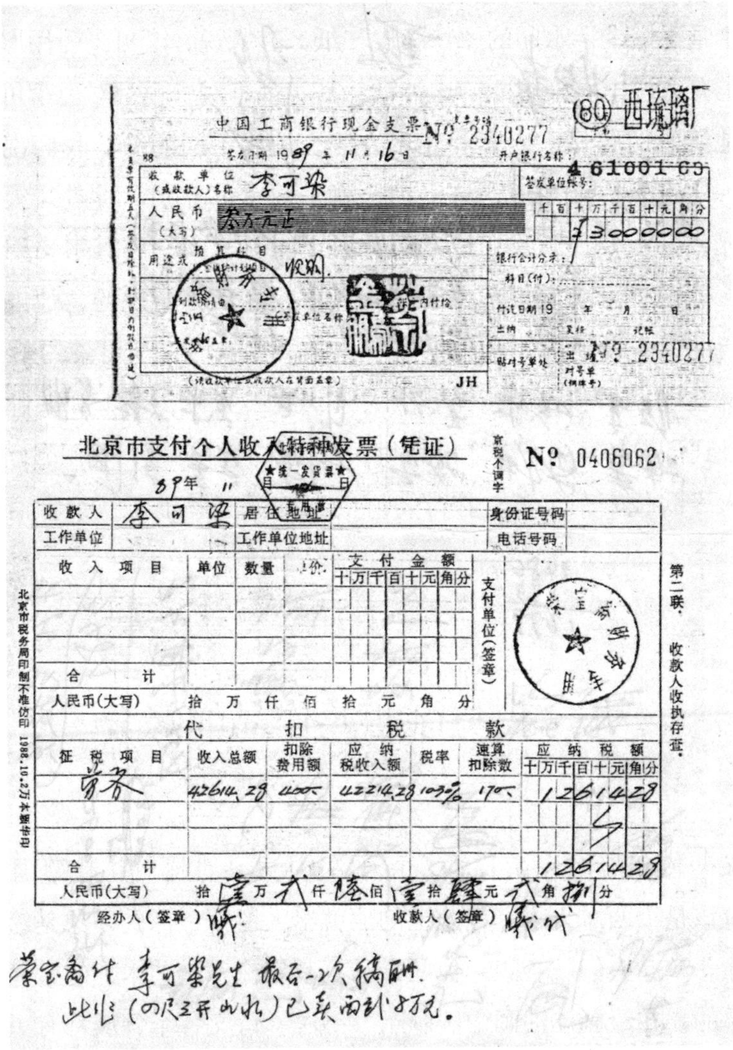

中国工商银行现金支票 №2340277

签发日期 1989年11月16日

收款单位（或收款人）名称：李可染

人民币（大写）：叁万元正　¥30000.00

北京市支付个人收入特种发票（凭证）　№ 0406062

89年11月 日

收款人	李可染	居住地址		身份证号码	
工作单位		工作单位地址		电话号码	

代扣税款

征税项目	收入总额	扣除费用额	应纳税收入额	税率	速算扣除数	应纳税额
劳务	42614.28	1400	42214.28	30%	1700	12614.28
合计						12614.28

人民币（大写）：壹万贰仟陆佰壹拾肆元贰角捌分

经办人（签章）　收款人（签章）

荣宝斋付李可染先生最后一次稿酬

荣宝斋付李可染先生最后一次稿酬的发票（米景扬提供）

山水》，这幅画，色彩柔和，近景以焦墨画树，苍劲如霜染秋林，没有刻意地追求，显出了腕底的神功。那真是李派山水的代表作。

最后去那次，李先生对我说："你最近忙不忙，如果不忙的话，下礼拜你能不能把你们荣宝斋的陈年'特净皮'拿点儿来，让我选一选？"因为很多老画家，对纸的选择非常严格，纸的厚薄以及手感，他们有很多要求。他生前特别注意这个事，他用的陈年"特净皮"，都是由荣宝斋提供的，荣宝斋还专门为他特制了上面印有李可染先生题写的"师牛堂"三个字水印的"特净皮"纸。有人说，李可染爱用厚的这种纸，也有人说李可染用薄的这种纸，其实都不对，也都对。李可染先生根据他绘画的题材、内容和表现方法，选用不同的纸。我们说好，下次我一定带来，谁知道，这一别，就是两重世界了。没过几天，我的老师兄，韩度权找到我，说"你听说了吗"，我一头雾水，问听说什么呀，他说李可染先生不在了。我急忙问你从哪听说的，他说旁边中国书店的人告诉他的。我急忙往李先生家打电话，李可染的弟子——李宝林在电话中和我说，先生故去了，我一听说，马上和韩师兄两个人，赶到了李老家中。李老的家里，已经布置好灵堂，我们慰问了姚佩珠夫人，我代表荣宝斋，在准备好的吊唁簿上签上了"荣宝斋"三个大字。

九、我与徐悲鸿作品的缘分

徐悲鸿年轻时东游日本，留学法国学习油画，并赴德国研究美术，应该是个西派人物。徐悲鸿的成就给人留下最深的印象是绘画，一谈到徐悲鸿，人们就会想起他的奔马。其实徐悲鸿艺术上的素养是全面而深厚的。在绘画（油画中国画）、书法、诗文各个领域都有杰出的成就。他年轻时曾从康有为学书法，对《郑文公碑》《张猛龙碑》《石门铭》，还有一个碑帖现在恐怕知道的人不多了——《爨宝子碑》都下了很大功夫。因为他经常临这些帖，对他的字有很大提高。我这样说吧，他的字看起来疏朗其实很密实，看起来婀娜多姿可是内含刚劲有力。行草超脱奔放，转折有度，有人说它调高韵逸，所以说他的书法造诣也非同一般。［出示徐悲鸿行书五言诗］您看这是我收藏的，他写于20世纪30年代，送给谁呢？是当时新加坡四大画家之一陈宗瑞的岳父，您看整幅字的布局和字体的功力，就显示出凝重峻力，尽显峥嵘风骨，我一直珍藏在身边。

徐悲鸿的家属——廖静文给我来过两封信，后来业务来往也有。两封信一个是她要求给她虎坊桥的房子换一换。信，我在，让我找找。通过一个首长，这个首长我认识，让他给找找谷牧，能不能给她房子换换。后来好像办成了吧，但是介绍完了咱就不管了。

后来很多业务上的事儿，“文革”刚开始的时候，我们荣宝斋曾经经我手借过她两张徐悲鸿的画，这两张画一直保存在我手里。“文革”期间到处在“破四旧”，我一看，这事情不妙，赶紧给她还去了。当时徐悲鸿纪念馆还在方巾巷，廖静文是馆长，挺惨的，她也被关进了（牛棚）。那天在“造反派”的看管下，蹲在地上攥煤球儿呢，听说我找她，她赶忙在水管子那里洗了洗手，两只手手指缝里全都是煤末子。我赶紧把画交给了她。

她还找我帮忙找人补过画。有一次徐悲鸿画了一张白描的画，丈二匹，就是叫《六朝诗意图》，“别人骑马我骑驴”，后面还有推车的。他画完以后，这东西受潮了，车轱辘这儿短一块，人物胳膊那儿短一块，反正这一圈儿吧，有一个伤疤，就从头到脚。她让她秘书找我，说你能不能跟范曾说说，让他来看看，把这儿给补一补。后来我给范曾打电话，范曾自个儿就去了，就拿回来。果然，修补以后，就变成完整的，他又给题了字，成一大幅完整的佳作。

徐悲鸿从20世纪二三十年代到50年代，他的生活起伏，很是艰难，作品有的在这（边），他们说在新加坡还有一大批。好像是因为抗日战争，有一批，放在那（边）了。

我特别喜欢徐悲鸿的画，现在人老拿这句话跟我开玩笑，他说米先生以前说过，说“我只要徐悲鸿这么大［比画］的画，我这辈子就满足了”。现在我手里真有两张徐悲鸿的原作。

浙江有一个小小拍卖公司，十几年前，就有这么一张画，没拍出去。我就托北京的一位好友，还有香港一个，托他们俩人，把这一幅悲鸿《奔马》拍到手。那时候我已经从荣宝斋下来了，已经退休了。我没工夫，就托这俩人，我说您给我去买来。在浙江，这俩人可巧上那边去，果然给买来了，价钱还不贵，画得很好。完了以后给它裱上，托裱以后请范曾先生题了一首诗，这首诗是专门为这张画作的。“卌载风云忆少年，玑珠散落写前贤。雄睨八表龙媒在，独立两间巨擘眠。寂寞文坛祟货殖，喧嚣画肆失清泉。景扬何幸尘沙里，觅得霜蹄起野烟。”

徐悲鸿先生画的马可以大致分成五种动态，最少的就天马行空，从天上飞下来，从上而下的；再就是奔马，跑的，这就是奔马；再动态的立马，戳那儿不动；再就是饮水马，低头；最后一个就是回头马。咱们说回头马，山东人叫“腚朝外的马”。这五种呢，价钱，当然（与）笔墨好坏、造型生动、动态准确等有关系，但是以天马行空是最好。徐悲鸿的动物画作品深受广大群众喜爱，市场上的赝品也以动物为主，特别是徐先生画的马。

这倒也不是有拍卖公司以后出现的。20世纪30年代市场上就出现了徐先生的伪作，您记住了，主要是这个人的画作有市场，就有人做他的仿品，现在更甚。但是现在的伪作水平不如上世纪，只要您有鉴赏能力就能看出破绽，能做到乱真的太少了。我这里跟您说两件事，第一，凡是带缰辔的多是伪作，因为徐悲鸿画的都是脱缰奔跑的野马，从来不带缰绳和鞍辔，他这一辈子就画了一张带鞍辔的马，那就是陈列在徐悲鸿纪念馆的《九方皋》；第二，现在在社会上很多拍卖公司出现的注有“静文爱妻存之”和带有廖静文名字的画作多为伪作，不意流向社会，此类作品出现另有原因。有一位藏家拿着一张徐悲鸿的奔马，不知道哪个环节出了事，急于出手。找到了一位朋友，请他收购。当时说多少钱啊，他说23万。那时候港币和人民币还有差额，朋友说就20万吧，来人说不行，就赚这港币的差价，行，23万就出手了。这一放，放了7年，2009年，这时候这个艺术品就起了那么几个起伏，中间有那么一两个起伏。这个起伏啊，就是刚才我形容的那个，头天晚上还5万块钱呢，第二天早上就变成12万了。这种起伏啊，新中国成立以后咱们的市场上不会有这种情况。这种起伏只有改革开放以后，进入市场化以后，尤其是拍卖才有。也可能隔那么一两天、两三天，这种情况就已经出现了。徐悲鸿的那匹马是23万买的，完了一拍卖，拍了多少钱呢？拍了610万。很多人就不理解了，说这怎么会，但是搁了7年是一个问题，23万买的，怎么就变成610万了，当然和放的时间长有关系，就是说两三个起伏以后，又赶上那个尖了。

我收购的徐悲鸿的画都在退休以后了。上班的时候没有钱，也不

2013年米景扬（左三）个人藏品专场拍卖会，案桌陈列书画均为米景扬藏品

（米景扬提供）

许买，退休以后有了拍卖了，就有利润了，我就有力量去买一张了。我感慨万千，首先就是徐悲鸿。

十、陈半丁

我刚进荣宝斋时，北京画院还没成立，荣宝斋召集了一个座谈会，陈半老一到，在座的很多画家站立起来，和他打招呼。可见他在北京画界威望比较高，颇受大家的尊重。因为我刚参加工作，不知道他是谁，我就问徐之谦先生："这位是谁啊？""你不认识他？大名鼎鼎的陈半丁啊！"哦，我才知道这位个子不高，脸色比较黑的普通老人就是著名大画家陈半丁。后来跟他有过不少接触。在编辑室时经常干跑腿儿的事儿，当时荣宝斋木版水印了一册《中国画汇编》，一般的画家征稿一幅到两幅，为他征四幅。他风格独特也很传统，画个大桃子，跟齐白石什么都不一样，总归自己风格在那儿摆着。您比如说我们搞《中国画汇编》每人一般的稿费一张5元、10元。溥松窗那个就10元，王雪涛好像也是10元，陈半丁20元。他住在新帘子胡同，我就去他家送稿酬。他的稿费为什么高呢？就根据社会地位，那排次序，一排就能知道谁在前头、谁在后头。

我所知道他的事儿，全是我们编辑室的那些老人平常闲谈中聊的。可能有的也是传说，我给您念叨念叨。他是浙江绍兴人，他的号很多，如半丁老人、半叟、半野老。您知道绍兴古称山阴吧，他又号山阴半叟。我想为什么半字居多，可能跟他个子矮有关系吧，又有人说他是双胞胎。究竟哪个正确我没查过。他在画家中年龄比较大，可能是光绪二年（1876）生人，您可以去查一查他的资料，以书上为准。他家里很穷，14岁就外出学徒去了，也不知后来怎么就到了钱庄，从此开始接触了书画。他又遇上了一位亲戚，是西泠印社创始人之一，叫吴什么，

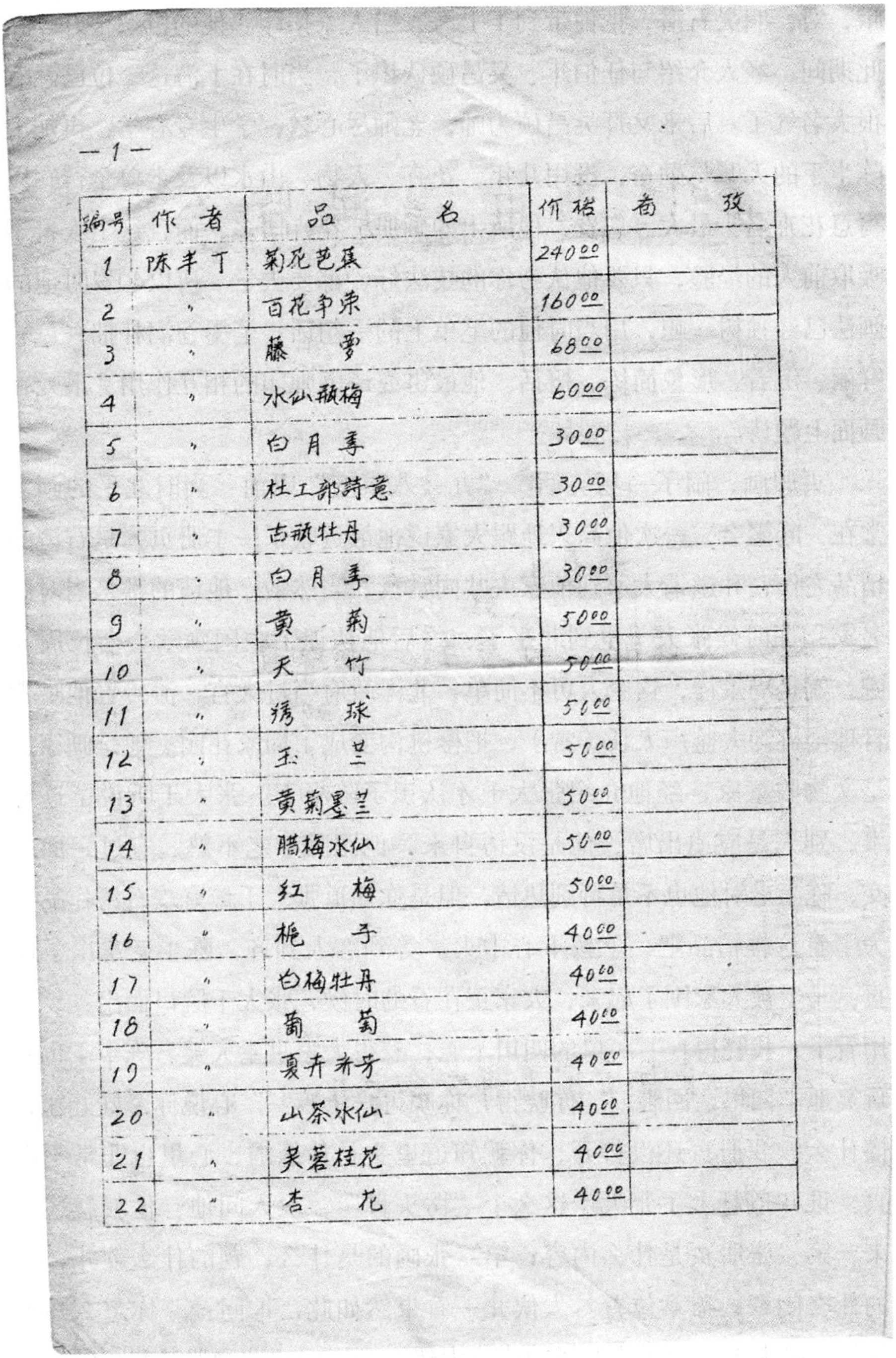

—1—

编号	作者	品名	价格	备考
1	陈半丁	菊花芭蕉	240.00	
2	〃	百花争荣	160.00	
3	〃	藤萝	68.00	
4	〃	水仙腊梅	60.00	
5	〃	白月季	30.00	
6	〃	杜工部詩意	30.00	
7	〃	古瓶牡丹	30.00	
8	〃	白月季	30.00	
9	〃	黄菊	50.00	
10	〃	天竹	50.00	
11	〃	绣球	50.00	
12	〃	玉兰	50.00	
13	〃	黄菊墨兰	50.00	
14	〃	腊梅水仙	50.00	
15	〃	红梅	50.00	
16	〃	栀子	40.00	
17	〃	白梅牡丹	40.00	
18	〃	葡萄	40.00	
19	〃	夏卉杂芳	40.00	
20	〃	山茶水仙	40.00	
21	〃	芙蓉桂花	40.00	
22	〃	杏花	40.00	

1962年著名国画大师陈半丁在画舫斋书画展作品价目表（米景扬提供）

哦，对，叫吴石潜，把他带到了上海，给人家拓印。他的机遇很好，在此期间，经人介绍与任伯年、吴昌硕认识了，当时在上海这二位已经有很大名气了。后来又拜吴昌硕为师，老师尽心教，学生专心学，再加上陈半丁的天赋与勤奋，没用几年，花卉、人物、山水以及走兽全行，以写意花卉名头最大。您看，他所出的画册，花卉居多，而且这个人善于吸取前人的经验，只要他认为你的技法好，都要去学。所以40岁时他的画法已经独树一帜，用当时他的笔单上的一句话：笔墨苍润朴拙，色彩鲜丽、沉着，形象简练、概括。他最讲究诗书画印的相互作用，最爱在画面上题诗。

买假画，闹了一场笑话。“九一八事变”以前，当时北平的画家常在一起聚会，一次他高兴地跟大家说他最近收了一本册页，是石涛的精品之作，并邀请大家到他家去共同赏玩。当然啦，他请的都是当时的名家，那时候张大千也到北平了，之后他认识了中国画学会会长周养庵，就是周肇祥，这个人可不简单，北洋政府当过大官，流传着他哄骗管理樱桃沟太监卢太长（常），把樱桃沟变成了周家花园。他是画家又是文物收藏家，经他介绍张大千才认识了陈半丁。张大千听说了这件事，别人是应邀出席，他是没请自来。他跟陈半老不熟，有过一面之交，陈半老对他也不是特别热情。但是你知道张大千最喜欢石涛作品，为了看这幅精品吧，就按下心中火。等到客人到齐，陈半老拿出了册页，马上被大家围了起来，大家正在看的时候，张大千脱口而出：“不用看了，我晓得！”一口的四川土腔，惹得大家哄堂大笑。陈半丁也开玩笑地学四川话回答：“你晓得，你晓得啥子嘛？”心说你个娃娃家，懂什么？我册页还没打开，你就知道里头是什么啦，心里也非常不高兴。谁知道赶上了张大千这么个“愣头青”，没人问他，他就叙述起来，第一张册页是什么内容；第二张画的是什么，题的什么款儿，用的什么闲章，盖章位置。大伙儿一看果然如此，忙问：“你怎么知道的？”张大千一句话给在场的诸位大佬说愣了，“这画册是我画的，咋个不晓得？”当然啦，这只不过是当时发生的一件事情。

新中国成立后，陈半丁因为他的威望和水平，先后被推举为中国画研究会副会长、北京中国画院副院长等，还当选过全国政协委员，印度总理尼赫鲁访华时，受有关部门委托他特地作八尺《达摩像》赠给印度贵宾。他和齐白石、何香凝、于非闇等画家创作巨幅国画《和平颂》送给世界和平大会。他的大作也曾送给毛主席。

他的篆刻很有名气，陈半丁书工四体，他的行书深得明代米元章的韵味，很受大家称道。治印遵他的老师吴昌硕钝刀之法，他的篆法、章法与众不同，浑厚高迈，绝无别人俗媚之气。有一个篆刻家叫寿石工，听说过吧，他写过一本书叫《杂忆当代印人》，其中有一首诗专为陈半丁和齐白石写的，诗中说：“敬涤堂中六博新，借山馆外绝嚣尘。钝刀利刃余清事，□[①]扁虬圆齐与陈。”

因对一画家作品之意见与康生相左，康生就派人查他的历史。康生整他还不容易嘛，办事人员找出陈半丁抗日战争时期所用的印章，即沦陷时期所刻“不使孽钱”“老年清苦”“强其骨”等闲章，其实就是他当时对日本人不满，有感而发所刻的，可是康生愣说他是对新中国不满，对他进行了政治上的打击、生活上的折磨。（关于他画上题诗的事，在康生一节中提到了，这里就不说了）1964年又来了一个“添乱的”，陈半丁和张大千后来关系不错，十几年不见了这个张大千非常想念陈半老，从海外给他寄了一张画，这下又惹来了麻烦，老头子更有嘴说不清了。“文革”中，当然逃脱不了抄家之苦。1970年他就去世了，在当时的政治条件下也没写讣告，也没什么人去向他告别，就这样默默地走了。

1979年，胡耀邦对“陈半丁冤案”有三点批示：一为陈半丁先生彻底平反，补开追悼会；二全部退还红卫兵抄查物品；三为陈半丁举行遗作展。陈老冤案终于得到了解决。

---

① 原件中，“扁”字前一字已损坏，这里用“□”代替。

十一、张伯驹与惠孝同

张伯驹是个书法家、诗词家兼收藏家，他的收藏在国内外都有很大名气。

我跟他有过接触，也是因为荣宝斋。有一天，单位派我到后海他的家中去取他的夫人潘素的画，当时我年轻，别看个儿高，有时候真不会说话。我问了一句，我说潘素先生的稿酬是多少，因为我当时幼稚地想给多了不要紧，给少了就不合适了。“我哪知道啊”，就这么一声，口气非常生硬，给我留下了深刻的印象。他手里有一张宋徽宗赵佶的《雪江归棹》图。这张画作是北宋皇帝赵佶作品。别看他是在位的皇帝，擅长书画，他的瘦金体[①]非常有名，还会作画，尤其是擅长花鸟，但是传世的山水画有此一张。《雪江归棹》图是墨笔卷本，纵30.3厘米、横190.8厘米，画的是什么呢？就是雪中江上归舟的图景。画卷上方有赵佶题写的“雪江归棹图”，卷末有“宣和殿制”款儿及“天下第一人”草押。这个画卷还有蔡京的题跋。蔡京也是个大书法家，字写得端庄遒逸，一看就是大家风范，题跋也写得优美生动，我记得有这么几句：“水远无波，天长一色，群山皎洁，行客萧条，鼓棹中流，片帆天际，雪江归棹之意尽矣……”

他家在后海南岸，他的夫人同他有合作的画作。人们都知道张伯驹捐给了故宫很多珍贵的书画，但是他捐给吉林博物馆很多书画知道的人就不多了。别人告诉我，南宋杨婕妤《百花图》卷，这张画是已知我国绘画史上留传到现在的第一位女画家的作品，曾被历代大收藏家视

① 瘦金体：是宋徽宗赵佶所创的一种字体，是书法史上极具个性的一种书体，因其与晋楷、唐楷等传统书体区别较大，个性极为强烈，故可称作是书法史上的一个独创，代表作有《楷书千字文》《秾芳诗》等。瘦金体运笔灵动快捷，笔迹瘦劲，至瘦而不失其肉，其大字尤可见风姿绰约处。因其笔画相对瘦硬，故笔法外露，可明显见到运转提顿等运笔痕迹，是一种风格相当独特的字体。

为绝代珍品。《百花图》画的是花卉，这幅画是工笔设色画，上面共有十七段、十几种花卉品种，每段都有用小楷书写的花名、纪年、题诗。现在这幅画是吉林博物馆镇馆之宝。

还有一张元仇远行书《自书诗》卷。他是元代书画家，好古博雅，楷书学欧，行书亦善。仇远书法墨迹颇为少见，这个诗卷是他存世真迹中唯一的长卷。清蒋廷锡《御园瑞蔬图》轴，他是清中期重要的宫廷画家之一，工书善画，他是继恽寿平之后又一著名画家。他开创了著名的“蒋派”花鸟画。雍正年间一个秋天，太监在圆明园的菜园子中发现了一根萝卜，竟长了九个根，其实它是一个“怪胎”。因为它长得红润娇嫩，异常的好看，皇帝以为是祥瑞之兆，所以命宫廷画家记下此事。该画轴用笔工细，颜色鲜艳如生，从画风上看当属郎世宁一派，这幅画是张伯驹20世纪30年代用重金买下的。

关于张伯驹晚年，有很多传说和故事，流传最广的就是他给陈毅元帅写挽联。这副挽联文辞意境确实高迈，谁看了都称赞，其内容是：

> 仗剑从云，作干城忠心不易，军声在淮海，遗爱在江南，万庶尽衔哀，回望大好河山，永离赤县；
>
> 挥戈挽日，接尊俎豪气犹存，无愧于平生，有功于天下，九原应含笑，伫看重新世界，遍树红旗。

陈毅同志是1972年初逝世的，张伯驹闻讯后很是悲痛，因为他和陈总相识于50年代，但是两个人的交往佳话流传甚广。当时的追悼会不可能悬挂他写的挽联，因为当时的政治情况不用我说大家都知道。张伯驹把这副挽联送到了中南海，当时中南海西门有接待的各种信访机构，他把挽联就交给那里了。现在这副挽联的去向无从查找，很多人都去查询，结果都是一个：不得而知。但是挽联为什么流传出来了，因为张伯驹把底稿给别人看过，毛主席是否看过此联，指示有关单位给张伯驹落实工作单位和户口，都是传闻。据知情人讲，在他的档案中，关于受聘中央文史馆的有关资料显示张伯驹曾致函周总理，此信怎么到了周总理手中呢？原来是章士钊转呈举荐，总理曾经做过亲笔批示，并有中央文史馆对张伯驹政治历史情况的调查报告以及各级领导批文，文件签署日期都在陈毅追悼会之前。

【张龙翔按】“文革”前后，张伯驹经常到东城区蓑衣胡同2号黄君坦家作诗唱和，黄君坦和章士钊私交甚笃，此信即由黄君坦委托章士钊交给周总理。我在20世纪80年代和90年代先后听周铨庵以及张茂莹讲过此事，此二人分别是蓑衣胡同2号房东的外甥女和继女。这个房东和黄君坦是亲家，黄君坦的侄女嫁给了房东女主人的内侄孙华粹深。当时我只当传闻来听，米先生此次重提此事，我经查找，三晋出版社出版的《张伯驹身世钩沉》中也有详细记载。

惠孝同是满族人，因为加入过湖社，所以他又号拓湖。他的真名叫惠均，是北京的山水画家，精于书画的鉴定和收藏。他们那一代人才是真正的收藏家。他有一张好画，就是宋朝的驸马都尉王晋卿画的《渔村小雪》图。王晋卿的画好像有一个大的四条屏，留传到后来只剩下《渔村小雪》图了。有这么宽［比画］，一大卷，您让我想想它的尺寸［找资料］，哦，纵是44.4厘米、横是219.7厘米。这画画的是群峰耸秀，山上的树、石头等雪景山水，而且还画出了打鱼人冒着风雪和寒冷在雪中江面上捕鱼的场景。要从画面上来说，应该是意境萧索，笼罩在一片空灵寂静的氛围中。他很好地利用了山峦留白，而且还在峰顶、树枝以及山脚都施以白粉，画法别开生面。这张画是惠孝同的，后来惠孝同捐给故宫了。

我刚进荣宝斋，领导就让我把这两张画保管起来，虽说我是刚踏入这个行业，这两张画的价值那就不用说了。很多老先生都提醒我要小心。这两张画是我们借来的。那时候他们都非常支持荣宝斋的工作，听说我们要木版水印一批古画，就借给我们作为摹本。这个临摹工作谁来做呢？金振之先生摹《雪江归棹》图，孙天牧先生摹《渔村小雪》图。每天我把原作装进特定的盒子，第二天早晨搬出来，晚上再搬进去，放入保险柜。特意买了个大保险柜，每天我都可以说是小心翼翼，北宋到现在多少年了啊，我总怕把它们碰坏。有点儿如履薄冰的意思，生怕出问题。

这两张作品虽说是产生于宋朝，但是它们和南宋的画家，像马远、夏圭等北派山水①画家作品一样，线条轮廓清晰具体，它们基本上用的都是水墨法，浓淡干湿，挥洒自如，晕染极为丰富。现在我可以跟您说了，要表现这种技法，用木版水印弄出来，还真是个难题。当时啊，干不了，但是能把宋画拿到手，这个机会太难得了，所以先给它临摹下来再说。

后来吴仲超听说我们手里还有这两张画的摹本，他找到了侯恺，说你们留着也没用，不如调给我们故宫，我们当展品用。就这样，摹本就到了故宫。

那时候我们在一个办公室工作，还经常凑过去看他们临摹，老先生干活儿就是严谨，这二位经常坐在一起，研究原画笔法，每天都一丝不苟地伏案临摹。那两个摹本真叫纤毫毕现，简直无一点儿遗漏，光为了临摹蔡京的题跋，金振之先生特地找来了两支象牙杆的乾隆御用紫毫毛笔，光这个笔现在就值多少钱呐！就是有钱哪找去啊？那现在都是文物了。那个纸做旧太好了，酷似原本，题跋摹写得神气十足、形神兼备。这件事都过去好几十年了，我还记忆特别深。

十二、于非闇先生印象

于非闇先生，名照，字非厂，别署非闇。我原以为他是老北京人，后来才知道先生是山东蓬莱人，因久居北京，所以给人以这种错觉。有的书上还说他是清末贡生。于先生早年一直从事新闻写作和教学工作，46岁

① 北派山水，始于五代，终于北宋，前后经历了300多年，是山水画史上的主要流派之一。

起才开始研习绘画，并终于崛起为一代工笔花鸟画大师。

于先生在他的一幅画的题句中写道："从五代两宋是我学习传统的第一阶段；专学赵佶是第二阶段；自后就我栽花养鸟的一些知识从事写生，兼收民间画法……"从中，我们不难看出先生的成功轨迹。要说特色嘛，他一直潜心研究传统花鸟画的画法，所以对以北宋赵佶为代表的院体画的表现技法有过长期的专门研究，并长期坚持艰苦的基本功锻炼。他的前期作品，严谨工整，也吸收了宋代织物、缂丝①的表现效果，但在用笔、造型以及着色的灵动上有自己的贡献。

这老先生善于学习，不断改变画风，尤其是新中国成立后，他的作品发生了很大的变化，很多研究绘画史的人都称他既有浓郁的民族风格，又具文人画内涵丰富的特质，形成了自己尽态极妍、形神兼备、富丽典雅的工笔花鸟画风格。他最擅长以浓妆艳抹的花卉和生机勃勃的禽鸟来歌颂新社会和新生活，表达画家对生活的热爱。

国画家中很多人提倡师古，有的人又提倡创新，他二者兼之，主张师承古法又反对一味摹古，主张汲取传统艺术精华与师法自然相结合。您没去过他家，他长期养花、养鸟，这样就有了写生的条件，他还有一点最擅长，是什么呢？对中国画颜料深入研究，尤其是在绘画中巧妙地使用石青、石绿、朱砂等矿石颜料，这是他一大特色。

于先生练就了一手工整劲美的"瘦金体"，这一特殊书体要求写得圆润挺拔，每一笔都有固定写法，要写出成绩来极为不易。其实他也是在60岁以后才写得得心应手的。您可以去看看他早年的作品和晚年的作品，一比较就看出来了。

我到荣宝斋工作时，于先生已经70多岁了，很少出门。我们的老经理王仁山先生见我喜欢于先生的书画，就说："哪天我带你去见见他，

① 缂丝：又称"刻丝"，中国传统丝绸艺术品中的精华，是中国丝织业中最传统的一种挑经显纬，极具欣赏装饰性丝织品。宋元以来一直是皇家御用织物之一，常用以织造帝后服饰、御真（御容像）和摹缂名人书画。因织造过程极其细致，摹缂常胜于原作，而存世精品又极为稀少，是当今织绣收藏、拍卖的亮点。常有"一寸缂丝一寸金"和"织中之圣"的盛名。

你准备一张纸，到时我让他给你写张字。”我非常感谢老经理的美意，特地准备了一张旧色雨雪冷金纸。记得是1958年夏天，王老对我说：“今天我带你去见于先生。”我非常高兴。

于先生住在护国寺对面宝禅寺路南，那是一座非常漂亮的四合院儿，院子里收拾得非常整齐，刚才前面咱们讲了他在家中种花、养鸟。一进这个院儿，就给人一种不一般的感觉。那天于先生精神头很好，可能是老朋友好久不见了，和王经理开着玩笑，非常风趣。说实在的，我来这儿还有点儿紧张，一看这情景，我也就放松了。俩人聊来聊去说到了写字如何用笔，我觉得于老有意教导我说：“执笔只要靠三个指头，要稳，不能动，动的关键在手腕、在肘、在肩，这样可以画很长的线，画出飞舞生动的线条。”后来我在实践中体会到，要画出稳健的线条，确实是这个道理。临走时，王老提醒我呈上了带来的纸。

不几天，刚上班王经理递给我一个大信封，我迫不及待地打开来看，写的是宋代大文豪苏东坡的一首七绝《花影》：

重重叠叠上瑶台，几度呼童扫不开。
刚被太阳收拾去，却教明月送将来。

当然是用瘦金体写的，别提多好了，把我的名字题在上款。我连忙对王经理说谢谢，赶紧拿到装裱车间，裱好后一直挂在编辑室。可惜“文革”一乱，我尽顾着收拾别的东西了，这张字儿却丢了，不知流落到哪里去了。为此，我心里别扭了好长时间。

十三、我所知道的吴湖帆

除了宋徽宗赵佶的《雪江归棹》图和宋王诜的《渔村小雪》图

外，我斋还借过一张吴湖帆先生处的《明四家山水卷》。吴先生是大画家，还是收藏家、鉴赏家。这位先生成就极全面，像山水画、花鸟画，松、竹，以及书法，等等。

他的祖父在清代应该是很有名的封疆大吏，叫吴大澂，可是吴大澂没有儿子，只有一个女儿，他的孙子怎么来的呢？是在一个近支侄子家过继过来的。吴大澂非常喜欢这个孙子，临终前把他的家产分为两份，一份给了女儿，另一份便是他平生所藏，字画彝鼎，全归吴湖帆。

他是科班出身，而且还是一个金石大家，吴湖帆在这个基础上，又大量收购了许多宋元明清的书画，著名的如宋朝黄山谷的《太白诗草》卷、宋米芾的《多景楼诗》、宋高宗赵构《千字文》，收藏之富、鉴赏之精、影响之大，那是没有可比的。和张伯驹比，张伯驹是收藏家、鉴赏家，但是作画绝对没法和吴湖帆比，书法也没法比。其藏品来说，俩人各有差距。

《明四家山水卷》是明代中叶文徵明、沈石田、仇英、唐伯虎四家所绘。其实最早吴湖帆手里只有三家，每当与人谈起这件事，他非常惋惜，收藏虽多，但是唯独缺少仇英相同尺寸的画作，他常常求同好为他费心寻觅。皇天不负有心人，可巧，在他邻居中，有一位古董字画的收藏者，他也兼卖字画，这个人叫沈伯园，也听说了这件事，他手里有一张仇英的山水，而且尺寸和吴手中的相同。

这些画大约都是宽32厘米、长56厘米，沈先生不愧是商人，他把此画带到上海著名的裱画店老板刘定一处，委托他修复字画，其实这是一计，吴湖帆经常来刘定一处闲谈。有一天，吴老又到了刘定一这里，看见裱画板上，绷着一张仇英的山水，他的眼力非常好，不打量，就知道尺寸与自己所藏的三张一样。随即就问，这是谁家的？刘回答说沈伯园所藏，吴湖帆当时心里明白，这画便宜不了。他回到家，自己算计，觉得要把这张画得到手，忍痛割爱吧。他请人约沈到家中会面，俩人见面后，棋逢对手，开始商谈这件作品的转让，过了几招儿，沈提出要让吴拿出两幅宋人团扇交换。吴湖帆觉得要价过高，但是转念一想，为了如梦一场，忍痛割爱，这样四幅山水到了一起，他合裱成一个长卷。

天工造化，四幅画尺寸相近，虽然风格稍异，四个人各有特色，倒也和谐统一，而且每幅画之间都有大量的题跋，足见珍贵了。我跟您说了半天，这可不是传说，是吴湖帆的大弟子颜梅华亲口对我所讲。当时我们借来也准备木版水印复制，但是工程浩大，操作起来有一定的问题。1965年，吴先生多次来信，催问画作的问题，因为暂时做不成，经过领导研究，决定将此画归还吴先生。

要说起吴先生的画作，真是让人敬佩，我不多说了，上海画院存有一张1964年他创作的国画，原子弹爆炸，就是那个蘑菇云，画得太好了。他习画从“四王”、董其昌入手，纵及赵孟頫、王蒙、吴仲圭等大师，博采众长、自成一派，其书法精于行楷，后学米芾。晚年喜作草书，他不论是青山绿水，还是潇洒的竹子都很有味道，尤其他的花卉更是清新雅逸，我见过一幅他的荷花，那真是具有现代感的没骨荷花。晚年他常年患病，身体很胖，不能躺着睡觉，只能在一张医疗床上靠着休息。“文化大革命”中红卫兵抄了他的家，据亲历者说，他价值连城的书画、文物和红木家具都被抄走，装了八卡车。身患重病的吴先生在绝望中自己拔掉氧气管，自杀身亡。“文革”结束后，据说落实了政策，他们家属领（回）了不少东西，我常想《明四家山水卷》现在不知藏身何处。

十四、潘天寿的《竹石双禽图》

我们干的这个工作，经常和书画家打交道，成了好朋友。除了花钱买字画以外，朋友之间也曾有过一些交换和赠送。

1971年我去南方出差，有机会认识一些南方的艺术家和书画爱好者。在杭州，我认识了西泠印社著名的书画篆刻家、收藏家郁重今先生。他对书画篆刻业务无不精通，篆刻师承韩登安先生。

韩登安的名字还有个来历，原名韩竞，父亲因为他出生于农历九月初六日，快临近重阳节，当地习俗那天要登高，小时候家人叫他“阿登”，长大了就以“登安”为字、号，20世纪30年代成名于浙江。在他的教育培养下，郁重今最擅长吃功夫的一路，喜汉印，也取得了很大成就。荣宝斋曾出版了他创作的《鲁迅笔名印谱》。那时候，传统艺术出版物极为缺乏，这部作品与西泠印社组织的各名家合作出版的《革命圣迹印谱》等，给广大篆刻艺术爱好者提供了很好的学习资料。几十年来我和老郁的交往不断。他知道我非常喜欢潘天寿的画，就送给我一幅潘天寿的横幅《竹石双禽图》，并在1978年特意给我裱成手卷。

《竹石双禽图》画心长138.5厘米、高28厘米。画幅右侧有几枝疏竹，一块赭色长石横卧在草地上，占据了画卷下部大部分画面；长石左侧草丛旁，有两只小鸟相对嬉戏。全图构图豪放奇崛，用笔苍劲老辣，设色古雅超凡。画幅的右下方署有潘老的号“寿者”，并钤有“潘大”“阿寿”二印。

得到手卷以后，我先请李可染先生题写开头的引首。他指着画面上大大小小的苔点儿对我说：“你看，这些苔点儿，非常生动。一般人是绝对点不出来的。”又问我说：“你看题什么好？”我说“题‘潘天寿竹石双禽图’，可以吗？”李老说：“可以，可以。”于是我把手卷放在了他那里。第二天引首就题好了：

潘天寿竹石双禽图——可染

李可染先生写的引首为起点，我又请了许多著名的书画家为这幅画题跋。吴作人先生为我题的是：

仓禽黄石——一九七九年作人拜观题

1979年秋天，我请启功先生为《竹石双禽图》题字，启功先生非常认真地写了一首诗，并附有较长的跋文，这首诗后来还收入了先生的诗集中：

鸟似有情行草地，石终无语卧花阴。
萧寥短卷刚三尺，磊落柔毫值万金。

寿道人人木讷而画精警，遇物成图，有如登高能赋者。

笔不应手时，即指甲、匕箸以至莲房、蚕茧，无不可供驱使，其妙趣有非鼠须、兔颖所能致者。

今不幸死于泰山虎口。而遗墨益虎虎有生气，岂虎冠猴冠者所及料哉。

一九七九年秋披观因题——启功

诗的意思是：两只小鸟像是有感情一样在草地上行走，一块石头安安静静地卧在花荫下。画卷虽然很短，但是它所抒发的潘老光明磊落的精神是万金难换的。

在题跋中，启功先生以最高的尊称——“道人”来称潘老，表现了他对潘老的尊敬。启功先生满怀赞颂之情，叙述潘老人虽木讷，而画却画得非常有精神奇特。而且除用笔以外，指甲、匕箸以至莲房、蚕茧，无不随他驱使，妙趣为毛笔所不及。然而这样一位天才的画家，在“文革”之中却惨遭迫害，不幸病死。“泰山虎口”指滥施淫威的“四人帮”之流，表达了启老对“四人帮”迫害潘老的愤恨之情。“虎冠猴冠者”则是对“四人帮”之流绝妙的讽刺。

1980年，我又请程十发先生为画卷题字，程老题了一首含义深刻的、评论式的七言绝句：

画笔由来能扛鼎，书几勒木入三分。
中兴画学唯在笔，霸悍豪茫夺古人。

庚申清明读寿先生佳制，晨窗题俚句廿八字。

——云间程潼十发

同年，蒋兆和也为潘老的《竹石双禽图》题了字：

生趣高雅

——庚申年蒋兆和拜观

1980年冬天，宋文治先生复为这幅画题跋云：

潘老为人敦厚朴实，但其用笔章法常走险境；青藤、白阳、昌硕后自立面目，与白石齐美。此卷清润苍茫兼收，天寿道长之佳品也。

景扬老兄收藏，希珍之宝之。

——庚申冬日于北京拜观，文治

题跋中的"青藤、白阳"分别指的是明代两大写意花鸟画家徐渭和陈淳。徐渭（1521—1593），字文长，号天池山人，别号青藤道士，写意水墨花鸟之集大成者，涉笔似不经意，但神妙潇洒、天趣横生、跌宕风流、不可一世。陈淳（约1482—1544），字道复，别号白阳山人，其写意水墨花鸟画凝练疏爽、宁静俊逸、栩栩逼真。宋文治先生以青藤、白阳以及吴昌硕与潘老相比，并认为他与白石翁齐美，足见他对潘老的尊崇之情！

1981年，我请陆俨少先生为我的手卷题字。

陆老问我说："前面的人都已经题得那么好了，你看我题点儿什么？"

我说："您就题和潘老的关系吧。"

因为我知道，陆老1957年被划为“右派”之后，处于一种非常困难的境遇。那时候潘天寿是浙江美术学院的院长，他知道陆俨少画画得好、修养高，认为对教学很有好处，力排众议，把陆老请到浙江美术学院来教书。因此，陆老一直说潘老对他有知遇之恩。

于是陆老题写了下面一段文字：

忆在壬寅岁，予应潘老之邀，执教浙江美术学院。一日，予求潘天老作画。答曰：“彼此皆画人，两不来去可也。”予遂止，不复继请。故予于潘老虽有知己之感，而曾无片纸之藏，至今深悔之。

观景扬同志所藏《竹石双禽图》，感念畴昔，山河藐落，何以为怀？

——一九八一年一月于京郊，陆俨少

“壬寅岁”是1962年。陆老的这段文字回忆了60年代潘老对他的知遇之恩，以及自己没有潘老片纸之藏的原因及感慨。

手卷题到这里，只有一小块地方了，最后我在1995年请了范曾来题，范曾看了前面的题跋，提笔和了前面启功先生的诗：

双禽有语人焉识，怪石观天丽转阴。
霸悍睥睨空画史，狂沙吹尽见黄金。

平生所服膺画家十数人耳，懒翁是最所钦仰。景扬兄嘱题数语殿尾，见前贤所题黄钟大吕，词近意远，乃依启老原韵凑句。

——乙亥年十翼抱冲斋主范曾于北京羲和雅居

范曾是才子，和诗不仅格律相谐，而且内容毫无牵强之感。第一句是说，两只小鸟好像在说话，人怎么会理解呢？第二句说，怪石仰面观天，美丽的天气又转阴了，是指潘老一生中晚年的坎坷——他虽然画画得好，但在“文革”中却受到“四人帮”的迫害。第三、四句，热情地歌颂了潘老在画史中的空前地位。跋语交代了和启老诗作的原因。“懒翁”即潘天寿，潘老早年常自署“懒道人”。“最所钦仰”表现了潘老在范曾心目中的崇高地位。

从李可染题写引首，到范曾先生殿后收跋，前后经过八位大师题赞，历时达17年之久，更使这一画卷弥足珍贵。

潘天寿先生终生忙于教学，存世珍品很少。既然讲到这儿了，我给您说个事儿。几年前有一个人，1000万买了一张潘天寿大画，画面上画了一大块石头，石头上有点儿小红花，有点儿红叶，带点儿颜色，点缀一下，并画了一只大鹰，卖了很好的价钱。现在这个市场啊，凡是齐白石的大桃、齐白石的红荷花都特别好卖，而且价钱就很贵。这从哪来，国际上对中国画的欣赏习惯和国际市场那时候就习惯于把带颜色的卖得贵，这个习惯已经进入到咱们这儿了。潘天寿是继齐白石之后，直接师承吴昌硕，又具有变革精神和文人气质的一位大师，我曾经在一收藏家中见过一幅他27岁画的《墨荷图》，线条流畅，墨色变换自如，很有八大山人冷逸恣肆之风，他大斜向的构图和画面右边顶天立地的长题，以及墨荷叶脉的画法，有一股自身的刚劲，意味深远，让人看完以后永远记在心上。什么叫好画，这就叫好画，看完让人永远忘不了。

我有幸见过潘天寿先生一面，1962年北京举行“潘天寿画展”，不知道为了什么，康生给他题写了“艺苑魁首，画界班头”，大家看了之后都非常纳闷，为什么这么题？在此期间，潘先生一直在北京，有一天我到王府井荣宝斋办事，正碰上许麟庐把潘先生请来在二楼作画，为了防止看热闹的人涌上去，专门有人把在楼梯口，我上去他当然不管了。到上面一看，潘老正在画案上作画，周围不少画界名人，具体是谁我现在想不起来了，为什么呢？因为当时大家都在全神贯注地看先生作画，我也挤不进去，只好站在圈外观看。我记得先生画得很慢，拿起笔来，左看一下、右看一下才下笔，足见开笔之谨慎。

十五、吴冠中

吴冠中，他最早是中央工艺美术学院的老师，跟我们接触就很少，大家都不知道这个画家是怎么回事。改革开放初期，有一次在和平门烤鸭店，举行一次宴会，谁请客呢？是日本长崎唐人馆（华侨组织）。自从日本跟中国建交以后，它就得跟咱们中国大使馆建立联系，来往就很多。每年都从中国借点儿文物，二三级文物，到日本去搞展览。那次是唐人馆搞活动，要求画家画几幅画送给它，作为唐人馆的展品就留在日本了。

那次有很多人出席了宴会，我说得上来的，我记得范曾跟边宝华他们算俩人，还有吴作人、李苦禅、李可染、蒋兆和、吴冠中等人，都给画了画，对方赠送每人一只“西铁城”石英手表。在当时咱没见过这种手表，包装还很华丽。每个画家都把画挂起来。我就看见有一张画，画的是南方的芭蕉，非常新颖。后来一打听，是工艺美术学院的老师，叫吴冠中。因为我在荣宝斋工作，在工作中你要经常发现新的画家。我就问他的通信处，什刹海北岸有个惠丰堂，是个很大的院子，原来是饭庄子，现在没了，他住在这个院子的西北角上，不大的一个房子。我记得很清楚，他家那个墙上糊的是报纸。从那儿起我就认识他了，正巧新加坡有一个画廊，叫“新华美术中心”，那经理问我“你认识吴冠中吗？”我说“我认识”，“能不能带我去？”咱们就是一切为了工作，没往别处想，实际上您猜怎么着？这按以前，我要带你到这个画家家里去，我是代表荣宝斋的，如果你一旦知道他的地址，你就直接跟画家来往了，（按理说）不能甩开荣宝斋，这样做就不地道了。我就带他去了，他们就认识了。后来好像为吴办了画展。

我跟吴冠中稍微熟一点儿，荣宝斋为他出了不少木版水印的作品。日本有一个摄影师叫大掘一彦，他很注意中国的画界。他说吴冠中的画可以办个展，后来我就把吴冠中的资料，让西武负责人一看，他们说好，我们办。1988年，办他的个人展览，荣宝斋派我陪他们夫妻俩去的。展览开幕的时候，日本西武美术部的人告诉我，说外头有人排队来买吴冠中的画，说怎么都是香港人啊。那时候吴冠中的画在香港已很有名气了，美术部的人说我们办吴冠中的展览是想让日本人了解中国另外风格的画家的画。可是来的都是香港人，等于我们给他们办了，我说你办展览，你能保证进来的都是谁啊，反正那次展览会卖得不多。我记得有一天早上起来，刚开门，老板提清二来了。他一来，我就得在旁边看着，完了他走的时候，跟他的随从说，中国还有这样的画家啊。他认为画风很新，确实吴冠中的画很新。

没卖出去的展品荣宝斋全部买下来了。全买下来以后，给他一笔钱，这展览展完以后，有很多没卖，他要求买回去，又给他买回去了一些。

十六、启功与谢稚柳

“文革”前，启功经常去（荣宝斋）编辑室，知道他是北师大的教授，1957年前后他经常来我们这里卖一点儿他藏的明清时期的书画。他有一个习惯，只要到南城来，都要来荣宝斋坐一下，因为我是个小青年，只不过点头而已。每次先生走后，我们这里的老人们，您像陈林斋、王仁山等人都是他的老朋友，非常了解他的情况，经常谈一些他的逸闻。我们那里有一个科长叫刘振业，他和启功也很熟，说起启功话题很多，他说启功这个人最重感情，启功年轻时溥雪斋在生活上和艺术上给过很大帮助，启功是念旧情的。有一次春节荣宝斋画展上，启功见到了溥雪老，跪在地上就磕头拜年，把旁边的人吓了一跳。因为那个年纪的人在那个年代很少行这种礼了。这个事一直被人们当为笑谈。

启功先生在荣宝斋（米景扬提供）

1985年米景扬向启功先生请教（米景扬提供）

"文革"前他的字已在荣宝斋出售了。启功老给我的印象，博学多识，我觉得他是一个满腹经纶的学者、教授、国学大师、教育专家、当代书法大师，这些头衔戴在他的头上不为过。我干书画这行几十年，以"诗、书、画"三绝名闻天下的有几个啊，他就是其中之一。这位先生风趣、慈祥、谦和，办事认真，他的人品被广大书画家以及熟悉他的人称道。

像我们这些勤跑腿儿的人，早就到他们家去了。那时候他还住小乘巷。记得为他拍一个电视片的时候，要回忆当年屋子里的情景（拍片时他已经搬入北师大），导演找到我，他拿一张纸说您把他在小乘巷居住时，屋子里头怎么布置给画下来，我说这很容易。这是一个双人床，这是一个门，这是前窗户。启先生住一个单人床，旁边有一桌子，这一片整个一个书架子，实不瞒您说，书给压得七扭八歪，要塌了似的。夏天还好说，冬天屋里头还得生火，简直没有下脚的地儿。那时候真叫困难。他住的那个房子还不如现在拆迁的棚户区的房子，纸糊的顶棚因为漏雨上面布满了洇湿过的痕迹，墙是"棋盘心"那种墙，就是四外用整砖垒起垛子，中间都是碎砖头砌起来的。老北京有一句话叫"北京城四样宝，碎砖垒墙墙不倒"。您别看它是碎砖垒的，外面用"麻刀灰"一抹，挺像样，可是灰皮别掉，只要灰皮一掉那就寒碜了。

我当时去都是业务上的事儿。有的人求个匾，或者写个对联，"他们这店新开张起个名儿，您给写一下"，都是这些事。因为比较熟了，一早儿就到了启先生家，有时候启先生还没起床呢，我说我上外边再溜达溜达，您再眯瞪会儿。

他的夫人也是挺随和的一个人，寡言少语，把启功先生照顾得非常好。我去了以后给我们沏茶倒水，然后坐在一边从不插话，一看就是一个有文化有素质的人。

当时找启功求字还比较好求，他对荣宝斋总是另眼相待。他有篇文章就说，从小在荣宝斋，每次经过那儿，必须进去瞅瞅，感情也深。

"文革"前老两口的生活也还可以，一个月启功能挣160多块，有时候我去他家办事，赶上快吃午饭了，他就请我到北草场口上路北的一家饭馆吃饭。无非是宫保肉丁、烧茄子一类，有时候他还喝点儿酒，量不大。改革开放以后，启先生由于年事已高就很少喝酒了，在我的印象中他最爱吃一个菜，那就是糟熘鱼片，只要这个馆子有这个菜他准要点。有一次我和先生小聚，酒后先生跟我聊起了书法，他说运笔就好比拿筷子夹菜，只要把菜顺利地夹到嘴里就行，至于用筷子的劲头不用教你自己定有体会。夹豆腐力气要轻点儿，夹肉片恐怕要用点儿劲儿了，最难夹的就是花生米，这花生米不是煮的，也不是炒的，是油炸的，这就要用巧劲儿，他说写字就要掌握好“筋劲儿”。和他探讨书法，从来没有整套的大理论，他只告诉人们要用心去领会才是最高的境界。

启老这个人其实不爱当官，他就愿意教书。画画儿写写字儿，其实他的画在20世纪30年代就在荣宝斋挂“笔单”了，现在拍卖会上经常有他和溥儒、溥雪斋、溥松窗画的四扇屏山水。

画画儿太费事又耗精力，尤其山水画更是费时间。因为求他的字

启功先生在鉴定书画，右一为米景扬（米景扬提供）

的人太多了，如果再一画画儿，别人肯定再来要，那他就应付不了了。

启老就是了不起。有一次我去他家，看见写字台上有一大摞启先生的字，我问，这全是您最近写的？他说这是潘家园收来的，全是别人仿的。我说那您还看什么劲儿。他笑着说我得好好看看，这里面有没有反动标语呀，要不然这篓子可大了。其实启老也知道这里的事儿，明显的这是启功假字，而且这一大摞，30多张，老鼻子钱了。启功先生不爱提自己是爱新觉罗氏，因为他看到很多亲属书画水平并不高，却打着爱新觉罗这个旗号，到处搞画展，出售自己的作品，他很反感这个，他曾经写过一首诗。诗曰：

闻道乌衣燕，新雏话旧家。谁知王逸少，曾不署琅琊。

并且他在诗前写了几句感叹：

族人作书画，尤以姓氏相矜，征书同展，拈此辞之。

启功老对陈少梅遗作出画册的问题非常关心。陈少梅已经故去了将近30年了，他还是为即将出版的《陈少梅画集》写了序言，而且还给许多陈少梅生前画完成了未及题款的画加了款识。［拿出《陈少梅画集》］启功老为少梅先生《钟馗醉酒图》题云：

运毫何殊运斤，著墨即是明人。梅老已成千古，钟公铁面长春。

此故人陈少梅先生遗作，其纸不过三十年，其笔则三百年。所著者音徽往矣，百身何赎！

一九八一年秋日　启功敬题

1996年，启功老为少梅先生《山居松风图》题右边款儿：

少梅真迹

丙子冬日，启功鉴定，至精极妙之神品。

又于左边款儿题诗并跋云：

万壑松风尺素收，故人遗迹忽经眸。
无边灵秀谁堪比，云白山青似十洲。

少梅先生此幅展观之际，以为仇实父真迹。继续，知出于少梅。叹曰：百身何赎！

启功　八十又四

启功老为少梅先生临《莲花仙子》题云：

衡岳山人冰雪姿，笔笔屈铁墨如丝。
每逢遗临重瞻对，展轴临窗掩泪迟。

此少梅先生遗迹，磊落清新，不减元明高手。盛年仙去，至堪痛惜！

启功拜观并识

启老为国学大师，“诗、书、画”三绝名闻天下，其古典诗词功深力厚，少有能与之雁行者。他的每一首题诗虽然都只有寥寥二十几个字，却能够抓住少梅先生作品的最主要特点，从中国绘画史的角度和理论高度，高屋建瓴，深刻而动情地加以评介。从这些题诗题词中，我们可以看到，启功老对陈少梅先生的绘画艺术推崇备至，其痛惜之情亦溢于言表，读之催人泪下。

有的画幅太小或画面不便有更多题字的作品，他虽没有题诗，但其题词字字珠玑，句句深情，亦评价精到。如，他为少梅先生《秋江渡粮》题云：

水国秋收

此老友陈少梅先生遗作，未及题署。只此静逸之笔，其谁可至？我告识者，勿轻出袖。

启功　八十又四题

为《桃竹春色》题云：

此少梅先生遗作真迹。笔墨精严，宛然南宋典型。展读补题，为之腹痛。

丙子夏日　启功　八十又四

只要是少梅先生的真迹，启功先生题诗题词从来都是心甘情愿，不辞辛苦，来者不拒。启功老在陈少梅《干霄直节》一画的题词中，道出了其中的原因：

干霄直节凭君倚，不必天寒翠袖人。

此少梅先生遗笔也。先生英年即逝，箧衍零乱，残卷余缣多未署款。余每见之，必加补识，免落俗人之手，谬题元明名家姓字，致妙迹常湮，令故友为之扼腕也。

——丙子冬日　启功　八十又四

后来社会职务大了，启功也还去荣宝斋。上他们家也还能接待，一敲门说谁谁谁，家里人就把门开开，让我们进去。我有一次到了他那里，见他画了12开的日本硬纸板的册页，装在12个框子里，我就跟启先生说，这个您有意出手吗？他说荣宝斋要，就拿走。

米景扬向启功先生请教书画鉴定业务（米景扬提供）

我们是谁都相信谁，也不用打收条和借条。回来我给它布置在荣宝斋二楼，在二楼正中央。刚挂上，就来一日本人，一老先生业务上和我很熟，他对我说米先生我要买点儿中国画，最好的。我说你就买这12张。那12张好像有那么三四张是书法，其他都是画。朱砂的竹子，水墨的山水，他说我下决心买，当时就买了。好像这价钱也比较贵，我说这是启功先生他自己送来的最得意的作品，日本人说我就要这个，多少钱，就开支票了。那时候日本叫旅行支票。这个商人就全买了。你要有威望了以后，他听你的，而且你在培养收藏家。我记得那12张刨了税收后还剩60万。

那时候启先生与荣宝斋分成好像是4：6，启先生四、荣宝斋六。（其实我是说了算的）但是我就不愿意让别人说闲话。那次我跟业务人员说我们老让启先生拿四，有点儿不合适，这次咱们就5：5得了。大家同意后，当时30万是这么一大摞［用手比画］。现金门市有啊，包好了，我就给启先生送过去了。我到了北师大小红楼，当时由于拜访的人很多，家里人得问明来由。启先生见到我说："荣宝斋大米驾到，未曾远迎。"我也开玩笑地说："岂敢岂敢。我给您送鱼税银子来了。""您那12张大作卖了。"他说："卖了这么多钱？"我说："这次多给您10%。"他就说了些客气话："谢谢谢谢，哪值那么多钱呢。"我记得很清楚，启先生抱着钱，就奔里屋库房走，走到一半回过头来对我笑笑，说我也得买房了。我说对对对［笑］。启先生这人呐，就是这么爱开玩笑。

老先生是既幽默又严肃。1990年，范曾去了法国了，这事儿当时还没公开。我到启先生家，刚准备跟他提这消息，开了个头，启老站了起来摆摆手："这话就此打住，就当你没说，我也没听着。"一个是他的夫人去世后，自己照顾不好自己的生活，别人给他介绍老伴儿他都给回绝了。一次在北师大，进来了几个人，其中介绍到一个女同志的时候，说她是满族人，可能是南开大学化学系的，得了什么奖，启功站起来说了几句话把大伙儿逗乐了，说："谢谢您，为我们这个'品种'争光。"

您问我谢稚柳先生和启功先生鉴定书画的水平谁高，这个问题我没法回答，因为他们都是这个行业的高手。1987年6月，如果我没记错的话，就是6月，经过中宣部批准，文化部文化局宣布成立一个中国书画鉴定小组，在全国范围内对各大博物馆文物部门现存的书画进行一个全面的和系统的调查、鉴定工作，并且组织一批人编订古书画目录以及大型画册。80年代很多老的鉴定家还在世，我记得这个小组组长就是谢稚柳；组员有启功，这不用说，当时他是北京师范大学的教授，书法家、古代书画鉴定家，又当中央文史馆馆长、中国书法家协会的主席；还有一位是徐邦达，他是故宫博物院的研究员，也是古代书画鉴定家，他有个外号叫"徐半尺"，就是这张书画他打开只看半尺就可以鉴定真伪，这里可能也有开玩笑的意思；还有辽宁博物馆的副馆长杨仁恺，他也是著名的古书画鉴定家；刘九庵是故宫的；傅熹年是大藏书家傅增湘的孙子，他的爸爸傅忠谟是现代古玉研究专家，他家学渊源，是古代书画鉴定家；还有一位是谢辰生，他曾经当过文化部文物局的顾问，解放初当过郑振铎的秘书，也是一位古代书画鉴定家。您从这个名字的排列就可以看出谢稚老在书画鉴定界的影响了。

我给您讲一个20世纪50年代的故事，这我也是听荣宝斋老人们讲的，不知真假。北京有一个书画商叫靳伯声，他经常在京沪两地收购和销售书画。当时国内只有北京、上海、天津这三个地方书画市场比较活跃，每个书画商都有自己的“道”。他到了谢稚柳家，谢稚柳问他这次带来了什么好货，他讲我刚从苏州收了一卷北宋王晋卿的《烟江叠嶂》图，您是否想看看？北宋王晋卿留存的画作不多，谢稚柳一直想见一见王晋卿画作的真容，他连忙叫靳伯声把画作拿来。第二天靳伯声带来了这张画，打开一看，卷尾有苏东坡的两段长题，当时把谢稚柳看愣了，凭着他的经验，他觉得是真迹，但是凡是鉴定专家，都有一定的尺度。他顿生爱惜之意，但是还需要静下心来细观。他当时挽留靳伯声在上海多停两天，准备把这件事向上海博物馆领导汇报，并建议由有关专家组成鉴定小组对此画进行鉴定。其实这张画在上海书画市场上多次出现过，可是很多人都认为是赝品，在书画行内成了出了名的假货，但是谢先生是第一次看到它，他认为这是不可多得的珍品。这件事一传出，上海的书画界闹翻了，认为老谢怎么连真假都分不清了，有的人说他怎么糊涂到拿赝品来让大家鉴定，有些人认为谢稚柳从来就是眼高手低之人，反正说什么的人都有。谢稚柳还是坚持大家共同鉴定，在会上有些人不耐烦地提出不要看了，就是假的，谢稚柳说我看是真的。一开始这会就形成了僵局，您猜这张画当时要价多少钱？人民币800万，当时我们国家货币还没有改革，一万元就是后来的一元钱。大家既然坚持这种意见，上海博物馆提出将画退回，不予收购。谢稚柳是有心人，他要求会议记录者把当时发言一一记录下来，保存在他的手里。靳伯声乘兴而来，败兴而归，只好把这张画带回了北京，北京有关单位经过鉴定，认为此画是假的，弄得老靳真没面子，只好退回原主手中。过了一段时间，这件事被大家淡忘了，可是谢稚柳一直挂在心上。没过多久，靳伯声又来到上海，和谢稚柳见面后，谢稚柳讲能否把《烟江叠嶂》图拿来让他看一看。靳伯声还真有点儿为难，京沪两地那么多专家鉴定它是赝品，自己已经把它退到原主手中，已经和主人讲清此画为赝品，无法出售。其实靳伯声也不是凡人，他从心里讲也一直认为这幅画是真品，那么多人讲它是假的，弄得他心里头很不舒服，因为到了他这份，遇上这种“打眼货”，传出去实在是心情不爽。他就决定再次去苏州主人家取回这张画，谁知道收藏者也一肚子气，见靳伯声又来提这件事，开口就说800不卖了，要卖2000。其实都是气话，800都没人要，2000你能卖给谁呢？其实他对这画能不能卖出也没有把握，只不过说说而已。谢稚柳再次见到这张画时，经过细心鉴赏，很婉转地对靳伯声说麻烦你再跑一趟苏州，你问它的主人1800元卖不卖，主人答应了。当时书画市场不是很景气，一下让他拿出这么多钱还真够呛。第一次先付了500，他又卖了一些自己的藏画，据说分三次才把钱付清，这张画就这样归了谢稚柳。他没有把《烟江叠嶂》图留在身边，转手就捐给了上海博物馆。

十七、程十发与费新我

20世纪80年代，随着改革开放的深入，荣宝斋的对外业务日趋活跃。我对日本的业务比较熟，出国次数也多，后来有些画家都是一年去两次赴日办展览会，像白雪石、宋文治、董寿平、范曾、吴冠中等等太多了。我记忆最深是头一个展览，这是个人展。为什么办个展呢？因为1979年11月荣宝斋第一次大型展览会，双方都很吃力，费了不少劲儿，日方提出来以后不搞大型展览，只搞个人的展览了，并提出第一个请的是上海著名画家程十发。

米景扬与著名书画家程十发合影（米景扬提供）

我和程十发先生比较熟。他出生于上海松江，自幼受传统文化熏陶。他毕业于上海美专，受业于王个簃、李仲乾、汪声远、顾坤伯等画界泰斗，曾经潜心临摹《故宫书画集》、西方古典线描人物画，取古今中外法而化之，所以他的艺术视野极为广阔，在人物、花鸟方面独树一帜。这个人干什么像什么，您像连环画、年画、插画、插图都能来，而且一笔一墨，被誉为“程家样”。他能够把国画传统的文人画与现实主义创作手法结合，融合了现代城市文化的特点，形成了高雅而富有强烈艺术感的国画艺术，创新了海上画风。所以很多日本书画爱好者比较喜欢他的作品。

20世纪50年代，程先生就到北京来，并跟荣宝斋建立了很好的关系。当时国内没有一个单位让画家出国办画展，荣宝斋是独一份儿。接着组织派我到上海替程先生办护照，并跟程先生交代一下出国要注意的事情。这样我就去上海拜访他。

当时出国的手续较复杂，那天我记得到了上海，他住在哪儿叫什么路啊，现在我也想不起来了，反正是很像样儿的一个新楼。我一往里走，正赶上有人出来，我一看，“嚯”，秦怡，原来上海这些艺术家他们很多都住在这个楼。我就找到程十发家，我说日本西武百货公司要办您的个人画展。他夫人挺胖的，她马上接过话问：“老米啊，这次出国有没有我啊？”我说这次（没有），对方就请的是程先生，对不起您，下次有机会争取吧。

此次出国必须得去一个领导，参展的程十发得去啊，还有一个就是我，陪同人员。当时的书记是卢华堂，规定三个人就是三个人，绝不会多批一个。那时候咱们没钱出国，这飞机票还是日方出。

跟他谈妥了。完了以后我得去跑各个机关，得找当时上海美协主席，他得盖章啊，盖章你才能出去。公安局得盖章，好办护照。反正跑了好几个单位，我呢还很顺利，图章也盖了，好几个图章，这儿呢，那儿呢，什么上级，您想那时候谁出国，尤其是你这知识分子，程十发出国，还了得。全都盖了章了，齐了。完了以后，程十发在那儿等着我，我说图章都盖了都办好了，您就等着出国吧，他们夫妻俩在这个招待所等着我，他太太还不（甘心），老米你可欠着我的。要是现在，您出八次国也没关系，当时管得严呐。

手续是办完了，因为程十发的关系，我住进了上海康平路的一个很好的招待所。第二天吃早饭，上海早餐也做得细致。我对面坐的您猜谁？就那个女演员，“八一”厂厂长，王晓棠。她问我，你干吗来了？我说我给程十发先生办出国手续。他都能出国啦，在座的人们都很惊讶。那桌我记得最清楚，历史博物馆后来搞服装的作家——沈从文，他跟他夫人俩人。我就问王晓棠那老头儿是谁，我一瞅就不一般，她说是沈从文啊，要不要我给你介绍，不要不要，我这人一辈子不多事。

到了日本，也很顺利。人家接待也够水平，程十发也够派头，人那西服也不知道哪做的。比起北京来，款式棒多了，哪像我们出国一个一个跟土老帽似的。记得有一次，店长请我们吃饭，他这个店长啊整个大楼全归他管，他那里头都上千人的工作人员。程十发跟店长说，我想托你帮我买一个照相机，说可以啊。完了程十发从身上拿出了一个相机，就照着这个样子，完全一样，我出钱帮我一个忙。这个旧的，你给我包好了，我回国还要送给别人。可见当时咱们国内物资多么匮乏，这是1980年的5月。

完了陪着程十发在街上走，有个临街当场烧碟子的，你可以当场画，当场就烧。那天可巧有俩日本人陪着我们，程十发当时就画两个瓷碟，烧好后送给两个陪同的日本人，一人一个，给这俩人高兴得不得了，一再道谢。展览结束后卖了一些画，程先生经北京回上海了。

我再说说费新我吧。他左手写字，是江苏著名的书法家。一次日本大书法家村上三岛跟我说下次你能把费新我请到日本办个展览吗，我说可以，还是那样，到时候有人来接待，还是到西武百货店来。完了他又跟西武百货店早谈好了，跟我说你让费新我拿200件展品来，日本人最欣赏费新我，左手写字。

接着我到苏州办费先生的出国手续。这次我到苏州后，可巧，我

中国著名书法家费新我（右）与日本书法家伊藤东海（左）（米景扬提供）

出门匆忙，没带全国粮票。当时没有粮票就没法吃饭，可以说寸步难行。到了苏州啊是清晨，我就饿了，没粮票怎么办呢？当地有一种不收粮票的食品，叫“油墩子”，一个铁勺似的，搁上点儿萝卜丝，特别细的，再弄上点儿面，再加点儿萝卜丝，拍一拍以后就油锅里炸，炸到一定程度，你一脱，它这东西就出来了，但是它不要粮票。满街都是卖这个，我是走一会儿就买一个，一共吃了八个，一直到费新我先生的家。找着他家，我进门就说费先生，咱们先别谈正事儿，你得借我点儿全国粮票。

这回展览还是仨人。他带的字多，西武百货公司早算计好了，关东100件、关西100件，那钱早就寄到荣宝斋了，事先付款了。

费新我原本是个画家，为什么用左手写字儿呢？这还有个来历，因他的右臂患了骨结核，残疾了。他就练习用左手写字，终于成为左手书法名家。我是通过张辛稼认识他的。这个人太好接触了，而且非常风趣。他曾经跟我讲，他的名字“费新我”按英文发音的意思就是“缘木求鱼”。他说：“‘费新——fish’英文意思是‘鱼’，‘我——wood’英文意思是‘木头’，合起来不就‘缘木求鱼’吗？”

这次展览是1982年5月，我们一行一到日本，就受到了日方的欢迎。这个展览会分两个地儿举行，日方还在大阪举行了“中国左笔书法家费新我先生书道研讨会”。日本人看中了他的左手书法嘛，在笔会上，很多书法家和书道爱好者，纷纷发言，给了费老高度评价。我记得日本书法大家村上三岛对费老有这么几句话的评价［查看资料］：“他不仅是一位艺术家，而且是一名哲学家，是一个有志之士。”

左手书法在我国是有传统的。清朝的高凤翰就是著名的左手书法家。董老也曾经用左手写字。

到了大阪以后，费先生提出要见一位他“文革”之前就认识的老朋友，叫伊藤东海，也是一位书法家。在大阪，村上三岛名气比较大，日本人称他是主流书家，伊藤东海是老师，因为工作的关系，参加社会活动不多。因为费老要见他，接待方多方查找，费了半天劲儿才帮助找到伊藤先生。伊藤东海先生听说费先生找他，非常高兴，还请我们到他家里去做客，于是我们便和翻译一起来到伊藤东海先生的家里，我记得他住在大阪市的天王寺。

伊藤先生当时已经90岁了，他个子比较高，瘦瘦的，但精神头很好。你一见他就给你一种文人风范，可能是上年纪了，一见面没有多少寒暄，几句“多年不见”之类的话以后，即盘腿坐下。家里的人拿出册页、扇面、宣纸等，一边书写，一边交谈，这是我第一次在日本书法家的家里领略了日本书法家以书为乐的风采。见了老朋友，老人家很高兴，还为我们准备了午餐。日本人吃饭很简单，他准备了很多种美味的寿司，各种鱼、鱼子，反正当时我也闹不清是什么东西做的，很清淡爽口。吃完饭，你想啊，主人都90岁了，我们也不能长时间打扰，就起身准备告辞。伊藤老人转过身，拿出了一只木制的绿毛龟，毕恭毕敬地送给费老。［指着木制龟］就是这只木制龟，是一件日本工艺品，用意显然是祝愿费老健康长寿。

在回宾馆的路上，费老就犯嘀咕，他小声地跟我说：“伊藤东海送我的这只龟，在日本可能认为有长寿的意思，可是在中国还有其他的说法。两国的文化是不同的呀……”我当时笑了笑。过了一会儿，他又提起绿毛龟，好似有些不快地说：“你看伊藤送给我这个东西，不知道是为了什么……”我说：“应该是好意的！他是当作艺术品送给您的。”快到宾馆了，费老再提起绿毛龟的事，很不愉快地说道：“从他送给我的这件东西看，足以证明两国之间的文化是有距离的。”我感到费老好像对这只绿毛龟非常反感，就说：“您是不是对这个东西不喜欢呢？”“对了，我实在不喜欢……”费老说。稍顿，他试探性地问我说：“哎，我要是送给你，你在意吗？”我笑道：“您要是实在不喜欢，那就送给我吧，我倒是不在意。”于是费老连说：“好！好！”就把这件绿毛龟转送给了我。如今这件工艺品还摆在我客厅的书柜上。

十八、连升三级的林散之

林散之是“文化大革命”中出名的。

这里有一故事：“文化大革命”期间我们的书法可以说是非常萧条。其实那阵写毛笔字的还真不少，可那都是写大字报。那字写得既不讲结构，也不讲水平，所以日本书法界以为中国书法无有复兴之日。这个信息传到了咱们国内，有关方面责成《人民中国》搞一个书法专辑，杂志编辑部的一个编辑叫韩瀚，他和一个画家叫田原，为此征集了一批书法作品。虽说是“文革”时期，他们下边熟人多，还真收集不少。其中《人民中国》收到了江苏画家亚明寄来的一幅林散之书写的草书《东方欲晓》。

一看这作品，编辑部发了愁，这个人的名气不大，是否能发表，意见不统一。其中对这幅字的水平还有不同的看法。韩瀚拿着这幅字看了半天，他觉得很好：挥洒自如，随笔所欲。他想起了沈周称赞黄庭坚的话“笔力恍惚，出神入鬼”，可是他敲定不了，就想起了启功先生。谁知这幅字拿到启先生处，启先生表现出惊异的神色，其中有一个动作把韩编辑吓了一跳：他把这幅书法作品放在桌上，向它恭恭敬敬鞠了三躬。在启老看来作品水平太高了，是当前国内草书书法圣手，这是第一级。这位编辑连忙赶往赵朴老家。

好在启功先生与赵朴老住得不远，一个在西直门里、一个在西四。和启老一样，赵朴老看见这幅大作，竟然站了起来，站在作品面前仔细端详，微笑着说：“此老书法功夫至深，佩服佩服。请代我向林老致意。”这是第二级。这位韩编辑心里有了底，就又想起了一位，那就是郭沫若，他住得离这儿也不远。您要知道当时国内向国外公开发行的杂志最有名的就是《人民中国》，郭老经常为它题字。还有郭老经常出席对外友协和外交部宴会，他们经常为郭老照相，所以说都认识。郭老见了这幅字也很吃惊说：“一定要发表这幅作品，比起它来我不是书法家。”这是第三级。

根据郭老、赵朴老、启先生的意见，林散之的这张作品发表在1973年《人民中国》第一期。您猜怎么着，还放在了第一页。这下轰动了，受到了中国的书法爱好者和日本书法界赞扬。所以说1973年是林散之发迹之年，那年他75岁。他的名气一直平平，《人民中国》一发表他的大作，林散之大名传出去了。但是很多人不欣赏他的作品，争论不休，为什么呢？能看懂草书的人不多，由于欣赏能力有高低之分，很多书法家对他是看好的，赵朴初先生曾经为他题诗一首：

万里行程万卷书，精思博学复奚如？
蚕丝蜂蜜诚良喻，岁月功深化境初。

当时，我对草书不甚了解，看到这本杂志后，就请教我们编辑室的徐之谦先生。徐先生说，草书看起来容易，写起来难，说实在的，就全国来讲，写好草书的寥寥无几，林散之应该说是这里面的高手。其实这个问题由来已久，因为考试不会让你写草书，写公文也不会用到，这种字体大部分时候是供人欣赏。要写好它，必须要有楷书作为基础，年轻人不要练，往往走入歧途。有一个故事，明朝末年，很多人都以为草书很简单，可谓风行一时，但大部分是鬼画符。草书不可随意为之，它有一定的章法。有一个戏曲家叫李笠翁，他曾经写过一首曲（《凰求凤》）：

学他道士书符样，连挥一阵笔头忙，从来草字易包荒，纵然写差也难查账。蝇头凤尾，故将怪装，蛇首龟身，好将拙藏，这是书家的秘诀从来尚。

当然，这是个笑话，也是实情。所以写好草书是要狠下一番功夫的。

林散之15岁开始悬腕临习唐碑，从而奠定了其一生书艺的坚实基础。他终生坚持深入探究优秀法帖碑版，并将其吸收变革，使他的书艺逐渐丰富，形成自己独特的风格。他总结自己书法历程，由唐入魏，由魏入汉，转而入唐，入宋、元，转而明、清，皆所摹习。他31岁时，有一个机会拜大画家黄宾虹为师，可以这么说，从此确立了新的里程碑。晚年林散之的书风渐趋成熟并日益蜕变，他80岁后达到一生的巅峰。他晚年作书多饱蘸浓墨，像作画一样以清水破之，形成了笔下云烟浩渺、一派苍茫，很多人评论他的作品雄浑中多藏俊秀，苍茫间尽蕴雅致。所以也可以这样说，林散之也是第一个将绘画中的泼墨技法运用到书法中的人。这样的技法中还融入了宾虹老人授予他的宿墨技法，我记得有一篇评论说：其作品温润如春风拂面，燥裂如秋风袭人，柔美中饱含刚健，刚健中又挥洒飘逸，其笔力渐进连绵、凝重、洗练，充溢着丰富多姿的审美效果。您看看这些前无古人的作品，彻底打通了草书中的书卷气和金石气的壁垒，熔清逸与凝重为一炉，行气如虹。改革开放后，我们先后在日本为费新我、启功、林散之等书法家举行过专门展览，受到了日本书法界的欢迎。这全是您给我看了您的资料才搞清楚的。

启功、沙孟海、林散之三个人的赴日展览我没参加。但是确定这四个人（加费新我），算是当代四大名家，是我们荣宝斋给确定的。这四个人我们认为写得好，启功先生那不用说了，我最早听见林散之的名字是20世纪70年代关山月跟我说，他说南京有个林散之，草书写得好。我当时一看，我说这水平够，又经过全国很多名人都这么推荐，就确定这么四个人。四个人你荣宝斋这么一说，很快全国都知道了。

十九、宋文治

1990年，日本西武百货公司让荣宝斋邀请宋文治和范曾两个人举办一次联展。好事多磨，画作筹集好了，开展的日子也定了，中间出了故障了。

范曾提出已定好的“宋文治、范曾画展”展览名字改为“范曾、宋文治画展”，这日方还真答应了。宋文治比范曾大了19岁，按中国人的说法，不是一代人了，怎么能这么排名呢？我提出来后，日方回答我名称已改。

画展之前，日方已经把画册印完了，范曾可能有什么事儿，没去参加开幕式，是我和宋老去的。一上飞机，我说宋老，我有一个事儿，对您不够（尊重），您这次展览会名称改成“范曾、宋文治画展”，范曾的名字排在前头。您猜宋老怎么回答的，他说那是应该的啊，范曾名气大，放在前面没关系，就这样吧。宋老很心平气和，一句“那是应该的”，万事皆无。我一听使我深受感动。

宋先生属金陵画派。这金陵画派不是现在产生的，它形成于清初，大概是康熙年间，南京有那么一个引人注目的画派，以当时的画家龚贤为首，还有樊圻、高岑、邹喆、吴宏、叶欣、胡慥，还有一位让我想想，可能是谢荪，您再查查资料，是不是有误。他们被人称为“金陵八家”。解放以后，由于我们党的文化方针有了新的突破，画家不能沉浸在古代的画法和画作理论当中了，他们要反映现实生活，这样又产生了一批新的画家。他们以传统的山水画技法为基础，应该说与时俱进吧，紧跟社会形势，大胆改革创新，努力与现实生活贴近，开启了现代山水画与现代化建设巧妙结合的现代画风。这些人被称为“新金陵画派”，所以说谈到金陵画派时一定要分清什么时候的。

他们的代表人物很多，但是一提，就是傅抱石和钱松喦，他们两个人的地位是别人代替不了的。完了就是宋文治、亚明、魏紫熙。后边怎么排，还真没有一个明文，反正这几位都很出名。像傅抱石，“墨彩交融、用笔恣肆、气势磅礴、韵致高雅”。打个比方说，《江山如此多娇》，您看了吧，那应该是他代表作，当然了，关山月也参与了创作。钱松喦在反映现实生活技巧创新方面有突破，这里就不多说了。宋文治和魏紫熙坚凝刚健，个性非常突出。亚明早年投身革命，他主张中国画有规律无定法，应立足继承民族文化传统，面向生活。他们和荣宝斋关系都非常密切。“文革”前他们的作品，就在荣宝斋销售；“文革”以后，与荣宝斋交往更加频繁。

我和宋文治很早认识，但是我们那里有分工，王大山负责和宋老接洽，后来因为王大山调往了香港，我就接替了他的一部分工作，和宋老有了接触。宋文治是江苏太仓人，可是讲一口上海话，反正苏南方言和上海话我也分不清。但他十分健谈，开始接触他说话我还真听不懂，口音太重，后来时间长了，连听带蒙，前后一搭配，也就搞明白点儿了。

他第一是喜欢盆景，全是自己培育。什么上水石盆景，什么南天竹、罗汉松、榔榆、罗汉竹，他那院里头，快摆满了。反正我是个外行，让我看，盆盆精品，可能这跟画画一样，是他的一种艺术创作。他还被美术界公认为美食家，不像我，光知道这个菜好吃。有一次他请客，每上一个菜，他都给你讲上一遍，都有典故，头头是道。他还能和大师傅在一起交谈，讨论烹饪的技巧、火候、刀工、配料，您说这人，能不会吃吗？甚至吃完菜后，还能跟大师傅讲一下应该配什么料，这个菜更好。他还有一个爱好，可能是江南文化的影响吧，唱昆曲，尤其一高兴，高歌一曲，甚至到了国外，茶余饭后，都要唱上那么一段，我是外行，但是能听出他的功夫很深。

他自学成才，曾经得到吴湖帆、朱屺瞻、陆俨少等人的指教。陆俨少没法和前面二位比，他和宋文治应该是亦师亦友。宋文治画的山水很有特色，笔墨雄健、画面清新、意境幽远，让您觉得置身在江南的水乡，所以说他形成了自己独家风貌。他起首四王，后从师多人，笔墨融合南北，又喜作江南的春光，另有一番风味。这个人还敢创新，从20世纪50年代，在山水画上异军突起，《山乡巨变》《天都积翠》《华山》等受到国内外赞誉。80年代初，他用日本色纸片儿画一幅山水画，一般中国有名的画家，看不起这种纸，他却敢试验，画成后，觉得下笔得心应手，这种纸很好用。没想到，画案上，别人放了一杯浓浓的红茶，这个画家作画，最忌讳别人往画案上放东西，尤其是茶水，就是白水他也不让你放。越怕什么越有什么，他自己不小心把这杯红茶碰倒了，这红茶洒在画上，大概得有三分之二，他心想，今儿白费了，也没收拾，就走开了。第二天早晨，他来到画案前一看，以为看错了，再一细看，红茶留在上面的痕迹，竟然变成了山峰外浓密的雾，而且自然流动之态，不是用笔墨能画出来的。没想到这次意外，让他产生了一种和以前画风有很大不同的“泼彩画”。

这真是意外的收获，从此他的山水表现技巧又多了一个表现的笔法。刘海粟先生也搞泼彩（墨），张大千好像也搞泼彩（墨），但是他们之间有很多不同。就说张大千吧，一般喜欢用生宣纸，而且喜欢巨幅大作，浓墨重彩、气势磅礴吧。宋先生不同了，他喜欢用日本色纸片儿，往往在不大的空间，表现出非常细致的山山水水，他的色彩鲜艳、画面精美，给人一种浑然一体的感觉。

宋老的泼彩画作形成于80年代初，宋老每次到北京，都带来很多泼彩（墨）的作品，因为比较新颖，受到了书画爱好者和外宾的欢迎。有一阵，有人专程从国外托人来北京购买他的画作。荣宝斋两次把宋老的泼彩（墨）画拿到日本展出，得到了日本广大观众的高度评价，两次都很成功。日本的书画爱好者不喜欢大幅作品，日本的色纸片儿尺寸是固定的，画框也是固定的。宋老的色纸画拿到日本很快也装上了框子，展览很方便，因此，宋老的色纸画多次在日本展销，受到欢迎。

二十、钱松喦

钱松喦我还没怎么谈过。这钱老一段时间眼睛上眼皮垂落，而且啊，经常顶不上去，你看咱们一睁眼，眼皮就张开了，他眼皮总是耷拉着，顶不上去。他平常日子老是这么待着［学钱松喦眼态］。20世纪80年代到了北京，（住在）他的女儿钱紫筠家。他女儿的丈夫是个军人，还是个高级干部，就带钱老到军队的医院去治。他这治难在哪儿，得去掉一层眼皮，但是你还得把眼睫毛给栽上，这眼睫毛不栽上，不挡着点儿不行。我在此期间经常去他女儿家看他。

这老先生从年轻的时候就画得很好，他的山水总带一点儿人物和江南风景——江南的景色和劳动的场面，老是情节式的东西。“文化大革命”以后，他这个画特别受欢迎，而且他特别会结合政治上的，你比如说，他画泰山顶上一青松，什么红岩，那都是新题材的，而且他用一种笔道，叫“蘸笔”，他这个线条可以画各种各样的东西，都可以代替。这个线条使用面很多，画什么都可以。他因为要治眼睛，到北京来住很长时间，我就跟他闲聊，就说起这个。我谈到，有人认为北方山水尤其像长城题材不大好表现，很不好画。他说北京画画的题材太多了，长城好画。过两天我去，人家四五张就出来了。钱老就是脑子特别新，虽然岁数大，脑子特别新，创作欲望非常强的老画家。《长城内外好风光》《绿色长城耕上天》《长城万里　无限风光》等长城题材的作品就在钱老的手下陆续画出来了，而且每一幅画都画面生动优美，构图新颖开阔，主题明确深刻，实在令人佩服。他认为神州大地，大江南北，没有地方不能入画，没有不好表现的山水。钱老曾说：“美景在前，不单是要眼看手追，还须有动于衷、见景生情。看看，画画，还要有诗人的设想”，“山水现象是有限的，画中意境的创造是无穷的”。这些话意味深长、促人深思。

20世纪70年代吧，由于组稿的任务，我经常去南京，到南京我必去拜访钱老。那时候他70多岁了，花白的头发，胡子也白了，是一个非常和善的老人，从来不“要大牌”，生活特别俭朴。他画画的桌子，后头就是窗台，这窗台摆着好些个烂石头。我说钱老，这不是修马路的石头吧？他说就是修马路的石头，修马路的石头我一看着它，就在想这块石头怎么画，都很有启发，所以虽然是烂石头，但是对我很有作用。他能用它画出很多美妙的作品来。

老先生还真是了不得一人。您比如说，他画了一张画叫《常熟田》，一个地方都是水稻一大片，它没有起伏的山，光就是一大片常熟田。人家怎么画呢？一大片常熟田，中间有两根柱子搭着一个小棚，这儿又来点儿什么，他染得一片葱绿。人家就能画出新意来，后来就是以傅抱石为首的，傅抱石、钱松喦、宋文治、亚明，他们就属于南京画派，后来就叫“金陵画派”。金陵画派就是这么形成的，傅抱石要是第一，钱松喦就是第二，有那么高的地位。他还有很多著作，《砚边点滴》《田头隅语》。在解放初期，大江南北的作家，都在想方设法创新。但大多数画家并没能深刻理解什么是创新，以为在传统山水画中，画上一辆汽车、几面红旗，就算是创新了。就在这个时候，钱松喦先生先后发表了许多反映农村新风貌的作品，其中最著名的就是《常熟田》。他非常善于描写革命主旋律题材，如《遵义》《红岩》《三湾》《枣园春色》《延安颂》等经典名作。他的《红岩》脱离写生层面而进入主题创作，表现出一种与革命圣地相吻合的意境。画面上在上角画了一株郁郁葱葱的古柏，山坡被塑造成挺拔的红色岩壁与朱砂平涂加以洋红皴染，色调沉稳庄重。用白描手法画出大片的芭蕉丛，富有颜色的节奏感，使人耳目一新。钱老作画，以一种起伏顿挫、粗秃的线条，把所有景物统一起来，山峦、树石、河流、建筑无不高度协调。

二十一、颜梅华

颜伯龙我虽然没见过他，（但）他跟我们一个亲戚是好朋友。他画的画全是小笔道，小鸟，那笔道特小，花卉也是小朵花，笔墨很小，用笔很小，就这么一个画家。

颜梅华跟颜伯龙没关系，颜梅华是上海的，颜伯龙现在已经去世了。颜梅华画得真是好，人物、山水、花鸟、动物，书法也写得好，还会刻图章，样样精通。他是上海人民美术出版社的。最早解放前就是画小人书的。

我和他相识应该是在20世纪80年代，那时候荣宝斋征集过他的画，1994年春天我还陪同他访问过日本。

颜先生号梅庵，是江苏人，老家可能是苏州，很早就定居上海了，解放后就从事连环画的创作。当时创作的人很多，可能是跟我们业务有关系吧，我还记得几位。钱笑呆、陈光毅、赵红本，现在可能人们都忘记他们了，梅先生是临解放才搞这行的，所以老的人们都忘了，把他给记住了。

他的作品在解放前有《群英复国记》《神剑客》《武侠王先生》《巧破醉八仙》，最有名的就是《江南小四义》。解放后他画了很多新的题材，有《橘林喜事》《大和岛解放记》《女英雄谢秀梅》，因为他在社会上有了名气，被调进了上海人美社，这时进入了创作高峰，有《风云初记》《冒名顶替》《卓娅和舒拉》《被开垦的处女地》《比目鱼》《白蛇传》《鸳鸯剑》《智取生辰纲》《误入白虎堂》《三岔口》《张飞审西瓜》等等。

因为他在连环画创作上有了丰厚的积淀，造就了他超乎常人的人物画造型方面的创造能力，一会儿您看一看他的作品就看出他水平来了，所以说为他的国画创作打下了坚实的基础。他是先学油画，他的老师就是颜文樑，后来又师从吴湖帆学习山水、荷花、竹子及书法，还成了吴先生的入室弟子，这个人在学习上师从多人，像来楚生、江寒汀，都是他的老师——他们二位的花鸟画在国内也是领衔的。为什么说颜梅华比较全面呢？甭管你名气大也好，小也好，只要我能学到东西，提高绘画水平我都认真学。

他的名气出来了，可就是画的价钱上不去。社会上就这事儿，您看看这个。［展示颜梅华创作《水浒一百单八将册页》］这纸都了不得，大清宣统元年（1909），朵云轩供纸，全有号。您看人画这刀枪，一看就是对兵器有研究。

颜先生还是京戏迷。颜先生的山水画也非常有特点。他喜欢画大山大水、山山水水，层次丰富、意境深邃，画中富有诗意。此外，他还善于利用色彩，既画完全水墨的山水，又画色彩缤纷的春秋景物。由于他的人物画极有特点，因此在山水画中他总是喜欢穿插许多人物，从而丰富了画面，增加了情境，形成了他山水画作品的突出特点。颜先生的花鸟画题材也是丰富多彩的，各种禽鸟、花卉，他都有独特的表现手法，其写意花卉，泼墨间渗透书法的气韵，构图奇诡、神韵超脱。他还著有《颜梅华写意花卉》《颜梅华教画兰》二书。颜先生还善画动物，如马、虎、猿、猴等；著有《怎样画马》《马与猴》《画猴技法资料》等。颜梅华先生在书法上也下了很大的功夫。谨遵其师吴湖帆先生教诲："诗、书、画三者的有机结合是中国画独有的艺术品性"，"画可以三天不画，书法却不可一日不课"。他还擅长篆刻，画作上的图章大多数出于自刻，从而使他的作品诗、书、画、印相得益彰。

二十二、我所知道的黄胄

您别看黄胄身为美术界的大师，他没进过正规的美术院校，更谈不上出国留学了。他在解放前遇到了几位对他一生有巨大影响的老师。他是河北蠡县人，写《红旗谱》的梁斌是他本家哥哥。由于家贫四处颠簸，最后遇到了大画家赵望云，在老师的指点下画了许多写生。解放后，他参加了中国人民解放军，在西北军区做美术工作，1950年创作《爹去打老蒋》参加全国美术作品展览，受到美术界的重视。木刻画《人畜两旺》获文化部奖。同年，徐悲鸿在《新建设》杂志发表《新中国一年来美术上之成就》，文中提到西北的石鲁和黄胄，称赞“二人皆在盛年，前途未可限量”。在一次战斗中还负了伤，所以到晚年他的腿不好。他长期在基层生活，创作了许多速写、漫画、连环画。1958年调入了中国人民军事博物馆，他写生足迹从金沙江到福建前线，从中印边境到井冈山、到新疆，通过大量写生扩大了创作视角和题材，使他逐渐成为一代名家。1957年在第六届世界青年联欢节国际艺术展览上，他的《洪荒风雪》获得了金奖。

他擅长画现代人物，尤其是西北少数民族，他最喜欢画毛驴。您看，骆驼、鸡、猫、狗、马都在他的笔下形神兼备。要不怎么“文革”中被人扣上一个“驴贩子”的帽子呢！有一次我去他家时，他正在画画。我见他行笔如飞，画得又快又好，便请教道：“黄老，您认为学画画应该怎么学呢？”黄老一边画一边说：“很多人把学画画说成必须要有天才，说得神乎其神。要我说，根据我的经验，只要坚持学习，必有成绩。”我又问：“怎样才能入门呢？”黄老放下笔，认真地说：“你就集中画一样。比如画鸟的各种动态，多咱①画熟了，多咱算。再比如说画竹子，竹叶如何穿插，各种画法都了解了，就成功了。你画不出个样子来不要去画别的；画出个样子来，再画其他题材……中国画的笔法、技巧有许多相通之处，很多地方一通百通。你通了一样儿，自然而然其他样儿也就容易学了……总之就是要集中起来画一样儿，画熟了一样儿再画另一样儿，日积月累，自然就会有成绩。”

---

① 多咱，北京土话，何时，什么时候。

1979年米景扬（左）与国画大师黄胄（右）（米景扬提供）

黄老的话非常朴实，然而言之凿凿，非常肯定，我听了觉得很有道理，增强了学画的信心。从那以后，每到周末我都学习画画，很少休息。我学画的实践也印证了黄老所言的实实在在道理，它使我终身受益。我看黄老画画，那真是一种享受，看得次数多了，自然会有一些领悟。

黄老的作品笔墨特别丰富，很耐看。有人不理解他的画，说他的画线条总是画很多道线，比如他画的衣袖，不知道哪一条线算，哪一条线不算。殊不知，这正是黄老技法的特点。他克服了传统画法中一条线的单薄感，使人感受到他所画的衣服非常饱满，而且在视觉上会产生一种动态的美。

有一次我看他画一张相当复杂的画，只见他铺好宣纸，随意拿起一支大笔，略加思考，便飞快地落笔……开始的时候，笔是尖的，画着画着笔就变成鸭子嘴了，于是顺势勾勒出几条粗线条，接着又侧过来画很细的线条，再正过来又画衣纹……只见那支笔时而疾如雷电，时而缓辔徐行；时而纵横捭阖，时而轻描细画；整幅画一气呵成，略无停顿。

直到全幅墨线完成，他始终就用一支大笔，居然没有换笔。

黄老最主要的特点之一是用大笔画小画。因此，他的画在笔墨上总能让人觉得很有余地，非常耐看。

一次我斋请他画一本册页，他在电话中要我准备些旧纸，裁好给他送去。我当即挑选了上好的陈年旧纸，裁成四尺六开，送到台基厂原六国饭店的外交部招待所。他在那里正手持一支大画笔画一张很大的画。寒暄几句后，他便一边挥毫一边问我道：“纸好用吗？”我说：“您试试吧！”他当即抻过一张纸，就用手里拿着的饱蘸墨汁的大笔——“噗！噗！噗！”似乎随意画了七八个大墨块。我心里一惊，却见黄老将笔尖在水里蘸了蘸，在画碟上调一调，趁墨色浅下了，在大墨块上插画数笔，又在下面添了双爪，再换一支小笔，加上了几笔胭脂。顷刻之间，一只回头安睡的老母鸡就出现在我的面前，且憨态可掬、栩栩如生。我见过很多名家大师画画，这一次又目睹了大师用笔的神奇。

经常看黄老画画，使我加深了对黄老绘画艺术的理解。我认为，黄老的画之所以从来不让人感到单薄，而是让人感到笔墨纵横恣肆、线条流畅自然、画面丰厚饱满，这除了有丰富的生活源泉以外，与他在用笔方面的特点也是密不可分的。

黄老以他所特有的新技艺，创作了大批具有浓郁时代气息的杰作，他对中国绘画的独特贡献和他对艺术勇于创新、执着追求的精神，都是留给后人的一笔无比宝贵的财富。

二十三、我记忆中的宋吟可、郑乃珖

西南画家我认识不多，但是20世纪70年代初期，我认识了一位宋吟可先生，记得是1973年，我在一个美术杂志上看到了一张画——《学开拖拉机》。这是我第一次注意到宋吟可先生，立意非常好，画面上是一个小孩儿，在一个南方的竹椅上坐着，两只手在胸前摆弄，像是在学大人开拖拉机。在那个时候，美术作品要反映工农兵的生活，画大人的居多。他这个小孩儿画得非常生动，我就写信给他，因为当时编辑室要征集很多素材，大概是问他还有没有此类的作品，不久就收到了他寄来的一幅新作——《都柳江畔》，描绘了一个贵州的苗族姑娘，在溪边洗着菜，可是旁边又画了六只小鸭子做陪衬。画面清丽，地方色彩鲜明，而且少女的纯真，以及逗小鸭玩儿时的眼光充满那种少女发自内心畅快愉悦的微笑，富有无穷的魅力，显得那样欢乐。生活气息浓郁，最适合当时上级对宣传画的要求。我们就给他出了木版水印版，从此，宋吟可在荣宝斋算挂了“号”。他经常向门市部提供一些作品，后来我才了解到，他不是西南人，是南京人，15岁就到上海谋生，经人介绍，到了上海商务印书馆做学徒。学的什么呢？因为商务印书馆要出很多图书，当然当时的书大部分有插图，他就作为学画插图的学徒，学了几年后，很有起色，又业余学习人物、花鸟，他很多习作是学任伯年和吴昌硕的。抗日战争时期，流亡到了广西，在那儿还真教了几年书。到解放以后就到了贵州，虽说他没受过专业训练，但是他由于平日用心，绘画水平很高，在贵州成了一个有名望的画家。

“文化大革命”结束后，文化部在颐和园西边有个岛，岛上有个藻鉴堂，建了一个书画家创作组。那时候刚打倒“四人帮”，政府有关部门驻外使馆等处，在“文革”期间只能悬挂毛主席像和《毛主席语录》，艺术品很少。根据这种状况，有关方面决定，召集一批全国有影响的书画家，都是老书画家来这儿搞创作，提供食宿，条件非常好。我记得叶帅曾经视察过这里，还作过一首诗：

> 画家渔叟喜相逢，明媚湖山写意浓。
> 清代兴旺昨日事，匠心钩出万山松。

每次邀请十几个书画家吧，碰巧宋吟可先生也被邀请来这儿作画，可巧，张辛稼先生也被邀请了。他们是几十年没见面的老朋友，怎么个几十年呢，20世纪30年代宋先生到西南，一直到现在，俩人只是书信来往，没再见过面。谁知道在北京相会了。那时候宋先生已经老了，那是1978年，我算算，他已经76岁了，但是一看这个人很干练，有江南文人的举止。虽说人很瘦，精气神很足，当他听说我和张辛稼已经相识，他很高兴。后来二老一起，来到我们荣宝斋，我带着他们仔细地参观了荣宝斋收藏的古今书画，他们还饶有兴趣地看了木版水印制作过程。有一件事想起来，我非常内疚。如果在今天，再碰到这些人，我肯定会请他们吃饭，庆祝一下嘛。当初，因为工资不高，也没想起来在一起聚一聚。当时好像也不兴这个，想起来真是……

郑乃珖已经故去十多年了，他就是福建人，解放前在台湾地区、香港地区和马来西亚，反正东南亚这一带都举办过画展，已经有了相当的影响了。解放后，他从香港返回内地，被分配到了西安美术学院，这可是咱们国家几个大美术学院之一，很有社会影响力。他的画风特别，尤其他风格独特的工笔花鸟，与众不同，有自己的气韵。他曾经送给我一幅《竹塘小鸭》，画面是三根大竹子，中间却画了一个春笋，四只小鸭子在水上游玩，到现在我还保存在我的家中。他的创作态度特别认真，我记得，有一次我们俩在讨论画作如何布局的时候，他讲了这件事：为了画好一枝花和另外一枝花之间的关系、叶子和秆的关系，有时他搞不清，晚上睡到半夜，起来拿着手电，跑到学校花坛旁边，细致地观察，一是人静，二是看得清楚。

他的画有什么特点呢？他常在画面上适当地配青铜器，当然了不是什么画上都画。西安得天独厚，是十三朝古都，青铜器遗存极为丰富，看他的画作，使人感到既深沉古雅，又有历史感。有一次我们俩在一起吃饭，说起社会上的很多事儿，他说现在人都愿意往香港跑，可我这个香港人，却愿意回内地。我当时很纳闷，您是福建人啊，怎么又成了香港人了？他看着我疑惑的样子，说这个你就不知道了，解放前，我在那里住了十几年，我还有香港的户口，还是正式的户口。我问他，您的户口本呢？“文革”中“丢失”了。我随即答了一句，要是户口本还在，您就可以去那儿居住了。他说我这么大年纪，哪也不去了。我觉得这事儿很有意思，随手写了一篇短文，寄给了英文版的《中国文学》，还真给我发表了。

二十四、刘炳森

炳森兄脾气好，待人和气，和谁都聊得来，他一直在故宫博物院工作。原籍是天津武清，可是出生在上海。1962年毕业于北京艺术师范学院美术系中国画山水科本科，同年秋天分配进入故宫博物院，从事临摹修复和研究工作，曾复制长沙马王堆西汉帛画、山东金雀山帛画、宋人册页《巴山下峡图》《山腰楼观图》等，同时还创作了很多山水画。中后期画作以花鸟、山水为主，其画风淳厚朴茂、清新明丽、丰神劲朗。后来他的书法名气盖过了国画。他的书法创作，既有深厚的传统底蕴，又能贴近时代和大众的需要。他的隶书创作，从20世纪70年代就开始产生社会影响力。最为突出者就是80年代初为上海印刷技术研究所书写照相排字机用的我国现行汉字隶书字样（近7000字），这套字样即今天电脑字库中的“华文隶书”字体，这种字体应用广泛，“中国民生银行”便是一例。他从1988年起任第七、八、九、十届全国政协委员。他多次出访日本，在国内外书法界有很高声誉。

当年他主要是搞临摹，他这人也算走运也算不走运。他是艺术师范毕业的，毕业以后调故宫，也是管修理画什么的，这是他的工作。后来有一急茬儿，“文革”中，湖南马王堆出来了，辛追夫人棺木上头有一幅帛画，那就是那幡儿①。那幡儿急着要临摹，我记着他的成绩最有

① 那幡儿：旧俗出殡时举的窄长像幡的东西，多用白纸剪成，也叫“引魂幡”。

名的就是这个。

当时他是下手，主要负责的是冯忠莲先生。后来这刘炳森毛笔字越写越好，就让他写故宫的文物解说名牌去。当时国家文物局局长是王冶秋，有一次参观展览，就问这谁写的，说是刘炳森，写这么好就让他写嘛，一句话的事儿。一是写得好，另外他在社会上的名声也就起来了。可巧了，王冶秋要去访问日本，得带几个助手啊，就把他选上了，到那儿他也能给人写个礼物单什么的，都挺受日本人的欢迎。刘炳森那人也客气，跟当地年轻书法家来往也挺多。后来，王冶秋很欣赏他，要给他嘉奖，他就跟王冶秋说，您不用优待我别的，您把我家里人的户口转过来，他是京东的，那地古称雍阳，所以他落款常写“雍阳刘炳森书”。当时一般人办户口可费劲儿了，但是只要领导一句话，他是个书法家，故宫博物院用得着，文化部出版局也经常要写点儿什么东西的。一下子老婆和仨孩子，户口全进京了。

这户口一进来以后，各方面就重视他，1981年加入中国书法家协会并任常务理事。书艺以隶、楷书著称于世，1990年荣获日本“富士美术奖”，1991年起任中国书法家协会副主席。后来他又是连续好几届的全国政协委员，（再）后来他又当了政协常委。

他的字也是提高得很快，有卖点了。他故去之前当了佛教协会的副会长。当时他写了不少经文，像《般若波罗蜜多心经》等。许是太累了，有一次我到他家，他正写字，说：“你坐着，我还有几张，我一边写，咱一边聊。”我坐那儿了，买字的电话不断。

刘炳森跟范曾关系很密切的。不知道什么原因，范曾从法国回来以后，刘炳森没去看过他一次，因为原来从20世纪60年代，一个在故宫，一个在历史博物馆，同属是文博行业，两个人脾气也相投。范曾一出国，两个人就闹别扭了，刘炳森没有给范曾打过电话，范曾也没给刘炳森写过信。范曾1993年回来以后，范曾说呢，这么好的朋友，我回来，他一次都不来看我。刘炳森跟我说，他也没给我打个电话，说我回来了。双方就找碴儿，要是不找碴儿的话，八个电话也打了。双方较劲儿，弄得我在中间也不好办。刘炳森68岁时过早地故去，真可惜！但是他去世以后，范曾还给他写了一副挽联，就这个［出示范曾所书挽联照片］，是龙门对儿。那天可巧，人给了范曾一大盒各色印泥，这印泥蓝色的是死人（去世头一年），黄色的是两年，三年的尽孝，27个月以后可以用红色的，那天他特意跟我讲各色印泥的用处，我还给他记了一下。因此，这挽联打稿的时候我也在旁边呢。

追悼会以后刘炳森俩儿子来我这儿了。刘炳森有一闺女、俩儿子。找我来的是老大，他求我来了，说米先生麻烦您帮忙找一下范曾，请他给我父亲写一个墓志铭。你想想，范曾从海外归来，这么大的事儿，你爸爸不去看他，你也不是不知道。

我说我跟你说，我给你找范曾是没问题的，但是我觉得这事儿肯定办不成，晚年他们的关系不太融洽。他多有怨言，他能主动给你爸爸写了一副挽联，我觉得他很不错。我对他儿子说，我跟你爸爸的关系，办这件事绝对会努力，但是这事儿我肯定办不成。果然结果是那样。我说刘炳森他儿子找我，让你给他写个词，刻在碑的后头。范曾当时一句说，“我回来好几年了，他连个电话都不给我（打），我给他写个挽联就够意思了，你还让我给他写（墓志铭）……”其实他儿子来找我时，我就知道这结果了。说良心话，这二位都该多做“自我批评”，范曾去法国要允许别人有看法，交朋友就是这样，越走越近乎，中间有一段生疏之后，再恢复也很难，尤其是像他们这样的名人，个性都很强，都会找出各种理由指责对方，其实这样做都要受到伤害。可是很多人平常很明白，遇到具体问题就钻“牛犄角”了。

二十五、我所知道的范曾

1962年5月，上海人民美术出版社出了一套丛书，都是介绍（美术界）名人的，什么任伯年、吴昌硕、齐白石，其中有一本介绍徐悲鸿的是范曾写的。当时也是个星期天吧，我去逛大栅栏，路北有个新华书店，我发现了这本书。其实我倒不是关心这本书，这个作者名字太奇怪了，怎么和项羽的亚父（干爹）一个名字啊？回家我一看这个内容非同一般。第二天上班，在编辑室我问其他同志："你们知道有个范曾吗？他是哪个单位的？"办公室的郭慕熙老师说："你算问着了，他是中央美术学院的学生，他的指导老师就是我们家老刘。"这个老刘啊，就是著名国画家刘凌沧，我才知道范曾是个没毕业的学生，当时从心里来说我很佩服这个人。"文革"前夕，我在故宫临摹古画的时候，碰见了刘炳森，我问他："你认识范曾吗？"他说："怎么不认识，那是我三弟。"我也不知道他们这个是怎么排行的，我说："好，哪天你介绍我们认识一下！"

1970年下半年，我不是去了咸宁文化部"五七干校"嘛，你别看"五七干校"，除了劳动之外，还要紧跟形势办展览，什么"批陈整风"，什么"批林批孔"，反正上头有什么文件精神，那里就举行展览配合运动。有一天我就到展览馆那儿，也忘了是什么展览了，我去得早，因为刘炳森是写书法的，范曾是画画的，所以他们俩经常在一起工作。我刚要上台阶，刘炳森出来了，"哎，大米，你不是要认识范曾吗？他就是！"他一回身，范曾就在他后头，我看见一位知识分子，神态、举止也很儒雅，尤其他的两道眉很有特点，我说我是早闻大名啊。他一见我也挺高兴，说到北京咱们多联系。这么跟他认识的，从此我们建立了算起来近50年的友谊。

我2001年的时候拿那本1962年买的介绍徐悲鸿的书给范曾看，他给我在书上题了几句话，"四十年弹指一挥，读少年捷胜感叹，寅卯夏，范曾，时年61"。他那时候已经是61岁了，写这本书的时候21岁。

咱们前边不是说了我有一位同事叫郭慕熙吗？她的先生刘凌沧是中央美术学院教授，正好是范曾班主任，郭先生上班时就说点儿美术学院的事儿。说那儿有一个学生，很有才华，蒋兆和、李可染、李苦禅都指导过他，画得很不错，他竟然画了一张丈二匹横幅《文姬归汉》。那时候郭沫若先生正写完了《蔡文姬》，也就是《文姬归汉》。他画完以后，就跑到郭老家，郭老的秘书王廷芳接待了他。王廷芳，也是喜欢画的人，看了他的作品后，说一定转给郭老看，当天晚上他就转交给了郭老。现在王廷芳在美国，我记得他上美国前说："哎，老米咱们还得联系啊。"他真不错，这个秘书，跟首长之间的关系之密切，是别人不理解的。老秘书，这起的作用特别大。他对郭老说这儿有张大画是美术学院的学生画的，郭老当然也是爱才，他说你搁这儿。郭老就当夜睡不着了，他就自个儿点一个灯，把这画就铺在地毯上了，写了一首长诗：

汉家失统驭，四海繁兵马。千里不闻鸡，兽多人转寡。我蒙贤王救，寄身穹庐下。相随十二年，相爱无虞诈。马湩淳且芳，其味如甘蔗。悲壮胡笳声，肯从琵琶亚？本拟踵明妃，青冢留佳话。曹公遣使至，要我回车驾。纂修续汉书，继承先文雅。愧无班姬才，倍觉责大嘏。圣人作春秋，辞难赞游夏。垂世千百年，褒贬乱贼怕。我愿学齐史，笔削不肯假。生死皆以之，用报知音者。感君识此心，慷慨无牵挂。盛装送我归，转教难割舍。儿女向我啼，羌笛声喑哑。踌躇复踌躇，顿觉天地窄。君是好男子，笑我欠潇洒。胡汉本一家，千秋眼一眨。何为临歧路，泪眼如杯斝。史成卿再回，儿大来相迓。莫用再踌躇，珍重香罗帕。感君慷慨意，纵身随大化。

写了，第二天早上跟王廷芳说，我给题了。王廷芳一看，题这么多字，说："题俩字就行了。""你告诉他，他以后画了什么，我还给他题。"你说这面子多大。后来范曾把画取回去了，这在全校引起轰动。

他们系主任是叶浅予。叶浅予认为不妥，你一个学生，跑中央首长那儿去，你这也不跟学校联系，给他扣了个 "极端个人主义，追逐名利" 的帽子。这么一来，他跟叶浅予关系就拧了，一直拧到叶浅予去世。

毕业后范曾分到历史博物馆了，历史博物馆美术组，主要是跟从沈从文先生编绘古代服饰资料。在沈老的身边，他学习了很多东西。他本身国学底子就很好，这一下更加深了。

范曾这个人脾气秉性就是这样，所以“文革”一开始他就受到了打击。专案组有人找他让他揭发沈从文，他只轻描淡写地写了一张大字报。当然那些“造反派”不满意了，处处找他的事，可能是平日说话不注意，再加上别有用心的人添枝加叶，给他编造了一个攻击“伟大旗手”江青的罪名。有一次他跟我谈起这件事，现在想起来都后怕。“文革”中有一天他去上班，“造反派”通知他不要离开办公室。他是个聪明人，透过窗户一瞧，有人正在悬挂一张大横幅，批斗“现形反革命分子范曾大会”，两边挂着“范曾疯狂攻击文化大革命旗手江青同志罪该万死”以及“范曾疯狂攻击战无不胜的毛泽东思想罪该万死”。这时候他联想起他在美术学院看到的红卫兵在“批斗会”上将人打伤的场面，如果他不逃走，下场也难逃一场“暴打”。于是他偷偷地逃到颐和园有个好朋友那儿，躲过了这场“批斗会”。

1970年他是头一批被下放到文化部咸宁“五七干校”的。“干校”繁重的体力劳动没有摧毁他，但是也给了他沉重的打击，这谈起来就话多了。

从“五七干校”回来以后，他经常到荣宝斋来，那是1973年以后吧，大家都挣死工资。我们荣宝斋这时恢复了销售业务，我马上对他说：“你画两张画，拿荣宝斋来。”过了不久，他拿来了几张作品。在我的印象中都是人物。不久很快就卖了一张，我把二十几元稿费放在信封里给了他。这位老兄在回家的公共汽车上，一会儿拿出来看看，一会儿拿出来看看，结果回家一看——钱没了！也不知是掏丢了还是让小偷偷走了。留下这么个笑话。他那时住在地安门小平房。

后来单位给他房了，范曾搬到酒仙桥，这回可住上正式的楼房了。他真是个人才，单位都照应。他邀请我到他新家去看看，他的屋里挂了一张新画，是在酒仙桥刚画的。我一看他画了一个大秃头罗汉，衣服下钻出一小猴来，手拄着一长长的竹杖，上面有一个大葫芦，一片清雅之气。这画在那儿挂着，我在那儿一看，为之一惊，我说你这不是“梁楷”吗，这两个字儿打动他了。因为梁楷的笔法就是简笔泼墨，用笔极难，数百年来无人问津。

我说你得照着这路子画下去，了不起。简笔泼墨，是“梁疯子”的风格。南宋有个画家叫梁楷，人送外号“梁疯子”，留传下来没多少张画，比如说他画的李白，就是勾了一个脸的轮廓，这身子两笔长线，极其简单。李白这张画可能在台湾，梁楷就是简笔，但是作品很少。上海博物馆有，北京只有梁楷册页。有一张叫《三高游赏》，三个高士在游玩。还有一张画的是两根柳条，两只小鸟，就两根，叫《秋树双鸦》，这两个册页都在故宫。但大部分梁楷的，像《六祖斫竹图》《六祖撕经》这样的名作在日本，20世纪二三十年代就被他们收购

范曾画作《罗汉》，此作为范曾仿梁楷笔意第一幅作品（米景扬提供）

走了。

我说："你这是梁楷啊，你这画，我拿走，挂在我们编辑室宣传宣传。"（范说）那好啊，卷起来就走了。我到我们编辑室一挂，谁看了都很惊讶，因为这种风格700年来无人问津。这个简笔泼墨，你得有好的史学观点、史学水平、文学修养，书法绘画的技巧极为高超，他能高度提炼出最精华的东西。几者兼之，他有这样的才气。后来范曾为了要学梁楷这种风格，也有非常可笑的时候，你比如拿一张白纸，挺大的，挂在这儿摁好了，他隔着很远，掭好了笔，"噔噔噔"往这儿跑，哇，他就画了一个头部加点儿身子。他头一个，就这么画。这种冷笔才能出现很特别的东西，您像梁楷画的李白，就是脑袋圈儿以后，这一点儿，"唰唰"就两笔，简到不能再简。多一笔就多，少一笔就少了，恰到好处。所以梁楷是很了不得。当然我挂这画，让大家充分欣赏。

大家非常震惊，说这是谁（画的），我就告诉说，这就是郭慕熙先生说的那个美术学院的学生，这是他画的。大家伙儿都很赞扬，就在这时候，来了一位领导，问这谁画的。跟他说，这是范曾画的，这好画谁都能认出来，这画画得特别，这么几笔，胖大和尚，那位说："我借去挂两天行不行？"

后来这张画不是被人给借去看了嘛，过两天他也不想给了，这下麻烦了。后来范曾来了，说："我那张画呢？"我说让谁谁给借走了，到现在还没还，范曾说你跟他要去，我说我要得来吗，要不来，拿去容易，拿回来难。那时候他给我画了两张画，他说："你拿两张跟他去换去，赶明儿我再给你补上。"拿着这两张画，说这是人家范曾的，他拿两张画跟您换回来，那对方不好意思了，只好把画还回来了。我在荣宝斋时，多次在国内外搞范曾的画展，对范曾的作品我非常熟悉，这张画绝对是他早期的佳作。这是绝对的早期作品，完了以后，我就跟他要，我说你画一张画，就到门市部挂去。那时候他的画多少钱一张啊，20块钱，价钱我记得很清楚。四尺三开的，20块钱，那时大约在1979年。

就这个事情之后，他名气越来越大，但是他是个年轻的画家，谁都不认识。我给您举个例子，我记得最清楚的就是，北京饭店的经理，那时候叫程清祥。有一天我到北京饭店，（他）把我拽到屏风后头，问有一个画家叫范曾吧，我说他是我的好朋友。他说怎么这么大名气啊，许多首长都喜欢他的画，坐在一块儿也是议论，今天晚上你把他请来，我请他吃饭。那我还不明白吗？我说我给你问问。我给范曾打电话，我说程清祥请你在北京饭店吃饭，那时候范曾也“素”啊。晚上我们就一块儿去了，你想吃什么你说。从此他和北京饭店也建立了关系，这名声就起来了。

后来他的名气到什么程度？他曾经在美术馆办一展览，头一次是1986年，这个展览好像都没有画册，也是一个正式的展览。您看，出席开幕式的谁啊，班禅额尔德尼·确吉坚赞副委员长、万里副总理，画家有李可染，我记得好像有这么个场面。万里这手拉着李可染，另一只手拉着范曾，万里就说你们这才叫师徒，名师出高徒。就是两个都画得好，名气已经达到这份上。那时候我还去了，有件小事儿很有意思，有

范曾画作《灵运歌啸图》（米景扬提供）

一个小的小喇嘛，拿着一个纸，拿着一笔，他从班禅那大袖子底下钻出来，让班禅给他签个名还是什么，班禅一下签了，这小喇嘛多聪明啊，我记得有这么一个场面。

有一天，可能是1983年的下半年，有一个日本人，带着好几个人，到荣宝斋去了。陪同他们的是谁呢？就是美术出版社搞版画的画家李平凡。李平凡就陪着这几个日本人到荣宝斋北大屋坐会儿，喝点儿茶。李平凡偷偷地告诉我，说日本要办范曾的美术馆。我一听这事儿大了，那时候范曾不在。接着这些人已经一块儿吃饭谈判什么的了，李平凡也从中帮忙。李平凡以前也是留学日本的，跟日本书画家也很熟。这是怎么回事呢？说日本冈山有一个大的企业家，叫松田基，这松田基柽园纪念财团理事长和冈山日中友好和会会长赤木五郎，对中国很友好。据说冈山有一个中国料理的饭馆叫“八仙阁”，饭馆一进门就挂着一张范曾的大画《八仙图》，松田基到那儿吃饭，看见这张画极为欣赏，称“这是一位国际画家”。俩人拟定了在冈山市为范曾建立一个“范曾美术馆”，在历史上日本仅为两个国外画家建过馆，一个是毕加索，一个就是范曾。

赤木会长、松田基理事长联系上周恩来总理的老朋友，叫岗琦嘉平太，一起去见驻日大使宋之光，大使热情接待了他们，并把这一信息反馈给文化部，定好了开馆日期。

这美术馆详细的资料我都有，美术馆让原来的主人搬家了，是一个日本的青年美术家，叫左久梦三美术馆。腾出这个房子来，是圆形的，就在这地方。馆长当然就是松田基了，名义馆长是岗琦嘉平太，他派了一个人，叫冈本诚一，原来是个中学老师。范曾跟他开玩笑，说“你到中国去过没去过，侵略没侵略过中国？”他说我去过中国，但是我没杀过人。范曾说你要小心，你要是手拿什么东西，你要杀过人，不许用那手。他说我没杀过人，反正跟他逗呢。冈本诚一第二次来，就到荣宝斋，把所有范曾的画全买走了。又跟范曾订了很多，认识范曾了，再买荣宝斋点儿，很快作品就不断地增多。丈二匹的也好几张，凑齐了，展览馆就成立了。

中国当时对他还不太认识，日本他的展览馆就出来了。日方请柬来了，某年某月成立，请范曾和夫人光临。这时候发生了一件事。有人给中央领导写了一封信，说不同意的话，弄得上头也不好办，既然有不同意见，今年先别去了。范曾美术馆开幕，范曾本人不出席多尴尬啊！那时候刘炳森在日本搞书法交流呢，松田基知道刘炳森跟范曾关系很好，名气也很大，你就代替范曾来参加开幕式得了，中国的一个大书法家来代替一个大画家，这开幕式就这样了。第二年才许可范曾去日本。

有一次在日本，有一个茶道大师叫里千家。这里千家是日本茶道最大流派，他请范曾吃饭，他参加还得找一个陪客，是谁啊，真由美——日本电影界大腕儿，说吃的什么饭啊，这是范曾回来跟我描述。有这么一道菜，每人一个，两个穿和服的服务员，端着一个盘子，里头有个大冰球，钻一个眼儿，有一块熟的熏牛肉，塞到这里头去，冰得特别凉，日本什么都喜欢吃生的、凉的。服务员给你拿筷子，给你提溜出这块肉来，蘸点儿酱油什么的。你一吃，挺好吃，这也太折腾了，就这一片肉。这么麻烦，这也是文化吧。

后来他在日本的局面打开了，在日本办了好几次展览，展览就不断，后来你再办展览，他就不答应了。

［展示范曾美术馆画册］我有很多很重要的资料，这（范曾美术馆）里头还有很多这一类的作品。香港没回归前，范曾还在那儿举办过一次，他跟张仃一起办的。张仃是北京工艺美术学院老院长，范曾是1978年从历史博物馆调到北京工艺美术学院的。两人一起办的。画展结束后，范曾携带着主办单位赠送的电影机、放映机、复印机以及范曾在国外讲学所得购买的《世界美术全集》，载誉而归；然后悉数将此转赠中央工艺美术学院。在转赠礼品的仪式上，范曾颇有感慨地对学生们说：“今天，我的心境十分复杂，我希望在21世纪，日本的画家来中国开画展时，我们祖国能赠送给他们更先进的设备，让他们送给日本国内学院的同学们！”

我还得跟您说这个，范曾认识了楠莉以后，在北京得病了，得的是肠息肉，得开刀。范曾得病的时候，大概是在1977年，我第二次去“五七干校”，刘炳森给我来了一封信，说范曾病了［出示刘炳森信件］。您看写得有多长，我听说他得病了，连忙给他去信安慰他。范曾的第二封信，情绪已经趋于平静，他说自己刻苦自励、身怀绝技，若就此而去，上负青天、下愧父母。他必须做一件有意义的事，留存人间，考虑再三，决定画一本《鲁迅小说插图集》。因为他自信，白描在国画界无人过其右，他又十分敬佩鲁迅，自觉对鲁迅先生小说的理解应无大谬。于是我又回信，对他画《鲁迅小说插图集》的决定深表赞同并对他说：“一定要把《鲁迅小说插图集》当作你的定音锤来画。”范曾住在医院里，忍受着病痛，为了不妨碍作画，他请医生把输液的针头插在脚面上，这样做比插在胳膊上要痛苦多了，但是他克服了。他每天积极配合治疗，让医务人员给他弄了一个小桌子放在病榻上，因为他不能外出，手头没有参考资料，只有一本《吴友如画宝》作为参考，所以说插图中的很多场面，如魏连殳之哭丧，其中棺材、丧幛、头巾等细节绝对无误；华老栓家的床边马桶，手中的灯笼形象刻画入微，用他的话说，这本插图集“皆有赖于吴工公多多”。

1978年初，我从“干校”回来，《鲁迅小说插图集》已经全部完成，包括《呐喊》《彷徨》《故事新编》，共44幅，我计算了一下他住院两个月，平均一天多完成一幅。刚动完手术恐怕还不能画，抛去这段时间，那就将近一天一张了。作为一个病人，用这种状态去工作，真应了一句时髦话，“和时间赛跑”。

这本书出版了，而且印了多少呢？当时我业务上也不大熟，一下就出了20万册。这20万册您知道有多少吗？后来管仓库的找我，说你这是什么书，怎么印了这么些个？我说怎么了，他说你去看看。

我到仓库一看，堆得跟山似的，这20万册可不得了。这本装潢精美的《鲁迅小说插图集》还请周建人写的签，书中的原词是请刘炳森写的，康默如给刻的图章，大动干戈。没想到这20万册居然销售一空，新华书店要这书的人，跟流水一样，就卖掉了。那时候哪有画册啊，1978年啊，您想一想。

现在不是北京大学请范曾任画法研究院的院长嘛，又给他出了一本《范曾插图鲁迅小说集》，那是精装的，讲究了。他们开了一个新闻发布会，我在会上拿出了当年印的《鲁迅小说插图集》原件，讲了几句话，“这是1978年1月出版的，定价8毛5分”，引得会场哄堂大笑。

我们关系一直很好，每到过年都收到给我的贺年片，您看范曾那时候给我画的贺年片［出示一张贺年片］。您看这都是飞机上没事儿给我画的，很精彩［出示一张册页］。

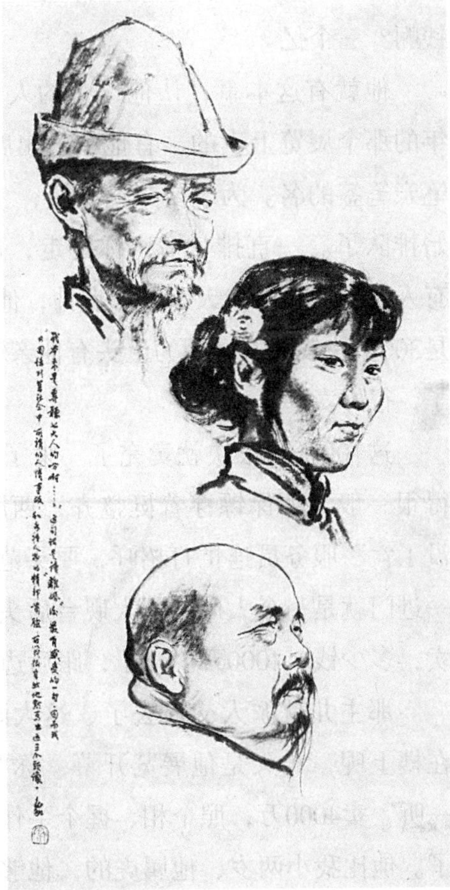

范曾为《鲁迅小说插图集》所作的人物素描（米景扬提供）

大家都知道，因为众所周知的原因，（范曾）1993年从法国回来的。回来后就住在西河雅居，在日坛那儿，有一个饭店，后头有那么十几间房，人给了他两间，在那儿住。每天晚上，晚饭我上他那儿吃去，跟他聊聊，人来得也很少。您知道，吃饭老吃什么，我记得非常清楚，砂锅白菜豆腐，特爱吃。他回来以后，荣宝斋卖不卖他的画，挂不挂、挂哪张，都得研究。

可他的价钱没下来过，老是市场价格。您像这次，2017年春节前，那就算2016年底，为2017年春节准备的，今年是鸡年，你就得多画几张鸡。他六年没在荣宝斋展览了，最近六年他没办。因为我退休了，细情我就不知道了，等于是腊月二十五（2017年1月22日），快过年了，他办了一个展览，好像100张画，还出了一本画册。这次展览会卖了多少钱啊？三个亿。

他就有这本事，认他这个的人不少。他说这些钱全是在荣宝斋过年的那个展览上卖的，有他本人出席。他那画册有100本是他本人拿毛笔亲笔签的名。为了要买这画册，（有人）头天下午7点钟的时候就开始排队了。一直排一宿，你要走，你这号没有了，这号给了别人了，有人管着，到第二天上午10点钟，他该卖这画册了。当场签名，这画册是300多块钱一本，因为上头有他亲笔签的名，被黄牛门口卖到800多块了，很好卖。

这100张画很快就卖完了。来了一个买家，带着四五个随从，他穿得很一般，那保镖穿着挺整齐，西服。“范先生这画，怎么大张都卖没了？”服务员连忙打招呼，要买范先生的画您得早来啊。荣宝斋不是一进门就是一个大砚台，大砚台后头一张丈二匹，他说这大画卖不卖？卖，多少钱？4000万。行了，跟后边人说，就买这张吧。

那主儿就派人交钱去了，这大画就归他了。接待员对买主说范曾在楼上呢，今天是他展览开幕，你要不要见？（那）当然要见。范曾一听，卖4000万，照个相、握个手什么的。这一下就4000万，谁也比不了。他比我小两岁，他属虎的，他够80虚岁，所以今年他是办生日，就

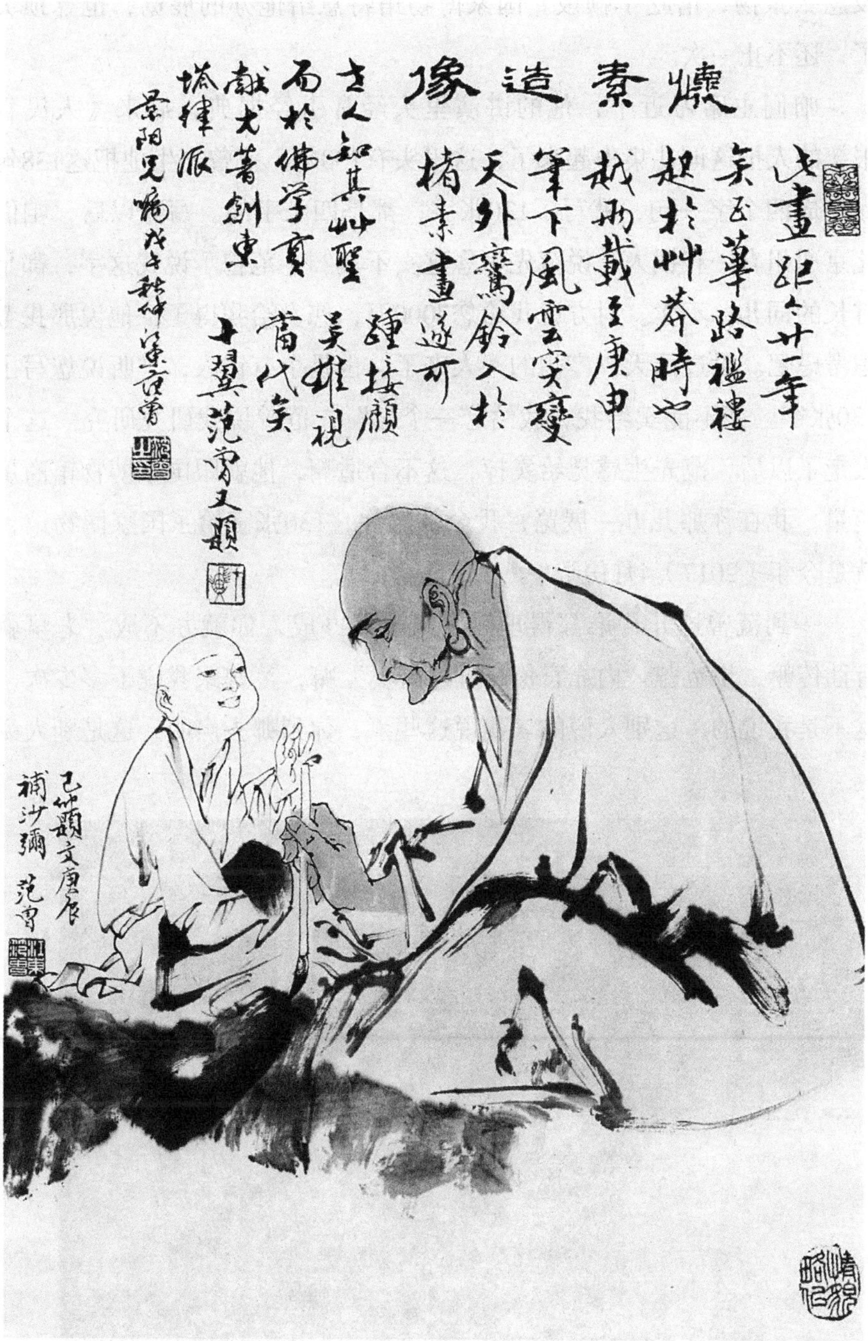

范曾画作《怀素造像》（米景扬提供）

没怎么张扬，请吃了顿饭。国家博物馆特意给他办的展览，也算顶尖了，还不止一次。

咱们主席习近平，他的讲演里头经常引经据典，后来《人民日报》的人把这词儿集中起来了，这里头有138句。范曾先生他把这138句缩小成四个字一句，就写了130张字，都是四个字的。写完以后，咱们北京通州有一有钱人，说范先生您这卖不卖？（范曾）说我这字，都是首长的词儿，不卖。对方说我给您7000万，您卖给我得了，他说那我考虑考虑吧。没过两天，广州的一人来了，也是个有钱人，“听说您写了130张字，能不能卖给我，我给您一个亿”，范曾说我研究研究。这个人走了以后，范先生感觉给卖掉，这不合适啊，他就跟国家博物馆商量商量，我在你那儿办一展览，我全部送你，130张字给了国家博物馆，就是今年（2017）4月份吧。

一到范曾这儿，谁都得理解，人家能办成，你就办不成。老早就有谣传嘛，说范曾“内靠官僚，外靠奸商”嘛，范曾跟我说了多少次，这不是我说的，这别人说的。我说这些事，你到哪去声明，这是别人说

范曾与米景扬合影（米景扬提供）

的，还不如别言语。现在有一词儿叫“羡慕嫉妒恨”。嫉妒人，是解决不了的病。

我再跟您说一件事，足以证明范曾绘画水平之高。您听我从头跟您说。那时候琉璃厂口还有一个饭馆叫“孔膳堂”，那是1999年秋天。那天中午有人请我吃饭，因为客人没齐，就在那儿一边喝茶一边瞎聊，听见外头吵起架来，我问怎么回事儿。正赶上有一个荣宝斋的人从这儿过，他跟我说，有一位先生拿了一张张大千的画到荣宝拍卖公司参加拍卖，画虽说拍出去了，但是人家买主老不付款提货，这老先生有点儿急用钱，非常不高兴。为了解决问题，荣宝拍卖公司的有关人员把他请到孔膳堂，这架一直打到孔膳堂另外的屋子了。我虽说退休了，但是荣宝斋出的问题我也要关心一下，就这么吵吵闹闹的影响不好。我就问什么画，他们说一张张大千的山水。我说多少钱啊，好像是55000块吧。我说我看看这张画，我一看，这张画还不错。

我知道内情后，我决定：没人要，我就要了。既然拍主也没付款，我替他付款，我买了吧，荣宝拍卖公司当然欢迎了，给他们解了围。那时候我们家住在力鸿花园，范曾也住在那里。每天我走到范曾的家门口，都要进去聊两句，这回买画回来又上他那儿去，把见闻跟他聊聊，完了他开几句玩笑话，哈哈一笑。我就说你瞧瞧我新买的这张画，这张画就是这个样子的［指画册中张大千原作］。1936年张大千画的。范曾拿过去挂在墙上看了半天，才说话，画得不错。

看完之后，我想回家了。他说，画先别拿走，因为那时候已经是下午4点钟，“你先挂这儿，我再看看”。第二天早上，8点钟的时候，他来电话，来一趟啊，我就去了。一看，他在张大千的画上给加了一个人，加了一棵树。

我当时就惊讶了，［指着画面］您说这块石头，就这么一个空儿，他怎么在这空儿上画了一个人，舒舒服服在那儿坐着。原来啊，范曾大清早地起来，观赏张大千那张画的时候，深感这张画在构图上有所不足，采用张大千的笔法他也胸有成竹，就在画上添补了一位高士，一棵松树。将孤来独往的高士补成了两位，单树则补成了互相掩映的双松。令人佩服的是，新添高士的造型、神态、衣纹、用色以及松树的皴擦[①]、渲染以及松叶、苔点儿，都跟张大千原作的用笔运墨完全吻合，真的是神形俱肖、天衣无缝。大千先生画作的清雅高古之气在添画处反映得尽善尽美，就跟大千先生再生亲笔所画的一样。我觉得只有像范先生这样的，有高深的笔墨修养及创造能力，又对前人的技法有深入研究，才能有这样的胆识与构思，将画补出这样神奇的效果。

原作是一个人在那儿看书，现在变成两个人在谈论了，后头补的这棵松树，你看不出是别人的笔法。而且这张画有一个瑕疵，原款被挖掉了，他用一树枝压上了，现在您看不出来了。

这块石头是一直在那儿搁着的，你要画一个人，让他坐在那儿，舒舒服服的，这本事大了。关键是这笔法完全跟原作一样，您看苔点儿点得都跟它差不多。他这树杈画了个小枝子，把这个瑕疵给补上了，要不说您根本不知道。他补完以后，这人怎么在那儿舒舒服服的，就好像先画的人，后画的石头似的。这石头是原来在那儿摆着的，技巧太高了。

他在上面还题了一个边跋[②]、诗堂，也可以叫“诗塘”。为什么这个也行呢？他一写就是一块儿，像一个池塘。这为什么又用这个呢？大的画作，一般配上这个非常庄重好看的。（因为图面有限，边跋未曾拍摄）

近年来，范先生又忙起来，故来往较少，但我所到处提起范先生艺术，还是介绍范先生的“诗、书、画、文、史、哲”六样艺术成就样样一流。

---

① 皴擦：源自中国山水画法，是笔法丰富的演化形式。现代人物画中大量借用皴擦法，将皴擦可重复性特征加以发挥，增加了画面的厚重感和质感。常用皴擦法：斧劈皴、米点皴、圆笔皴、牛毛皴、虱、擦。

② 边跋：即边款，一般泛指刻于印侧或印背的文字、题记。它起源于隋唐，当时治印部门的工匠，只是在一些官印周围刻上治印年记、编号和释文等内容，虽然还称不上艺术，但已形成了边款艺术的雏形。正是有了这些简短而又草率的原始边款，后来明清乃至当今流派纷呈、风格各异的边款艺术才得以发展起来。

经范曾补画后的张大千《松荫论道图》

（米景扬提供）

二十六、北派山水大师陈少梅

20世纪40年代陈少梅、冯忠莲夫妇与女儿陈长玲合影（刘凌沧教授/摄）

陈少梅的家乡我还真去了一趟。湖南省衡东县城关镇鹤桥村，他是这儿的人。他们家都没什么亲属了，都出来了。

陈少梅先生30岁留影（米景扬提供）

陈少梅先生留影（刘凌沧教授/摄）

我查阅了很多资料，陈少梅先生1909年4月9号出生在福建漳州，他父亲在清朝是福建漳州知府，他出生在任上。为此我还专程到漳州去了，漳州知府衙门只有一面墙，是原来的老知府，现在可能全没了。陈少梅先生字云鹑（zhāng），这个云是云彩的云，鹑带一鸟字旁，鸟字旁，一个文章的章，因为他们家的人全都带鸟字旁。确实是书香门第，陈少梅的父亲是陈嘉言，他是陈嘉言的第五子，因此他有一方图章叫“衡山陈五”。近代以来衡山陈氏出了不少名人，就拿光绪壬午乡试来说，陈嘉言中第一名解元，他的胞兄叫毓光，同榜，哥儿俩一块儿。据说老大的报子来了以后，老五的夫人还在厨房炒菜呢，脸上不动声色，该干什么还接着干，不为所动。后来第二个报子就到了，是老五的报子，因为这哥儿俩是同榜，被湖南人传为佳话。后来陈嘉言和胞兄陈毓光、堂弟陈鼎三个人先后同科中进士，一科的；还有一个胞兄叫毓昌，一个堂弟叫陈范——这陈范是个军人，能打仗，获得过军功。他们这五个人好像是同时间中的举人和进士。陈少梅有一个堂叔，叫陈鼎，官至军机处行走[①]，是近代教育家蔡元培的老师，因为他支持维新变法，戊戌变法获罪，为谭嗣同六君子陪绑，上菜市口，他也跟着去了法场。观刑示警后被押回天牢永久监禁，这倒好，没有您事儿，吓一大跳。陈范还是近代中国最早的报人，他办的什么报呢？叫《苏报》。他聘章士钊为主笔，章炳麟、蔡元培为撰稿人。他除了办《苏报》之外，还出版了《革命军》。邹容的《革命军》是宣传反清的革命最早的书籍。20世纪80年代有个电影叫《革命军中马前卒》。

陈少梅先生刚才咱们说是叔伯哥儿五个是吧，陈少梅的大姐是陈云凤。这陈云凤是很有学问，她嫁给夏家，她很新潮，结婚的时候陪嫁只有两箱书，其他什么东西也甭给我买了，家里就把我看的这些书带过去算了。这个人能诗善文，嫁到夏家以后，丈夫早逝，她承担了养育

① 军机处行走：也称“军机大臣上行走”，军机处设军机大臣，无定员，多者六七人，一般以特选的大学士、尚书、侍郎等官充任，清末也有亲王入选。领班的军机大臣叫作“首揆”。

子女的全部责任，尤其培养儿女爱国思想，支持儿女参加爱国斗争。她生了四个孩子，她的长子是夏明翰，完了是夏明霹、夏明震、夏明衡，这四个儿子全是烈士。陈云凤是这四个烈士的母亲。夏明翰就是写那首“砍头不要紧，只要主义真。杀了夏明翰，还有后来人”这个壮丽诗篇的作者。湖南在他的家乡那里修了一个很大的雕像。夏明翰就是我夫人亲的表哥。这家全是共产党。这里头有个夏明震，被敌人打死在河边上，听说他在执行任务时被敌人发现了，他们就追，途中被敌人一枪打死，最后他妈妈去收尸的时候，是在一个河边上。夏明震那时候已经结婚了，他媳妇儿就是老干部曾志。

陈少梅有一个堂姐，叫陈撷芬，笔名“楚南女子”，湖南人嘛。陈撷芬，与秋瑾关系特别好，两人是挚友，她是民国早期女报人，主编《女报》，后改名《女学报》。后来有一个《苏报》，《女学报》随着《苏报》送。还有一个堂姐，叫陈衡哲，这也了不得，是新文化运动的女作家，1917年发表白话小说《一日》。任鸿隽、陈衡哲，他们夫妻俩与胡适在文坛上有“三个朋友”之称。

陈少梅的父亲，陈嘉言老先生，清咸丰元年二月初一生，光绪壬午科乡试的第一名解元，己丑成的进士，1889年，接着就授翰林院编修，历任京畿道、江南道监察御史、工科掌印给事中、福建漳州知府——陈少梅先生就是在那里出生的。辛亥革命爆发了，他把印包好了以后，往桌子上一放，“挂印”走了。他想回湖南老家，没有路费。他把两个闺女就嫁到当地了，有个老人说，这跟卖了一样，好像说是收了“嫁妆”800块银圆。真的是两袖清风、一船诗书，从漳州回湖南，船上就是书，没有别的。那时候陈嘉言返乡的时候，陈少梅先生三岁。他最小，但是陈嘉言很喜欢他，把他带在身边，监督他读史，学习书法绘画，所以陈少梅那么年轻，书法那么好，跟父亲早年的督促分不开。

当地有一本书说陈嘉言带着他，寻壑登丘，足迹遍洞庭衡岳。可能是1919年，他（陈嘉言）就要上北京，那时候陈少梅十岁。随父北上，到北京住哪呢？在湖南会馆，那时候外地文人没地方住，都是住会馆。现在湖南会馆还在。五六年前，拍卖行卖过一张照片，就是当时在北京的所有翰林合影，公推陈嘉言坐在中间了，说明他当时有威望。故都人文荟萃的，陈少梅先生在京大开眼界，经常跟有钱人去借画彻夜临摹，打下了坚实的基础，同时也显露他的艺术天赋。这时候他已卖画为生了，因为父亲是个穷翰林没有收入啊，这一家子还得吃饭啊，他画的画有人就喜欢，你想他那么年轻就出道了。他16岁的时候，入了金北楼主持的“中国画学研究会”，就是湖社的前身。过了不久，金北楼就指着陈少梅说，我的弟子累计过百，少梅造诣绝群，必过我，他认定陈少梅必定超过老师。那时候就成立湖社了，湖社成员每个人单起一个别号，都带湖字，陈先生叫升湖。这时候比利时布鲁塞尔正在举行建国百年纪念博览会，陈少梅的一幅作品拿了去以后获得了银质奖章。那时候国际上看不起中国画，能获奖太不容易了。所以这件事给中国画家留下了深刻印象。（20世纪50年代）张大千，在美国遇见陈少梅女弟子邵芳了，张大千问你跟谁学的？（邵）说我跟陈少梅学的。张大千说，不得了，他十几岁就得了国际奖。

陈少梅（左）与弟子邵芳（中）、著名画家蒋兆和（右）合影（米景扬提供）

邵芳这个人我没见过，听说故去了，［出示一张照片］这是蒋兆和、陈少梅、邵芳三个人的合影，就说明邵芳当时在文人之中有点儿名气了。

湖社要成立天津分会，金北楼就派陈少梅和惠孝同，由两人前往主持工作。

惠孝同，旗人，他是收藏家也是画家。那时候都很年轻，会址在天津广东路崇仁里4号，就是老的湖社画会，他们在《湖社月刊》登广告，招收学生，报名者异常踊跃。这是1933年，陈少梅24岁的时候，陈嘉言久居旧京，有意“落叶归根”，湖南省代理主席曹典球“敬老尊贤”，接

20世纪40年代陈少梅先生与夫人冯忠莲女士在天津某公园留影（刘凌沧教授/摄）

其回湖南，主讲衡阳船山书院，少梅护送父亲返乡，可能回去那么一回老家。没想到回到家，陈嘉言先生去世了。

陈少梅是杰出的美术教育家，他主张传统“师承传授”教学，强调“临摹入手”。练线条，你没有基本功是不行的。为父亲办完丧事回来以后，就在天津还是教学。解放以后，陈少梅积极参加各项活动，1952年的时候他任美协天津分会副主席、天津美术学院的校长，亲自授课。这时候中央美术学院来找他了，请他参加中央美术学院的工作，可巧民族美术研究所也来了，请他到民族美术研究所工作。这时候他回到北京，就住在张伯驹的跨院儿，张伯驹对他很热情，说我家有空房你就住我这儿得了。有那么一个小院子，后来从张伯驹家搬出来了，就租胡佩衡家的房子。那个小院，不大，刀把似的。那房子是胡佩衡的房子，胡佩衡租给陈少梅了，陈少梅死了以后，就租给周怀民了，房不大，也就是三间小房吧。这几个地方都请他去，你想他要教学生，基本功（肯定不错），所以这几个单位都抢着，包括荣宝斋也去了，荣宝斋说你还是上荣宝斋来，你可以临摹画什么的。但是他有一个条件，就是一礼拜我得有几天创作。

就在各家正在研究怎么办的时候，没想到先生故去了，因为脑溢血。他是这样，阴历八月十四去看他的老母亲，那时候老太太他们住在湖南会馆，当时有一个湖南人，陈少梅一回家他就凑过去跟他说话。可是陈少梅那时候该睡中午觉了，他老跟他说，可能累的关系，45岁就故去了。中央美术学院也没去成。

我见过他的坟。“文革”前，他的三个儿子，哥儿仨跟我一起去了，到了湖南公墓。不是魏公村那儿，那儿叫湖南会馆义地，这个坟地在颐和园的后头、万寿山后头，再往西一点儿，有一条小马路，小马路的南边有一条小路，有三间园子房，我记得很清楚。这园子房对着的有一棵什么树，树底下，那石碑什么样，当时穷到什么程度，就这么大这么宽［比画］一个青石板，我记得很清楚，上面就刻着“陈少梅之墓”。那么后来“文革”以后，再去的时候，这园子房没了，这棵树也没了，那小马路也没了，坟头再也找不着了。

陈少梅艺术创作的特点就是“南风北骨”，他的画风你看着像南派，但是他笔道纯属北骨，这是他最中心的特点。陈少梅的画就是学的马远、夏圭。马远就是画《踏歌图》的那个。马远、夏圭的画很多，在台北故宫的夏圭的《溪山清远图》那多好啊。有这个笔道才能画北派山水，你没有那基本功画不了北派山水，因此他的风格就是“南风北骨”。他的最早的作品成名时是二十来岁。上回咱们瞧的那张山水，就是仿宋代山水的那张，是30多岁画的。那时候他在国内已经很有名气了。

启功先生曾对我说陈少梅先生的书法不在画法之下。启功跟他熟，相当熟。他自称是陈少梅先生的学弟，才对他有如此评论。书法不在画法之下，他书法到底写得怎么样，前年我买了一件特别重要的作品。一提陈少梅的书法，都说学元朝倪云林，都是这么说，因为他笔道硬。后来他就写他自个儿的体，笔道特别硬，实际上到了中年，他学的是米芾。我有这个理论，但是都不承认，这儿有一件作品，您可以看一看。［展示陈少梅、张大千扇面］他临的是米芾。“米芾顿首，戏临米书，似正庭”，这正庭是谁呢？是解放前英国的信宜药厂还有什么香皂的中国总代理，很有钱的，叫郎正庭。这郎正庭手里的画，后来都卖给荣宝斋了。郎正庭是天津的，他是工商界有名，也是一个很有钱的文物收藏家。我1956年5月份参加工作，领导就在那个月派我给他送过一次钱，可能是收了郎先生几张藏品，住在和平门那儿，北房挺大的，他在那儿吃橘子。那时候5月份吃橘子，就跟吃人参似的。市场上哪有橘子，不像现在什么时候都有，就说明人家的生活水平高。

这个扇面是他写给郎正庭的。那是中年了，就说明他中年学米，这是最好的证据，您反过来看，［指着画册］这是王雪涛画的，画得也是很认真。王雪涛先生和陈少梅是一代人，无非陈少梅死得太早了。

［指着一幅藏品］你看他后来40多岁的时候，书体是这样的。这是40多岁，到晚期了。那时候的字是这样的［指扇面题字］。扇子画得好的就是张大千和陈少梅，因为扇子很难画，当时你要找李可染、吴作

陈少梅《山水人物》画作（米景扬藏品）

人，一概都不画。什么原因，它不洇，这纸上头一层蜡，一般人他都画不了。启先生能画，他知道怎么"降"这个扇面，你给它焖湿了、压平了、晾干了，什么时候才能动笔有一定的章法，很麻烦。像张大千，有人给他伺候着，溥心畬也有人伺候着，像陈先生都是自个儿做。所以他画的扇子，反面写的字，都很讲究。

陈先生的画好卖，只要画就有人要，这是第一。画这一张，还有两三张等着，那都是熟人。张大千和陈少梅的扇子是卖得特别贵，就这郎正庭有两把陈少梅的扇子，后来（在拍卖会上）好像每把都卖了巨价。上款就是郎正庭，这样一拍卖就卖出去了。

他的画集出得也还是比较多的，原来这些方面我是很重视，因为（他）40多岁就故去了，成就这么大。启功先生这个序，我给您看的资料里头有。启先生请吃饭，还给我寄来个请柬，您说我那时候岁数那么小，但启先生很客气。在宴会间，他就问我，陈先生画册有没有希望出啊？我说现在天津人民美术出版社已经同意它来出了。他说那个序是谁写的，我说我正为这事儿着急呢。我记得很清楚，启老说："我写行不行？"我说："启先生我想的就是您，我就是不敢张嘴。"他说："好，这事儿归我写。"写这序的事儿，我说非得是请您写，最后决定就是他。他用毛笔写完之后，送到出版社直接制版，前后他给我来了四五封信，都为写序事。启先生那序里头不是说嘛，（当年）我到展览会一看陈少梅的画，好像先辈名家，其实他比陈少梅小三岁。启先生把他当成老一辈的了，所以陈先生成名之早由此可见了。

后来文化部下边有一个机构，叫"文化部文化市场发展中心艺术品评估委员会"，地点就在天安门的西边。现在不是都大花园嘛，那其中有一个建筑是皇城展览馆，就是专做名家画集。当时它出了谁的作品呢？齐白石的三本都已经出来了，后来出了一本，只画速写素描，正式的还没出来，工艺美院的一个，叫什么庞薰琹，出了他一本。后来集中力量，就同时间也吸收像张大千这样的名家。陈少梅这本因为以前有一个基础，天津人美的这个，基础比较好，共分两册，第一册还可以，第二册出的时候就费了劲儿了。

陈长玲（米景扬夫人，以下简称“陈”）： 我的印象就是我父亲特别重视孩子的品德教育，你比如说每次到菜市口看我们的时候，因为他住在后海，我们住在烂漫胡同，我还小，他差不多每星期都过来看来。一看，必须得先问表现怎么样，功课第二的。一到期末，拿着成绩单，首先得看是不是评语甲等，然后再看功课的事儿，挺重视品德教育，对孩子们。我记得，什么时候，为什么事，送我们每人一个速写本，就这么大［比画］的速写本，每人都给画一幅画。这画一辗转我就找不到了。那时候我才11岁半，画的什么我都忘了，好像画的是松树。反正我就记得，给长龙画的是老虎，我就记得他，因为他平常比较厉害。别人还有谁啊，回头查查。我哥哥他们还都记着呢，我二哥那篇文章还提了这档子事，反正就是鼓励我们也都好好学习，封面上画的那个。我那时候比较小，但是就觉得我爸爸根本没有说跟我动怒、动手啊。我父亲特别喜欢我、特别疼爱孩子。

我跟您说，我小时候我爸爸在大画案上，他画画，我永远就是跪在旁边画画，老教我呢，什么这树是怎么画，树叶怎么画，山石怎么画，教给我。反正我爸爸在那儿画画，我就在旁边自己编故事，编个故事自己画连环画，我父亲不是画连环画嘛。他画连环画，小孩儿嘛，我也画连环画，反正我编的故事，现在我也不知道，反正可能挺离奇的，我爸爸每次看完都笑，笑完告诉我哪儿怎么改。后来我那画还真的给我出版过，天津的小书，儿童的刊物，这些东西都没留着，（对我）影响挺大的。

我父亲会唱京剧，京剧唱得好极了。我后来就是学音乐，喜欢音乐，我觉得我这乐感可能从我父亲那儿来。我记得那时候，天津美协的会长叫马达，共产党员。他也画是吧，我不清楚，反正老上我们家去，我父亲是天津美协的副会长。经常俩人一个拉、一个唱，那个拉胡琴，我爸爸唱。唱京剧我小时候不懂唱的是什么。

他能从地下干拔，像练家子。他个儿特别小，他也就我这么高，一米六左右吧，但是挺精干的。我哥他们说从地下拔起来。他画完画，挂着，让我点评，得问我画得好不好，我就瞎说八道。我就记得我小时候说过什么呢，他画的牛，我说牛毛怎么不顺呢，我不懂。对，可能我就在旁边，他就问我，我说毛儿不顺，我说什么他都不驳我，总是“哈哈哈”一笑，有时候就说我说得对。我说你画的人不美，因为我画画，我小孩儿，都是大眼睛、翻眼毛，他画的都是小细眼、凤眼似的，画得不好看，我老说它不好看，他从来不说急了什么的。画完画，眯着个眼睛看，然后看看有什么修改，手上拿着两支笔，这边画完，再那边画细点儿，我不懂，刷来刷去地画，画完在嘴里舔舔。这是这样，他画了一笔重的，马上就得往下掸，掸出浅的来，虽然是工笔画，但是你感觉是深浅好像一笔下来。

我太小，都不懂，九岁就离开了，从天津到北京了。

米：［用笔做示范］他这笔手就这么拿着，画一笔重的，跟着再一弄，深浅就显出来，有时候实在赶不上就得拿嘴（润湿）。

陈：他嘴唇老是黑的，就是吃墨。

米：当然我没见过，这嘴老是黑的，画完画嘴老是黑的，原因就是这样。有人说三支笔，是不可能的，就是两支笔。

陈：我看见两支笔，他画。我知道我爸爸怎么画的，他那个尺子像个台阶一样，两个台阶的，这支笔在这儿，那支笔就在那儿画了，界尺，他沿着这个边，所以画得非常直的，长治前几年我才告诉他的，因为我小时候这个东西还是见过。

他没有固定收入，卖一张来一张，但是解放以后，就没有这个机会，资本家没人买画了，政府就让他画连环画。当时宣传工农兵宣传现代了，还能够与时俱进，他画连环画是什么，《相思树》《湖南老共产党员》，还有一个什么与婵娟。他画我就在旁边编，他挺与时俱进的。每一张都认真地画，画得特别认真，都当一个独立的画这么去画。

我还有一叔叔，是我爸爸的弟弟，他去看我爸爸，就给拿了一篮子鸡蛋。他是在铁路上工作的，老戴着一个大檐帽，我还挺羡慕，铁路工人。拿去一篮子鸡蛋，这可好，天天煮鸡蛋，一天吃好些鸡蛋。那时候也不知道看病，说血压高、胆固醇高，都不懂，所以后来很快就去世了，可能跟这血压高有关系。你说“嘣”一下就完了，可能就是血压高。也不知道吃药，像咱们现在这样看病、保健。我爸爸那时候告诉我说头晕什么的，谁懂得血压高？

我二哥叫长治，他甭管画得好坏，他喜欢画陈少梅，现在弄那个陈少梅研究会，他当会长，也是想继承画画，我们就把关于陈少梅的东西都给他了。其实（画）是自然地落在我们手里，因为我从小跟着我母亲，我母亲您也知道是我后母亲，她自己全依靠在我这儿，从一开始就是跟着我们俩过，我那哥哥都撤出去了，所以所有东西就落在我们这儿，自然就落在我们这儿。米先生就特别好，爱画画，就把他那画稿，从前我母亲临摹，他都得画画稿，都给了我二哥了，我二哥等于就照着那学的。然后把我父亲的图章，属于陈家的东西，都给了我三哥，都没要，为什么呢？三哥有儿子，儿子有孙子，人家生了俩孙子。

米：为纪念国画大师陈少梅百年诞辰，2009年4月9日上午，由中央文史研究馆、政协天津市委员会主办的陈少梅作品展，在天津政协书画艺术馆开展。由著名雕塑家景育民创作的陈少梅铜像，也于当天在古文化街宫前广场落成揭幕。我和我的夫人陈长玲、儿子米川参加了这次画展的开幕式。想不到，他去世多年，美术界没有忘记他，政府还出钱为他举办这次画展，我们非常感动。

陈：我三哥挺重视这个的，一个是懂，一个是他挺重视继承。今年他的故乡又给我们来了个好消息，衡东县政府决定修建一个陈少梅美术馆，在2018年秋开馆，并在纪念馆的草坪上塑造了六座铜像，分别是陈少梅、陈少梅的父亲，还有他的堂叔、堂姐等等，都是有名的人。

米：市委书记郑建新视察陈少梅美术馆时曾语重心长地说：“一定要有真迹作品，才配得上陈少梅美术馆。打造文化名片和文化地标，任重道远。”

衡东县委副书记、县长徐志毅一行人前往我家，详细介绍了陈少

米景扬、陈长玲、米川在陈少梅百年诞辰画展上合影（米景扬提供）

梅美术馆建设和陈少梅美术馆开馆文化艺术节等事宜，并传达了市委书记“一定要真迹”的指示。由于岳父以教书卖画为生，英年早逝，留给后人的作品不多，大多散落民间和藏家手中。近年来，您的作品价格飙升，成了稀世珍宝。陈少梅美术馆何时拥有陈少梅真迹作品，社会各界翘首以待。我和我的老伴儿决定捐出陈少梅先生一幅现实人物作品《卖饼儿》，他作于1948年，并在上面题了“北风吹衣射我饼，不忧衣单忧饼冷”的诗句。另一幅是《深谷樵夫》，是陈少梅先生20世纪40年代初画的，由溪谷、山泉、山峰、绿树与樵夫构成一幅自然和谐的画面，寄托了画家对劳动人民朴素的、深厚的礼赞之情。最重要的是，我们还捐了陈少梅之父陈嘉言的一幅书法作品，陈嘉言在清末有“铁面御史”之称，他工书法，在当时社会上有一定影响，近代民主革命志士秋瑾有《上陈先生梅生索书室联诗》：“如雷贯耳右军名，问字愁难列讲庭。

陈少梅《卖饼儿》画作，现已由米景扬、陈长玲夫妇捐赠给湖南省衡东县陈少梅美术馆（米景扬提供）

欲乞一联绮丽笔，闺中曾读养鹅经。”

衡东县政府还举办了一个隆重的捐赠仪式。说实在的，捐献陈少梅先生的真迹是我们家属应该做的，这是我夫人陈长玲的心愿，也是我们全家的心愿。

二十七、临摹大师冯忠莲

陈：我母亲后来也不创作了，就是临摹。她祖籍广东顺德，不知是从哪一代来到了天津。反正我知道我母亲的爷爷，就是天津最著名的大买办，叫冯商盘，天津有他的牌坊。具体做什么生意我也不知道，可能是军火？反正据说当时他很有势力，跟外国人都敢发脾气。他是第一代买办，解放初期的时候还有一个汉白玉的牌坊。“文革”才给拆了。

冯忠莲先生瓷盘像（米景扬提供）

我母亲十几岁的时候，我听他们说，就是跟我父亲学画。我父亲不是在天津就是教学生嘛，好多徒弟。她喜欢画画，就跟着我父亲学画，后来又考上辅仁大学美术系，而且我母亲是那儿的女状元，是学得最好的。

当时辅仁美术系，溥雪斋是系主任。考试的时候，她写了一幅晋唐的小楷，一幅字。你比如说我要考辅仁大学，你得拿个美术作品，她就交了幅晋唐小楷。开学的时候，溥雪斋不是走道特快嘛，走进了教

冯忠莲先生学士照（米景扬提供）

室，问谁是冯忠莲。她不知道发生了什么事儿，还真吓了一跳，说我是，溥先生直接走到她的书桌旁连声称赞："你的晋唐小楷太好了！太好了！"原来他啊，看了学生的习作，特地来看这个学生的。

在校期间，我母亲学习刻苦，晚年她跟我说过，星期天从来不休息，临摹前辈名人的书画。溥雪斋先生非常喜欢她的才力和勤奋精神，经常亲自挥毫指点她。她读的是专科，在校三年期间，每年都以第一名受到学校奖励。启功先生曾经是她的老师。他比我母亲大六岁。启功先生晚年还经常提到当年的事，说："陈垣先生当年特别喜欢她，因为每年给她颁奖嘛。"她在辅仁还留下了一个美称，叫"美术系女状元"。"文化大革命"中这些奖状连毕业照都不敢留，全都烧了，就有几幅字画我们留着。我就记着这个，反正她是相当优秀的人。

回到天津后，据说那时候就解放了，她没工作，后来到实验小学当美术老师，我还跟着在那儿上学。解放后，她在教学上取得了很大成就，被评为“天津市模范教师”。她的作品《江南春》《涛声》参加了全国第一届、第二届美术展览。她还加入了美术家协会，是个很有功底和发展前途的女画家。可是这位当年的女状元却销声匿迹了。很多人对这个事很奇怪，她是为了咱们国家古画临摹工作舍弃了自己的一切。

1953年她是应荣宝斋之聘，去辽宁博物馆临摹宋赵佶摹唐张萱《虢国夫人游春图》。当她小心翼翼地打开这一绘画珍品时，不禁倒抽了一口凉气。这是一幅功力深厚的重彩画，由于年代久远，画卷十分残破。从未搞过这项工作的冯忠莲，感到一阵茫然，不知从何入手。她个性坚强，不肯轻易吐出一个难字。她认真查阅资料，深入理解作品的背景和风格，探索临摹复制的技术和方法。

开始就遇到颜色的配制。经过不断试验，似乎颜色已调得与原画

20世纪50年代冯忠莲先生在辽宁博物馆临摹宋赵佶摹唐张萱《虢国夫人游春图》

（米景扬提供）

一致了，但画出来一看仍然不行。经她仔细研究，原来古画的颜色已吃到了绢里，新摹的颜色浮在表面上，这就出现了差距。她又改进画法，几经探索试验，才克服了这道难关。临摹工作极其精细复杂，真是必须一丝不苟。由于画幅宽，无法坐着画，只好站着或趴在案上画，一趴就是几个小时，常常是饭也顾不上吃。一天下来，腿疼、腰酸、眼睛发胀。经过几个月的努力，临摹完成了。经专家鉴定，认为成功地再现了原作。也就从这里开始，冯忠莲与临摹结下了缘分，为它献出了几乎全部的艺术生命。

1954年起，她正式到荣宝斋工作，据她跟我说接连临摹了《万松叠翠图》《宋人画页》，勾描过明代仇英的《白马如风疾》、蓝瑛的《山水》及一些现代画家的作品。

米：其实她的最大贡献就是那张《清明上河图》，咱们前边已经谈过了。它能够保存下来不易，这都是往事了。1959年，她带着我们去故宫临摹，当初啊，因为经常有任务得回荣宝斋，所以那个工作也是断断续续。

1962年被借调到故宫，很多人误会她进入故宫了，真正调过去是1972年。在社会上流传，她临摹《清明上河图》是18年，实际上没有那么长时间，比如她中间回去“四清”，“文化大革命”上“五七干校”。关键是在“五七干校”期间，她遇到了她很好的知音，故宫吴仲超院长，把她和几位老先生由丹江口调到故宫，先去摹马王堆的汉帛画。

帛画全运到故宫去了，整个儿托在一个大板上。那时候刘炳森赶紧就从“干校”把她调回来，两个人一起，这就快多了。

关于《清明上河图》，是这样的情况。那是北宋，刚结束了五代混乱的分裂局面，当时的经济基础发展很快，由于没了战乱，手工业和商品经济发展，国内商业也兴盛起来，是我国封建社会科学、文化、艺术十分繁荣的重要时期。当时，建都于汴梁，就是今天的河南省开封市。《清明上河图》用图画形象地描绘了汴梁的盛况，具体而真实，让我们能如临其境。这是一幅少有的长卷，全长528厘米，画面精细、生动地描绘了汴梁清明时节的种种风土、人情、习俗和房屋、桥梁、船运等的全貌。人物共有550多人，牲畜五六十匹，马车20多辆，往来船只20多艘，房屋30多组。这样庞大繁杂的场面，却组织得井井有条。各行各业的商店摊贩形成闹市，人流拥挤，行医卖卜、和尚道士、官吏走卒、推车抬轿、拉纤撑篙、男女老少、三教九流、各色人等，三百六十行，色色俱全。过细看，画中的情节更是丰富多彩。最集中的大桥一段，这座木结构的大拱桥，从绘画的艺术角度和建筑式样的科学角度看，描绘得精致、工整、准确，充分体现了透视的原理和工程结构。这幅画引起人们广泛的兴趣和注意，不少人还从中分辨出商店的规模、交易的情况，有的店堂还挂有山水画，有的记账正在用算盘，从而考察算盘的历史，等等。非常贴近当时的生活，就连见面打招呼、在交谈中的场面都画得活灵活现。

光故宫藏就有多种摹本。但是，最典型的还是冯忠莲临摹的。她耗时甚久，临摹得惟妙惟肖。当时上级对她的要求是，“仿古似古”，将岁月留于原画的痕迹也都仿造出来。而另一种叫“仿古似新”，是“剔除”岁月侵蚀原画后的留痕，画出原作的最初面貌来，使古画焕发青春。

当时，故宫的吴仲超院长和侯恺他们达成了一个协议，要临摹《清明上河图》，前边讲过了很多人想干这项工作，也有很多争论。金振之老先生在桌子上写一个“清明上河是非多，案头绢素未能摹”，他就是给侯恺看的，他要去临摹，不好直接说，就来这么一条儿搁那儿了。但是侯恺知道冯忠莲笔底功夫好，就分配给冯忠莲摹。《清明上河图》的临摹工作就是她开始的。

最早临摹就在故宫临摹，这个画不能拿出来，一级国宝。一级国宝不能出紫禁城，你就是有多大本事你也出不了紫禁城，谁也不敢批。最后他们选定了冯先生。那年她43岁，年富力强。她也深知这个任务的艰巨，当时的人啊，都是无条件服从组织分配的，领导让干什么就干什么，还得要干好。这样，她就接受了这个任务。每天就在大殿里以十二分的细心，那真是，一眼一眼地细心看，一笔一笔地仔细描。

陈：那时候我记得她回到家，家里的事儿从来不管，可是总静不下心来，还想着画的事儿。创作欲望啊，老充满她的头脑，想松弛下来很费劲儿。吃完饭，她就坐在椅子上闭上眼，养精蓄锐，保证明天上班有一个充沛的精力。当初我们问她，这个任务得多长时间？她说抓紧的话，最多四五年。可是后来啊，干了有两年，荣宝斋派她到农村去参加"四清"，这一下去就两年，回北京又临摹了几天，"文化大革命"爆发了。荣宝斋人员全部撤回，参加运动，这样一放就是十年。这期间，又去了"干校"，吴仲超对他们很关照，把她和陈林斋专门调到了丹江口附近的一个"干校"小菜园，基本就是养起来了，很轻松。20世纪70年代不是发现了马王堆古墓嘛，她和刘炳森又回故宫临摹墓中的帛画，后来故宫和荣宝斋协商把她调进了故宫，又开始了《清明上河图》的临摹工作。

这时候她将近60岁了。她的身体已经不好了。高血压、眼底血管硬化，我陪她到医院去，大夫每次拿完药都给开全休假条。您这个岁数应该知道这种假条。她却藏起了假条，照样上班。

20世纪60年代摹的画，放了十好几年了，不论是卷和颜色都发生了变化，您后续的工作不能叫人家看出来是后补的，整个画面的颜色要连贯，这是其一。其二，老太太年纪大了，臂力也不如以前了，但是她凭着她的毅力和高超的绘画技巧，愣让外人看不出时间的断续，保持了前后一致，找不出衔接的痕迹。

由于她身体不好，眼力也不行了，而且她快60岁了，血压又那么高，我们都不放心，劝她在家休息一段儿。她总说："我年纪大了，时间不多了，只有抢时间地工作。为了完成《清明上河图》，死而无憾！"她说得很轻松，我们作为子女的真是不放心呐。

她这一辈子，《清明上河图》是耗费精力最大的一个，也成就最大的一个。用老舍夫人胡絜青的话来说，就是这一辈子为了搞中国的临摹事业把创作都给丢了。

您看香港回归十周年的时候，香港提出来，我们非要调你们《清明上河图》来香港展览，那时候真迹也没去参展，就把我们老太太的摹本给拿过去了，展览了半天谁也没看出，以假乱真，搁在一块儿都分不出来的。这张画画完以后，摹本和真迹两个放在一起，全国请了二十几个鉴定的专家。好多专家都来了，你们鉴定吧，那工作这个细致，每个人分了一段，没有一个对出毛病来。所以当初定的是一级文物。

临摹这张画实际工作日是两年多，隔了一个“文革”啊。很多文章说是18年，其实没那么长时间，中间隔了“文革”了，哪有18年。

老太太最后是故宫退休。她是66岁退的。那时候她还在故宫教学生，学生都是从外边学校招来的。那拨学生现在已经老了，都退休了，他们的质量是最好的。其中有小余，小余是外交部副部长余湛的女儿，她是个聋哑人，她在那儿学临摹。李湘也画得好，金田也不错。金田是金维诺的女儿。她的学生临摹什么呢？故宫里面东西多了去了，上万件，随便拿出一件，开始摹。还有一个叫祖娥，前几天电视台的新闻里她还去讲冯老师，当年如何带领他们搞临摹。

老太太晚年就跟我们一起住，团结湖。故宫也给她宿舍，没要，她不要。这个人比共产党员还共产党员，那绝对是毫不利己专门利人，而且从来不拿公家一针一线，一点儿便宜都不占。人家要给她分房，她不要，一砖一瓦都不要。我们原来在菜市口住，那儿是租的房子，后来换到水碓子，在水碓子又换房，换到团结湖。

我们那老太太也特别会过，我们结婚以后，工资全都交老太太管，经济都是混在一起的。老太太也特别有能耐。赶明儿您要找出她那本生活账来，三分冰棍都写上。她自己一样要求自己，（旧衣裳）缝缝补补再穿。每天她都有（账），她自己吃了三根冰棍，都写上，一角钱吃一碗烩油渣也写上。虽说她资产阶级大小姐出身，却非常能吃苦。因为孩子多，四个孩子，上学什么的。反正她工资就算比较高了，90多，1956年正式定级才定的120块。

老太太是北京市人民代表，东城区的人民代表，连续四届。工作上一丝不苟，什么时候都吃苦在先，甭管大老远，家里困难，永远第一个到。

我奶奶去世是在我父亲去世之后，好像也80多。我们家睡的那个床，就那个钢丝床，您不要以为是那种高级的，箱子是樟木箱，就那箱子推到那个床底下，因为那个铁钩，划得箱子全是印。我那奶奶，我那姑姑，都是官宦人家，小姐太太，不会过日子。那箱子都拉坏了，我都见过，拉出来打开以后，就我爷爷那顶戴花翎、那袍子，还有宝剑，结果让我姑姑都给卖了，卖给“打鼓儿的”了。因为她没钱，穷啊，其实是不会过。像我姑姑做饭，大小姐，她哪做过，天天我们三层院，都得上前院用水，只有前院有自来水管子。我姑姑大手大脚惯了，淘米时就直接用自来水冲洗，米很多被冲走，她也不懂用手兜着，非常不会过日子。她还经常克扣买菜钱，剩下的钱干什么呀，都私自给了她那个不成器的儿子。

原来我们家有一张温家宝总理聘任我岳母担任中央文史馆馆员的照片，还有晚年邓颖超副委员长接见她的照片。她的晚年，党和国家给了她很高的荣誉，她感到非常欣慰。她认为自己只发挥了一技之长，但党和国家没有忘记她，对她的工作和奉献给予了很高的评价。

2001年老太太走了。

第六部分　退休生活

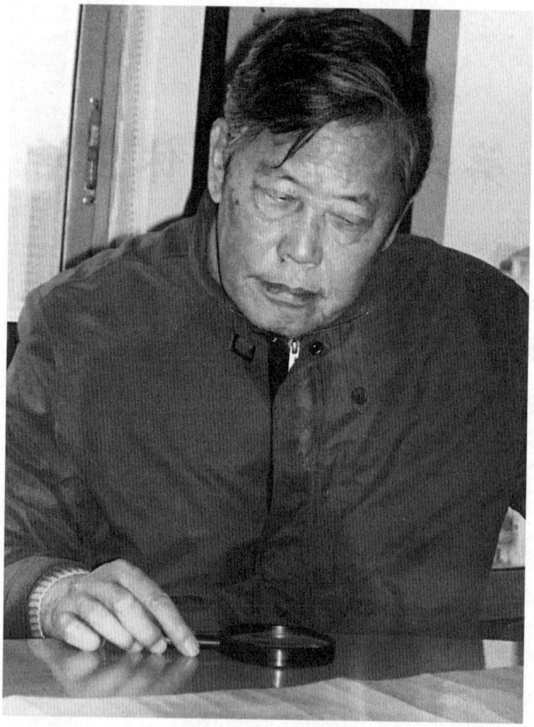

退休后的米景扬在鉴赏书画作品

一、巧遇张大千画作

1998年6月下旬，领导上午跟我谈了退休的事儿，我已经超过了退休年龄两年了，这是我意料之中的事，人间哪有不散的酒席啊？该退就应该退下来，让年轻人去发挥他们的作用。这些道理我都明白，无须领导再跟我做什么思想工作。他们说，暂时还要保留我一间办公室，我说不用，现在交通也很方便，通信设备也很方便呢，有事联系我就行，不用再占一间房子了。这样就等第二天来交接工作了。中午领导请我吃了一顿饭，表示欢送吧，饭后我就没有直接回单位，在西琉璃厂一条街上闲逛了起来。来这儿工作42年了，还真没有像今天这样闲下心来闲逛。

在我前面有很多人，不到60岁就退了，我今年已经超期了两年了，所以说没有什么失落的感觉，因为我还有很多事要做，整理整理我收藏的画，以及很多书画家给我的书信。我也要安下心来总结一下我这几十年来的生活和工作。既然领导已经跟我谈完话了，这就表示我在荣宝斋已经不负责任何事情了。接着我就走进了荣宝斋西面的一个书画市场，这地儿也是荣宝斋的，取名“荣兴艺廊”，里面隔成一间间的小房子，有百十家店铺，东厅以古玩字画为主，但是基本都是卖书画的，西厅以经营当代名家墨宝为主，前厅通道两侧还散落着几十个字画柜台，这是北京第一家经营字画的市场，开张没多久便声名鹊起、宾客满堂，每天熙熙攘攘。

这里的经营者都是通过各种门路，或者是自己会画两笔，趁着改革开放的浪潮，做起了书画生意。你说他们都懂，也不见得，你说一点儿都不懂，也不见得，反正什么人都有。有的还真是把生意做火了，有的也就是赔了。反正用我的话说，各路英雄“齐聚”。因为里边儿熟人很多，见面之后都打个招呼。很多人说“米经理来啦”，我说“打住，今天我已经退休了，你们就叫老米就行了”。我走进了一间布置得很雅致的小画廊，转了一圈儿，临出门的时候，看到它的墙上，挂着一张张大千的画——张大千的山水。不大，但是画得非常好，有点儿青绿山水的意思，上面有树有水，完全是他中年之作。

这个老板非常的“会过”。他的屋里的灯只亮着一盏，如果有人提出要看画，他才把灯全部打开。您说他多会节约用电！我跟他说：“你把灯打开，我瞧瞧这张画。”他把灯一打开，我再仔细端详张大千的这张画，我一仔细瞧，这绝对是张大千亲笔之作。根据我的经验，它还不是应酬之作。关系一般的朋友来求画，作者碍着面子的泛泛之作，都叫作应酬之作。这张画应该不是精品，但也差不多。因为看得多了，所以形成这个概念。我没先问这张画多少钱，我问其他的，最后漫不经心地才问这张画的价。我在这里跟您介绍一个经验，如果您在书画市场上看好了哪个作品，千万别流露出特别喜欢的样子，您还要多看看别的，问价的时候一定要有一种北京人说的“有一搭没一搭”的样子，这样老板就不会出高价“宰人”。老板还真没多说，因为当时我并没有表现出对这张画特别留意。他说六万五，我一看，物有所值，我说：“好，你给我卷起来。”因为平时也认识，所以他当时表现出这个价有点儿不愿意卖，但是又是熟人，不好再说别的，因为当时带钱不多，要付他订金，他说“您拿走”。我回到办公室，马上给家里打电话。六万五在当时也不是个小数目，手里有了一定积蓄，才敢这样买画。快下班时，家里把钱送到了，我把钱给了老板，我说“咱们两清”。

晚上回到家，我非常高兴地把这张画挂在了墙上，仔细端详起来，那天我兴致很高，正给家人讲解张大千画作的特点和这张画。这时候来了一个串门儿的，他正在开画店，生意据说还不错，到我家后也看到了墙上这张张大千的山水，本来串门儿来了，却顾不上和我聊天，上下左右仔细端详，后来冒出一句，您这张画多少钱买的？我不愿意和他讲更多的，伸出了一只手，说“十个以内”，这是行话，就是不到十万元。他听完之后马上提出“您让给我吧，我给您九万五您看怎么样？”

平常我们俩的关系还不错，我真喜欢这张画，因为我手里还没有张大千的东西。他看我不表态，就和我“套磁”，最后弄得我只好答应了他。他先拿走了画，说第二天来送钱，他走后我就非常后悔。用他这个价儿再也买不到这么好的张大千的作品了。这样，退休第一天就买到了一张好画。

二、我收藏的陈逸飞油画

从小我就喜欢画，我有这种感觉。（过去）包煮花生的纸是杂志的封面，我看一看，要是好的话我就留起来。我记得我那时候画过一个伞兵从天上飞下来，打仗的，我自己感觉是挺好。由于受父亲的熏陶，因此我对于传统的画，这样的艺术品我就特别喜欢。尤其动物，我也喜欢。

陈逸飞这张画买的时候也挺奇怪的，有一次我到保利去看拍卖会的预展，他们那儿的工作人员叫郭玉，陪着我参观。展品中有一张徐悲鸿画的《双马图》，就是画面上有两匹马，特别好。我看了以后非常喜欢，动了心思，想收购这张画，工作人员特别聪明，一看我的表情就知道我有收购的意思，对我说，您最好别买这张画，因为它的底价太高。人家是好意，我说太高就算了。

看完预展我就碰见了赵愈。他是原来老文化部的，文物局也待过。后来他在中国画院，就是黄胄在西三环组织的那个中国画院。他是那儿的副院长，后来感觉待着没什么意思，他提前退休的。那时候提前退休还不多，从此一心研究拍画，这个人很刻苦，没用几年，出了两大本书，写的都是有关拍卖的。到楼下就见着赵院长，他说保利总经理赵旭，跟他说了，他有这个喝咖啡签单的权力，所以今天他请我喝咖啡，不要钱。就说明我俩关系好，喝着咖啡坐那儿跟他闲聊天。

在我坐的咖啡座对面，正好是一张油画，就是这张画［指墙上陈逸飞作品］。那天也怪了，我对油画从来不感兴趣，也从来没有很好地欣赏过一张油画。可是我在那儿坐着就看这张画，我说这个我老感觉，画面上一个青年妇女特别像清代的格格。后来我一查，这格格不那么简单，格格得是亲王[①]和郡王[②]的女儿。但是陈逸飞画的，他在这个之前画了很多张，关于清末古典妇女的服饰各方面的作品，尤其他在画面中画黑色的缎子，他能画出光线来，给人一种感觉，我从心里喜欢这张画。我心里说不买徐悲鸿的马，我得把它买走。我这么灵机一动，跟陪着我的工作人员说，你把咖啡店管油画的工作人员给我找一位来，我跟他说，你给我举一下。咖啡店找了一个人，替我举牌，800多万，买到手了。

我退休后，一般的拍卖会我都不参加。事前我跟他们谈好了预期的价值，拍卖会结束后他们给我来电话，说您那张画买着了，恭喜您。后来的事我更感到奇怪。我得到消息后马上付款。把画提回来，就挂这儿了，就甭提多合适了，两边留多少，上下留多少，比例合适，谁看了都说得体。您说这事儿怪不怪？一直在这儿挂着，逢年过节，家里的客人来了以后，都特别欣赏这张作品。画面喜兴，虽说是清末的一个青年妇女，但是不给人沉闷的感觉，尤其她的服饰，华丽，很得体。

陈逸飞专门画浔阳江头，都是这类服装，您要查电脑也好，手机也好，他以这些个服装最多。而且陈逸飞在美国得到石油大王的支持，陈逸飞就得到这个人的帮助，这个人曾经把一张陈逸飞的油画送给邓小平了。反正他这个服装，这种格调我是一直很喜欢，一看这张也不算太大。他这个时间把握得好，其实他这个服饰就是清末民初交替的时候，真正清朝的服饰也是有点儿古朴了，这略微受了点儿西洋文化的影响，

---

① 亲王：又称“和硕亲王”，是清朝宗室和蒙古外藩中内扎萨克蒙古爵位的第一等爵。宗室唯皇子、皇兄弟可以获得此爵位。

② 郡王：又称“多罗郡王”，清朝宗室、蒙古新疆西藏外藩封爵之第三等。宗室唯皇子、皇兄弟、亲王长子可以获得此爵位。

所以画龙点睛，太与众不同了。因为一般画的都是清代的衣服了，要不就是都画民国的旗袍了，它介乎两者之间。

陈逸飞油画《格格》（米景扬藏品）

您要到拍卖场上，展览的两三天，那人山人海，行里人全都去，但是就这里头，发财的没多少人。你到底有没有真本事，遇见这东西，拿过来以后不撒手了，这里头最大的什么叫搁得住，你买了这画，你别忙着就赚钱去了，要搁得住。这就是投资意识和收藏意识的区别，收藏意识反而倒什么了，投资意识的人是暴发户心理，我三毛钱买的五毛钱卖的，行，赚两毛，他就知足了。对于我来说，从艺术角度欣赏，我喜欢它，我发现比它好的，可以再出手，我换那个去，这不是一回事。有一个您的谈话，谈投资和收藏，是一回事儿，但不是一个概念，咱们都到拍卖场举牌去了，咱们的意识不一样。你是因为这个得利比较大，来钱快，但是这里面有很多危险意识，股票赔了还能找回点儿来，在这儿你要买假的东西，就是一旦假东西到手，它不像买房子，100万买的，明儿我卖80万，赔20万，我扔了我不要了；那假货你说我100万买的，

80万卖谁也不要，10万也没人要，都知道是假的了。所以怎么样区分，是这个问题。

三、宋元绘画展

2005年1月中旬，我去的日本大阪，不是专程去的，而是旅游性质，刚好赶上了大阪市立美术馆举办“宋元绘画展”。这个展览我印象非常深刻，集中了大批中国宋元时期的画作真品，这样的展览即使放在国内也是很罕见的。它那里头，头一张画——李成的《读碑窠石图》，这张画真正有点儿学问的人都知道，李成是北宋的画家，他的作品很少有留传下来的，所以古代有一种说法“无李论”，意思是历史上其实没有李成这个画家。现在市面上流传的署名李成的古画，真伪问题一直没有定论。但是有一张，就是《读碑窠石图》，现在大家公认是李成的真迹，还到了大阪美术馆了。这张画的复制品我早就见过，只是没想到在日本的美术馆里看到了真迹。还有好几张米芾的字。我一到那儿一看，说实在的我真凉了，它都给揭裱①了。中国画，画画用的绢，和绢的托纸与周围的锦，都非常薄，薄如蝉翼。都是托一层纸，跟它镶在一块儿，它也托上了，所以它在一个平面中。而日本纸厚，托纸也厚，周围这个锦也厚，全厚，可是它把中国画揭了以后，中国画还是薄的，但它周围的裱工都是厚的，这画等于在井底了，等于中国画没用中国的装裱方法揭裱，而是用日本的方法去揭裱，对中国画的寿命就很是问题了，中国画就受很大的损失。这也给我们一个启示：不要一说什么事儿，就迷信国外，都是他们的好。其实很多事儿还是中国人干得不错，我觉得

① 揭裱：指的是已经装裱过的字画因年代久远，需要重新装裱的工序之一，即把画心由旧裱上揭下来，然后好重新装裱。

日本对于古画的保护就是一个例子，方法不对。

四、希望小学

咱们国家在改革开放初期，由于我们政府的财政开支比较紧张，团中央、中国青少年发展基金会发起了一项以救助贫困地区失学少年儿童为目的的公益事业。其目的在于动用社会力量，建设一些学校，资助贫困地区失学儿童重返校园，改善农村办学条件。其中有一项是建设希望小学，就是对贫困地区乡村小学予以资助，帮助地方改造危旧校舍或新建学校，并统一命名为“希望小学”。还制定了捐助的标准，我这儿还有当年的文件，［念文件］“捐建标准：新建一所不低于20万元人民币（外币等值），并可由捐方命名；扩建或改建一所不低于10万元”。这是希望小学的捐助标准。

我的儿子米川有许多同学和朋友，在咱们国家的慈善单位工作。我最早不知道捐助建学校的这件事情，是他回来和我讲，当时我想，我手里有一部分钱，何不趁此机会拿出来资助这些失学儿童？我让米川向有关单位询问了一下捐钱的数目和用途，对方很热情。我得到准确信息后，人家规定不低于20万元，我决定我要援建两所希望小学，共拿出60万。这样主管单位选定了两个地方，一个是山东省临沂，一个是四川泸州。

完了以后，米川的意思是咱们应该捐国家点儿，为国家分忧，当时他在中国驻日使馆工作，早年日本有许多友好人士托他为我们国内的学校捐助一些款项。在日本啊，有些僧人，他们拿一部分钱交给中国驻日使馆，给中国的贫困地区，像贵州，给它盖小学。外国人都能办的事，为什么我们不能干呢？

先说说临沂吧。我没去过这儿，只见过照片，它在哪呢，山东临沂市的兰山区小学，当年那里的经济可能不发达。兰山区这个地方可是山东重点历史文化名城。因为在捐助小学之后，我特地看了许多资料，这个区境内有出土《孙子兵法》的汉墓竹简博物馆，像书圣王羲之、著名书法家颜真卿，“二十四孝”不是有一个“卧冰求鲤”的故事嘛，主人公叫王祥，孔子“七十二贤”之一闵子骞，他们的籍贯老家就是兰山。您说这个地方是这么多名人的老家，我这30万捐得值。后来通知我，这个学校命名为“景扬小学”，我回复他们千万别这样，我捐钱没有想留名的意思，如果这样做，就不是我的初衷了。后来这个学校叫什么我也没过问。

泸州我倒去过一次，因为泸州是著名国画大师蒋兆和的老家，所以我特地去了一趟。我这次去当然跟蒋兆和没关系，因为他已经去世了。但我这次去又遇到了这个问题，人家愣给写成米景扬小学，我说这实在不行啊，他说涂了还得花钱。没多少人看见，你想它在村里头呢。

我捐钱的那个小学在泸州的西北郊区。我去那儿的时候，人家都弄得挺好的，教室、操场，在当地比起来还像个样。我到那儿一看，您就看那个村里头，那是真穷、真落后。要说穷，还是贵州穷，您看我在那儿搞“四清”的时候，那是真叫穷。这里的学生课外运动，球没有几个，大伙儿抢着玩。一看这个情况，我就到城里体育用品商店给他们买了各种球，排球、足球、篮球，还有羽毛球都买了不少。学校的阅览室没有几本书，我就到新华书店，买了一批适合小学生读的书。我站在柜台前，挑选了半天。体育用品共买了三次，我到学校的音乐教室，看到那里没有琴，我就问老师，上音乐课为什么不弹琴？他们说学校没有。我回到城里头，到了商场我给他们买了一台琴，让店里给学校送去。我交了钱，他们小学的老师跟着。大家伙儿唱歌就有伴奏的了，唱歌能够宣泄小孩儿的情绪。我看着老师弹着琴，小孩儿高兴地唱着，我心里想我也算干了一件好事。回来了，我就对他们说，你别在这方面（招待）花钱，我虽说捐了30万，你们再这么一招待我，等于又增添了不少消费，这就没意思了。问题是现在咱们国家城市是很阔的，可是山区，出了城那是真穷。我很佩服习近平，把脱贫这事儿办成了，几千万人脱了贫，没见过“贫”你是真不知道。那小孩儿真是没衣裳穿，那真叫穷。你真要帮几千万人脱了贫，真是壮举，这太难了。

给我印象最深刻的您知道是什么？（“四清”时看到）农村小学叫什么小学，那儿老师就一个人，还是代课的，他一个人得教七八种课。那个是真叫困难，那时候我是经济条件不好，我要是有钱我绝对帮帮他们。（当时20世纪60年代）那可是真穷，有的学生还没鞋，这脚丫子受得了吗，看在眼里这心里头实在是难受。现在情况变了，（有的地方）城里捐助的衣物，你运去的衣服鞋子，他们都挑好的才穿，不好的都不穿了。

五、交友不慎

从1956年进入荣宝斋工作，一直搞业务、搞接待，我也结识了不少朋友。老一辈的像徐之谦、王雪涛、王仁山、陈林斋、金振之等人，是我的老师。他们教会了我很多事情，又像是朋友，到如今我还怀念他们。年轻一代，如范曾、刘炳森、金默如，我们年纪差不多，无话不谈，在工作上有很多切磋、协作。这种例子很多了。但是在与朋友的接触中，我还吃过大亏，我吃的亏您都没法想象，说起来让我有一点儿心酸。

20世纪70年代末到80年代末，这期间中日两国非常友好，日本的经济当时也比较发达，我经常到日本去举办各种展览会，在此期间许多华侨都愿意看我们的展览，一来二去交了很多朋友。其中有一个是大阪的华侨，这个人是干吗的呢？是开饭馆的。在大阪开了一个长城中华料理，他雇的厨师烹饪手艺挺好，尤其淮扬菜和鲁菜，吸取了这两个菜系的优点，菜品非常符合当地人的口味，就是咱们华人去那儿吃也觉得挺好。它规模不小，在当地也有点儿名气。您看它一楼，你可以到那儿去点菜，甚至你可以点鱼翅和其他海鲜什么的，当然了，都是些高档的，它都可以做。二楼是自助餐，日本的自助餐品种非常多，在我的印象中，鱼类就不下二十种，肉类以牛肉居多，羊肉和猪肉不知道为什么很少。它的沙拉做得更好。人家那自助餐做得甭提多好吃。三楼弄了个画廊，一边做餐饮同时还卖画。他经常回国，每次来对我都特好，老给我带一块神户牛肉，神户牛肉在日本“贼贵贼贵”的。因为长期他这样热情，我就感觉这人跟我挺好。有一次他跟我张嘴了，他说他在大连有一个朋友想开一个画廊。去大连旅游的日本人、韩国人很多，因为都是亚洲国家嘛，文化差异不大，书画市场非常看好。但是由于本地书画家的名气不大，他想借着开张跟我借几张画，壮壮门面，一年后如数归还。他既然提出来了，我也不好驳他的面子。其实这事儿我心里也打鼓，这不是借三万五万的事儿。名头儿小的，借给他不解决问题；名头儿大的，真有点儿心疼。后来我觉得朋友之间嘛，就要互相帮忙，这事儿谁都不知道。后来我借他两张徐悲鸿的画作、三张齐白石的，一共五张画，有大有小，就算是次的，不是精彩的，现在至少也值两三千万。他还给我打了欠条。

当时他把五张画拿走了，谁知道他说的是谎话啊。其实他不是给别人借，他是想私自弄回日本。您说这事儿多麻烦，他在国内朋友很多，不知道从哪儿他又弄了两根象牙“打”在行李箱里，谁知道在大连过海关的时候给查出来了。这下可坏了，走私文物罪，倒卖象牙，依法把他判了八年徒刑，在监狱待了八年。你想这还怎么还啊，这事儿肯定就“吹了”，他拿什么还哪，没法还了。八年徒刑期满，他回来了，监狱把他释放了。他找到我，老说，您是我救命恩人等等，这类的话说得多了，这哪儿和哪儿啊，说得我直起“鸡皮疙瘩”，他最后表示他拿走的画，折成钱是一定要还的。我心想这人不可交，利用“热脸”借东西，说瞎话，以后少搭理他。关于他说的要还账的事，我想你回日本我上哪儿找你去？

当时他50多岁，而且他在日本大阪有三所房子，很值钱。就这个人，他是华侨，他丈母娘是日本人，他媳妇儿算是中日混血儿。他丈母娘带他媳妇儿回的日本，去日本前他们就已经结婚了，后来他才去的日本，还取了个日本名叫马迁辽一郎，其实就是山东人，满嘴的山东话。出来以后，他房子赔给谁了我就不清楚了。

最近还有添堵的事儿，有人给我带信儿，说他死了。我们的事到此画了句号了，我也想开了，我也不往心里去了。

六、张大千的一张画

我退休后开始参加拍卖活动，一直很谨慎。虽说拍卖场上我不参加举牌，但是它出的拍卖图册我每期都要仔细看，只要我有意购买哪件画作，我基本都参观预展，仔细地观察和揣摩，我才下最后的决心，多年就没买过“打眼”货。有这么一张画，也不能算是“打眼”，我去取来您看看［取出一张张大千山水人物挂轴］。直到现在，这张张大千的画还没有定论。并不是说“打眼”，就是说众口不一，说什么的都有，到现在谁也不清楚它怎么回事儿。这张画，直到现在，我也不相信任何人说的，我觉得我是对的，这张画太奇怪了。这是一次米川在日本拍卖会上买的，张大千的乙酉作，三几年《清晨仙境》神品，我都给提成了神品。为什么说神品呢？今年是张大千118周年诞辰，具体我忘了，反正有点儿纪念意义。你看这张画是山水，而且有点儿青绿的感觉，画得这么细，还有人物。愣是有的人不敢定，还净瞎说，说字有问题。我可以告诉您，这字是一丁点儿问题也没有。但是这张画是怎么回事？您到近处看看，是不是感觉，它是纸画的吗？这是画在纸上的吗？

但是这么好的画，有三家公司用电子仪器测试断定说这是画的，不是电脑什么弄的，他们断定是画的。可是同事看了没人敢定，为什么？现在我的判断是什么？我认为这画用的是矾纸。我的结论，它是矾纸画。宣纸不是生的吗？这有加矾的，加了以后不洇了。画一道是一道了。因此，工笔画都用矾纸画，写意画都用生宣。什么特净皮的、六净棉连的，那是最好的纸了。但是这张画是怎么回事？搞不清楚，谁也不敢下结论。但是买的时候价钱也并不贵。到现在在我心头是个悬案。

七、战胜疾病

我于2013年曾大病一场，不知道为什么，先是咳嗽，然后腰疼，那年我77岁，以前没有这种症状。

陈长玲（米景扬夫人，以下简称“陈”）：米先生一贯身体都特别好，即使得了病，特别能忍。经过多种化验检查，结论是多发性骨髓瘤。就住院了，其间他不闻不问，大夫让干什么就干什么，他特别能睡，能睡则睡。

后来我们转到单人病房，单人病房只有两间，我们去的是最高级的，一个套间。这里头一个电视，外头一个电视。他就爱看电视，终于能看到电视了。他就想说这病这么难受，普通的病房俩人一间，都没有电视，那些人都那么难受，天天躺在那儿就是望着天花板。好，我决定每间病房捐一台电视，他就跟儿媳妇儿商量，你去给我买，一屋一电视。整个血液科，36个病房，全都给人配上电视。

米：我就是同情别人，我这屋俩电视，别的屋一个没有，都在这儿望着天花板，这多难受。买个小电视，这一屋俩人好好看，多好。也搭着我有这条件。

陈：反正一屋给配了一台电视，还给走廊配了60寸的大电视，还给医务人员搞讲座的教室配了个大电视，医院的人都很感谢。

米：一年后身体渐好，这可解放了。这些年来不许我吃下水的东西，我说炒肝[①]能吃吧，你什么都能吃，她就给我买炒肝了。

陈：治疗，住院住了一年，这一年当中也放假让回家住了一段。最厉害的时候他的床头挂着什么啊，低盐低油低脂的饮食配方牌儿，那他这个饭是一点儿滋味儿都没有，特别难吃，他一顿饭只能吃一口。

米：吃不下去，我这个身体里头已经接受不了。

陈：一下子掉下来23斤，后来我就跟大夫说，他已经就吃这么点儿，你这点儿都把盐给搁足了，他也没吃够份，你给他恢复正常饮食吧。这样给他恢复了正常饮食，反正也吃不了多少。后来经过一年，基本上恢复了，想吃什么就吃点儿吧。

这里头我儿子功不可没，在他爸病重的时候，他就到处打听治疗的消息，治疗的办法，就从日本打听到一种办法。把那个健康人的白细胞抽出来，培养成细胞，输入到他体内。北大医院做这个东西，是最基层的，但那个技术还是比较落后的。他得人躺在这儿，我去看了一次，太痛苦了。三小时，从这个胳臂， 把血抽出来，那么大的大盘子，甩，把细胞甩出来，两个大盘子，甩完了以后，把他的好细胞弄出来，把血又从这边输进去。把他健康的白细胞培养好了，然后给他爸输进去，这样起了很大的作用。其实他认识的日本博士做的这个没这么痛苦，就从胳膊抽血一培养就完了，现在这么多年，两个月一次。现在越来越好，这几年当中没有间断过，两个月一次。现在我们国内的技术好多了，每次抽40毫升血。就这个技术，真的挺不错的。

米：以前上班也没有想到注意身体，因为我身体一直很好。通过这次病我也经常反思人们常说书画家长寿，比如唐代“楷书六家”中，虞世南活了80岁、柳公权87岁、欧阳询84岁；明代“吴门四家”中，文

---

① 炒肝：是北京地区传统名吃，具有汤汁油亮酱红、肝香肠肥、味浓不腻、稀而不澥的特色。由宋代民间食品“熬肝”和“炒肺”发展而来，以猪的肝脏、大肠等为主料，以蒜等为辅料，以淀粉勾芡做成的北京小吃。最初吃炒肝时讲究沿碗边抿并搭配着小包子一块食用。

徵明89岁、沈周82岁；在清代著名的书画家中，王时敏、刘墉、翁方纲等也都在85岁高寿。这在人均寿命较短、文人们不断感慨“人生七十古来稀”的古代，都可以称得上是奇迹了。

时光流逝，到了今天，尤其是改革开放以来，老书画家们喜逢盛世，生活条件明显改善，心情舒畅，长寿者也就益发增多了。

书画家之所以长寿，大概是因为他们写字画画时需要凝神静气、意念专一，这颇像是释道家的打禅、气功师的入境。不过，“一把钥匙开一把锁”，老先生们的长寿之道，又因人而异。

写字画画也是一种气功，它是一种内在运动，因为凡是正规写字画画的，都要把心沉下来。我记得我见过一枚白石老人的印章，印文是“气闲气静时一挥”。书画家在心浮气躁时创作是一大忌，作品必不能佳，所以以此养性，平心而论对人体有益处。有病您还得上医院，找专科大夫瞧去。

近现代书画家中首屈一指的老寿星当数朱屺瞻（1892—1996）先生，他活了104岁。提起朱老的长寿之道，人们一般都说是“少食多餐”，其实并非这样简单。宋文治先生曾介绍说，朱老先生之所以长寿，是得益于豁达宽心，而且是出奇地宽心。《朱屺瞻年谱》记载：1952年以前朱老在“上海、太仓、昆山、宝山一代皆有家传产业”，生活本来很富裕，“是顷，各处经纪人纷纷以亏空后补缴税款为由索欠款，朱老不究所以。所亏款项，皆由一己负担，以致书画房产变卖尽净，竟不以一语怨人，最后竟然迁出住屋”，借居他处。此后，他生活清贫，几迁居屋，越迁越小，但朱老“依旧作画不辍，勿使一日闲过”。“文革”十年，老先生所受不平无数，亦皆能泰然处之，其一生心宽如此。

书法家中最长寿的要数辛亥革命老人孙墨佛（1884—1987）先生了，他也活了近104岁。孙老早年加入了同盟会，追随孙中山先生参加国民革命，1952年被聘为中央文史馆馆员。他致力于文史研究，一生与笔墨结缘，书法、诗词造诣精深。他在百岁以后仍每日手提钢杖，鹤发童颜，步履稳健，一气爬上四层楼而不吁喘（他家住在四层楼），且挥毫不息。若有人问高寿之道，老先生常说：“人生都有烦恼事，也有许多令人高兴的事。因此我老多想高兴的事，不想烦恼事。”要不是后来因车祸伤了腿而卧床，减少了活动，他的寿命可能更长。

孙墨佛之子——北宗山水画家孙天牧先生，是国画大师陈少梅先生的入室弟子。20世纪50年代，我曾经和他在荣宝斋共事，相处一室。他曾向我介绍孙墨佛先生及他们一家人的长寿秘诀。他说他家有一剂长寿秘方，即每天练习“内气功”——所谓“内气功”就是转动腰肢，以揉动肠胃内脏，十分简单易行。不管是家人聚坐聊天，还是观看电视节目，都养成自动摇转腰肢的习惯。这种“气功”人人会做，但要见效必须持之以恒。虽然生命在于运动，但孙天牧先生认为，锻炼四肢只是运动筋骨皮，须是五脏六腑经常处于活动状态才最要紧。孙天牧先生92岁高龄时还为《画廊》杂志撰写了洋洋数千言的长文《近代北派山水第一人——忆先师陈少梅先生》，足见他思维敏捷、头脑清晰。他95岁时我去看他，仍然身体康健，腰杆儿倍儿直，作画不辍，并积极参加中央文史馆举办的各项活动。2005年7月，“国画大师陈少梅暨弟子孙天牧、冯忠莲、张慎言作品展”在天津隆重举行，您知道我们有一句俗话：“70不留宿，80不留饭。”那年他都90多岁了，（大伙儿）没敢让他到天津参加活动，可是孙先生知道后欣然乘车前往。开幕式上，他步履稳健，致辞答谢，观者无不钦佩。

书画家董寿平先生于1997年夏以93岁高龄无疾而终，亦可谓高寿。其实先生过去身体很差，肠胃尤其不好，50多岁时常年泻肚。他很少进行锻炼，甚至不去散步；但十分注意饮食，每天早晨吃得较多，中午必吃粗粮，晚饭吃得很少。每当泻肚，他就拿小米粥当饭，自我调理。他从不讳疾忌医，稍有不适求医问药，以避免小恙酿成大病。几十年来，他虽小病不断，但久病通医，几至药不离口，以至别人生病需要服什么药，也常向他请教。

贵州国画院院长宋吟可先生活了97岁，也属高龄。老先生生前告诉我："每个人的情况都不一样，全照着医生说的去做也不行，要按照你自己的身体条件来调节……"，"人老了，不要强求自己，不必破坏自己有规律的生活。我每天7点钟起床，吃过早点，9点多钟又困了，怎么办？困了就睡，一直睡到12点钟，又吃过中饭，到晚饭后，我一直精神很好，这是我作画的时间"。

北京老篆刻家顿立夫先生专刻"满白""铁线"，一路工细，非同凡响。他的长寿秘诀只有三个字："不吃饱。"老先生极少参加宴会应酬，他说："宴席之上大多是我们平时吃不到的，难免要多吃一些，但吃多了就不好消化，到头来自找罪受，不如干脆不去，自然可以免去一切不舒服的根由。"顿老曾对我说："我买一斤羊肉，我们老两口儿先吃涮羊肉，吃不完余下的还可以吃顿炮羊肉，再余下的就吃热汤面—— 一斤羊肉可以吃三天。"老先生享年82岁，他老伴儿也活了87岁。其实关键是人的心情，我听有的大夫跟我讲跟家庭基因也有关系，我觉得很有道理。

后　记

2017年夏季，定宜庄老师找到了我，问我是否愿意做米景扬先生的口述历史。米景扬先生是在荣宝斋工作的老同志，可以说他亲眼见证了荣宝斋数十年来的变化。我非常乐意接受这项工作，于是一口答应下来。经过几次和米先生的交谈，我有了初步的设想：从情态出发，从生活出发，来写这本书。具体而言，要写米先生的童年和青少年时代，就要配合着老北京的民俗来写；要写米先生参加工作以后的事以及荣宝斋几十年的变迁，就要配合当时社会上不可绕开的“政治运动”来写；要写米先生退休以后的生活，就要写米先生转入收藏界的各种活动和趣闻，同时中间穿插众多著名书画收藏家和美术家的逸事。定宜庄老师亦甚赞成我的想法，并提出应以第一人称来写此书，同时需注意要以荣宝斋几十年的变化为主题。作为长篇的口述史，我这是第一回做，而且我也不是专业人士，在访谈过程中遇到了很多困难和麻烦，感谢定宜庄先生给了我很大的帮助和启发，使这本书能够圆满完成，从内心讲，非常感谢这位良师益友。如今，书写成了，心中不免释然，在此说几句话，权作此书之后记。

“北京口述历史”是一套记述京味文化和民俗的书籍，主要由亲历者谈他们的经历和感受，从对话语的记录中反映出一个完整的老北京。特定环境中的人和事往往反映出一个特定时代的特征，这本书的任务，就是把那些承载文化的已经消逝或即将消逝的人和事及时记录下来，为今后的读者们减少一些遗憾。

我觉得这是一件值得努力去做的事情，它绝不是“白头宫女话天宝遗事”，徒发惆怅。凡人、小事皆包含大文化，作为一个生于斯、长于斯的北京人，我自幼生活在“穷西北套”的满族文化圈，很注重对北京历史文化民俗等方面的观察。由于种种原因，我曾经接触过一些耆老，向他们讨教过一些事情，也搜集过一些旧文和资料。总之，我对这些旧人和旧事产生了一些“感情”。人们常说，“知之者不如好之者，好之者不如乐之者”，我认为本人属于后者。我也曾经发表过一些豆腐块式的文章，有一点心得，当前写老北京的书很多，我觉得，在写作的过程中，我们应该突出书中的焦点，更要做到真切、细致、客观、清楚。我尽心去做了这些事，效果如何，只有请读者们评定了。

经过一年多的努力，这本访谈录终于完成了。在此，我对为本书做出了很多工作的朋友们表示真挚的感谢。特别要感谢北京出版集团的安东、杨良志、高立志诸位先生，在访谈工作中，他们提出了很多积极的建议，帮助协调工作。另外，感谢侯天保等诸位编辑的辛勤劳动，使本书得以完成。中央电视台的蒋思遥先生对采访进行了全程摄像和录音，并协助我完成了转录和整理，他在本书的题目、编排文字等方面提出了很好的建议。天津大学的李玥轩先生和肖永刚先生做了大量的校对工作，在此，我对他们表示真诚的感谢。最后，感谢我的家人张彤、谢贻东，他们对我的工作给予了很大的支持。

张龙翔

2018年4月5日

附录　人名注释

B

白雪石（1915—2011），北京市人，斋号何须斋，自幼习画，早年师从赵梦朱，后拜梁树年为师。1937—1948年期间，曾多次举办个人画展，同时参加湖社画会和中国画研究会，后执教于北京师范学院、北京艺术学院和中央工艺美院。

班禅额尔德尼·确吉坚赞（1938—1989），藏传佛教格鲁派大活佛之一。1943年，被班禅堪布会议厅认定为九世班禅的转世灵童，迎往青海省塔尔寺供养。经国民党中央政府批准，其为十世班禅，在青海塔尔寺举行坐床大典。1949年后，班禅致电毛泽东主席、朱德总司令，祝贺中华人民共和国成立，表示拥护中央人民政府，愿为完成祖国统一大业贡献力量。后积极推动中央人民政府和西藏地方政府《关于和平解放西藏办法的协议》的签定。曾任西藏自治区筹备委员会第一副主任委员、代主任委员，中国佛教协会名誉会长，中国藏语系高级佛学院院长，全国政协副主席，全国人大常委会副委员长。

边宝华（1936—），女，毕业于中央美术学院中国画系。曾在中国历史博物馆美术工作部参加陈列设计、临摹和创作工作。现为中国历史博物馆副研究馆员、北京市美术家协会会员、北京市女美术家联谊会会员。

C

蔡若虹（1910—2002），江西九江人，原名蔡雍，笔名雷萌、张再学。画家，美术评论家。1931年毕业于上海美术专科学校西画系。同年参加中国左翼美术家联盟。后在上海从事漫画创作。新中国成立后，历任《人民日报》美术编辑、文化部艺术局副局长、中国画研究院副院长、中国文联第一至四届委员、中国美协第一至四届副主席。

蔡元培（1868—1940），浙江绍兴山阴人，字鹤卿，又字仲申、民友、孑民，乳名阿培，并曾化名蔡振、周子余。革命家、教育家、政治家。民主进步人士，国民党中央执委、国民政府委员兼监察院院长。“中华民国”首任教育总长，1916—1927年任北京大学校长，革新北大，开“学术”与“自由”之风。

曹典球（1877—1960），湖南长沙人，字籽谷，号猛庵。解放前曾任湖南大学校长。中华人民共和国成立后，担任湖南大学中文系教授，湖南省军政委员会顾问、省政协常委、省文史馆副馆长等职。有《猛庵诗文集》行世。

曹克家（1906—1979），北京人，别名汝贤。擅长中国画，尤长工笔画猫。曾任中央工艺美术学院教师、轻工业部工艺美术公司干部，为中国美术家协会会员。

曹素功（1615—1689），安徽歙县人，名圣臣，字昌言，原名孺昌、一字荩庵，明末清初著名制墨高手。曹氏制墨，子孙相传，历13代，绵延300多年，在我国制墨史上是一位著名人物。曹素功制墨，借明末制墨名工吴叔大之基础，接受、承继吴氏墨名、墨模，后将吴氏开设的“玄粟斋”改为“艺粟斋”。

常斌卿（生卒年不详），湖社画会社员，与杨敏、陈启湖、王仁山组成四友画馆。擅长人物、走兽、翎毛，平时经常在早上作画。

陈半丁（1876—1970），浙江绍兴人，即陈年。早年拜吴昌硕为师，任教于北平艺术专科学校。擅花卉、山水、人物、走兽，以写意花卉最知名。除任颐、吴昌硕外，师法赵之谦、徐渭、陈淳，吸收明清各家画法而独树一帜。作品笔墨苍润朴拙，色彩鲜丽、沉着，形象简练、概括，讲求诗书画印的相互作用，兼善摹印。曾任中国美术家协会理事、北京画院副院长、中国画研究会会长。

陈大羽（1912—2001），广东潮阳人，原名汉卿，其师齐白石为其改名为陈翱，取字大羽。毕业于上海美术专科学校中国画系，曾在潮州、青岛等地任教。致力于大写意花鸟画的创作，并兼及山水画、书法、篆刻的教学工作。历任中国书法家协会常务理事、中国美术家协会会员、江苏省书法家协会副主席，出版有《大羽画集》《陈大羽书画篆刻作品集》等。

陈大章（1930—2015），北京市人，自幼酷爱丹青，幼从家叔陈林斋学画，15岁在荣宝斋挂笔单。1952年，在中央工艺美院参加“建国瓷”设计和绘画。次年，经沈从文和郑振铎推荐，调进中国历史博物馆美术部，负责展览设计、古画临摹和绘画创作。曾为中国美术家协会会员、工艺美术学会理事。

陈德海（生卒年不详），料器厂老艺人，曾用料器材料仿制“唐三彩”“青铜器”等文物，其生动的造型和古朴逼真的质感，给人留下深刻的印象，是料器行业中唯一被授予“工艺美术大师”称号的老艺人。

陈鼎（生卒年不详），陈少梅堂叔，湖南衡阳人。

陈范（生卒年不详），湖南衡阳人，清光绪十五年（1889）考中秀才，嗣任江西铅山知县。光绪二十年（1894）以教案被劾罢官，退居上海。光绪二十六年（1900）购得上海《苏报》产权，经营报业。起先鼓吹变法，提倡保皇立宪，后日渐倾向革命，光绪三十一年（1905）春在上海被捕入狱。武昌起义后，曾在湖南进行革命活动。

陈昊苏（1942— ），四川内江人，开国元帅陈毅之子。曾在七机部第二研究院、中国人民解放军军事科学院工作，担任过共青团中央书记处书记、中国人民对外友好协会会长、北京市副市长等职。

陈衡哲（1890—1976），湖南衡山人，笔名莎菲，是中国第一位公派女留学生、中国第一位白话文小说家、中国第一位新文学女作家、中国第一位女博士。1911年到上海，进爱国女校。1914年考入清华学堂留学生班，成为清华选送公费留美的女大学生之一。

陈嘉言（1851—1934），湖南衡山人，字梅生。陈氏三兄弟从母授学，光绪壬午中解元，与胞兄毓光同榜，光绪己丑中进士，授翰林院编修。陈嘉言与胞兄毓光、毓昌，堂弟陈鼎、陈范，三人中进士，一人获军功，一人中举人，被誉为“五凤齐飞”。其子陈少梅是现代著名国画家，其女陈云凤是著名革命烈士夏明翰之母。

陈老莲（1599—1652），浙江绍兴人，又名陈洪绶，明末清初著名书画家、诗人。

陈林斋（生卒年不详），北京人，号启湖。1929年入湖社画会。新中国成立初期，曾到沈阳博物馆临摹古画；1956年调荣宝斋，1972年调故宫博物院修复厂临摹古代名迹。

陈少梅（1909—1954），湖南衡山人，名云鶤，又名云鹑，号升湖，字少梅，以字行①。自幼随父学习书画诗文，深受中国传统文化的熏陶。14岁加入金北楼、陈师曾等发起组织的“中国画学研究会”，17岁成为名噪一时的“湖社画会”之骨干，22岁主持“湖社天津分会”，成为津门画

① 以字行：仅称呼此人的“字”代名，这是一个流行于汉字文化圈中关于称谓的术语。汉字文化圈中，中国、朝鲜半岛、越南等地之古人，一般有“名”有“字”，“以字行”即是因为种种原因，多仅称呼此人的“字”，而不熟悉其“名”。例如明朝著名阁臣杨士奇，名寓，字士奇，但世人通常仅知其字。

坛领袖。1930年他的作品获“比利时建国百年国际博览会”美术银奖，以后开始在画坛崭露头角，成为京津一带颇有影响的画家。新中国成立后，他任中国美术家协会天津分会主席、天津美术学校校长。

陈师曾（1876—1923），江西义宁人（今江西省修水县），又名衡恪，号朽道人、槐堂，著名美术家、艺术教育家。善诗文、书法，尤长于绘画、篆刻。其山水画在承袭明代沈周、清代石涛技法的基础之上，注重师法造化，从自然景观中汲取创作灵感；写意花鸟画近学吴昌硕，远宗明人徐渭、陈淳等大写意笔法，画风雄厚爽健，富有情趣；人物画以意笔勾描，注重神韵，带有速写和漫画的纪实性。

陈叔亮（1901—1991），浙江黄岩人，名寿颐，著名工艺美术教育家、书画家。20世纪30年代毕业于上海美术专科学校。1938年赴延安鲁迅艺术学院任教，1951年任华东文化部艺术处副处长、文化部艺术局美术处处长、艺术教育司副司长，1958年后任中央工艺美术学院副院长、院长等职。曾任中国美术家协会第一、二、三、四届理事，中国书法家协会首届副主席。

陈树人（1884—1948），广东番禺人，原名政，名韶，又名哲，别号“葭外渔子”，以字行。别署猛进，晚号安定老人。与高剑父、高奇峰并称为“二高一陈”，同为“岭南画派”的创始人。

陈献章（1428—1500），明代思想家、教育家、书法家、诗人。

陈撷芬（1883—1923），湖南衡山人，笔名楚南女子，是上海爱国女校第一批学生。她是《苏报》馆主人陈范的长女。

陈延庆，米景扬中学同学。

陈仰山，荣宝斋书法碑帖鉴定专家。

陈逸飞（1946—2005），浙江宁波人。中国著名导演、油画家、视觉艺术家。毕业于上海美术专科学校。曾在20世纪60—70年代创作了《黄河颂》《占领总统府》《踱步》《周庄》等知名的优秀油画作品。1980年旅美后，专注于中国题材油画的研究和创作。他以“大美术”的理念，经过多年的不懈努力，在电影、服饰、环境设计等诸多方面取得了卓越的成就，成为闻名海内外的华人画家。

陈毓光（生卒年不详），湖南衡山人，清朝政治人物，进士出身。光绪九年（1883），参加癸未科殿试，中二甲第九十九名。

陈云凤（1870—1946），湖南衡山人。清末“铁面御史”陈嘉言长女。幼入私塾，能诗善文，著有《衡阳吟咏》《严余吟》诗词二卷。革命烈士夏明翰之母。

陈云诰（1877—1965），河北保定人，字紫纶，又字子纶、璜子，号蜇庐。清光绪二十九年（1903）进士，癸卯科翰林，授翰林院编修。宣统三年（1911），任奕劻内阁弼德院参议。1951年受聘于中央文史研究馆，为首任馆员。1956年同张伯驹、溥雪斋、郑诵先、郭风惠、章士钊等国学大师建立中国书法研究社，并亲任社长。书社培养、教育了启功、沈鹏、刘炳森、王雪涛、王昆仑等后辈书画家，为我国书法艺术之发展做出巨大贡献。

陈占祥（1916—2001），浙江宁波人，生于上海，高级工程师。1943年毕业于英国利物浦大学建筑学院建筑系，1944年获该校都市计划硕士学位。新中国成立后，历任北京市建筑设计院副总建筑师、中国城市规划设计研究院总工程师、中国建筑学会第五届常务理事。1950年与梁思成合写《关于中央人民政府行政中心区位置的建议》一文。撰有《中国建筑理论》《古代中国城市规划》等论文。

陈长玲（1943— ），祖籍湖南衡山，生于天津，长于北京，1962年毕业于银川铁路学校中专，任银川铁路小学音乐老师，1976年回到北京，1993年在呼家楼中心小学退休。

程十发（1921—2007），上海市金山区人，名潼，斋名曾用“步鲸楼”“不教一日闲过斋”，后称“三釜书屋”“修竹远山楼”。幼年即接触中国字画，但给他印象之深莫过民间艺术。毕业于上海美术专科学校中国画系，曾在上海大新公司举办个人画展，1956年参加上海画院的筹备工作。任上海画院院长，在人物、花鸟方面独树一帜。在连环画、年画、插画、插图等方面均有一定造诣。工书法，得力于秦汉木简。他的画早年受陈老莲影响，晚年多作花鸟画。

崔正坤（生卒年不详），荣宝斋工作人员。

村上三島（生卒年不详），日本著名书法家。

D

大决一野（生卒年不详），日本著名摄影师。

大平正芳（1910—1980），日本政治家，曾任第六十八、六十九任内阁总理大臣（首相）。1972年随田中角荣访华，积极促进日中恢复邦交。1976年任自民党干事长，1978年12月当选为自民党总裁。

岛海硕（生卒年不详），日本画家。

邓石如（1743—1805），安徽怀宁人。清代篆刻家、书法家，邓派篆刻创始人。

邓拓（1912—1966），福建闽侯人，原名邓子健，笔名叫马南邨、邓云特，政论家、历史学家、诗人和杂文家、新闻工作者，还是一位书画收藏家。

邓以蛰（1892—1973），安徽怀宁人，字叔存。杰出的美学家，中国现代美学的奠基人之一，与同时代著名的美学家宗白华享有“南宗北邓”之美誉。邓以蛰先生将画史与画学、书史与书学紧密联系起来研究，其美学思想中融汇了西方美学思想的超功利原则，在我国现代美学史上有着重要的地位。

丁德恩（1854—1917），回族，北京市人，一名庆三。著名中医外科大夫。后在北羊市口开设“德善医室”以行医为业，擅治各种皮科及外科疾病。弟子有哈锐川、赵炳南、佘光甲、仉伯贤等，均为我国著名中医专家。

董霁堂（生卒年不详），山西临汾人，清中叶著名书法家。

董之焕（生卒年不详），山西临汾人，晚清翰林。

董寿平（1904—1997），山西临汾人，当代著名画家、书法家。原名揆，字谐伯，后慕南田恽格恽寿平遂改名寿平。早年毕业于天津南开大学和北京东方大学。以画松、竹、梅、兰著称，晚年有“黄山巨擘”之称，以黄山为题材画山水，亦善书法。曾任中国书法家协会顾问，中国美术家协会会员，全国第五、六届政协委员。

董希文（1914—1973），浙江绍兴人，受毛主席赞誉的油画大师，是国家文物局规定的“作品一律不得出境”的六位大师之一。著名油画家、美术教育家。曾任中央美术学院教授，开设油画工作室培育人才。曾创作过《开国大典》《春到西藏》《哈萨克牧羊女》《苗女赶场》《百万雄师过大江》等主题性绘画。

董燕娜（生卒年不详），董寿平的侄女，著名女画家。

顿立夫（1906—1988），河北涿县人。名群，字立夫，又字历夫，晚号慪叟。是中华人民共和国国印“中华人民共和国中央人民政府”首任印鉴的制作者。中国书法家协会会员，西泠印社社员。

F

饭岛春敬（生卒年不详），日本著名书法家。

范曾（1938—　），江苏南通人，字十翼，是中国人物画画家、书法家。现为中国美术家协会会员，中国艺术研究院博士生导师、研究员，南开大学终身教授、博士生导师。

费新我（1903—1992），浙江湖州人。学名斯恩，原字省吾，字立千、号立斋，后改名新我。他是用左腕运笔而闻名遐迩的当代著名书法大师。

丰子恺（1898—1975），浙江嘉兴人，散文家、画家、文学家、美术与音乐教育家。主要作品有《缘缘堂随笔》、画集《子恺漫画》等。师从弘一法师（李叔同），以中西融合画法创作漫画以及散文而著名。

冯尚攀（生卒年不详），冯忠莲祖父，广东顺德人，中国近代史上第一代买办。

冯忠莲（1918—2001），广东顺德人，生于天津，著名女画家，古画临摹师。1938年她以优异成绩考入北京辅仁大学美术系。新中国成立以后，成为中国美术家协会最早的会员之一，中央文史馆馆员，是中国现代国画巨擘陈少梅先生的夫人和得意门生。1954年她正式到荣宝斋工作，接连临摹了《万松叠翠图》《宋人画页》，勾描过明代仇英的《白马如风疾》、蓝瑛的《山水》及一些现代画家的作品。1972年调入故宫，临摹了名画《清明上河图》。

符浩（1916—2016），陕西礼泉人，原名符忠孝，延安抗日军政大学毕业，曾任第六、第七届全国人大常委会委员，全国人大外事委员会副主任委员，外交部副部长，中国驻日本、越南等国大使，是中华人民共和国第一代职业外交官。

福田赳夫（1905—1995），日本群马县（现在的高崎市足门町）人，曾任日本首相。

傅抱石（1904—1965），江西新余人，原名长生、瑞麟，号抱石斋主人，当代国画艺术大师。早年留学日本，回国后执教于中央大学。1949年以后曾任中国美术家协会副主席、江苏美协分会主席，长期在南京从事美术创作，曾任江苏国画院院长。擅画山水，中年创为“抱石皴”，笔致放逸，气势豪放，尤擅作泉瀑雨雾之景；晚年多作大幅，气魄雄健，具有强烈的时代感。人物画多作仕女、高士，形象高古。著有《中国古代绘画之研究》《中国绘画变迁史纲》等。

傅耕野（1923—　），北京市人，满族，沙济富察氏。名功赞，字耕野，别号京华髯翁。毕业于北京师范大学史学系，教育工作者，善书法。

傅益瑶（1947—　），江西新余人，毕业于南京师范学院中文系，曾入江苏省国画院从事国画创作。留学日本，师从平山郁夫，多次在国内外举行画展。代表作品有《佛教东渐图》《比叡山延历寺图》《天台山国清寺图》《三千院四季图》《诹访御柱祭》《张骞西域出使图》《游龙望京图》。

傅增湘（1872—1949），四川江安人，字沅叔，别署双鉴楼主人、藏园居士、藏园老人、清泉逸叟、长春室主人等，曾为清朝进士。北洋时期曾入内阁任教育总长。是晚清以来继陆心源皕宋楼、丁丙八千卷楼、杨氏海源阁、瞿氏铁琴铜剑楼之后的又一大家。他无论是在藏书、校书方面，还是目录学、版本学方面，都堪称一代宗主。

G

甘学军（1962—　），湖北仙桃人，毕业于中国人民大学中文系，曾任文化部党组秘书、国家文物局办公室副主任等职，2001年创办北京华辰拍卖有限公司并任董事长兼总经理至今。现为文化部文化市场发展中心艺术品评估委员会委员、中国古陶瓷学会名誉理事。

冈本诚一（生卒年不详），日本中学教师。

岗兴造（生卒年不详），日本国宝装潢修复师联盟理事长。

高剑父（1879—1951），广东省广州府番禺县（现广州市番禺南村员岗乡）人，中国近现代国画家、美术教育家，“岭南画派”创始人之一。

高其佩（1672—1734），辽宁奉天人，隶籍汉军，清代官员、画家，指画开山祖。字韦之，号且园、南村、书且道人。别号颇多，另有山海关外人、创匠等。工诗善画，所绘人物山水，均苍浑沉厚，尤善指画。

高奇峰（1889—1933），广东省广州府番禺县（现广州市番禺南村员岗乡）人，晚清画家，名嵡，字奇峰，以字行。留学日本，同盟会员。与兄高剑父、陈树人画脉相连，画技相高，有“二高一陈”“岭南三杰”“岭南画派”创始人之一等盛誉。

高心泉（生卒年不详），民国初期竹刻家。

高毓彤，天津静海人，清光绪二十九年（1903）癸卯科进士。

郜宗远（1942—　），河北昌黎人。画家、编审。中国美协理事、中国出版工作者协会美术出版研究会会长、《中国美术分类全集》总编委会副总编辑。曾任中国美术出版总社社长、人民美术出版社社长、荣宝斋总经理。

龚如甲（生卒年不详），曾任荣宝斋总经理。

顾坤伯（1905—1970），江苏无锡人。现代国画家、教育家。曾名乙，字景峰，号二泉居士。善作山水画，得力于沈周、文徵明，是一位善于示范而卓有成效的教育家。为中国美术家协会会员。

关良（1900—1986），广东番禺人，字良公。曾赴日本学习油画，回国后任上海美术专科学校教授，20世纪30—40年代辗转于广州、上海、重庆等地的艺术院校任教，并于名山大川旅行写生，长于中国画、油画。曾任浙江美术学院教授、上海中国画院画师。

关山月（1912—2000），广东阳江人。原名关泽霈，中国现代著名国画艺术家大师。早年拜高剑父为师，1948年后，任广州市艺专教授兼国画科主任。1949年以后历任华南文艺学院教授，广州美术学院教授兼院长、国画系主任，广东艺术学校校长，广东画院院长、名誉院长，广东省美术家协会副主席，广东省文联副主席，中国美术家协会常务理事、副主席。曾任第三至八届全国人大代表；代表作有《江山如此多娇》（与傅抱石合作）、《绿色长城》、《俏不争春》、《漓江万里春》等。

关松房（1901—1982），北京人，满族。原名枯雅尔·恩棣，字雅云，又字植耘，号松房，曾用笔名翕齐、夕庵和夕庵主人。擅长山水画，中国美术家协会会员，中国山水画研究会副会长。

郭风惠（1898—1973），河北河间人，又名贵瑄，字麾霆，号堞庐、不息翁。中国近现代著名学者、诗人、教育家、书画艺术家、爱国民主人士。

郭慕熙（1926—　），女，河北永清人，中国美术家协会会员、著名工笔人物画画家、中国画鉴定专家。1953年在中国历史博物馆美术组担任绘画工作。1956年调到荣宝斋担任美术设计师。其间主要在故宫博物院从事临摹古画的工作，部分作品留在故宫博物院代替原作展出。

郭味蕖(1908—1971)，山东潍坊人，中国美术家协会会员。原名忻，后改慰劬、味蘧、味蕖；曾用别号汾阳王孙、浮翁，晚号散翁；堂号知鱼堂、二湘堂、疏园等。出身于书香世家，自幼随家乡画家丁东斋、刘秩东习画。1929年考入上海美术专科学校习西画，毕业后曾任山东省立第一乡村师范学校教师。1937年入北京故宫博物院古物陈列所研习中国画。得黄宾虹指导。擅花鸟兼及山水，所作融会诸家，以工带写，画风清丽活泼，生动自然。1951年受徐悲鸿之聘任职于中央美术学院研究部，后相继在民族美术研究所、徐悲鸿纪念馆从事理论研究。1960年任中央美院中国画讲师，1962年任中央美术学院国画系花鸟科主任。

郭怡孮（1940—　），山东潍坊人，中国美术协会会员。早年受其父郭味蕖指教学习绘画，毕业于北京艺术学院美术系。现任中央美术学院教授、博士生导师，专攻中国花鸟画。

郭则沄（1882—1946），福建侯官（今福州市区）人，生于浙江。字蛰云、养云、养洪，号啸麓，别号孑厂（音庵）。清光绪二十九年（1903）进士，授庶吉士、武英殿协修。民国建立后，在北洋政府担任要职。日伪时期，周作人请其出任日伪“华北教育总署署长”职务，坚决拒绝，并在国学书院《国学丛刊》上发表《致周启明（周作人）却聘书》，以明心志。

H

韩登安（1905—1976），浙江萧山人，原名竞，一字仲铮，别署耿斋、安华、印农，晚年又号无待居士、本翁。少时从父居杭州，拜书画篆刻家周承德为师。

韩度权（生卒年不详），荣宝斋字画部工作人员，著名书画鉴定家。

韩瀚（生卒年不详），时任《人民中国》编辑。

韩美林（1936— ），山东人，中国当代极具影响力的造型艺术家，在绘画、书法、雕塑、陶瓷、设计乃至写作等诸多艺术领域都有很高造诣。尤其致力于汲取中国两汉以前文化和民间艺术精髓，并体现为具有现代审美理念和国际通行语汇的艺术作品。国家一级美术师、清华大学美术学院教授。

何海霞（1908—1998），北京人，满族，初名何福海，字瀛，又字登瀛。早年加入北平中国画学研究会，张大千入室弟子，从习14年，颇得器重。山水入古而化，融合水墨丹青，颇得大千秘奥，构图能迭出新意，和赵望云、石鲁合誉为“陕西三杰”，共同创立“长安画派”。曾任陕西国画院副院长及名誉院长、中国国画研究院研究员等职务。

何荣（1904—？），北京著名玉器雕刻家。

何绍基（1799—1873），湖南道州（今道县）人，字子贞，号东洲、晚号蝯叟。清代诗人、书法家。道光进士，官编修，博览群书，于经史子学皆有著述，尤精小学。书法尤著称于世。书法自秦汉篆籀，至南北碑，皆心摹手追，遂自成一家。有《惜道味斋经说》《东洲草堂诗·文钞》《说文段注驳正》等著。

何香凝（1878—1972），广东南海人，原名瑞谏，又名谏，廖仲恺夫人。曾求学日本，结识孙中山，后加入中国同盟会。1949年以后曾任民革中央副主席、主席、华侨事务委员会主任、中国美术家协会主席、全国人大常务委员会副委员长。

黑田寿男（1899—1986），日本冈山县人，日中友好协会前会长。长期致力于日中友好事业，多次访问中国。

弘晓（1722—1778），怡亲王允祥之子，字秀亭，号冰玉道人，为清朝著名藏书家、诗人。

侯恺（1922—2015），山西左权人，别名朱林、鲁耕，擅长版画。1938年先后在太行《新华日报》、《胜利报》、中共太行区党委、一二九师及野战军政治部从事宣传工作，并在前方鲁艺任教务干部，1942年在晋绥边区文联、《晋绥日报》等处工作。参与创办大众美术社。1950年后任荣宝斋总经理、党委书记。多年从事美术出版、编辑领导工作。作品有年画《锄头与枪杆》等。

侯培显（生卒年不详），著名山水画家，黄宾虹的弟子，荣宝斋编辑室编辑。

胡开文（1742—1808），徽州绩溪人，字柱臣，号在丰，著名徽商，徽墨行家，“胡开文”墨业创始人，清代乾隆时制墨名手。因师从徽州休宁汪启茂，因而是休宁派墨匠后起之秀。

胡佩衡（1892—1962），蒙古族，河北涿县人，谱名锡铨，又名衡，字佩衡，号冷庵，外号胡涂克图，以字行。曾任教于私立华北大学、北平师范大学、北平艺专。新中国成立后，先后任北京中国画研究会常务理事、北京画院画师兼院务委员。

胡妍妍（生卒年不详），嘉德集团董事长。

华粹深（1909—1981），满族，北京人，名懿，宝熙长孙，1935年毕业于清华大学中文系。曾任中华戏曲专科学校教员，中国大学、北京大学副教授。新中国成立后，历任南开大学教授、中国剧协天津分会副主席。九三学社社员。他改编的河北梆子《秦香莲》，1952年获第一届全国戏曲观摩演出剧本一等奖。著有《华粹深剧作选》。

黄宝善（1931—　），通州人，别名之初。荣宝斋总经理助理。幼读私塾，学“四书五经”。1948年17岁入荣宝斋当学徒。业余临颜柳欧赵字帖，汉魏诸碑，明清书家远墨，益得当代名书家指点。20世纪70年代，作品入选北京市工人书法展，80年代随琉璃厂赴日代表团在大阪、冈山等地进行书艺交流。

黄宾虹（1865—1955），安徽歙县人，生于浙江金华。初名懋质，后改名质，字朴存，别号予向、虹庐、虹叟、黄山山中人，中年更号宾虹，以号著称。中国近代山水画大师。黄宾虹精研传统与关注写生齐头并进，早年受“新安画派”影响，以干笔淡墨、疏淡清逸为特色，为“白宾虹”；80岁后以黑密厚重、黑里透亮为特色，为“黑宾虹”。他的技法，行力于李流芳、程邃，以及髡残、弘仁等，但也兼法宋元各家。所作重视章法上的虚实、繁简、疏密的统一；用笔如作篆籀，洗耳恭听练凝重，遒劲有力，在行笔谨严处，有纵横奇峭之趣。所谓“黑、密、厚、重”的画风，正是他显著的特色。他的书法“钟鼎”之功力较深。著有《黄山画家源流考》《虹庐画谈》《画法要旨》等作品。

黄胄（1925—1997），河北蠡县人，中国画艺术大师、社会活动家、收藏家。字映斋，“长安画派”代表人物。“黄胄”是初中时自己起的笔名，以后一直沿用此名。早年参加革命，任西北军区战士读物出版社编辑。1949年参加中国人民解放军从事部队美术工作，长期在部队从事美术创作。任中国画研究院副院长，第六、七届全国政协委员，第八届全国政协常务委员，原轻工业部工艺美术公司顾问，中国美术家协会常务理事。

黄子久（1269—1354），江苏常熟人，元代画家。本姓陆，名坚。后过继永嘉府（今浙江温州市）平阳县（今划归苍南县）黄氏为子，居虞山（今宜山）小山，因改姓黄，名公望，字子久，号一峰、大痴道人。擅画山水，师法董源、巨然，兼修李成法，得赵孟頫指授。所作水墨画笔力老到，简淡深厚。又于水墨之上略施淡赭，世称“浅绛山水”。晚年以草籀笔意入画，气韵雄秀苍茫。

黄苗子（1913—2012），广东中山人，中国漫画家、美术史家、书法家、美术评论家、作家。先后任《新民报》副总经理、中国贸促会展览部副主任、人民美术出版社编辑。曾担任过中国美术家协会理事，中国书法家协会常务理事，全国文联委员，第五、六、七届政协全国委员会委员。个人作品有《美术欣赏》《吴道子事辑》《黄苗子书法选》《三家诗》等。

黄永玉（1924— ），土家族，湖南凤凰人，出生于常德。画家，中央美术学院教授，曾任版画系主任。他自学美术、文学，为一代“鬼才”，所设计的猴票和酒鬼酒包装家喻户晓。其人博学多识，诗书画俱佳，亦是诗、杂文、散文、小说、剧本的大家。

黄君坦（1901—1986），字孝平，号叔明，福建闽侯人。诗人黄曾源之子。中央文史馆馆员。早年在青岛礼贤书院肄业，并师从薛肇基研习词章、训诂考据之学。1929年为徐世昌撰《晚晴簃诗汇序》，受到汪辟疆教授的重视。工诗词，参加过稊园、蛰园、瓶花簃诗社、词社等活动。曾与张伯驹同编《清词选》，与其兄孝纾、其弟公孟合著《黄氏三兄弟骈俪文集》。另著有《清词纪事词》《词林纪事补》《宋诗选注》《续骈体文苑》等。

J

姜颖生（1847—1919），安徽怀宁人，晚清画家。名筠，字颖生，别号大雄山民，以字行。光绪十七年（1891）举人，官礼部主事。山水专学王翚，笔墨浓重，殊乏清疏之气，间作花卉。

蒋北海（生卒年不详），北京中学教师。

蒋廷锡（1669—1732），江苏常熟人。字扬孙，一字西君，号南沙、西谷、青桐居士，康熙四十二年（1703）进士，雍正年间曾任礼部侍郎、户部尚书、文华殿大学士、太子太傅等职，是清代中期重要的宫廷画家之一。

蒋兆和（1904—1986），四川泸州人，现代卓越的人物画家和美术教育家。他在传统中国画的基础上融合西画之长，创造性地拓展了中国水墨人物画的技巧，其造型之精谨，表现人物内心世界之深刻，在中国人物画史上达到了一个新的高度。曾任南京“国立中央大学”（1949年更名为南京大学）、中央美术学院教授。

金寄水（1915—1987），满族，北京人。诗人、作家、编辑。解放前在北京以卖文为生，1949年以后在北京市文联编辑《说说唱唱》《北京文艺》。20世纪80年代中期，与周沙尘合著《王府生活实录》，写过小说，有《红楼梦外编之一——司棋》《小桃园》等作品存世。

金默如（1938—　），满族，北京市人。当代中国著名小写意花鸟画家。任中国美术家协会会员、国家建设部美协副主席等职。他的“小写意”花鸟画内涵蕴藉，情调健康，深具葱茏的诗意，笔墨、色调以及从整体到局部，节奏、旋律无不铿锵而且和谐，览之令人神怡心旷。

金维诺（1924—2018），湖北鄂州人，笔名若金，擅长美术史论。毕业于武昌艺专艺术教育系。中央美术学院第一任美术史系主任、博士生指导教师、中央美术学院教授、国家文物鉴定委员会委员、佛教文化研究所特邀研究员。曾任中国美术家协会理事、敦煌吐鲁番学会常务理事、副会长。

金玉林（1892—1974），满族，北京市人。别名金昆坡，擅长工艺美术。自幼从父学习制作绢花，北京绢花厂老艺人。作品有绢花《人参》《凤尾菊》等，在北京绢花行内有“花儿金”之称。

金振之（生卒年不详），北京市人，解放前即享画名。师从徐燕孙，当时与吴一舸、吴幻荪、金协中并称为徐燕孙先生的“四大弟子”，在修复古书画方面技术高超，有着丰富的经验和诀窍。其虽然以工笔人物画见长，但向世人展示最多的却是他的仿古、临摹技艺。1949年以后在荣宝斋从事古画复制工作。

金仲鱼（1922—1993），江苏扬州人。故宫博物院研究馆员，临摹复制古画的专家。1960年，应文化部聘请调入故宫博物院，专门从事中国古代绘画的临摹复制及研究工作。

靳伯声（1901—1967），河北香河人，书画鉴定名家。年轻时到天津一家南纸店学徒。1926年来北京做起新旧字画生意。1956年公私合营后分配在宝古斋收购部当业务员。

经普椿（1917—1997），女，浙江上虞人，廖承志夫人。曾先后担任全国政协委员、全国妇联执行委员、中日友协理事、宋庆龄基金会名誉理事、中国国际友好联络会顾问等职。

L

蓝若天（1917—2003），壮族，广西人，1973—1984年任荣宝斋副总经理。

郎正庭（生卒年不详），文物收藏家。

老舍（1899—1966），满族，北京人。原名舒庆春，另有笔名絜青、鸿来、非我等，字舍予。中国现代小说家、作家、语言大师、人民艺术家，新中国第一位获得“人民艺术家”称号的作家。代表作有《骆驼祥子》、《四世同堂》和剧本《茶馆》。

黎雄才（1910—2001），广东肇庆人，著名画家，与赵少昂、关山月、杨善深并称为“岭南画派”第二代四大著名画家。早年师从高剑父，后到日本学画，曾任广州美术学院顾问、教授。致力于中国画的创新与改革，将传统国画的技法与日本画、西洋画技法融合，但其风格又有不同。擅长巨幅山水，画作气势雄浑，自成一格，其画松亦为一绝。

李宝林（1936— ），著名画家，中央美术学院毕业，擅长中国画。中国国家画院一级美术师、中国国家画院国画院副院长、中国美术家协会中国画艺委会副主任、中国画学会副会长、中国美术家协会河山画会会长。

李伯实（1924— ），河北香河人，擅长中国画。1943年入北京古物陈列所临摹古画，1947年北平京华美术学院学习，同年入中国画研究会，1954年到荣宝斋木版水印编辑室工作。

李成（919—967），山东营丘（今青州）人，五代及北宋画家。字咸熙，唐宗室后裔。擅山水，师承荆浩、关仝，并加以发展，多画郊野平远旷阔之景，他和范宽与另一位山水画家关仝一起被称为“三家鼎峙”“百代标程”的大师。代表作有《读碑窠石图》《寒林平野图》《晴峦萧寺图》。

李铎（1930— ），湖南醴陵人。号青槐，字仕龙，研究馆员，毕业于信阳步兵学院。全国著名书法家，现任全国政协委员、全国文联委员、中国书法家协会副主席。

李公麟（1049—1106），舒城（今安徽桐城）人，北宋著名画家。字伯时，号龙眠居士，神宗熙宁三年（1070）进士，后为中书门下后省删定官。好古博学，长于诗，精鉴别古器物。尤以画著名，凡人物、释道、鞍马、山水、花鸟，无所不精，时推为“宋画中第一人”。传世作品有《五马图》《山庄图》《维摩诘图》等。

李行百（1926— ），四川成都人，字信伯，擅长中国画、画论。1946年毕业于金陵大学中文系，后拜张大千为师学画。20世纪40年代初参加“蜀艺社”，从芮敬予学画史、画论，从谢无量学文物鉴赏。1952年后在中国美术家协会、《中国画》编辑部、北京画院工作，后为《中国画》编辑部负责人、北京画院专业画家。

李鹤筹（1891—1974），山东德州人，后迁居河北河间。名瑞龄，字鹤筹，号枕湖。1920年加入中国画学研究会，与刘子久、吴镜汀、马晋等同为金城学生。1956年在荣宝斋研制国画石色。1958年调入天津河北师范学院绘画系任副教授兼国画教研室主任。中国美术家协会会员。

李斛（1919—1975），四川大竹人，画家、美术教育家。号柏风，毕业于中央大学艺术系，和宗其香一起被徐悲鸿选为进行中西融合试验的重点培养对象。1949年他创作国画《侦察》，参加第一次全国文代会美术展览，得到好评并获奖。1948年起在中央美术学院绘画系、中国画系任教，是继徐悲鸿、蒋兆和先生之后对中国画推陈出新做出巨大贡献的艺术家和艺术教育家，在人物肖像画方面有独到的成就，留下了《印度妇女像》《关汉卿像》《齐白石像》等杰出作品。

李敬轩（生卒年不详），北京玉器商人。

李可染（1907—1989），江苏徐州人，中国近代杰出的画家、诗人，画家齐白石的弟子。自幼即喜绘画，13岁时学画山水，43岁任中央美术学院教授，49岁为变革山水画，行程数万里旅行写生，72岁任中国美术家协会副主席、中国画研究院院长。晚年用笔趋于老辣。擅长画山水、人物，尤其擅长画牛。代表画作有《漓江胜境图》《万山红遍》《井冈山》等。代表画集有《李可染水墨写生画集》《李可染中国画集》《李可染画牛》等。

李苦禅（1899—1983），山东高唐人，原名李英杰、李英，字超三、励公，中国画家。擅画花鸟，阔笔写意，笔墨雄阔，酣畅淋漓，画风以质朴、雄浑、豪放著称。结识画家徐悲鸿，获授西画技法。考入国立北平艺术专科学校西画系专学西画，曾拜齐白石为师，在齐白石的精心培育下，画艺大进。曾任杭州艺专教授、中央美术学院教授、中国美术家协会理事、中国画研究院院务委员。

李丽华（1924—2017），上海人，曾定居美国，一生主演了140多部影片，是20世纪中叶知名度极高的高产女明星。

李笠翁（1611—1680），浙江金华人，明末清初文学家、戏剧家、戏剧理论家、美学家。

李平凡（1922—2011），天津津南人，擅版画。曾在天津美术馆西画科学习，在日本创立华侨新集体版画协会并任会长，创办《版画文化》报，向日本版画家川西英学习水印技法。归国后历任人民美术出版社编辑、编审，《版画世界》主编。

李约瑟（1900—1995），英国学者，多年从事中国古代科技研究，著有《中国科学技术史》，提出了著名的“李约瑟难题”。

李仲乾（1881—1956），江西临川人。字子健，号仲乾，亦号鹤然，别署鹤然居士，是近代著名学者、书画家、教育家李瑞清（清道人）的侄子和嫡传弟子，毕业于两江优级师范图画手工科，书、画、印、诗、文无一不工，是金石书画家、考证学家、艺术理论家和文学家。

连阔如（1903—1971），满族，北京市人，著名评书表演艺术家。1927年拜评书艺人李杰恩为师，学说《西汉演义》。1934年在《北平报》连载评书《三十六英雄》。1940年在广播电台播讲《东汉演义》与《全本隋唐》。1949年表演的新书《夜渡大渡河》受到表扬。1954年在北京人民广播电台开始播讲评书《水浒》与《岳飞传》。1957年录制长篇评书《三国演义》。

梁楷（生卒年不详），南宋山东人，南渡后流寓钱塘（今浙江杭州）。他是名满中日的大书画家，曾于南宋宁宗担任画院待诏。他是一个相当特异的画家，善画山水、佛道、鬼神，师法贾师古，而且青出于蓝。喜好饮酒，酒后的行为不拘礼法，人称“梁风（疯）子”。

梁子衡（1904—1983），北京人，抗战期间原荣宝斋派驻上海朵云轩（当时为荣宝斋分号）的经理。他一生对绘事、收藏很有研究，并同许多书画家、收藏家、文人雅士结下了很深的交情。新中国成立后，不辞辛苦地带领同人踏访民间，征集古旧字画，抢救濒临失传的文物，使一大批珍贵文物起死回生。

廖静文（1923—2015），女，湖南长沙人，1939年考入中央美术学院，1945年与徐悲鸿结婚，曾任徐悲鸿纪念馆馆长、徐悲鸿画院名誉院长、中国书画家联谊会主席、“北京荣宝画院”名誉院长、上海海事大学徐悲鸿艺术学院名誉院长。

廖沫沙（1907—1991），湖南长沙人，原名廖家权，笔名繁星，著名作家、杂文家。1961年参加编辑《前线》半月刊《三家村札记》专栏。代表作有《鹿马传》、《分阴集》、《廖沫沙文集》（四卷）等。解放后，先后任中共北京市委宣传部副部长、教育部部长、统战部部长、市政协副主席、全国政协委员。

林散之（1898—1989），安徽和县人，生于江苏省南京市江浦县（今南京市浦口区），名霖，又名以霖，字散之，号三痴、左耳、江上老人等，诗人、书画家，尤擅草书。

刘炳森（1937—2005），天津武清人，出生于上海，字树庵，号海村，幼年自号刘五先生。毕业于北京艺术师范学院美术系，在北京故宫博物院从事古代法书绘画的临摹复制和研究工作。曾任北京故宫博物院研究员、中国书法家协会副主席、中国文联副主席、中国佛教协会副会长、中国人民政治协商会议全国委员会常务委员。

刘德瀛（1913—1982），河北霸县人。别名米丁。北京玉器业老艺人，擅长玉雕，作品以玉器花卉设计制作见长。1928年东北产义明斋学做玉器，1936年在北京开玉器作坊。1958年后任北京玉器厂技术厂长。曾为贸易商制作六寸高珊瑚瓶，仅获130元，商人转售竟获88500元之巨，其精美可知，而中间商人之剥削可谓残酷。解放后，被选为北京市政协委员。

刘定一（1946— ），陕西绥德人，擅长中国画。1979年至今，在贵州省美术家协会工作，现为贵州省美术家协会常务副主席兼秘书长、中国美术家协会会员、国家一级美术师。

刘继卣（1918—1983），天津人，杰出的中国画家、连环画艺术大师、新中国连环画奠基人，被誉为“当代画圣”“东方的伦勃朗和米开朗琪罗”。中国近现代美术史上卓有成就的动物画、人物画一代宗师，是近现代中国画家中少有的工笔白描、重彩、小写意、大写意俱能的画家，题材也非常全面，除人物、动物能穷极妙理外，也兼擅花鸟、山水。尤其以工笔人物画和写意走兽画的成就最为突出。

刘金涛（1922— ），河北枣强人，原荣宝斋国画装裱师。1960年调入中央工艺美术学院工作。中国当代装裱大师、古代书画修复大师。1959年曾参与人民大会堂《江山如此多娇》的装裱工作。

刘奎龄（1885—1967），浙江绍兴人，生于天津，字耀辰，号蝶隐，自署种墨草庐主人。中国近现代美术史开派巨匠，动物画一代宗师，被誉为“全能画家”，能工善写，擅长动物、植物、人物画及山水画。

刘凌沧（1908—1989），河北固安人，本名刘恩涵，字凌沧，我国著名工笔重彩人物画大师。童年随民间画工学画，师从徐燕孙、管平湖学习工笔重彩人物画，在传统技法上受到严格训练。1949年任职于民族美术研究所，次年执教于中央美术学院，任讲师、教授等职。是我国著名的中国画艺术家和美术教育家。

刘士庸（生卒年不详），荣宝斋勾描人员，1960年调往上海朵云轩工作。

刘世儒（生卒年不详），山阴（今浙江绍兴）人。字继相，号雪湖（明画录作名继相，《历代画史汇传》误为二人：一刘世儒字继相，一刘士儒号雪湖），擅长梅花，著述有《雪湖梅谱》。传世作品有《雪梅双兔图》轴，《梅花图》长卷，《梅花图》《月梅图》。

刘锡龄（1848—1923），浙江人，字梓谦，号聋道人，别号自闻居士，官中书。工指画，山水、竹石、人物、花卉、翎毛有高其佩意。

刘墉（1719—1804），安徽砀山人，出生于山东诸城，字崇如，号石庵。清朝政治家、书法家。以奉公守法、清正廉洁闻名于世。书法造诣深厚，是清代著名的帖学大家，被世人称为"浓墨宰相"。

刘振业（生卒年不详），早年是荣宝斋学徒，解放后任营业科科长。解放前私淑齐白石，曾得其指点，解放后的画作颇有白石老人画意。

卢华堂（生卒年不详），曾任荣宝斋总经理。

卢稜伽（生卒年不详），唐代画家，一作卢楞伽，擅画佛像经变。其画风精致，咫尺之间山水、天地辽阔，物象精备。758年（肃宗李亨乾元初），他在成都（今四川省成都市）大圣慈寺画《行道高僧》数幅，曾受颜真卿题字。又曾在长安庄严寺画三门，他虽学吴道子，但吴道子认为他仅得笔势及手诀，并未得心诀。

陆俨少（1909—1993），上海嘉定人，现代画家。又名砥，字宛若。早年考入无锡美术专科学校，后考入无锡美专学习，次年师从冯超然学画，并结识吴湖帆，遍游南北胜地。1956年任上海中国画院画师，后任浙江画院院长。擅画山水。

M

马和之（生卒年不详），钱塘（今浙江杭州）人。中国南宋画家，活跃于高宗时期（12世纪），为南宋宫廷画院中官品最高的画师。擅画佛像、界画、山水，尤擅人物。人物师法吴道子、李公麟。

马晋（1900—1970），北京人，字伯逸，号湛如，又号云湖，别名伯远，早年曾用名马锡麟，室名湛花馆。1922年从金北楼学画，擅长画马，宗法郎世宁。兼擅花鸟画，又工书法、刻印，并工做风筝。解放前一直以卖画为生。解放后任北京画院画师。

马连良（1901—1966），回名尤素福，原籍陕西扶风，生于北京，字温如，中国著名京剧艺术家。老生行当的代表性人物之一，"马派"艺术创始人，京剧"四大须生"之首，民国时期京剧三大家之一，自己组建扶风社班。代表剧目有《借东风》《甘露寺》《清风亭》《四进士》《失空斩》等。9岁入北京喜连成科班，23岁自行组班，发展成独树一帜的"马派"表演风格，自20世纪20—60年代盛行不衰。20世纪，他与余叔岩、高庆奎、言菊朋并称前"四大须生"；后三人去世，他又与谭富英、奚啸伯、杨宝森并称后"四大须生"。1931年马连良在天津与周信芳同台演出，因他们技艺精湛，各具风采，被誉为“南麒北马”。

马少展（1929— ），女，回族，湖北武汉人，别名马佳。曾在教会中学读书，解放前积极参加进步学生运动。1950年参加工作，先后在华北中央党校、华北局宣传部和多家出版社工作。1980年被中国美术家协会接纳为会员。1983年被评为副编审。

马云卿（生卒年不详），《图绘宝鉴》卷四有：“马天騋字云章，介休人。能画，作小竹石，潇洒可喜。弟云卿、云汉，皆善画。”

麦健醒（1944— ），广东肇庆人，师从罗星培、罗均培。工艺美术师，作品有《虎跃龙腾砚》等，作品多次参加国内外展览。

梅舒适（生卒年不详），日本著名篆刻家，书法家。

孟小冬（1907—1977），女，北京人，梨园世家出身，是早年京剧优秀的女老生，人称“冬皇”。是京剧著名老生余叔岩的弟子，“余派”的优秀传人之一。她的扮相威武、神气，唱腔端严厚重，坤生略无雌声。

米川（1967— ），米景扬之子，1967年生于北京，1990年毕业于中国人民大学人口学系，1994年赴日留学，获日本“国立筑波大学”环境科学硕士，1999—2003年任职于国家发展计划委员会能源研究所、2003—2007年任职于中国驻日本大使馆经济参赞处。

米景纯（1930—2017），米景扬二哥，原齐齐哈尔铁路局铁路工程师。

米景廉（1924—2006），米景扬大哥，原北京友谊商店玉器鉴定师。

米景敏（1927—2008），女，米景扬二姐，商业工作者。

米景娴（1921—？），女，米景扬大姐。

米景新（1933— ），米景扬三姐，原国务院机关事务管理局幼儿园园长。

米文瑞（1895—1975），米景扬父亲，经营玉器行“瑞德祥”。

米熙春（生卒年不详），米景扬祖父，终生从事铜器制作。

莫文骅（1910—2000），原名莫万，字六琴，广西壮族自治区南宁市人。1955年被授予中国人民解放军中将军衔，荣获一级八一勋章、一级独立自由勋章、一级解放勋章。1988年被授予一级红星功勋荣誉章。中华人民共和国成立后，曾任中国人民解放军政治学院副院长、院长，福州军区副政治委员，中国人民解放军装甲兵政治委员。1955年被授予中将军衔。

穆蕴华（生卒年不详），著名国画家，新中国成立后长期在北京画院工作。

N

倪云林（1301—1374），江苏无锡人，元末明初画家、诗人。初名斑，字泰宇，后字元镇，号云林子、荆蛮民、幻霞子等。擅画山水、墨竹，师法董源，受赵孟頫影响。早年画风清润，晚年变法，平淡天真。疏林坡岸，幽秀旷逸，笔简意远，惜墨如金。以侧锋干笔作皴，名为“折带皴”。墨竹偃仰有姿，寥寥数笔，逸气横生。书法从隶入，有晋人风度，亦擅诗文。存世作品有《渔庄秋霁》《六君子图》《容膝斋图》等。著有《清閟阁集》。

宁斧成（1897—1966），辽宁海城人，字宗侯，号老腐，别署腐成，斋号淡墨斋、白屋。20世纪40年代末迁北京，鬻画为生。擅长书法、篆刻，集诗、书、画、印于一身。其书学《张迁》，取赵之谦、陈鸿寿诸家之长，融合《礼器碑》而自立风格。生前为辽宁省政协委员、北京书法研究社社员。

P

潘秉衡（1912—1970），直隶（今河北）固安人。玉器艺术家。14岁起从事玉器雕琢工作。20世纪30年代致力于薄胎玉器的研究，并发明了套料取材法。后又成功研究玉器薄胎压金银丝嵌宝石技艺，人称“金镶玉”，是我国玉器工艺史上的创举。

潘素（1915—1992），女，江苏苏州人。著名收藏家张伯驹先生的夫人，字慧素，当代女画家。早年习花鸟，中年转攻山水，晚年善金碧青绿山水及雪景山水。民国时期曾任北平美术分会理事，新中国成立后任北京中国画研究会理事，吉林艺术学院教授，中国美术家协会会员，北京中山书画社副社长，北京工笔重彩画会艺术顾问，第六、七届全国政协委员。

潘天寿（1897—1971），浙江宁波人，字大颐，自署阿寿、寿者。现代画家、教育家。1915年考入浙江省立第一师范学校，受教于经亨颐、李叔同等人。其写意花鸟初学吴昌硕，后取法石涛、八大，曾任中国美术家协会副主席、浙江美术学院院长等职。为第一、二、三届全国人大代表，中国文联委员；1958年被聘为苏联艺术科学院名誉院士。著有《中国绘画史》《听天阁画谈随笔》等。

庞薰琹（1906—1985），江苏常熟人，字虞铉，笔名鼓轩，我国知名画家。组织“决澜社”，举办“决庞薰琹庞薰琹澜”画展，蜚声艺林。曾深入贵州80多个苗寨，考察少数民族民间艺术，创作《贵州山民图卷》，富有浓厚的生活气息和感人魅力。著有《薰琹随笔》。其代表作有《地之子》《路》《贵州山民图卷》《瓶花》等，享有盛誉。

普艾伦（生卒年不详），美国古董商，曾参与盗卖中国龙门石窟《帝后礼佛图》。

溥儒（1896—1963），满族，北京人，为清恭亲王奕䜣之孙。原名爱新觉罗·溥儒，初字仲衡，改字心畬，自号羲皇上人、西山逸士。曾留学德国，笃嗜诗文、书画，皆有成就。画工山水，兼擅人物、花卉及书法，与张大千有“南张北溥”之誉，又与吴湖帆并称“南吴北溥”。20世纪50年代初期赴台，长期在韩国、日本等地举行画展，其作品在东南亚颇有影响。

溥松窗（1913—1991），满族，北京人，爱新觉罗·溥佺，近现代著名书画家。字松窗，以字行，笔名雪溪、尧仙、健斋，与溥伒、溥僩、溥佐兄弟四人并为书画大家，被称为“一门四杰”。曾参加中国画学研究会。23岁即被聘为辅仁大学美术系讲师，教授国画山水。曾兼任北平国立艺专讲师、教授，北京大学美术补习班教授。新中国成立后，参加北京新国画研究会，后为北京画院画师，北京市人大代表，中国画协、美协会员。1985年被聘任为中央文史研究馆馆员。

溥僩（1901—1966），满族，北京人，姓爱新觉罗，字毅斋。京津画派重要人物。16岁开始学习绘画，工花鸟、松竹。解放前以卖画为生。1925年与溥伒、溥儒等北京满族画家组织松风画会。1958年任北京中国画院画师。

溥雪斋（1893—1966），满族，北京人，字雪斋、学斋，号松风主人。惇勤亲王奕誴（道光帝旻宁第五子）之孙、贝勒[①]爱新觉罗·载瀛（奕誴第四子）长子。幼年饱读诗书经史，能文善赋，长于书画，其山水、花鸟、人物、鞍马均具风采，兼善画兰，风神飘逸，在画坛上堪称一绝。同时也是著名古琴演奏家。

溥庸斋（1918—2001），满族，北京人，又名爱新觉罗·溥佐。中国画画家。自幼在其兄溥雪斋、溥毅斋、溥松窗熏陶下，酷爱书画。1937年入溥雪斋创办的松风画会。1944年与堂兄溥心畬合作在天津举办扇面展览。1946年任北京大学出版部职员。1949年后在河北艺术师范学院、天津美术学院任教。曾为中国民主同盟盟员、第六届全国政协委员。

Q

齐白石（1864—1957），湖南湘潭人，原名纯芝，字渭清，号兰亭。后改名璜，字濒生，号白石、白石山翁、老萍、饿叟、借山吟馆主者、寄萍堂上老人、三百石印富翁。是近现代中国绘画大师，世界文化名人。早年曾为木工，后以卖画为生，57岁后定居北京。擅画花鸟、虫鱼、山水、

---

① 贝勒：全称为“多罗贝勒”，原为满族贵族称号，即金代“勃极烈”的异译。宗室封爵第三级，后成为宗室封爵名。清初，天命年间置八和硕贝勒共议国政。

人物，笔墨雄浑滋润，色彩浓艳明快，造型简练生动，意境淳厚朴实。所作鱼虾虫蟹，天趣横生。书工篆隶，取法于秦汉碑版，行书饶古拙之趣，篆刻自成一家，善写诗文。曾任中央美术学院名誉教授、中国美术家协会主席等职。

齐良已（1923—1988），湖南湘潭人，齐白石第五子，现为北京东方画研究社副社长。

齐燕铭（1907—1978），蒙古族，北京人。曾用名齐振勋、齐震、田在东，笔名齐鲁、叶之余等。出身于破落的蒙古封建贵族家庭，齐利特氏。自幼勤奋好学，对金石篆刻、书法、京戏均有兴趣。早年参加革命，1945年后任中共赴重庆、南京代表团秘书长，中共中央城市工作部、统战部秘书长。新中国成立后，历任中央人民政府办公厅主任，政务院副秘书长，中共中央统战部副部长，总理办公室主任，国务院专家局局长，文化部党组书记、副部长。他是“桐城派”末代代表人物，中国近现代著名国学大师、古文学家、著作家、诗人，教育家吴北江的弟子。

祁井西（1901—1944），北京人，又名祁昆，字景西，号井西居士，斋号曰松崖精舍，自幼刻苦自学。因受民初追踪宋元之风的影响，专意摹古临古，尚北宗山水，所画理法精严，笔墨精致，枯润合度，在20世纪20—40年代的北京有一定影响。工细山水得明人遗意，又精篆刻。所作山水，规模明人，而近于王翚。作风精细清润，构图全出之正统派。

启功（1912—2005），满族，北京人，自称“姓启名功”，字元白，也作元伯，号苑北居士。雍正皇帝第九代孙。中国当代著名书画家、教育家、古典文献学家、鉴定家、红学家、诗人，国学大师。曾任北京师范大学教授、国家文物鉴定委员会主任委员、中央文史研究馆馆长、博士研究生导师。

钱瘦铁（1897—1967），江苏无锡人，名崖，一字叔崖，号瘦铁，以号行，别号数青峰馆主、天池龙泓斋主等。中国画会创始人之一。擅长中国画及书法、篆刻。山水画师法石涛，曾被誉为“江南三铁”（吴昌硕称“苕铁”、王冠山称“冰铁”）之一。

钱松喦（1899—1985），江苏宜兴人，当代画家。曾任江苏省国画院院长、名誉院长，江苏美协分会主席，中国美术家协会常务理事、顾问，第四、五、六届全国人大代表，是当代中国山水画主要代表人之一。

秦剑铭（1942—　），中国美术家协会会员，江苏省国画院专业画家，国家一级美术师，新金陵画派的重要代表人物。代表作品有《爱晚亭》《北戴河》《峡谷新声》等。

秦仲文（1896—1974），河北遵化人，名裕，近现代中国画家、美术史论家、美术教育家，当代著名山水画家、中国美术家协会会员。新中国成立后任北京画院画师及院委。

青山杉雨（1912—1993），日本爱知县人，日本当代著名书法家。

邱震生（1908—1989），河北三河人，著名文物鉴定专家。曾任北京市文物业同业公会的主任委员、北京文物商店鉴定顾问等职。

仇英（1494—1552），江苏太仓人，后移居吴县（今江苏苏州）。字实父，号十洲，中国明代绘画大师，吴门四家之一。擅画人物，尤长仕女，既工设色，又善水墨、白描，能运用多种笔法表现不同对象，或圆转流美，或劲丽艳爽。偶作花鸟，亦明丽有致。与沈周、文徵明、唐寅并称为“明四家”。

R

任伯年（1840—1895），浙江山阴航坞山（今杭州市萧山区瓜沥镇）人，清末著名画家。初名润，字次远，号小楼，后改名颐，字伯年，别号山阴道上行者、寿道士等，以字行。自幼随父卖画，后从任熊、任薰学画，后居上海卖画为生。是我国近代杰出画家，在“四任”之中，成就最为突出，是“海上画派”中的佼佼者，“海派四杰”之一。他的绘画发轫于民间艺术，技法全面，山水、花鸟、人物等无一不能。重视写生，又融汇诸家法，并吸取水彩色调之长，勾皴点染、格调清新。

任鸿隽（1886—1961），著名学者、科学家、教育家和思想家。他是中国最早的综合性科学团体——中国科学社和最早的综合性科学杂志——《科学》月刊的创建人之一，也是杰出的科学事业的组织领导者之一、中国近代科学的奠基人之一，为促进中国现代科学技术的发展做出了重要贡献。

S

萨空了（1907—1988），内蒙古赤峰翁牛特旗人，生于四川成都，蒙古族，笔名了了、艾秋飙。中国新闻记者，报刊主编，新闻学家。擅长艺术理论。第一届全国政协委员。中华人民共和国建立后，任人民美术出版社社长、中央人民政府新闻总署副署长兼新闻摄影局局长、出版总署副署长、国务院民族事务委员会副主任、全国政协常委会副秘书长、中国民主同盟副主席、全国政协副秘书长兼《人民政协报》总编辑（1983年后兼）等职。

沙孟海（1900—1992），浙江鄞县（今浙江省宁波市鄞州区）人，20世纪书坛泰斗。于语言文字、文史、考古、书法、篆刻等均深有研究。毕业于浙江省立第四师范学校。曾任浙江大学中文系教授、浙江美术学院教授、西泠印社社长、西泠书画院院长、浙江省博物馆名誉馆长、中国书法家协会副主席。

邵芳（1918—？），女，江苏常州人，后移居美国，著名美籍华人国画家、陶艺家、建筑师。著名国画大师陈少梅弟子。

邵宇（1919—1992），原辽宁省东沟县（今东港市）人，著名速写、水彩画家。1939年参加新四军，历任新四军歌舞团团长，苏中《江海报》总编辑，苏中新华社社长，先后在《抗敌报》《战士报》上发表《反动派的滔天罪行》等木刻作品。“皖南事变”被囚于上饶集中营，后越狱回到革命根据地。全国解放后，邵宇任新闻摄影局副秘书长兼美术创作室主任。1950年，参与主持筹建人民美术出版社工作。1951年冬，他奔赴抗美援朝前线，创作了一系列战地素描，《上饶集中营》《千山万水》等优秀作品就是这个时期完成的。曾任人民美术出版社社长、总编辑，中国美术家协会常务理事、书记处书记。

邵章（1872—1953），浙江仁和（今杭州）人。近现代藏书家、版本目录学家、书法家。字伯炯、伯絅，一作伯褧，号倬盦、倬安。邵懿辰长孙，清光绪二十八年（1902）进士授翰林院编修，富收藏，精研碑帖，工书法。擅长行楷书、榜书、行草。

沈从文（1902—1988），湖南凤凰人，原名沈岳焕，笔名休芸芸、甲辰、上官碧、璇若等，乳名茂林，字崇文，中国著名作家、历史文物研究者。曾在青岛大学任教，抗战爆发后到西南联大任教，1946年回到北京大学任教，新中国成立后在中国历史博物馆和中国社会科学院历史研究所工作，主要从事中国古代历史与文物的研究，著有《中国古代服饰研究》。

沈石田（1427—1509），江苏长洲（今苏州）人，字启南，号石田、白石翁、玉田生、有竹居主人，明代绘画大师，吴门画派的创始人，“明四家”之一。不应科举，专事诗文、书画，是明代中期文人画“吴派”的开创者。传世作品有《庐山高图》《秋林话旧图》《沧州趣图》。著有《石田集》《客座新闻》等。

沈尹默（1883—1971），祖籍浙江湖州。原名君默，别号鬼谷子。生于陕西兴安府汉阴厅（今陕西安康市汉阴县），著名书法大师。早年留学日本，后任北京大学教授和校长、辅仁大学教授。沈尹默1949年后历任中央文史馆副馆长、上海市人民委员会委员、第三届全国人大代表等职务。

沈左尧（1921—2007），浙江海宁人。别署沈行，号胜寒楼主。中国科协研究员，中国老年书画研究会顾问，中国美术家协会会员。1944年以一幅人像素描入选澳大利亚博物馆。1946年《和平》宣传画受联合国表彰，获教育部奖金。

石鲁（1919—1982），四川仁寿人。当代中国画家。原名冯亚珩，早年就学于成都东方美专，1940年赴延安入陕北公学，从事版画创作，后专攻中国画。1959年创作《转战陕北》，名声日隆。后与赵望云创立“长安画派”。擅长人物、山水、花鸟。曾任中国美术家协会常务理事、中国书法家协会常务理事、陕西省美术家协会主席、陕西省书法家协会主席、陕西省国画院名誉院长、中国画研究院院委等职。著有《石鲁学画录》、电影剧本《暴风中的雄鹰》等。

史国良（1956— ），北京人，释慧禅，中国当代著名人物画家；师从蒋兆和、黄胄和周思聪先生，1980年毕业于中央美术学院国画系研究生班。国家一级画家，中国美协会员，中央美院及首都师大美术系客座教授，中国国家画院研究员，中国艺术研究院研究员。

舒同（1905—1998），江西东乡（今抚州市东乡区）人。字文藻，又名宜禄，书法大师。原中共山东省委第一书记、陕西省委书记、中国人民解放军军事科学院副院长、中国书法家协会第一任主席、中共中央顾问委员会委员。

松田基（生卒年不详），日本著名实业家。

宋文治（1919—1999），江苏太仓人，当代画家。得陆俨少指授并拜吴湖帆为师。1951年入江苏省国画院，受傅抱石影响，致力于山水画创新。其早年作品风格疏秀；中年笔墨劲健，意境灵奇，时代气息浓郁；晚年变法，尝试没骨泼彩，格调清新，意境空蒙。曾任南京大学教授、江苏美协分会副主席、江苏省国画院副院长等职。出版有《宋文治画集》《宋文治作品选集》等。

宋吟可（1902—1999），江苏南京人，原名荫科。曾任中国美协第二、三届理事，中国文联委员，贵州省文联副主席，中国美协贵州分会主席，贵州省国画院院长。

孙菊生（1913—2018），北京人，祖籍浙江余姚，字晓湖，别号雪乡翁。中国书画名家。是国内画猫流派中介于工笔画和写意画之间的重要代表人物，有“猫王”之称。

孙连旺（1923—1996），北京通州人，1938年入荣宝斋当学徒，木版水印印刷专家。

孙墨佛（1884—1987），山东莱阳人，原名孙鹏南，字云斋，曾用名孙巍，字尧天，号眉园、别号天舌山人，又名剑门老人。民革中央委员，中央文史研究馆馆员，著名书法家。曾参加辛亥革命。初学魏碑，继临“二王”，旁及篆、隶、章草等。中年转习狂草，晚年专攻孙过庭《书谱》。曾任中国书法家协会名誉理事、中山书画会理事。

孙平化（1917—1997），辽宁营口人，1939年东渡日本求学。曾从事中国共产党的地下工作。1944年加入中国共产党。从1952年开始即在廖承志领导下从事中日交流工作。1964年起任廖承志办事处驻东京联络处首席代表。先后在中日友好协会、中国人民对外友好协会工作，是全国政协第五、六、七届委员。

孙荣彬（1884—1968），山西人，字挚哉，晚号止叟，堂号止斋。清末拔贡生，擅诗词文史，近代山水画家、书法家。新中国成立后任职山西省文史馆，常以诗词书画为娱，高风亮节，时人敬爱有加。作品传世不多，著有《挚哉吟稿》。

孙树梅（1928—　），曾任荣宝斋经理助理兼艺术指导，现为中国美术家协会会员、中国老年书画协会会员。1944年在荣宝斋从事“木版水印”勾描临摹工作。

孙天牧（1911—2010），山东莱阳人，北派山水画家、国画大师。书法家孙墨佛长子，1938年起师从陈少梅先生学习绘画艺术并确立北宗山水的绘画风格。出版有《孙天牧画集》《孙天牧中国画作品选》《中国近现代名家画集·孙天牧》。

T

唐云（1910—1993），浙江杭州人，自幼酷爱书画，17岁前主要临摹古代名画。1938—1942年先后在新华艺术专科学校、上海美术专科学校教授国画。1949年后历任上海市美术家协会副秘书长、展览部部长，上海美术专科学校国画系主任，上海博物馆鉴定委员，上海中国画院副院长等职。擅花鸟、山水，偶作人物。

陶一清（1914—1986），上海人，原名文通，斋号补斋，擅长山水画，中国美术家协会会员、中国画研究会副会长、国画艺术家。1934年在京华美术学院毕业。1956年参加中央军委、文化部组织的长征路线写生访问团，为创作长征画卷搜集素材。作品参加国内历届美展，先后多次在国外举办个人画展。1961年任教于中央美术学院中国画系，为该院教授。

1982年加入中国民主同盟。

田润成（生卒年不详），篆刻家，米景扬同学。

田世光（1916—1999），山东乐陵人，世居北京海淀西南六郎庄，号公炜。早年拜张大千门下，为大风堂弟子之一。早年求学于京华美术学院，专攻国画花鸟，曾在北平国立艺专任教，新中国成立后曾任中央美院教授。他长期从事花鸟、山水画创作，为我国现代工笔花鸟画名家，是中国美术家协会会员、北京工笔重彩画副会长、中国画研究院第一届院务委员。

田宜生（生卒年不详），荣宝斋收购部负责人，书画鉴定家。

田镛（1938—　），北京人，自幼喜爱绘画，现为北京画院高级美术师、中国美术家协会会员、中国当代工笔学会会员、北京工笔画学会理事、东方美术交流学会会员。

田永庆（1914—2006），北京通州人，1933年入荣宝斋，解放后任荣宝斋印刷主任。

铁宝亭（1894—？），河北大厂人，回族，自幼在北京经营翡翠生意，有“翡翠大王”之称，1949年移居香港。

铁保（1752—1824），字冶亭，号梅庵，本姓觉罗氏，后改栋鄂氏。满洲正黄旗人，清代书法家。书法早年曾学“馆阁体”，后学颜真卿，纠正“馆阁体”带来的板滞之病。与成亲王永瑆、刘墉、翁方纲，称为“清四大书家”。

W

汪节庵（1736—1820），安徽歙县人，名宣礼，字蓉坞，“清代四大墨家”之一。他的制墨店号“函璞斋”与曹素功“艺粟斋”、汪近圣“鉴古斋”并驾齐驱。乾隆中期汪氏崭露头角，嘉庆、道光年间为鼎盛时期。特别是在曹素功墨店迁到苏州后，汪节庵便取而代之成为徽州地区制墨的“一把手”。

汪近圣（1692—1761），徽州绩溪人，清代制墨名家，号鉴古。原是曹素功家墨工，清康熙、雍正年间崛起，摆脱曹家羁绊，独自在徽州府城开设了一家“鉴古斋”墨店。其墨雕镂之工，装饰之巧，无不备美，与曹素功、汪节庵等齐名，一时购求之家咸以汪氏为最。

汪启茂（生卒年不详），徽墨大家，胡开文之师。

汪慎生（1896—1972），安徽歙县人，名溶，字慎生。在上海画炭画[①]谋生。约20世纪30年代初到京，先后任私立京华美术专科学校和辅仁大学美术系教授。解放后，任民族美术研究所副研究员、北京画院画师、院务委员等职。擅花鸟、山水，尤以花鸟著名，能工笔亦能写意，而以小写意花鸟画最富影响。

汪声远（1886—1969），安徽歙县人，名铎，字声远，别号北野山樵、浙江渔父，毕业于上海美专西画科。曾任上海美专教授、国画系主任及新华艺专、无锡艺专、华东美专、南京艺专等校教席，教学有理论有实践，边讲边画，深受学生欢迎。工山水、人物，技法纯熟。

王成喜（1940—　），河南尉氏人，中国著名国画艺术家。1966年毕业于中央工艺美术学院，现为全国政协委员、中国美术家协会理事、中国书法家协会会员、中国人民政治协商会议全国委员会书画室副主任、国家一级美术师。

王大山（生卒年不详），北京人，年轻时在其父的“醉经堂”书画店学艺，后到广东博物馆工作，20世纪60年代初调到荣宝斋门市部，收购书画。80年代调到香港荣宝斋工作。书画鉴定专家。

王铎（1592—1652），河南孟津人，字觉斯，一字觉之，号十樵、嵩樵，又号痴庵、痴仙道人，别署烟潭渔叟，明末清初书画家。他的书法与董其昌齐名，有“南董北王”之称。

王绂（1362—1416），江苏无锡人，字孟端，号友石生，别号九龙山人，明初大画家。幼年聪明好学，10岁已能作诗，15岁游学邑庠为弟子员。他尤喜绘画，曾师法吴镇、王蒙、倪瓒等画坛大家。建文二年（1400）回乡，隐居九龙山（即惠山），赋诗作画，教授弟子。

王福厂（庵）（1879—1960），浙江杭州人，字维季，号福厂，现代著名书法家、金石家。名禔（读tí），初名寿祺，70岁后自号持默老人。因喜收集印章，自称印备，室名麋研斋。工书，凡钟鼎、籀隶无不能。清末与丁仁等创设西泠印社。民国初年到京，任印铸局技正，后至沪鬻字治印自给。解放后为中国画院画师。

王个簃（1897—1988），江苏海门人，名贤，字启之。16岁到南通求学，笃好诗文、金石、书画。从吴学书画篆刻，为入室弟子。曾任上海新华艺术专科学校、东吴大学、昌明艺术专科学校教授，上海美专教授兼国画系主任。新中国成立后，任上海画院副院长、名誉院长，中国美术家协

---

① 炭画，使用木炭、炭精条等材料绘制作品的绘画方式；而炭精画，是使用炭精粉为主要材料，以擦、揉为主要技法的绘画方式。两者均一直流行于中国民间。

会理事和书法家协会上海分会副主席，西泠印社副社长，上海文史馆馆员等职，为全国政协第三、四、五届委员。

王家瑞（1916—？），河北深州人，13岁时来到琉璃厂学习装裱，1956年，被荣宝斋重点吸纳。多年来，为国家培养了大量的装裱技术人才，生前为中国文物保护协会会员、中国装裱协会会员、荣宝斋咨询委员会委员，挽救过无数濒临灭绝的书画珍品。

王杰魁（1874—1960），评书艺术家，青年时代就开始在北京说评书，渐渐享名。他最拿手的书目是《七侠五义》。如果说评书以细腻为艺术风格特色，那么王杰魁则是细中又细。他说书吐字慢，像在拉长音，娓娓说来，别具艺术魅力。又善于使用“变口”，用不同的方音刻画人物。

王晋卿（1894—1960），河北任丘人，本名王文进，号楷青，别号梦庄居士。现代藏书家、古籍版本学家。

王曼恬（1913—1977），女，湖南湘乡人，20世纪30年代就读于上海新华艺专学习美术。做过地下党工作，1949年后曾任天津教育局分局长。“文革”中造反起家，任天津市委主管文教的书记、革委会副主任。曾任国务院文化组党组成员，分管全国美术工作。

王蒙（1308—1385），浙江湖州人，字叔明，号黄鹤山樵。赵孟頫外孙，元末画家。山水画受赵孟頫影响，师法董源、巨然，集诸家之长自创风格。作品以繁密见胜，重峦叠嶂，长松茂树，气势充沛，变化多端；喜用解索皴、牛毛皴，干湿互用，寄秀润清新于厚重浑穆之中；苔点多焦墨渴笔，顺势而下。兼攻人物、墨竹，并擅行楷。与黄公望、吴镇、倪瓒合称“元四家”。存世作品有《青卞隐居图》《葛稚川移居图》《夏山高隐图》《丹山瀛海图》《太白山图》等。

王仁山（生卒年不详），北京通州人，曾在荣宝斋当学徒，1922年担任荣宝斋经理，由于他经营有方，业务不断拓展，荣宝斋发展很快，先后在上海、南京、天津、武汉设立分店。1950年担任荣宝斋资方代理兼副总经理。

王世襄（1914—2009），北京人，祖籍福建福州。字畅安，著名文物专家、学者、文物鉴赏家、收藏家、国家文物局中国文化遗产研究院研究员、中央文史研究馆馆员。1980年任文化部文物局中国文物研究所研究员。

王树森（1917—1989），北京人，别名少芝，北京玉雕艺术家。“北玉四杰”（其他三杰为潘秉衡、何荣、刘德盈）之一。

王廷芳（生卒年不详），全国人大常委会副委员长郭沫若之秘书。

王希孟（1096—？），北宋时人，工山水，作品罕见；可以称得上中国绘画史上仅有的以一张画而名垂千古的天才少年。十多岁入宫中“画学”为生徒，初未甚工，宋徽宗赵佶时系图画院学生，后召入禁中文书库，曾奉事徽宗左右，但宋徽宗慧眼独具，认为“其性可教”，于是亲授其法，经赵佶亲授笔墨技法，艺精进，画遂超越矩度。徽宗政和三年（1113）4月，王希孟用了半年时间终于绘成名垂千古之鸿篇杰作《千里江山图》卷，时年仅18岁，此外再没有关于他的记述，不久就早逝。

王习三（1938—　），河北阜城人，原名王端成，中国工艺美术大师、一级美术师、九三学社衡水市委名誉主委。1958年入北京工艺美术研究所拜师学习内画鼻烟壶艺术。1958—1966年在北京市工艺美术研究所学艺，后调北京工艺美术厂搞内画创作，现任衡水市内画艺术院院长。

王祥（185—269），琅玡临沂（今山东临沂）人，字休徵。三国曹魏及西晋时大臣，书圣王羲之的族曾祖父。其侍奉后母极孝，为“二十四孝”之一“卧冰求鲤”的主人翁，有“孝圣”之称。

王晓棠（1934—　），女，河南开封人，国家一级演员，中国影协副主席，八一电影制片厂厂长，少将军衔，中国著名女电影表演艺术家。

王雪涛（1903—1982），河北成安人，原名庭钧，字晓封，号迟园，中国现代著名小写意花鸟画家。历任北京画院院长、中国美术家协会理事、美协北京分会副主席。著有《王雪涛画集》《王雪涛画辑》《王雪涛画谱》《王雪涛的花鸟画》等。

王雁南（生卒年不详），河南滑县人，原名赵雁南、赵亮，中国嘉德国际拍卖有限公司董事总裁，嘉德创始人之一。

王冶秋（1909—1987），安徽霍邱人，又名野秋，曾任霍邱县委书记，1932年参加左联，1941年加入中国共产党。后在冯玉祥处任教员兼秘书。1947年后任北方大学、华北大学研究员。新中国成立后，历任文化部文物局副局长、局长，国家文物局局长、顾问。是中共十一大代表，第三至五届全国人大代表，第四、五届全国人大常委。著有《民元前的鲁迅先生》《琉璃厂史话》等。

王穉登（1535—1612），苏州长洲（今江苏苏州）人，即王稚登，字伯穀，号松坛道士，明朝后期文学家、诗人、书法家。

王铸九（1900—1966），河南舞阳人，原名鼎，号两石，字蟾农。早年毕业于师范学校，后拜齐白石为师习画。曾任北京市美术公司画师、北京中国画院专业画家。创作以写意为主，受吴昌硕、齐白石影响尤深。作品常以农家作物为题材，笔墨老辣、浑厚华滋，富有浓郁的生活气息。

王宗光（1917—1989），北京顺义人，1932年入荣宝斋。

魏紫熙（1915—2002），河南遂平人，原名显文，1934年毕业于开封河南艺师。1938年后，于河南、湖北等地多次举办个人画展。新中国成立后，相继于南京文工团、南京美术工厂、江苏省美术工作室工作。历任江苏国画院画师，兼徐州国画院名誉院长，中国美术家协会理事。

文徵明（1470—1559），长洲（今江苏苏州）人，原名壁（或作璧），字徵明，明代杰出画家、书法家、文学家。

翁方纲（1733—1818），直隶大兴（今属北京）人，字正三，一字忠叙，号覃溪，晚号苏斋。清代书法家、文学家、金石学家。

翁同龢（1830—1904），江苏常熟人，字叔平，号松禅，别署均斋、瓶笙、瓶庐居士、并眉居士等，别号天放闲人，晚号瓶庵居士，中国近代史上著名政治家、书法艺术家。

吴昌硕（1844—1927），浙江孝丰（今湖州）人，初名俊，又名俊卿，字昌硕，又署仓石、苍石，多别号，常见者有仓硕、老苍、老缶、苦铁、大聋、缶道人、石尊者等。晚清民国时期著名国画家、书法家、篆刻家，“后海派”代表，杭州西泠印社首任社长，与任伯年、蒲华、虚谷合称为“清末海派四大家”。他集“诗、书、画、印”为一身，熔金石书画为一炉，被誉为“石鼓篆书第一人”“文人画最后的高峰”。在绘画、书法、篆刻上都是旗帜性人物，在诗文、金石等方面均有很高的造诣。

吴大澂（1835—1902），江苏吴县（今苏州）人，初名大淳，字止敬，又字清卿，号恒轩，晚号愙斋，清代官员、学者、金石学家、书画家，民族英雄。善画山水、花卉，精于篆书，皆得力于金石鉴赏修养。

吴道子（约680—759），河南阳翟（今禹州）人，唐代著名画家，画史尊称“画圣”，又名道玄。年轻时即有画名。从事壁画创作。开元年间，以善画被召入宫廷，历任供奉、内教博士、宁王友。曾随张旭、贺知章学习书法，通过观赏公孙大娘舞剑，体会用笔之道。擅佛道、神鬼、人物、山水、鸟兽、草木、楼阁等，尤精于佛道、人物，长于壁画创作。

吴冠中（1919—2010），江苏宜兴人，当代著名画家、油画家、美术教育家。毕业于国立杭州艺专，20世纪40年代后期赴法国留学，50年代回国任中央工艺美术学院副教授。改革开放后，多次赴国外举办画展。油画代表作有《长江三峡》《北国风光》《小鸟天堂》《黄山松》《鲁迅的故乡》等。个人文集有《吴冠中谈艺集》《吴冠中散文选》《美丑缘》等十余种。

吴光宇（1908—1970），浙江绍兴人，原名显曾，以字行。幼喜绘画，1926年求学于北京中国画学研究会，师事徐燕孙。曾执教于北平国立艺术专科学校、京华美术学院。1949年后入北京画院从事专业创作。曾为中国美术家协会会员。擅人物，取法宋元，以工笔重彩见长，多取历史题材、神话传说及古装人物入画，亦擅连环画。

吴湖帆（1894—1968），江苏苏州人，为吴大澂嗣孙。初名翼燕，字遹骏，后更名万，字东庄，又名倩，别署丑簃，号倩庵，书画署名湖帆。20世纪三四十年代与吴待秋、吴子深、冯超然并称为“三吴一冯”。新中国成立后，任上海中国画院筹备委员、画师，上海大学美术学院副教授，中国美术家协会上海分会副主席，上海市文史馆馆员，上海市文物保管委员会委员。收藏宏富，善鉴别、填词。山水从“四王”、董其昌上溯宋元各家，冲破南北宗壁障，以雅腴灵秀、缜丽清逸的复合画风独树一帜，尤以熔水墨烘染与青绿设色于一炉并多烟云者最具代表性，并工写竹、兰、荷，是20世纪中国画坛一位重要的画家。

吴石潜（1867—1922），浙江绍兴人，原名金培，字石泉、石潜，号潜泉，又号遯盦，今作遁盦。近代篆刻家、文化企业家。“天下第一名社”杭州西泠印社创始人之一。

吴叔大（生卒年不详），清代制墨大家。

吴天章（生卒年不详），名倬，以字行世，号闇然室主人，生于明末崇祯年间，清代艺术家、制墨高手。

吴韦（1636—1699），广东南海人，一名文炜，号虎泉，擅长书画。

吴小如（1922—2014），安徽泾县人，原名吴同宝，曾用笔名少若，历史学家、北京大学教授、中央文史研究馆馆员。

吴玉如（1898—1982），安徽泾县人，字家琭，后以字行。故早年号茂林居士，晚年自署迂叟。抗战胜利后，曾在志达中学、天津工商学院等校任教，天津工商学院改为津沽大学后，任中文系主任，直迄天津解放。“文化大革命”以前，始终在北京以教书、鬻字、注释古籍、编撰《辞源》《辞海》条目为生。

吴仲超（1902—1984），上海南汇人，又名兰久、铿。曾任中共华东党校副校长兼华东人民革命大学副校长、中华人民共和国文化部部长助理、故宫博物院院长兼党委第一书记等职。

吴作人（1908—1997），安徽泾县人，生于江苏苏州，1926年入苏州工业专科学校建筑系，1927年至1930年初先后就读于上海艺术大学、南国艺术学院美术系及南京中央大学艺术系，师从徐悲鸿先生，并参加南国艺术学院艺术革新运动。早年攻素描、油画，功力深厚；间作国画富于生活情趣，不落传统窠臼。晚年后专攻国画，境界开阔、寓意深远，以凝练而准确的形象融会着中西艺术的深厚造诣。在素描、油画、艺术教育方面都造诣甚深，在中国画创造方面更是别创一格、自成一家，是继徐悲鸿之后中国美术界的又一领军人物。

X

西园寺公一（1906—1993），日本政治家。曾担任参议院议员、外务省特约顾问和大西洋调查会理事等职务。中日友好人士，一生致力于日中两国人民友好事业。

夏明翰（1900—1928），湖南衡阳人，字桂根，出生在湖北秭归，12岁随全家回乡。1917年，他违背祖父心愿报考新式学校。1919年在衡阳参加学生爱国运动。1924年任中共湖南省委委员，并负责农委工作。1925年兼任湖南省委组织部部长、农民部部长和长沙地委书记。极力主张武装农民。1927年春，任全国农民协会秘书长兼武汉中央农民运动讲习所秘书。6月，调回湖南，任中共湖南省委委员兼组织部部长。中共八七会议后，在湖南积极参加秋收起义。10月，兼任平（江）浏（阳）特委书记。1928年初，调任中共湖北省委常委。同年2月，在汉口被敌人逮捕。1928年3月20日，在武汉汉口余记里被杀，时年28岁。2009年被评为“100位为新中国成立做出突出贡献的英雄模范人物”。

夏明衡（1902—1927），是夏明翰的胞妹。1924年，她在省立衡阳第三女子师范读书时，便参加了社会主义青年团，次年转为中国共产党党员，是省政治讲习所的学员，省学联和省妇代会代表；湘南学联骨干成员。她还先后担任过衡阳妇女界联合会会长、国共合作时期的国民党衡阳市党部妇女部长、中共湘南特委委员。

夏明霹（1908—1928），在省立第三师范读书时，因受哥哥姐姐的影响，很快成为湘南学联的骨干，1925年加入中国共产党，次年8月任衡阳县农民协会青运委员。1927年3月，在哥哥夏明翰的鼓励支持下，赴武昌农讲所学习，结业后回到衡阳，任衡阳农民运动讲习所教员。大革命失败后，经哥哥夏明翰提议，由组织上派他到衡北、南岳等地从事地下游击斗争。

夏明震（1907—1928），中国共产党早期卓越领导人之一，领导了著名的湘南起义，组建了中国工农革命军独立第七师，建立了湖南郴县（现升格为郴州市）苏维埃政府。大革命时期先后担任中共湘南区（特）委组织部部长、中共衡阳县委委员、衡阳县农民协会委员长、衡阳农民运动讲习所教务长、郴州（郴县、宜章、资兴、汝城四县）特委书记、中共郴县中心县委书记（夏明震牺牲后，陈毅代理郴县县委书记）、中国工农革命军第七师党代表（朱德时任第一师师长、陈毅为十二师师长）等职。

夏衍（1900—1995），浙江杭州人，祖籍河南开封，原名沈乃熙，字端先，毕业于浙江（省立）甲种工业学校。中国著名文学、电影、戏剧作家和社会活动家，中国左翼电影运动的开拓者、组织者和领导者之一。

香川风云（生卒年不详），日本国会议员。

萧淑芳（1911—2005），女，广东中山人，中央美术学院教授，中国当代著名画家。曾任中央美术学院国画系副教授、教授，中国美术家协会会员，全国妇联第四届执委，中国民主同盟盟员。吴作人艺术馆馆长、吴作人国际美术基金会会长。以花卉画作，享名于世，兼擅风景、静物、肖像等。

谢赫（479—502），南朝齐、梁间画家，绘画理论家。善作风俗画、人物画。著有《古画品录》，为我国最古的绘画论著，评价了3—4世纪的重要画家。提出中国绘画上的“六法”，成为后世画家、批评家、鉴赏家们所遵循的原则。其代表作《古画品录》首先提出绘画的目的是“明劝戒，著升沉，千载寂寥，披图可鉴”，指出通过真实的描写收到教育的效果。

谢稚柳（1910—1997），江苏常州人，原名稚，字稚柳，后以字行，晚号壮暮翁，斋名鱼饮溪堂、杜斋、烟江楼、苦篁斋。擅长书法及古书画的鉴定。初与张珩（张葱玉）齐名，世有“北张南谢”之说。历任上海市文物保护委员会编纂、副主任，上海市博物馆顾问，中国美协理事，上海分会副主席，中国书法家协会理事，国家文物局全国古代书画鉴定小组组长，国家文物鉴定委员会委员，等。著有《敦煌石室记》《敦煌艺术叙录》《水墨画》等，编有《唐五代宋元名迹》等。

熊伯齐（1944— ），四川井研人，原名光汉，号容生、天府民，斋号三砚室，别署玉垒轩。现为中国书法家协会理事、中国文联书画艺术中心理事、中国文联牡丹书画艺术委员会副会长、西泠印社理事、北京印社副社长、《中国书画》副主编、《中国篆刻》执行主编、国家一级美术师。

熊克武（1885—1970），四川井研人，字锦帆。1904年东渡日本，1905年加入孙中山领导的同盟会，民国初年四川著名的长衫军人。在著名的广州黄花岗起义后，他被公推为蜀军北伐总司令，在讨伐袁世凯的护国运动、护法运动中与原云南都督蔡锷等并肩作战，迫使袁世凯取消了帝制。1949年又与刘文辉等策动了川西起义。解放后，他先后担任西南军政委员会副主席，全国政协委员，全国人大第一、二、三届常委，民革中央副主席。

徐邦达（1911—2012），浙江海宁人，生于上海，字孚尹，号李庵，又号心远生，晚年号蠖叟。曾为故宫博物院研究员、国家文物鉴定委员会常务委员、杭州西泠印社顾问、九三学社社员。为中国艺术史界“鉴定学派”的一代宗师，有“徐半尺”（意指其鉴画，于画轴展开半尺已知真伪）和“华夏辨画第一人”之誉。

徐悲鸿（1895—1953），江苏宜兴人，原名徐寿康，中国现代画家、美术教育家。曾留学法国学西画，归国后长期从事美术教育，先后任教于“国立中央大学”艺术系、北平大学艺术学院和北平艺专。1949年后任中央美术学院院长。擅长人物、走兽、花鸟，主张现实主义，于传统尤推崇任伯年，强调国画改革融入西画技法，作画主张光线、造型，讲求对象的解剖结构、骨骼的准确把握，并强调作品的思想内涵，对当时中国画坛影响甚大，与张书旗、柳子谷三人被称为画坛的“金陵三杰”。所作国画彩墨浑成，尤以奔马享名于世。被称为中国现代美术教育的奠基者，主张发展“传统中国画”的改良。

徐庆儒（1916—2003），北京人，原名徐庆，小学毕业后，没再升学。1933年春，进荣宝斋学徒，拜崔毓生先生为师。崔毓生与岳海亭、彭霭亭实为荣宝斋木版水印技艺的第二代传人。1958年秋，以八级技师的身份调入上海人美社水印工作室。

徐小兰（生卒年不详），女，浙江人，著名越剧表演艺术家徐玉兰弟子。

徐燕孙（1899—1961），河北深州人，名操，号霜红楼主，斋号霜红楼、寒水堂、归燕楼等，早年参加中国画研究会。曾从俞明（涤烦）学画，后深得宋元名画真髓，是我国20世纪杰出的工笔人物画家之一。

徐之谦（1903—1985），北京人，字钵厂，号益斋，又号居庸山农。经友人介绍，进北京文楷斋刻书处学徒。因其自幼喜爱书法，此项工作恰与志趣相投，所以工作起来十分勤奋。工作之余，他临摹欧阳询《九成宫醴泉铭》。由于书法造诣较深，由刻工提升为书写，专门从事图章、篆刻戳记和诸体版本的书写工作。经理将他调往上海，抗日战争时期奔波于上海、南京之间。20世纪50年代初，北京荣宝斋经理得知徐之谦在原籍务农，就将他请回荣宝斋，安排在编辑科从事书法、篆刻工作。在书法方面，他对隶、行、楷、草及宋体、美术字，无不精熟，是一位名副其实的书林全才、奇才。他的隶书凝重端庄，行书婉丽清雅，楷书工整俊逸，草书严谨流畅，篆书浑朴雄健；各种字体皆自成一家，在国内书法界名家中占有一席之地。由于徐之谦的篆刻技艺精湛，周恩来、陆定一、萧劲光、刘宁一、谷牧等党和国家领导人以及郭沫若、赵朴初、邓拓等社会名人的姓名章，都是由他精心篆刻的。

许麟庐（1916—2011），山东烟台人，又名德麟，国画家、书法家、书画鉴赏家。中国美术家协会和中国书法家协会会员，中山书画社副社长，中国老年书画研究会副会长，北京花鸟画研究会会长，北京中国画研究会副会长，北京中国书画社名誉社长，山东蓬莱书画学会名誉会长，山东菏泽、四川乐山、河南开封书画院名誉院长，以及中国书画函授大学、北京工业大学名誉教授等。

Y

亚明（1924—2002），安徽合肥人，原姓叶，名家炳，号葳植，后改名亚明。历任无锡市美协主席，江苏省美术工作室主任，华东美协理事，江苏省国画院副院长，中国美协江苏分会主席，中国美协常务理事，香港《文汇报》中国画版主编，南京大学艺术研究中心教授。出版有《访苏画辑》《亚明作品选集》《亚明画集》《三湘四水集》《亚明近作选集》《当代名家中国画·亚明》等。

颜伯龙（1898—1955），满族，正黄旗，北京人。名云霖，字伯龙，以字行，号长白布衣，所居椿草堂。民国时期京津画派著名的花鸟画家，工山水、人物、翎毛、走兽。早年毕业于北京师范学校，继入北京艺术专门学校国画系，受业于王梦白（云）、陈衡恪（师曾）诸先生，毕业后被聘为北京师范学校及艺术专门学校国画教师、中国画学研究会评议委员。20世纪50年代为天津美术家协会会员，其作品《五喜图》曾获美展一等奖。

颜梅华（1927—　），浙江乐清人，号雪庵，斋号琴斋。自幼喜读书，嗜丹青。20世纪40年代中期从事连环画创作，师从陈光镒。他尤其擅长武侠等题材，其笔下的侠客男士形象和绘画风格独具特色。解放前，被誉为连环画“四小名旦”之一。抗战胜利以后，他编绘了一系列畅销书，以及解放后他创作的《风云初记》《误入白虎堂》《白秋练》等连环画，深受读者喜爱。

杨涵（生卒年不详），山东益都（今青州）人，字水心，又名辅峭，字云峭，号云笠，清乾隆年间书画家。贡生，性简傲，善画，尤长于墨、竹，入神品。曾坐卧竹下，领会枝叶偃仰欹斜之态，久之，遂有所得，脉络层叠，浓淡有致。书法遒美，洒脱大气。

杨继桐（生卒年不详），北京通州人，早年荣宝斋学徒，解放后任荣宝斋业务科科长。

杨仁恺（1915—2008），四川岳池人，号遗民，笔名易木，斋名沐雨楼。享誉海内外的博物馆学家、书画鉴赏大师、书画大家、美术史家。曾任“中国古代书画七人鉴定小组”成员、中国博物馆协会名誉理事。因其杰出贡献，被授予“人民鉴赏家”荣誉称号，被誉为“国眼”。他是新中国文博事业的拓荒者，对中国历史文化遗产的考鉴、拯救及中国文化在世界上的传播做出了卓越贡献，在海内外影响深远。

杨善深（1913—2004），广东台山人，字柳斋。曾留学日本，在京都堂本美术专科学校攻读美术，回国后与高剑父、冯康侯等人在澳门成立“协社”，后与高剑父、陈树人、赵少昂、关山月、黎葛民五人在广州成立“今社”。1949年定居香港。擅长中国画，兼长山水、花鸟、人物。作品有《秋山旅行》《十二生肖》《人物册页》等。出版有《杨善深画集》多种。

杨士惠（1911—1987），北京人，字润生。1985年加入中国共产党。出身于老北京手工艺人世家，祖父杨启海、叔祖父杨启元，都是木雕、牙雕行业的能手。12岁随叔祖父杨启元学木雕，14岁又拜曹斌、刘德良为师，改学牙雕。17岁即独立创作了第一件立雕作品《猫蝶富贵花篮》。

杨振亚（1928—2018），中国驻日大使。

杨之光（1930—　），广东揭西人，生于上海，又名焘甫。1949年入广州艺专及南中美院，1950年入苏州美专上海分校中国画科学习，同年夏考入北京中央美术学院绘画系。历任广州美术学院教授、系主任、副院长，广州画院国画系主任、教授、副院长，美协广东分会理事，广州美术学院教授，岭南美术专修学院院长等职。2013年获第二届“中国美术奖·终身成就奖”。

姚佩珠（生卒年不详），女，李可染夫人。

姚为言（生卒年不详），北京通州人，早年琉璃厂古玩店学徒，对明清书画有一定研究，解放后在荣宝斋当服务人员。

叶恭绰（1881—1968），浙江余姚人，生于广东番禺，字裕甫（玉甫、玉虎、玉父），又字誉虎，号遐庵，晚年别署矩园，室名“宣室”。祖父叶衍兰（兰台）金石、书、画均闻名于世。父叶佩含诗、书、文俱佳。著名的书画家、收藏家、政治活动家。新中国成立后，曾任中央文史馆副馆长、第二届全国政协常委。

叶浅予（1907—1995），浙江桐庐人，原名叶纶绮，笔名初萌、性天等。从事绘画教学和以舞蹈、戏剧人物为主的国画创作，擅人物、花鸟、插图、速写等。早年从事漫画创作、舞台美术布景设计，曾任中国美协副主席、中国文联委员、中国画研究院副院长、中央美院教授。

叶圣陶（1894—1988），江苏苏州人，原名叶绍钧，字秉臣、圣陶，现代作家、教育家、文学出版家和社会活动家，有“优秀的语言艺术家”之称。1916年，进上海商务印书馆附设尚公学校执教，推出第一个童话故事《稻草人》。1918年，发表第一篇白话小说《春宴琐谭》。1923年，发表长篇小说《倪焕之》。新中国成立后曾出任教育部副部长，人民教育出版社社长、总编，中华全国文学艺术界联合委员会委员，中国作家协会顾问，中央文史研究馆馆长，全国政协副主席，第一、二、三、四、五届全国人民代表大会常务委员会委员，民进中央主席。

叶仲三（1875—1945），京城内画壶高手，堂号“杏林堂叶”。他与周乐元、马少宣同被视为内画鼻烟壶的三大画匠。他的作品来源主要是晚清和民国初年社会上所流行的一些画册，如《古今名人画谱》《飞影阁》等。

伊藤东海（生卒年不详），日本书法家。

于照（1888—1959），山东蓬莱人，久居北京。字非闇（厂），别署非暗，又号闲人。清贡生，为华北名记者。工书，擅瘦金体。画花木禽鱼，从宋人勾勒入手，雕青嵌绿，富丽绚烂。白描兰、竹、水仙，尤为清逸。兼擅治印。1935年起专攻工笔花鸟画。曾任北平古物陈列所附设国画研究馆导师、北京中国画院副院长、中国画研究院副院长。于艺术事业，致力甚多。

于立群（1916—1979），女，广西贺县人（今贺州市），郭沫若夫人，中国共产党党员。解放战争时期，随郭沫若在上海、香港两地从事民主运动。新中国成立后，任全国妇联执委会委员，曾当选为全国人大代表。

余湛（1921—1992），湖北英山人，新中国成立前长期在军队工作。1950年入外交部，历任驻波兰使馆一秘、参赞、苏欧司副司长、外交部副部长。

俞陛云（1868—1950），浙江德清人，字阶青，别号斐盦、乐静、乐静居士，晚号乐静老人、存影老人、娱堪老人，室名乐静堂、绚华室。近代知名学者、诗人，在文学、书法方面都有很高的建树，尤其精于诗词。

俞致贞（1915—1995），女，北京人，字一云，画室名百花书屋，著名花鸟画家。中国美术家协会会员、中国老年书画会顾问、中国书画函授大学教授、北京工笔重彩画会副会长、北京花鸟画会名誉会长，擅长工笔花鸟、草虫、蔬果。

郁重今（1928— ），江苏海门人，字西林，西泠五老之一。西泠印社资深社员、中国书法家协会会员、浙江省篆刻创作委员会顾问。早年受业于韩登安先生学篆刻，精研金石书画。以金石书画延时誉，又因擅经营显儒商本色，一生颇多传奇色彩。

袁江（1662—1735），江苏江都（今扬州）人，字文涛，号岫泉，是中国绘画史上有影响的宫廷画家，专攻山水楼阁界画。他擅画山水、楼台，师法宋人。同时专工界画，成为有清一代推为第一的界画家。

袁克定（1878—1955），河南项城人，字云台，别号慧能居士，袁世凯长子。

袁良（生卒年不详），时任荣宝斋门市部负责人。

袁世昌（生卒年不详），袁世凯之兄。

袁世凯（1859—1916），河南项城人，字慰亭，号容庵，中国近代著名政治家、军事家，北洋新军创始人。辛亥革命期间逼清帝溥仪退位，以和平方式推翻清朝，并当选为第一任“中华民国”大总统，选择建立君主立宪政体。1912年袁世凯宣誓就职临时大总统，1913年就任正式大总统，1916年建立年号为洪宪的中华帝国，未能成功。

袁耀（生卒年不详），江苏江都（今扬州）人。清朝画家，字昭道，袁江之侄。工画山水、楼阁、界画。画风工整、华丽，与袁江相似，其精品有胜于袁江者。

岳彬（1896—1954），北京通州人，清末来北京学习买卖旧货，20世纪30年代后开设彬记古玩店，曾与美国古董商普艾伦勾结盗卖洛阳龙门石窟帝后礼佛图，使这两件珍贵的唐代石雕流落异国。《皇帝礼佛图》现存美国纽约市艺术博物馆，《皇太后礼佛图》现存美国堪萨斯城纳尔逊博物馆。1953年，经有关部门侦破，将岳彬以盗卖文物罪判处死刑，缓期两年执行。

Z

载涛（1887—1970），北京市人，满洲正黄旗，字叔源，号野云（一说夜云），晚清重要政治人物，解放后任全国政协委员。

展子虔（约545—618），河北渤海（今沧州）人，隋代绘画大师。他是唯一有画迹可考的隋代著名画家，在中国绘画史上占据着重要位置。擅画佛道、人物、鞍马、车舆、宫苑、楼阁、翎毛、历史故事，尤长于山水。人物描法细致，以色景染面部；画马入神，立马有足势，卧马则腹有腾骧起跃之势。写山水远近，有咫尺千里之势，被称为“唐画之祖”。传世作品《游春图》是中国山水画中独具风格的画体，亦是中国存世最古老的山水画。

张伯驹（1898—1982），河南项城人，原名张家骐，字家骐，号丛碧，别号游春主人、好好先生。著名的收藏鉴赏家、书画家、诗词学家、京剧艺术研究家。曾任故宫博物院专门委员，国家文物局鉴定委员会委员，吉林省博物馆副研究员、副馆长，中央文史馆馆员，燕京大学国文系中国艺术史名誉导师，北京中国画研究会名誉会长，中国书法家协会名誉理事等职。

张葱玉（1914—1963），浙江南浔人，名珩，字葱玉，号希逸，是解放后我国第一代书画鉴定大师、中国传统鉴定书画方法的集大成者、公认的中国书画鉴定界当代泰斗。从1950年到1963年的13年间，其为国家的文物事业做出了巨大的贡献，被誉为中国20世纪最伟大的艺术鉴赏家。

张大千（1899—1983），四川内江人，祖籍广东省番禺，中国泼墨画家、书法家。他与张善子昆仲创立“大风堂派”，是20世纪中国画坛最具传奇色彩的泼墨画工。后旅居海外，画风工写结合，重彩、水墨融为一体，尤其是泼墨与泼彩，开创了新的艺术风格，因其诗、书、画与齐白石、溥心畬齐名，故又并称为“南张北齐”和“南张北溥”，名号多如牛毛。20多岁便蓄着一把大胡子，成为张大千日后的特有标志。他曾与齐白石、徐悲鸿、黄君璧、黄宾虹、溥儒、郎静山等同西班牙抽象派画家毕加索交游切磋。

张仃（1917—2010），辽宁黑山人，号它山，现代中国艺术家、教育家、清华大学教授、原中央工艺美术学院院长，中国人民政治协商会议会徽的设计者、中华人民共和国国徽设计提议者之一。曾任中央工艺美院第一副院长、中央工艺美院院长。中央工艺美术学院并入清华大学，更名为清华大学美术学院，其欣然复出，担任美术系第一工作室博士生导师。

张贵桐（1915—？），河北衡水人，13岁时来到北京琉璃厂学徒，从事装裱工作，1956年，任荣宝斋装裱车间主任，1959年荣获“装裱老艺人”称号，修复古今书画，功力深厚，技艺精湛，在全国装裱界享有盛誉。多年来为国家修复过大量的古旧书画作品，为中国文物保护协会委员、中国装裱协会会员、荣宝斋咨询委员会会员。1959年参与了人民大会堂《江山如此多娇》巨幅国画的装裱工作。

张君秋（1920—1997），北京人，祖籍江苏丹徒，原名滕家鸣，字玉隐。著名京剧表演艺术家，四小名旦之一，张派创始人。代表剧目有《玉堂春》《西厢记》《望江亭》《诗文会》《珍妃》《二进宫》等。

张叔诚（1898—1995），北京通州人，名文孚，别名忍斋。著名实业家。就读于南开中学，与周恩来同学。担任过其父张翼创办的山东枣庄中兴煤矿公司监察人，后历任中兴煤矿董事、协理、常务董事等职。新中国成立后，任天津文史研究馆馆员，曾任天津市政协委员。

张效彬（1882—1968），河南固始人，名玮，字效彬，号敔园。曾在英国剑桥大学学习经济学，回国后任教于京师法政新学堂。北洋政府时期，曾出使俄罗斯，先后任赤塔领事、伊尔库茨克总领事、彼得堡总领事，十月革命后回国。富收藏，曾建私人博物馆。书法宗北碑，楷书尤精。

张辛稼（1909—1991），江苏苏州人，名枢，字辛稼，以字行，早年亦署星阶，晚号霜屋老人。20多岁时即崭露头角。20世纪50年代后受海上画派明丽画风的影响，注重写生，作风为之一变。70年代后形成个性风格，淡化了常规色彩，更具时代的气息。曾任江苏美术专科学校教师，为中国美术家协会会员、江苏美协理事、苏州国画院院长。

张旭（675—约750），江苏吴县（今苏州）人，字伯高，一字季明，以草书著名，与李白诗歌，裴旻剑舞，称为“三绝”。诗亦别具一格，以七绝见长，与李白、贺知章等人共列“饮中八仙”之一。与贺知章、张若虚、包融号称“吴中四士”。书法与怀素齐名，被后世尊称为“草圣”。

张延洲（1919—2001），河北衡水人，1934年入荣宝斋当学徒，著名雕版大师。解放后，荣宝斋木版水印刻版大多出自他手。

张友渔（1899—1992），山西灵石人，原名张象鼎，字友彝。中国法学家、政治学家、新闻学家。第一、二、三、六届全国人大代表，第六届全国人大常委，第一、二、三、四、五届全国政协委员。青年时代参加“五四”运动和“五卅”运动。著有《中国宪政论》《法学基础知识讲话》《社会主义法制的若干问题》等，主编有《辞海法学卷》《世界议会词典》《历史大地图集》《中国法学四十年》《中华人民共和国法律全书》《中外法律大典》等大型工具书。

张镇芳（1863—1933），河南项城人，字馨庵，乃袁世凯兄嫂之弟，清光绪进士。

张正宇（1904—1976），江苏无锡人，从事漫画、装潢工艺美术方面的创作、出版、经营活动。任中国青年艺术剧院美术设计总顾问，中华人民共和国成立以后，张正宇参加了60余出古今中外剧目的设计工作。作品勇于创新，以充满民族气派、民间艺术趣味和装饰美著称。

张宗宪（1929— ），上海人，后移居香港，其英文名为罗伯特·张，江湖人称“萝卜张”。中国艺术品收藏家，在世界各地不遗余力地收藏中国瓷器和中国字画，在世界文物收藏圈内受到普遍敬重。他是苏富比、佳士得两大国际拍卖公司在香港拓展市场的主要推动者，同时对北京、上海几大艺术品拍卖公司也倾注了大量精力和财力。

张茂莹（1918—2004），女，祖籍北京通州豆各庄，清工部左侍郎兼路矿大臣张翼孙女，周恩来总理南开大学同窗、著名文物收藏家张叔诚之女。早年毕业于辅仁大学外语系，终生热爱昆曲，曾与著名学者楼宇烈、周妙中同演《文成公主》。1975年与爱新觉罗·溥任先生组成家庭。

章伯钧（1895—1969），安徽桐城人。著名政治家、社会活动家、爱国民主人士，中国农工民主党创始人和领导人之一，曾任中央人民政府委员、政务院政务委员、中国民主同盟副主席、农工民主党主席、中华人民共和国交通部部长、《光明日报》社社长。是第一届全国人大代表，第一、三届全国政协常委，第二届全国政协副主席，第四届全国政协委员。

赵茂峰（生卒年不详），曾任周恩来秘书。

赵朴初（1907—2000），安徽太湖人，生于安庆，卓越的佛教领袖、杰出的书法家、著名的社会活动家与伟大的爱国主义者。1938年后，任上海文化界救亡协会理事，中国佛教协会秘书、主任秘书，上海慈联救济战区难民委员会常委兼收容股主任，上海净业流浪儿童教养院副院长，上海少年村村长。1949年任上海临时联合救济委员会总干事，中国人民保卫世界和平委员会常委、副主席，亚非团结委员会常委。1980年后，任中国佛教协会会长、中国佛学院院长、中国藏语系高级佛学院顾问、中国宗教和平委员会主席。曾任上海市政协委员、常委，上海市人大代表，是第一、二、三、四、五届全国人大代表。

赵树理（1906—1970），山西晋城人，原名赵树礼，现代小说家、人民艺术家，“山药蛋派”创始人。他的小说多以华北农村为背景，反映农村社会的变迁和存在其间的矛盾斗争，塑造农村各式人物，开创的文学“山药蛋派”，成为新中国文学史上最重要、最有影响的文学流派之一。著作有长篇小说《李家庄的变迁》《三里湾》，中篇小说《李有才板话》，短篇小说《登记》《小二黑结婚》等。

赵英颇（？—1951），北京市人，著名评书表演艺术家。

赵忠祥（1942—2020），著名播音员。

真由美，日本著名电影女艺术家。

郑乃珖（1911—2005），福建福州人，号璧寿翁，精山水、人物、花卉、翎毛、走兽、青铜器皿、蔬果时鲜等。曾任中国画研究院院务委员、西安美术学院教授、福建省政协常委、省文史研究馆副馆长、福州画院院长、文联名誉主席，是中国当代画坛重要代表人物。出版有30余册画集，代表作品有《水乡春色》《荷萍》《灵山秀水育新苗》等。

郑诵先（1892—1976），四川富顺人，原名世芬，字诵先，号研斋，别号勉堪，晚年以字行。现代诗人、书法家。

郑振铎（1898—1958），福建长乐人，生于浙江温州，字西谛，书斋用“玄览堂”的名号，是中国民主促进会发起人之一。当代作家、文学评论家、文学史家、学者、翻译家、考古学家，新文化运动倡导者。

钟刚中（1885—1968），广西邕宁人，字子年，号柔翁，为清代晚期第一批出国留学七人之一。日本早稻田大学法律系毕业。北京解放后，彭真对他的爱国主义精神深为赞许，1952年乃安排其到中央文史研究馆任馆员。1958年广西壮族自治区成立时，作为中央代表团成员之一，回到故乡邕宁刘圩。

钟钦礼（生卒年不详），浙江上虞人，从艺活动约在成化、正德间，号会嵇山人。传世著作《雪溪放艇图》轴，现藏故宫博物院，描绘王羲之雪夜访戴逵故事，自题：“会稽山人钟钦礼书于一尘不到处。”《观瀑图》轴藏美国普林斯顿大学美术馆，《渔樵问答图》轴藏日本定胜寺。

种谷善舟（生卒年不详），日本著名书法家。

周怀民（1906—1996），江苏无锡人，当代美术家。自小喜爱书画，尤爱临摹清代“四王”真迹，同时阅读、钻研绘画理论，向知名画家请教技艺。26岁时临摹的沈子居巨画《桃源图》，已达以假乱真地步，京华艺术专科学校校长特聘他去教授国画。应徐悲鸿之聘到北平艺术专科学校执教。他描绘的太湖山水画中，常毕现芦苇、芦塘的质感、气势和神韵，被人们誉为“周芦塘”。代表作品《山水》《芦塘》《葡萄》等。出版《周怀民画辑》《周怀民藏画集》等。

周曼华（1922—2013），上海浦东人，生于北平，民国时期著名电影演员。

周绍良（1917—2005），安徽建德人，著名红学家、敦煌学家、佛学家、文史学家、收藏家、文物鉴定专家。

周叔迦（1899—1970），安徽建德人，字志和，笔名云者等，当代中国著名的佛学家、佛教教育家、佛教文化学家。

周叔弢（1891—1984），安徽建德人，中国古籍收藏家、文物鉴藏家。原名暹（xiān），字叔弢，以字为行。著名政治家、实业家、收藏家。中华人民共和国成立后，周叔弢以民族工商业者的身份，担任全国政协委员，翌年任天津市副市长，多次任全国政协和人大常委会委员，曾任第六届全国政协副主席。他还是文物古籍收藏家，民族文化的保护者。他先后四次将几十年收藏的宋、元、明抄本和清代善本及其他中外珍贵图书计3.6万余册和历史文物1200余件全部献给国家，人们赞誉其为“忠诚的爱国主义者，中国共产党的亲密朋友”。

周扬（1908—1989），湖南益阳人，原名周运宜，字起应。作家，现代文艺理论家、文学翻译家、文艺活动家、中国科学院哲学社会科学学部委员。1928年毕业于上海大夏大学（今华东师范大学），同年冬留学日本。1930年回上海投身左翼文艺运动。曾历任陕甘宁边区教育厅长、鲁迅艺术文学院副院长、延安大学校长等。中华人民共和国成立后，一直从事文化宣传方面的领导工作，任中共中央宣传部副部长、文化部副部长等。“文革”中受批判并被监禁，粉碎“四人帮”后复出，任中国社会科学院副院长兼研究生院院长，中国文联副主席、主席、党组书记，中国作协副主席，等。

周元亮（1904—1995），北京市人，字容庵。1912年进私塾读书并习书画。1920年考入北京中国画研究会，随陈师曾、汤定之、金北楼、萧谦中等学习中国画。1923—1948年在北京、天津、上海等地举办个人画展，曾与王雪涛、吴镜汀等人举办联展，20世纪30年代在北京荣宝斋“挂笔单”以卖画为生。1949年以后作品多次参加国内外重大书画展览。

周肇祥（1880—1954），浙江绍兴人，中国近代书画家，北洋政府官员，古物陈列所第四任所长。字嵩灵，号养庵，又号无畏，别号退翁，室名宝觚楼。清末举人，曾肄业于京师大学堂、法政学校。

周铨庵（1911—1988），女，曲家。原名杏铨，以字行。祖籍安徽至德。父周学渊，精于诗词；堂兄周明泰，是著名的戏曲史家和藏书家。她早年学唱京戏青衣，观摩四大名旦的演出。后经袁克文介绍，参加同咏社习曲并从此偏爱昆剧。1941年，参加辛巳曲社。抗战胜利后，入开滦曲社。1946年，她在开滦俱乐部首次登台，扮杨贵妃上演《长生殿·小宴》，获得观众好评。1956年，北京昆曲研习社成立，她作为发起人，任社务委员。1957年，曲社在北京市文联礼堂举行昆曲招待演出，她主演压轴戏《絮阁》，周恩来总理亲临观赏。党和国家领导人陈叔通、陈毅、屈武、钱昌照、吕正操、楚图南、赵朴初等多次观看她的演出。1959年，曲社排演全本《牡丹亭》，列为十周年国庆献礼剧目，于10月3日和5日在长安戏院公演，她在剧中扮杜丽娘，大获成功。1979年，北京昆曲研习社恢复活动，她任副主委，主持传习、演出和音乐等活动。1981年11月和1982年5月，她曾两度到苏州观摩昆剧会演，并到南京等地促进业余曲社的交流，1987年与张充和、张元和联合演出《学堂》《游园》《惊梦》，《政协报》曾经以《艺臻完美闹〈学堂〉，八十叉饰小春香》为题报道了这次演出。她为昆剧事业的发展奋斗终生。弟子有梅花奖获得者宋丹菊、著名学者于丹以及朱复、管怀明、王纪英、欧阳启名等。

朱家溍（1914—2003），浙江萧山人，从小在北京长大，字季黄，由于家学渊源，所以对中国的古籍碑帖有较多的了解。早年毕业于辅仁大学，抗战时期到后方工作，抗日战争胜利后回到北京。他学识渊博，研究广泛。在故宫任研究员，参加编纂《故宫博物院藏文物珍品全集》工作，其中“清代武备”“明清家具”“清代戏曲服饰”等部分由他完成。

朱屺瞻（1892—1996），江苏太仓人，名增钧，号起哉，又号二瞻老民，斋名梅花草堂、癖斯居、养菖蒲室、修竹吾庐等。现代中国画家，兼修国画和西洋画，以水墨山水见长，善于借鉴西洋画的长处。曾任上海美术家协会常务理事。

朱友麟（生卒年不详），京城刻瓷名家，在20世纪四五十年代红极一时，曾与张大千、于非闇等书画名家合作，作品刀法细腻，极富层次。新中国成立初期，他的作品被周恩来总理称为国宝，不允许出境。

祝君波（1956—　），现任上海市新闻出版局副局长，上海市政协委员兼政协文史委员会副主任。原任上海朵云轩总经理，任职期间从事艺术品投资交易和出版业40年，1992年成立中国内地第一家艺术品拍卖公司——上海朵云轩，自此改变内地艺术品交易模式，被业界誉为“中国拍卖第一人”。

庄虎臣（生年不详—1928），北京通州人，名殷杰，以字为名，1893年在松竹斋[①]旧址创办“荣宝斋”，充任经理，清末民初复开辟近现代书画艺术厅。

宗其香（1917—1999），江苏南京人，20世纪杰出画家、美术教育家。20世纪30年代，其作品首次入选南京全国美展，加入中华全国美术会。1942年独创中国夜景山水画，打破传统山水画不能表现光的限制，开创中国传统山水画向现代转型新风。曾任中国美术学院助理研究员、北平国立艺专讲师，1952年任中央美术学院水彩教研组主任，1961年任中央美术学院国画系山水科主任、教授等。

① 松竹斋，荣宝斋前身。

邹容（1885—1905），重庆府巴县（今渝中区）人，别名绍陶、桂文，是中国近代著名资产阶级革命宣传家。因为以“革命军中马前卒”写成《革命军》，而在上海英租界入狱，光绪三十一年（1905）4月3日死于上海狱中。辛亥革命成功以后，孙中山追赠邹容“陆军大将军”荣衔，崇祀宗烈祠。

邹俊华（生卒年不详），荣宝斋东城门市部书画收购人员。

祖娥（生卒年不详），女，故宫博物院文物修理厂绘画组工作人员。

左权（1905—1942），湖南醴陵人，字孳麟，号叔仁，无产阶级革命家、军事家、中国工农红军和八路军高级将领。1942年5月，日军对太行抗日根据地发动“大扫荡”，他指挥部队掩护中共中央北方局和八路军总部机关等突围转移，不幸壮烈牺牲，年仅37岁。

出版说明

北京口述历史，按照口述史的学术规范，让北京人自己说话，讲述他们在这座城市所经历的生活、感受，以及对祖先的记忆，大量涉及北京土语与儿化音等问题。为表现访谈者与受访者的语气、神情与言外之意，引导广大读者进入真实的交流情境，本丛书对访谈不完全进行现代汉语的规范化处理。

提请读者特别注意。

北京出版社